U0564347

唐蘭全集

一〇

遺稿集卷二

上海古籍出版社

伍　音韻類

陸　文獻整理類

貳 甲骨類

殷虚文字考釋

釋乍、鑿　甲子四月二十五日

《殷虚書契》卷一第二十七葉「隹我㞢囚」，又云「不隹我㞢囚」，二字，《後編》上第三十葉字，《後編》下第三葉字，又第十七葉字，諸家皆未識。蘭謂：字見於遽伯睘敦，乃乍字也。金文又作者，是其倒矣，金文偏旁或作，小篆則變作。許君説曰：「止也，一曰亡也，從亡從一，一有所礙也。」按許説非是，乍字之形與斤畧同，蓋即鑿之本字，從象鑿形，從，象鑿之柯也。（斤字亦從，乃象斤之柯也。）《魯語》「其次用鑽笮」，《漢・刑法志》作「其次用鑽鑿」；《周禮・太卜》「則眡高作龜」，先鄭曰：「作龜謂鑿龜」；《禮記・内則》「魚曰作之」，《爾疋》作「魚曰斮之」，作「笮」、作「作」，並「乍」之借字也。卜辭契字作，從乍。杜子春注《周禮・華氏》曰：「契謂契龜之鑿也。」《史記・龜筴列傳》「卜先以造灼鑽……」中蓋造作義近，故以造爲乍，此皆乍爲鑿之本字之證也。乍義之引申爲「造作」、爲「作爲」，故金文「乍寶鼎」、「乍尊彝」，皆以乍爲作。乍義之引申又爲「迫迮」，爲「作起」。《説文》「迮，迫也」，「笮，迫也」，「作，起也」是也。若《倉頡篇》曰「乍甫辤也」，則本無其字，因聲叚借者，非固有之義矣。《説文》又曰：「鑿穿木也，從金，糳省聲。」是鑿者，穿之之名。《考工記》「量其鑿深也」，是鑿者所穿之孔。蓋鑿字雖具動静二義，而非穿之之具，其訓爲穿具者，亦引申之義也。自乍之本義廢，而笮、作字行，自笮、作字但存引申之義，而鑿字乃由引申之義而襲乍之名矣。

釋卜　甲子四月二十九日

凡卜字皆作卜筮解，而攴所從之卜則作木枝解，許君混之。

釋[牛𠬶]　又

卜辭有，又省作（並《書契精華》）。羅釋牧，云：「从帚與水，以象滌牛。」蘭按：卜辭自有牧字，此從帚從水與攴義異，且其文曰「土方品于我東啚（似伐字）二邑，吕方亦帰我西啚田」。上云土方品我，下云吕方亦帰我，皆外來犯內之辭，則非芻牧之辭，可知羅入芻牧辭類，誤也。以偏旁之例推之，即𠬶字，作帚者蓋省文，《説文》無𠬶字，有侵字，曰：「漸進也，从人，又持帚，會意。」又寑籀文作𡨦，云「侵省聲」，蔓、祲、梫、駸、綅、埐六篆皆云「侵省聲」，則侵之與𠬶乃敏（繁）省之别耳。此從牛從𠬶之字《説文》無之，而有駸字，云「馬行疾也」。按《説文》牧、牡、牢等字從牛，卜辭或從羊豕，則此[牛𠬶]字當即駸之異文也。「疾行」之義引申之有「卒暴飄忽」之義，故《廣雅》曰：「侵陵也。」《公羊·莊十年傳》「觕者曰侵，精者曰伐」。《穀梁·僖二十六傳》「侵淺事也」，皆謂其疾進疾退無久留之義也。又《穀梁·隱五傳》曰：「苞人民敺牛馬曰侵，斬樹木壞宫室曰伐。」今卜辭云「[牛𠬶]我示田七人」，又云「帰我田十人」，又云「土方品于我東啚伐（或𢦏字）二邑」、「吕方亦帰我西啚田□□」，其文亦以伐、[牛𠬶]對舉，而伐（或𢦏字）者稱邑（壞宫室故稱邑），[牛𠬶]者稱人，正與傳説合，可以證之必當釋[牛𠬶]，亦古義之僅存者矣。（又從水者確是象以帚洗牛，非從浸也，大概[牛𠬶]字最古之義當爲洗牛，「疾行」乃後起義，「侵伐」乃「疾行」之引申義。）

釋　五月一日

即豥字，《説文》亥，古文作，從十，即之譌。（《説文》云「亥爲豕，與豕同」。豕部有豥字。）

釋[虫又]　二日

[虫又]即寺字

整理説明：

該手稿以毛筆書於兩大張草紙上，作者自題寫於一九二四年四月二十五日至五月二日。標題與標點皆爲整理者後加。（劉雲）

釋□□

□ 卜辭□字，今按當即者字，變爲□或□、□。

□ （杢）麥鼎「用饗多者友」，郭沫若釋尞（《大系攷釋》），非。吴其昌釋諸。（《曆朔疏證》）

□ （桂）散盤「楮」。

□ （𧱰）克鼎「頣遠能𧱰（豬）」，容謂從犬，誤。「韓剢」字可證從豕。□番生殷、□豩殷，卜辭（？）、古鉨作□（𧱰關）、□（𧱰狪），見《古籀補補》，更可證其從豕。

□ 《說文》古文、三體石經（？）社作禇（從者聲）。

□ 匋文，吴大澂釋賣，非。𧶘‖賭。

整理說明：

該手稿毛筆書於一大張毛紙上，標點爲整理者後加。撰寫時間不詳。

（劉雲）

《殷虛文字記》補校

　續五・十四・三　庚申卜歸　□□卜歸　（補廿一葉前五行下）

如變扑、玫變抒之類是。（補廿一葉後七行後世多變從手注）

釋旱

釋

及字習見卜辭（補）亦國名如疑爲之省也。

釋夒

三三葉後　入爻二行　原誤作六爻

釋

釋中沖

（一）吳其昌氏

（二）中常聲之轉

釋良狼臭

　前一・三四・六

釋角敒犏

衞

釋艮

簠人三七三八　續二・二五・十二・二六・一

整理說明：

經查文中補字下的頁碼與《殷虛文字記》相合。

一九三七年七月先生曾作過《殷虛文字記補正》，與此相類，然較此文詳細。

標題、標點皆整理者後加。（劉雲）

《殷虛文字二記》目録

整理説明：

該手稿毛筆書於一大張毛紙上，自題殷虛文字二記，當作者擬續寫《殷虛文字記》所作的目録之一，撰寫時間不詳，其中釋且俎發表於《古文字研究》第一輯第五十五至六十二頁，中華書局，一九七九年八月。標題爲整理者所加。

（劉雲）

《殷虛文字二記》提綱

釋巫 附廿九 佚二九七 契四三 新三三四 續二・廿二・六 五・十二・七 五・廿六・十一

釋句 三・一 䀚附廿九 續五・十九・五 五・廿二・五 五・廿九・十 六・十四・一 附七十 叉新一

九五

釋囚 () 附三一 簠照片

釋澎 附三九 彭 五・七

釋 附四二 附二十 附五七 附六二 附

釋 附六一 七三↑(後下三六・三)

釋 十一・四

釋甹 十二・四

釋 三・三 娸

釋匕 此 附廿八 雌四・十三

釋穫 附廿八 四七 六一 六三 隻 附四三 四・十一 雟十四・一 𡵉→弄

釋陝 附廿五 雒四・十二

釋各 附廿四 偺附三九 㚾十二・十 湣明義士

釋 附一 附五五 十一・三 洒下 氏 十二・十二 盄五・九 鼐七・十一

釋直　偏省下　續五・六・二　値　二・二三　循下　佚五七　五三〇　𠭥附二十

釋由　附十九　二十附七十　伷　八・六

釋叀　五・十一　四・二三　迺　附五　七・十一　附六四　七三　附廿

一　五・十一　耑附三四　附三四一　四三　附四一　附六三　𢇍附三七　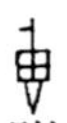附四三　六・

九　疐二・十三　傳　八・四　西十二・三　洒十一・三　栔十一・二五　𡁻附八十　疐二・二二　專　專

三・十五　疐四・廿四

釋咠　附五　䎺附五　𡨥附廿二　𡧍七五　耳附廿二　𡕒附卅一　𡧢附四四　聑附三九　娵十二・五　取三・十一

釋囟　七・十九　㐰附六六　七・十五　𡧊劉晦之附二十　訩又附三七　敂附七二　七・十五

釋乍　十二・十八　拃附二七　四三　六五　栔一七九　明一五四・一五九五　續五・十二・六　六・十三・十二

十七・一　衎附五三　𢻳十・一

釋買　佚四六二　劉晦之　剛附六七　网　七・十七　犅　剛四・廿七　丨　又

釋平附七　附三三

釋亢　佚四三　九五四

釋頣　附十二　佚四六六　栔三九　續二・一八・九　覞附五一　五四　佚三九六

釋黃寅　附十二　六一　䌃附十九　犢附六八　蹟附六九　附七九　潢十一・二

釋戈　附十二　𢦏附廿四　或十二・十二

釋　附十三　附廿七　附四三　附八・四・三　附七六　森七・十三　窌七・十五　卸　御

釋黽　附十三　附七二　𡞭十二・十

釋㸗　附十四　子　𡥈二・二二　𡥜佚六九

釋雜　附十四　附五一　㫚十二・十二

釋奔　附十四　辈附廿二　瀜附三八　㝊附四九　圉附五十　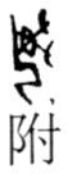附六六　奏附七八　幸十・十四　執十・十四
翾十・十四　報十二・四　敎三・十七

釋桒　附十五　十・十五　㭋附四二　𡙇附四四　十二・五　𠦬佚四四七

釋殳　附十八　十三・二　十三・二　祀

釋冟　附廿一　囙　附廿四　十七　附六九　𣥂附六九　𠬝七・十一

釋　六・一　䇞附廿二　七四　媟十二・八　采六・二　雭新三〇九

釋商　三・一　旃附廿二　䞟附廿三　離附五九　鬲附六九　湳十一・三　內二・十六　適二・二三　敵三・十六

釋　附廿二　㦰附六二　附六・八　附六三　硪七五　宕七・十五　石九・六　祏一・五

釋斤　附六十　斵附廿二　䜣附三四　㫄附三〇　四四　六一　七六　新附二一　新附四七　金文匕辛　斮附
三八　附六九　斧附三九　附四四　附四六　㫻一・五　十二・五　兵附七一　䜣附六八　斫附
四七　析附廿一

釋兔　附廿五　三五　四六　魯附廿三　附四五　㲋　㲋十

釋乘　五・廿　剩附廿八

𩫏　佚五六

乎　佚三九六　五五〇　七二七　八〇三　九四五　九七九　絜四二　續一・四六・三　二・一・五　二・十六・
四　三・十一・五　三・十二・六　四・四六・七　五・十五・四　五・廿二・二　五・三四・五　六・八・
十三

　四三〇　一〇五　芛續三・廿八・五

⿱叀口

佚九・八七　栔四・一二　新五二　一一〇　續三・十六・十　十七・一・九・十　十八・一・二・三・四・
五・六・七　十九・二　二〇・二　三十・一　⿲口⿱叀口口續二・廿七・八　佚七二　續四・廿三　佚八三
六　新三六〇　佚三四　五二二　八五二　八九六　栔四二　續一・十八・一　二・二・四　四・廿
一・四　五・三十・六　六・七・一　叀佚六八　一一四　一六六　一八六　一八七　二一一　二一三　二一
八　二二一　二三三　二四一　二四七　二四八　二四九　二六二　二七三　二七九　二九七　三一四　三九
三　四二二　四五八　五二九　五六〇　五八〇　六五一　六五四　八〇〇　八〇四　八五四　八八三　九〇
〇　九〇四　九二八　九三一　九四八　九五一　九八一　栔四・十一　福二九　新四・五・一五・四六・一
四六・一五五・一五七・一八六・一九七・二三四・二四〇・二八〇・二九五・三一三　續一・七・六　一・
十四・一　一・十八・四　一・二一・二　一・廿五・六，七，八　一・廿六・七　一・廿七・二，四　一・廿
八・一　一・三二・六　一・四一・五　一・四三・四　一・四三・五，六　一・四八・二　一・五十・五
二・六・六　二・十五・三　二・十六・二　二・十六・五，六，八　二・十七・二　二・十八・三，五　二・
廿・二，七　二・廿一・十，十一　二・廿二・四　二・廿三・九　二・二四・二　二・二五・九　二・三十・
五　二・卅一・五，七　三・廿五・一，三，四，六，七　三・廿九・三　三・三十・十一　三・三三・十　三・
四四・四　四・十六・三　四・十八・六　四・廿二・九　五・四・一　五・十七・四　五・廿七・七　六・
十・五，九　六・十一・六　六・廿・九，十，十二　六・廿一・七，九　六・廿五・五

豈

佚一七八　五四五　栔四一　新一〇一　續一・五・一，二　一・六・四　一・九・九，十一　一・十二・五
一・十六・七　戬六・八　孫亘下　傳　佚七二八　專　栔三・八　續五・廿四・四　壴　續三・十七・七，
八，九，十八・二三

黽

佚三七九　四五一　七二四　九九三　栔四二　福二四　二六　新六　一四　二八　六六　八〇　一六七　二
三六　續一・三四・二　三・一・三　三・二・一　三・廿六・一，廿七・一　三・三二・四　四六・二
四・一・一　五・三三・一　⿰女黽栔四十

法文五・二

佚九〇七

兔　佚三二三　七一七　新三六九　續一・五〇・五　二・廿七・八　三・十八・一　各佚八一三　八九〇　栔三五　新三五二　續一・五〇・六　一・五一・二・一　三・一九・二　續　新　佚　福　栔

彭　佚二七七　二七八　三三八　栔五・一三　福十三　續六・一・六

佚三五〇　四三四　五四七　六一五　九〇〇　九九五　新四一　一一九　續三・十六・一　三・十六・十十七・三,四,十　十八・三　二一・九　二二・一　二四・五,四　二九五・六　卅・二　三・四四・五,八,九　四五・一　四・十六・一,六　四・廿・三　五・十八・八　五・廿六・十一

佚一八〇　六一二　六四七　九二六　續二・廿三・十一　三・卅・三,五　五・九・三　六・廿四・四　昌新二九三

佚一　一五　二七五　八三三　栔三四　三五　續三・二六・三　二七・一　二八・七　五・二・二　五・廿九・十六　五・三一・三　六・廿二・十三

讀敷　佚一　八　九　一四　二十　二三　二七　四八(叀)　九五　一二二　一四三　一六四　三七五　五〇二　五〇五　五二七　五四四　五八八　六一七　六四六　六五二　七二六　八六四　八七三　八七四　八七八　八八一　九〇七　九五九　九七四　栔四・十一　福二三　新一三九　三〇九　續一・八・八　一・十・七　一・十四・三　一・三十・二　一・三三・五　一・三八・七　一・三九・二　一・三九・九　一・四十・八　一・四五・五　一・四六・二　二・二・一　二・一九・五　二・三一・二　三・六・三,四　三・七・九　三・九・一　三・十二・五　三・二六・三　四・五・二　四・六・三　四・七・三　四・十二・六四・十四・七　四・十五・三　四・廿三・十一　四・廿四・十二　四・三十・一　四・三三・六　四・三四・二　五・九・五　五・十九・二　五・廿六・五　五・廿七・十　五・三一・二,三　六・七・二　六・七・三　六・十一・七　六・十二・八　六・十四・三　六・十四・十二　六・十六・六,七　六・廿三・二

隻

東絜四一

佚廿四　廿五　二二四　三五〇　四二六　四二七　四九〇　五一八　五四七　七〇二　九四三　九九〇　絜四・一一　福五　新二四　二三　一〇二　三二五　三六五　續一・三五・九　三・十八・一　二三・三　二四・二・五・四　三・廿七・三　三十・一，二　三一・六　三二・一　三三・五　四一・五，六，八　四二・二，三，四，五，六，七　四三・一，二，三，四，五，六　四四・五，七，八，九，十　四五・三　四七・二　四・七・二五・十一・六　五・十七・六　六・廿四・三　褸佚八九一　絜三四　續一・六・六

德

佚三〇　五七　一三四　五二四　五三〇　六三三　八一五　九六六　契二・五　新二九八　續三・八・五三・十・一　三・廿七・一　四・三六・五　五・六・四　五・九・三　五・十一・四　五・十四・四　六・八・三，四　六・十九・五

直

續五・六・二

桒

佚三二　四〇　四六　七六　一二六　一四五　一五三　一六九　二一五　二三四　二四〇　二五六　三七五三七六　五一五　五一九　五五七　六四五　八八四　八八六　八九一　八九二　八九四　絜三八　福一　新一八二　二〇二　三五九　三六四　續一・一・三，四　一・二・二　一・二・三　一・三・一　一・四・一一・四・二　一・七・七　一・八・五　一・十一・七　一・三五・四，六，九　一・三六・四　一・三七・七一・四五・四　一・四九　一・五〇・四　一・五一・五　二・七・三　二・八・二　二・十七・四　二・十九・四　二・二八・一　三・一・二　三　一　四・六・?　四・十七・六　四・三六・一二，一三　五・九・六　六・十・五　六・十二・八　六・廿・五　桒篚雜六九佚一七二　六九〇　九四八　新三一四　續一・三二・四　一・四六・二　六・廿・十　騂佚四四七

佚三二　絜三五　續一・十二・一　續五・十六・一　五・三一・八　佚三七九　四三一　七二四　九三　絜四二　福二四　二六　新六　一四　二八・六六　八〇　一五六　一六七　二三六　續一・三四・二一・四三・七　三・一・三　三・廿六・一　廿七・一　四六・二　四・一・一　五・三三・一　佚五一一

戈　佚三四　三八三　七二六　絜四一　續一·十七·一　五·三·三　五·十九·十　六·十二·二　六·十
九·三　[illegible]佚四九〇　六八〇　七八一　八一五　絜四一　續三·廿六·二　五·廿六·十　五·廿七·二

幸　佚三四　三二三　八六五　絜三五　續二·六·五　五·十二·七　五·廿八·六　六·十四·五　六·十
四·十二　執佚二四　五〇〇　六八一　新三三一　續一·廿七·三　一·卅六·三　三·三六·二　三六·
五　四二·一，七　四·一九·一　虢佚二五五　二六八　[illegible]佚六二四　奔續一·四十·六　五十四·一　五
十五·四　五·十九·八　六·廿三·十一　佚六八三　絜三五　福十二　慗佚九七八　婞新五〇　報新二
六〇　圉續五·三四一·七　[illegible]絜三七　敎絜三六　𡙁絜三五　[illegible]絜三四　續四·二八·三　五·十二·一
五·三三·一

拃　佚三六·一〇〇　絜四三　五·十二·六　五·十七·一　六·十三·十二

乍　佚六七　絜十三·二七　續三·十·二　三·四二·七　四·廿八·四　六·十三·二　六·十三·八　六·
十七·一　簠五三　佚八九八

殹　佚四五　新四十　續二·一·五　二·二九·三　五·五·一　五·廿·一　五·廿四·八　五·廿五·十
五·三四·三　各　佚六六五　新二二六　三五六　續三·廿·六　[illegible]　絜二·四　洛　新一〇八

氏　佚五七　一二七　三二九　五一二　七三七　絜四二　福七　新六七　三八　續一·三八·五　一·四七·四
一·四八·七　二·十七·五　二·十八·二　二·十九·一　三·四·二　三·廿六·二　四·六·四，六
續二·一·五　四·二五·四　四·二八·四　五·一·三，四　五·四·五　五·八·三　五·十二·七
五·十九·八　六·十一·二　六·十二·一　六·廿二·九　盄　佚二三二　續三·廿五·五　昏佚二九二
甹　佚八一六

夏　佚六五　三八六　續二·廿·一　五·三二·一　六·十四·二　耶續五·廿一·三　聉佚八二　六八　續
四·十五·一　六·十一·一　六·十五·八　六·廿二·六　取佚一〇五　三八九　四二一　六五五　七三
五　八二一　契三六　新一七六　二九九　續二·二九·五　四·十·二　四·廿八·四　五·四·五　五·

七・九　五・八・七　五・十八・五　五・三二・三　六・十三・三　六・十八・八　胃佚一八一　續一・三九・三　宿佚二三〇　九九四　栔三八三　嬰續三・廿七・二　聑續三・卅一・三

媟　佚六七　續四・二八・四　續一・三六・七

冥　佚六七　四四五　五五六　契三五　福十六　續一・五三・一　三・十四・七　三・十五・一　四・廿五・一　四・廿八・四　四・二九・二,三　四・卅・四　五・七・五　五・十二・三　五・十三・五　五・廿七・一　五・三二・三　栔三六

宮　佚九三　九四　四〇〇　栔三五　續三・十二・五　三・十三・二,三　𣅀佚一六三　一九四　六〇〇　續四・六・三　四・三四・一　六・九・五　𦕒佚六四一　敁鄴中片羽　𤇾新二四七　听續一・九・八　五・五・六　鼒簠文九　一照片

弤　佚一一五　九九一　續一・十・四　五・廿六・一　六・十八・九　續五・十五・六　斳佚六七五　七〇一　九三二　續一・五二・三　四・四四・三　五・廿八・一　簠文六三照片　炘佚七〇八　兵佚七二九　斦佚八五八　斪佚八九九　肵栔四一　斧簠文六七　續五・五・二　𤔲三・四六・六　犷續一・一・五　新佚一二〇　二一一　四一〇　五八〇　八三二　栔四十　續一・四十・五　二・十六・四　六・十九・四　𥨊新一三三　二一七

　佚一三七　續三・卅一・九　佚二五九　六五九　續五・廿四・十　五・廿八・八　佚二二八　九八七　續三・卅・七　續三・廿九・四　佚一二二　八三二　栔三五　續六・十四・三　𣪘佚二九六　佚五三八

𡈼　佚一三四　佚一三六　𢿨續四・三六・四

　佚一四七　二五五　續一・二三・七　陝續三・三十・七

黄　佚一五九　二五八　四六三　八四六　續一・四六・八,九,十　一・四七・二,三,四,五,六　一・四八・一

陝

一・五三・一 二・五・一 二・一八・二 五九・二 五・廿一・四 六・一・五 六・廿一・一 繼七三
一 㸒絜十二・十六 續四・廿 續三・三一・五
佚八〇八 絜十四・三十 雝續三・十七・一 五・廿三・七
佚六八七 六九三 九〇二 九三八 絜二・五一・七 續三・十三・六 十 四・一，三，四，五，六 三・四
七・四 四・二六・一 五・四・六 五・十四・二 六・十五・三 䎽佚七・八六 續六・十八・三 敔
續二・三五・一 淯三・四 四・三 六十・九 㫄絜十二・二六
簋帝七七 續一・廿一・二 于且丁 㐭涑弜若 絜 編三・一
續二・二・四 戠四一・一 續五・二十一・八 庚辰卜内 續五・三一・二 貞甫㽞（？）令
福五 佚三六四 壬□卜内 佚五四六 附十三 王固曰今夕㞢雨 大龜二 丁巳卜宄貞
令𢀛易𡕥食乃令西事 劉晦之 貞𢎕乎人内 伐吕方弗其受㞢

臭

四・四
新二二七片 其匕犬辰亡巛 歷二・廿二 遏晨𦺇𧅄𧃲𦽈三・四
續二・一・四 丙□卜即貞羽丁未丁（？）𦺇𠂤其又伐 續二・二・一 庚申……貞毓……𠂤甫𦺇酌
佚八五五片 ……𦺇三朿于羔 十二月 新一〇七片 ……卜……貞……𠂤……今𦺇…… 纂別一・
六・二 明四六片 ……丑卜……貞𠂤……今𦺇……王 明三〇二片 □卯卜大……示癸𠂤甫𦺇酌
佚六八二片 霉方 明六六八 貞中丁歲甫𦺇
後上廿一 庚辰貞酒羽之昭辛巳 戠二二・九 于之月乙巳𡴨 林一・廿・十一 貞之十三月帚好不其
來 後下三七・六 貞于之八……酌……丁 前一・三三・三 □□貞𡴨生于高□□ 癸未貞其𡴨
生于高匕丙 前一・四六・五 丙辰卜宄貞于之八月酌 前二・一・二 辛未卜𡴨貞王于之七月入于𠕅

㞢三・十九・三　乙丑……之一月……其雨　㞢四・六・三　乙亥卜乎貞之七月王弓入戠　㞢六・六十・二　之盄　㞢鐵百九二・四　貞王于之七月入　㞢鐵二三五・三　貞其㞢……㞢　㞢戩二三・十　續二・十五・二　……□貞……生于高匕□牡牝　㞢後下十八・十三　于之夕㞢大雨　㞢後上廿六・六　□辰貞其桒生于且丁母匕己　㞢一・十　庚辰貞其桒生于匕庚匕庚才且乙宗　㞢同　辛巳貞其桒生于匕庚匕丙牡羊白豕　㞢前五・三十・一　其𢓊于㞢　鐵五・四　……□之(倒)酉……于乎……般才……　㞢鐵七・二　貞羽……弓……乎……之……　㞢鐵十六・一　……之夕……　㞢十六・四　㞢八二・一　貞王弓……于之……羽　㞢一一五・三　之日……　㞢一六八・三　貞夾㠯般才𡉚乎㠯才之酉　㞢二二三・二　之日允𩵋　㞢前一・五三・一　……卜亘貞于之

簠　六七　貞𢼄甶歸于㞢

簠八八三　續五・十五・六　貞乎張(?)入卯事

續六・七・五　戉亡其刿　佚一四二　戉亡其刿(死?)　戩四三・五　續三・四十・五　弓刿圀　簠典九一　續二・二三・一　……祉其㞢刿　簠雜八四　續二・二四・四　□卯卜殸貞犬祉其㞢刿　簠雜八五　續同上　……殸貞犬祉亡刿

簠帝二二三　續一・三七・一　卯三牛圂宰　簠人三十　續一・五二・二　癸酉圂于義京羌三人卯十牛又□　戩一一　續二・二三・四　癸亥卜又土　羌一小宰圂　續二・二四・六　簠典九五　□辰卜辰……羽乙巳……圂……叀……　簠典八　續二・二五・一　辛未圂允曷□　佚一四六　羔桒五宰俎五牛　佚一九二　……圂……亡尤　佚四〇七　圂大牢　鄴下三七・二　巳卜完貞桒年于　五小宰圂　二月　鄴下四六・十八　……媫……圂亡……□　戩四六・四　續五・十七・四　簠帝四續一・一・五　貞來于土一牛圂宰　簠歲廿三　續二・廿八・六　……完貞乎黍于𩫖圂受□　簠天九一

續四·四·五　……亘貞羽丁亥易日丙戌𩁹……亥𡆥于殸京……　□十二·一　戠十·一　續四·廿六·二
貞羽辛亥乎帚姘𡆥于殸京簠典九七　續六·十七·二　丙……貞羽……其𡆥……壱……夕……

佚八九一　于火𠚤父甲禝　同　乙酉卜其𠚤父甲禝才丝先(?)咸

續五·九·五　貞叀犯□

簠地五五　續三·一·二　庚子卜㱿貞勾𠯑方于好乙未□

簠人百一　續三·廿六·三　貞旨弗其由王事　簠人百二　續三·廿七·一

簠帝七十　□十八·八　伐且辛三人卯牝　戠二三·十　續二·十五·二　□午貞……生于……高匕……
牡牝　戠四二·七　續二·二二·八　貞牝　八月　戠四二·八　續二·二五·九　叀牝

戠十七·四　續四·十六·三　叀牛此又大雨

整理說明：

本文係從一包零散手稿中揀選出來的，其中部分行文沿用《殷虚文字記》體例，所釋字或字組的字頭稱「釋某」，寫作本篇的原意應是列出待考提綱，爲日後詳考做準備，有的字頭與現存的《殷虚文字二記目録》相同，因此整理者擬題篇名爲《殷虚文字二記提綱》。全篇内容並不連貫，寫作時間亦不詳。

（劉雲）

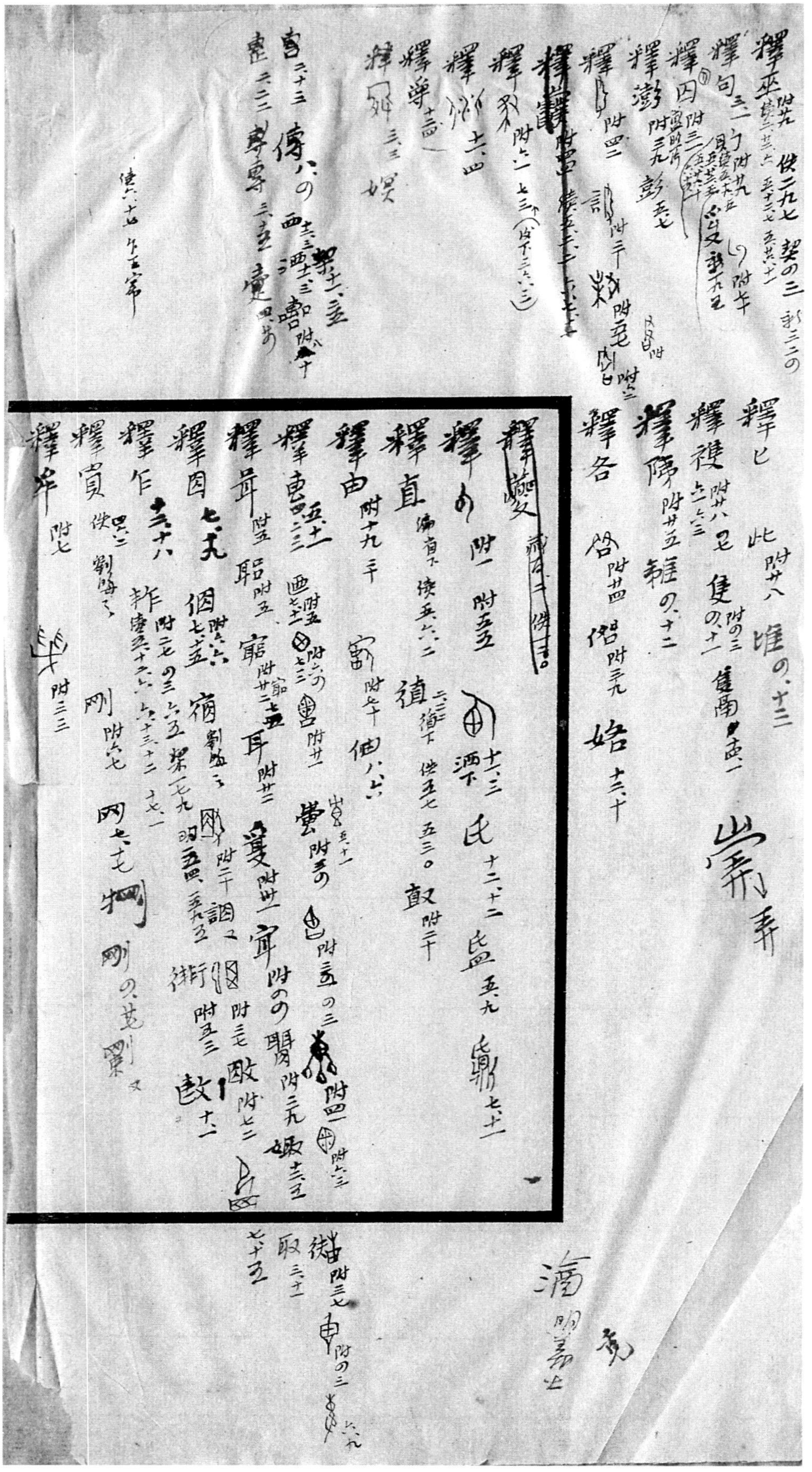

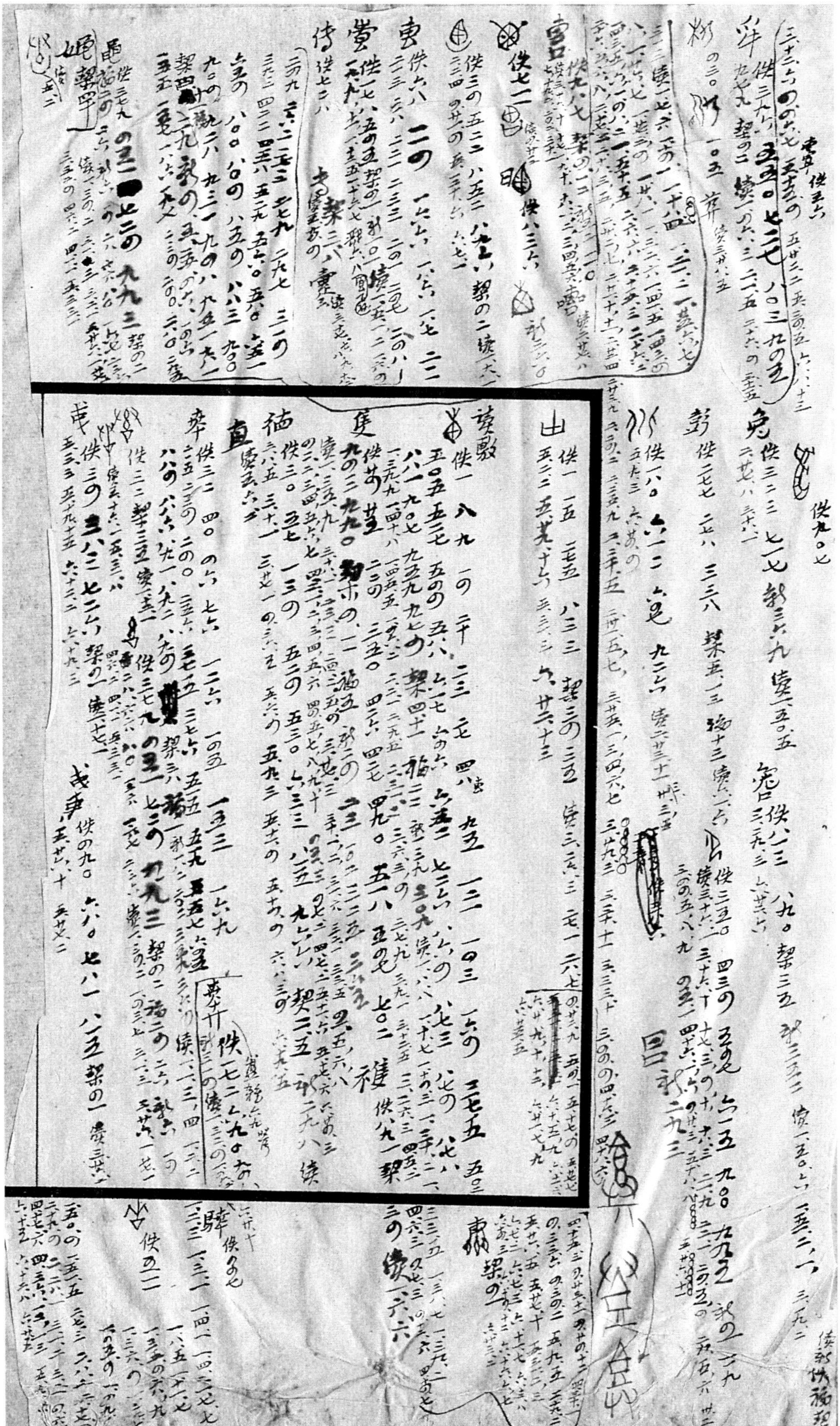

柏根氏舊藏甲骨文字

1

2

3

4

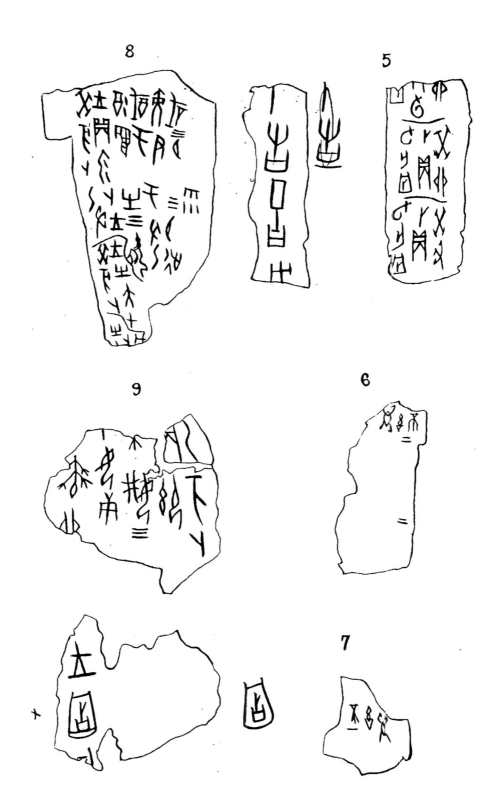

8

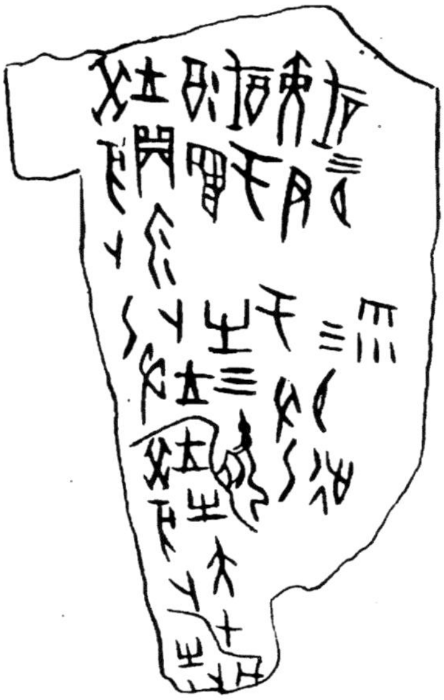

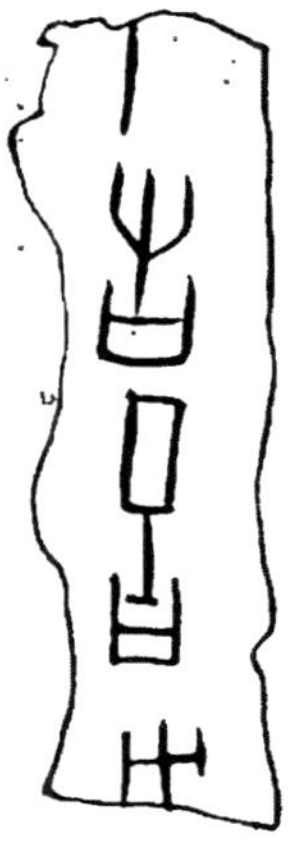

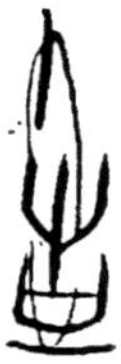

5

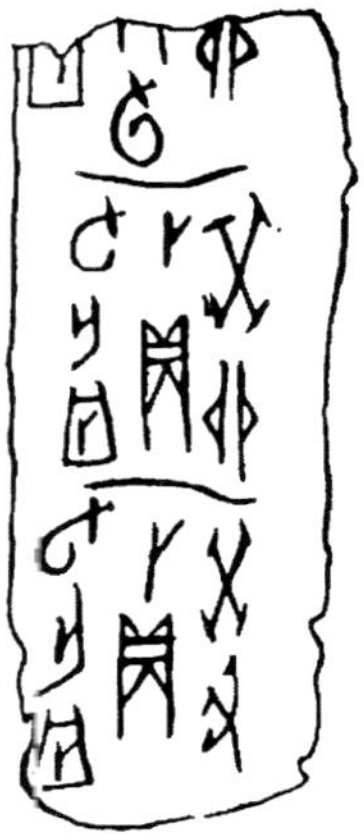

9

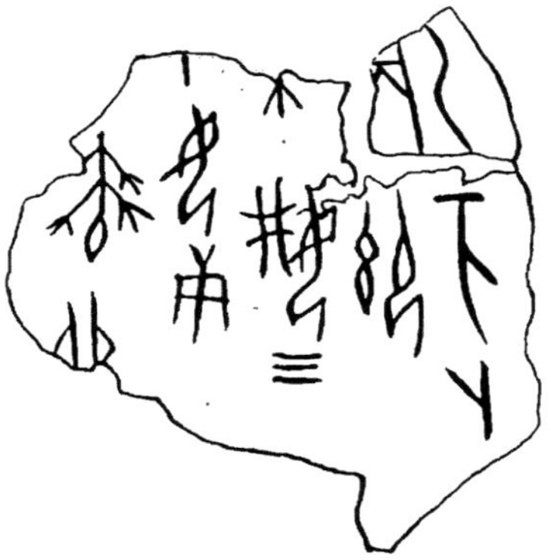

6

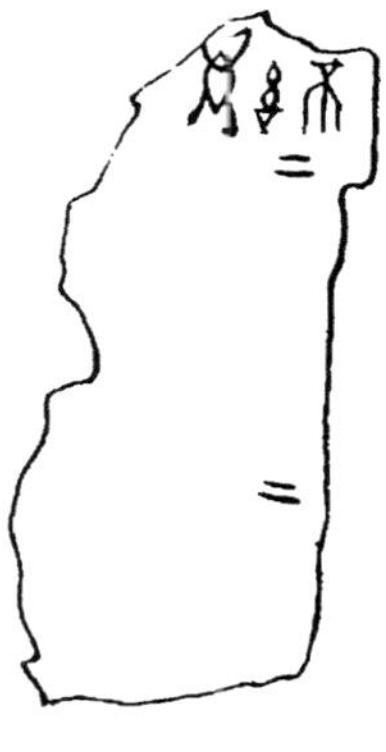

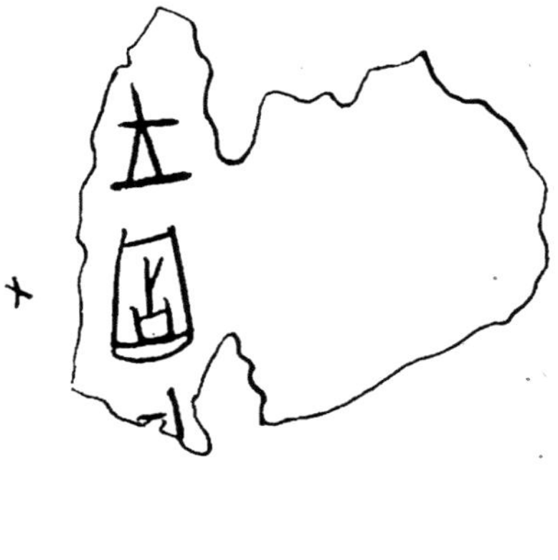

7

12

10

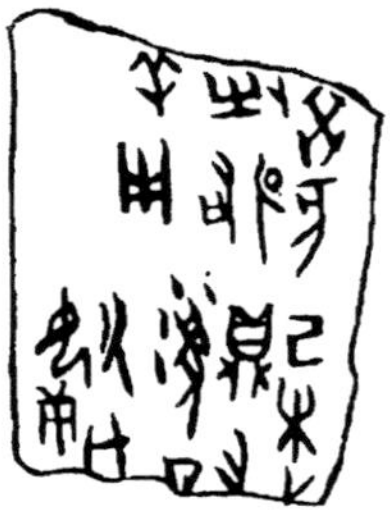

11

明以爲東母二字

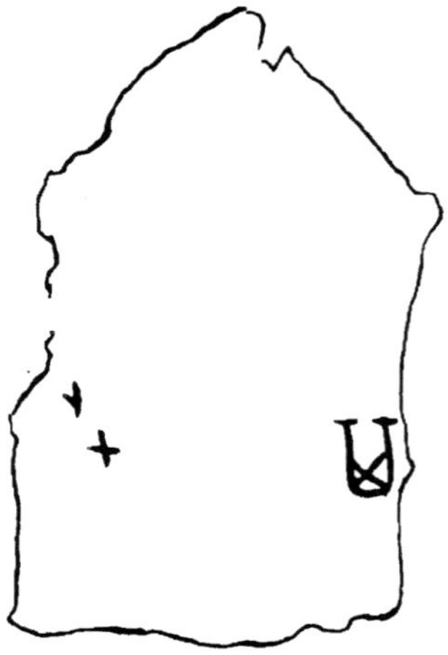

13

14

明作[illegible]疑今是先字

15

16

17

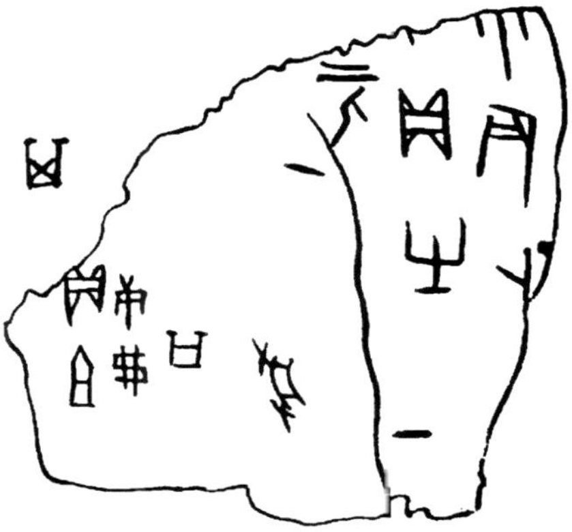

18

19

20

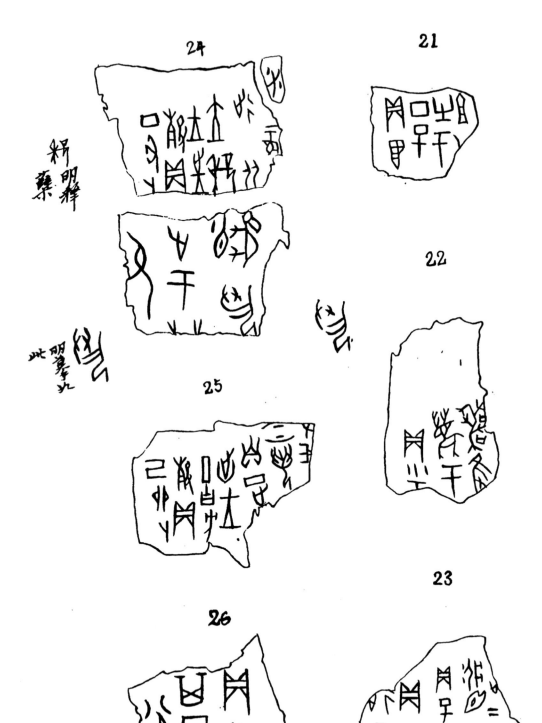

21

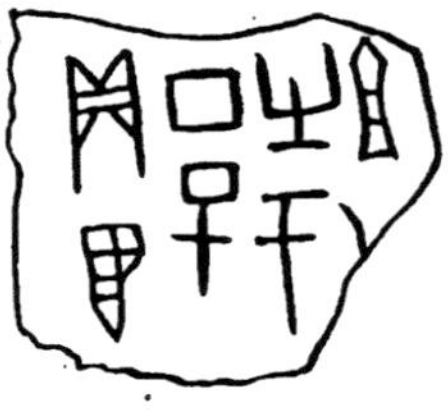

22

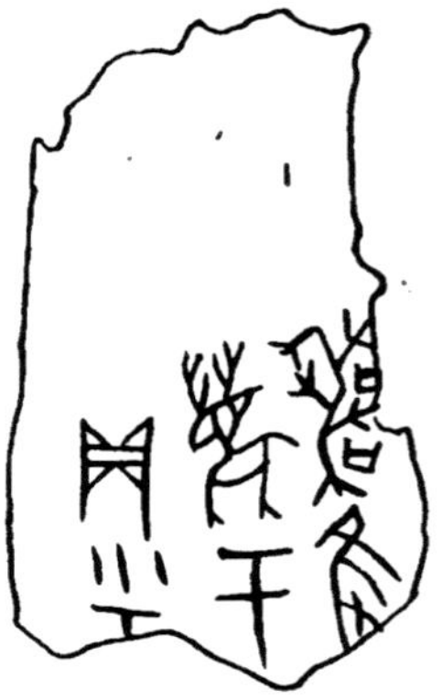

23

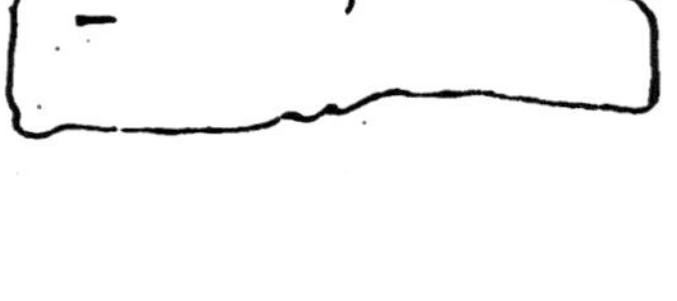

24

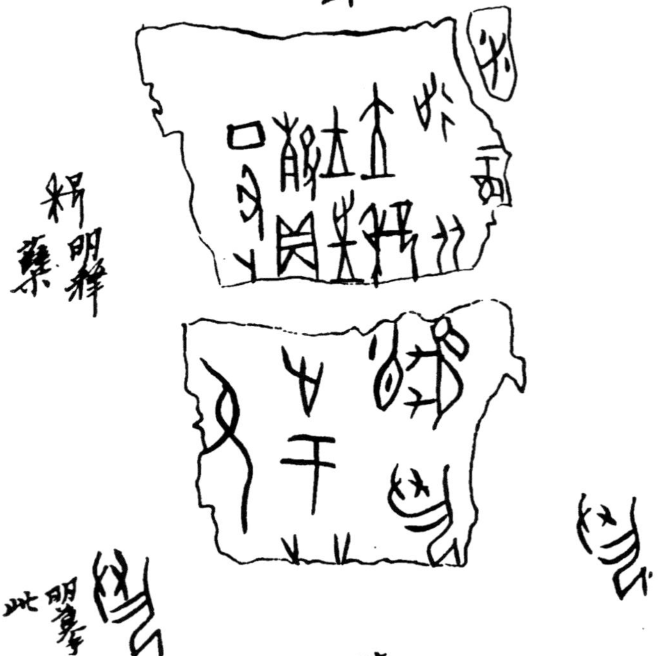

25

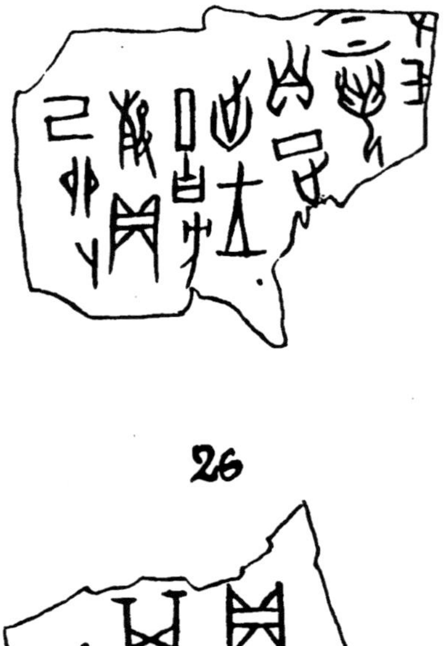

26

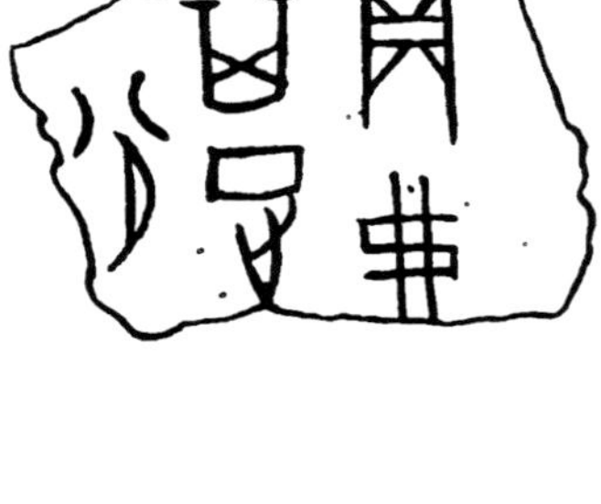

29

27

31

28

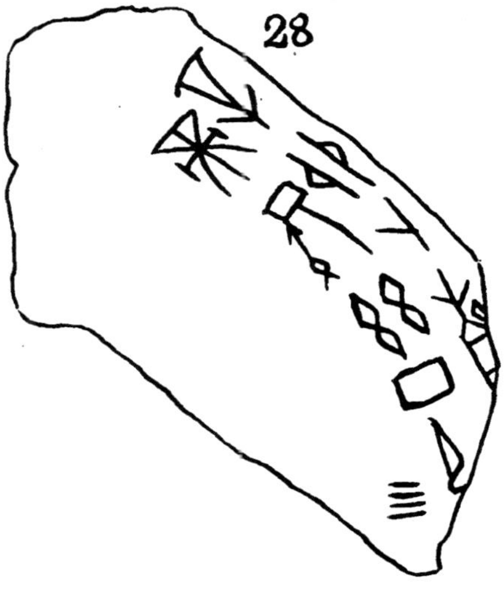

35

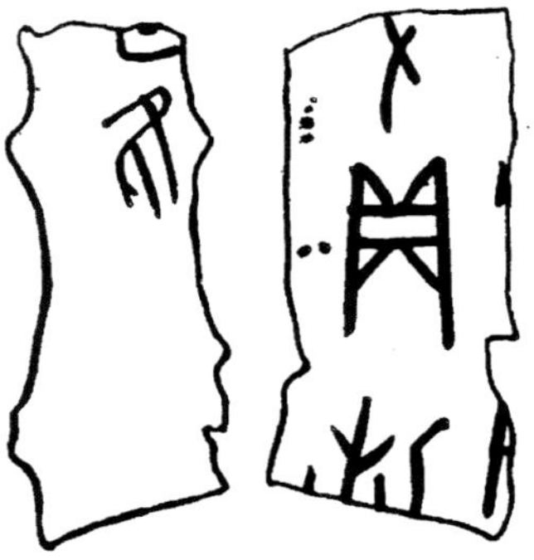

涂朱

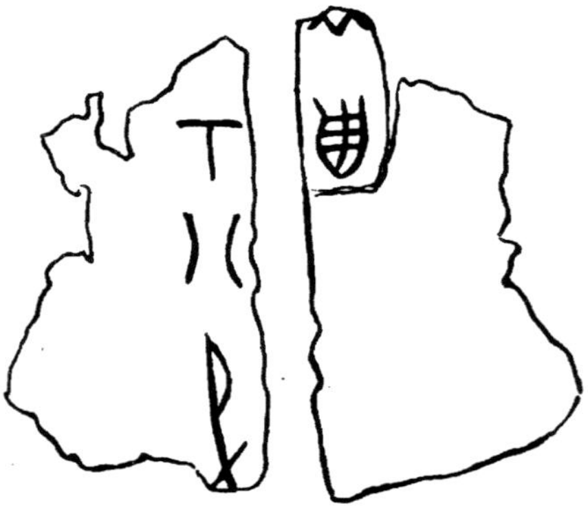

36

涂朱

33

37

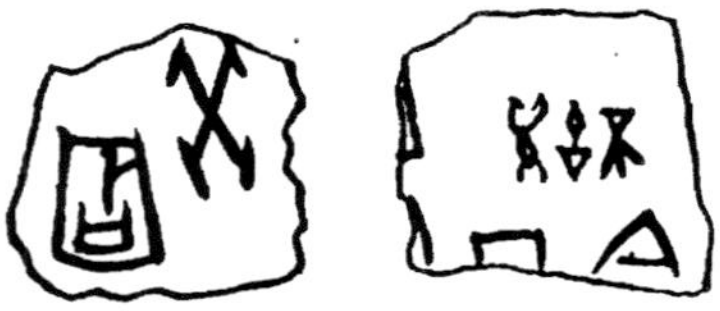

34

涂朱

39

39

40

41

42

43

44

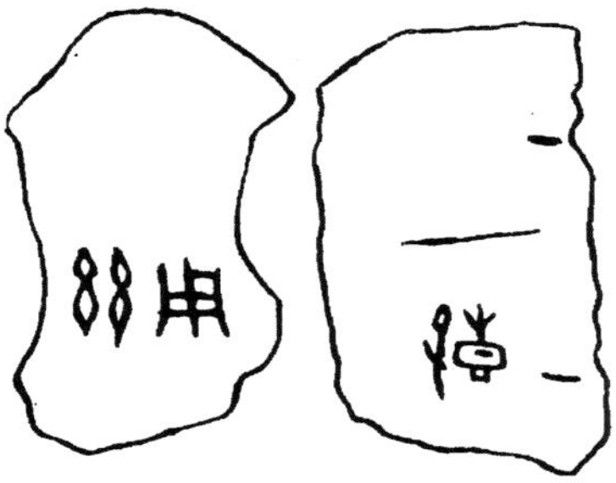

45

46

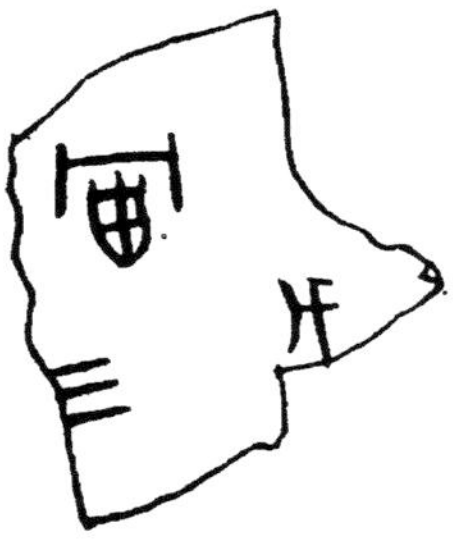

47

48

49

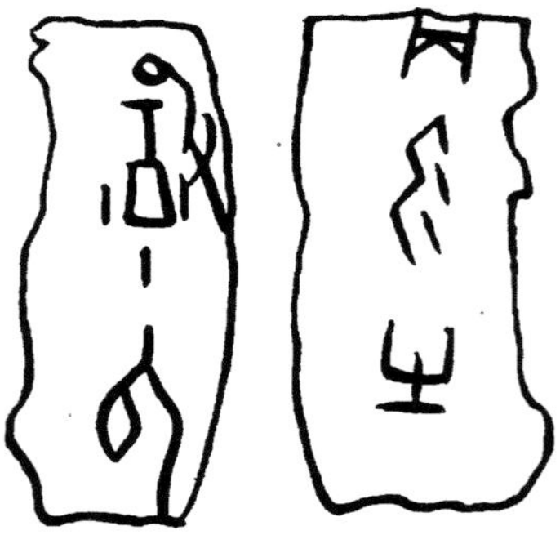

50

51

52

53

54

55

56

57

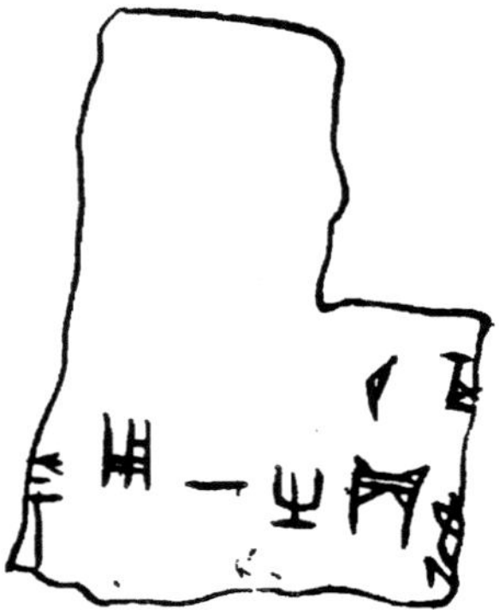

58

59

60

61

62

63

64

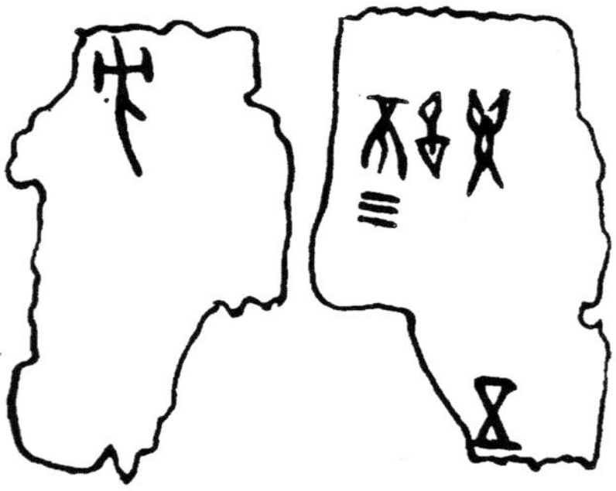

65

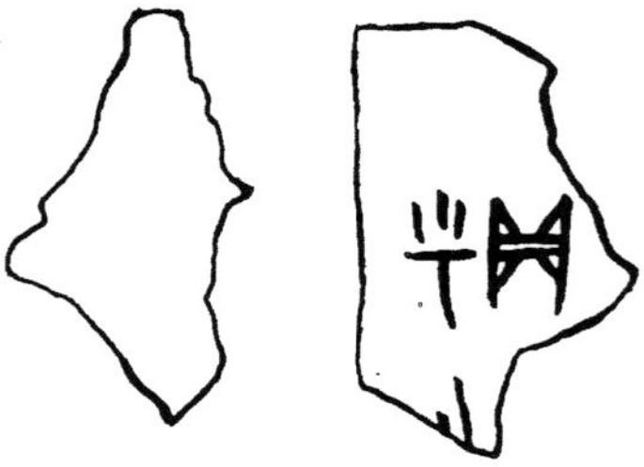

66

67

68

69

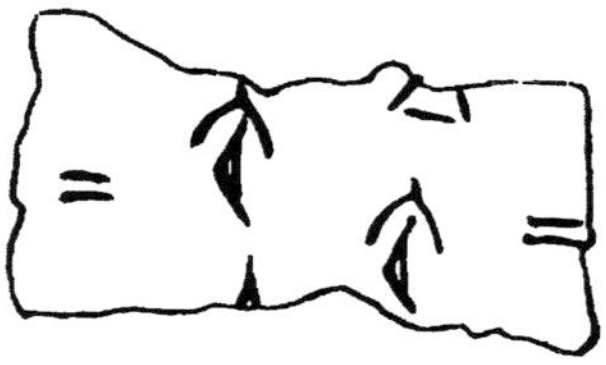

70

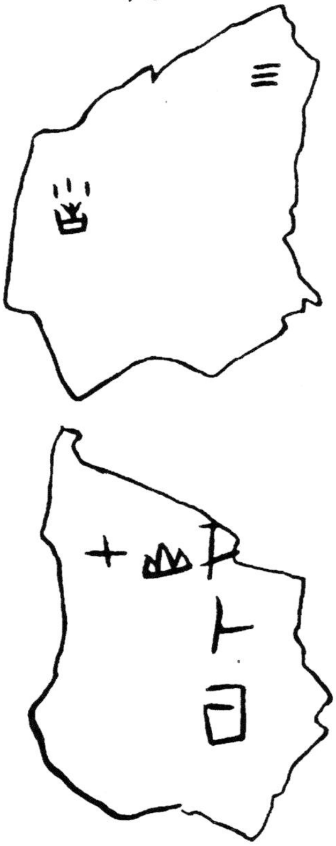

71

72

78

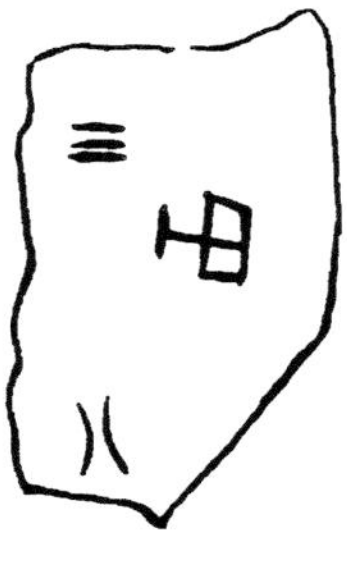

明謂甲是偽刻

明謂除三字外均偽刻

THE PAUL. D. BERGEN COLLECTION CHINESE ORACLE BONE CHARACTERS

柏根氏舊藏甲骨文字

陳列於濟南南關廣智院　柏氏當在一九〇四—八間與庫方同時在濰縣收購甲骨

一九三五年明義士編齊魯大學印行——原附考釋

廿八年四月十九借紫菁摹錄　蒙

原印甚劣明摹本又用原稿不用拓本多以意為之有摹本較全而拓本已折者今以拓本為主

整理説明：

該稿硫酸紙六頁，裝訂一册，所摹寫甲骨文字編爲七十三號。據末頁作者所記，篇名係自題，文中甲骨摹本是一九三九年四月十九日作者依拓本爲主摹录。

（盧岩）

讀李孝定《甲骨文字集釋》

三十三年四月廿二日起閲

以《甲骨文編》爲藍本，輯録各家説，無所發明。材料有時溢出孫書之外，而只以有人説過者爲限。

帝　郭説。（《古代社會》）　蘭按：「巳、且丁、父癸」之當釋爲示。吴、王等説俱非。

受㞢又　（《鐵》二五九・三，《後》上十八・一，《後》上卅一・六）　王受又又（《甲編》一五七一：三・〇・一一四九，一五九六：三・〇・一一七七）　王受又又　受又＝（《甲編》一六一八：三・〇・一二〇二）王又又＝（《前》五・三九・五）　郭謂「王受又＝」爲「王受有祐」（《甲研》釋作），殆非。　李謂晚期以「又」爲「右」，以「又＝」爲「祐」。

　（《前》三・二八・五：「工典其。」）　（《後》下十九・十一） 　（《龜》一・卅・十一）　孫釋幼，似是。（《考古》四期廿頁《小記》）

　（《後》下廿一・四）　李謂疑是叙殘字。　（《菁》十・十）　（《戩》十三・九）　李疑祭殘文。　李云：要之，兩字皆不可釋祐。卜辭中因無從示之祐也。　蘭按：李未考《菁》。

郭云：當釋巳，即罷免之意。卜辭或言：「……卜，㱿貞：我其巳賓，則（？）帝降若。……貞：我勿巳賓，則（？）帝降不若。」（《粹》一一一三）賓爲武丁時貞人，此蓋欲罷免之也。余曩釋爲儐祀之事，實誤，今正。（《粹考》一四三頁）　李云：《前》三・二八・一：「隹王二巳。」

(《前》一・四・八) (《前》一・五・一) (《徵・帝系》一七三) (又一七五) 從葉説《前釋》一、四一頁)釋礿。

 葉釋祼。(《鈎沉》乙卷)

 于謂從(《古文四聲韻》十五黠引古《老子》拔字)，即拔字。(《駢續》十四)

 (《粹》二四三) 郭：「叀祖乙彡日遟」，殆躊之古文，此讀爲禱。《殷虚卜辭》四二四版：「壬戌卜，貞：王賓大庚夾妣壬亡尤。」郭以此證啚字在妣壬下，非人名。 李謂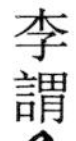乃之誤。 蘭按：不得爲申字邪。

 (《河南博物館藏甲》三一二，《録》三一二片) 孫釋禦。(《考古》五期五十七頁《小記》)

 (《存真》一七八) 許敬參。

 (《鐵》二四八・二) [《粹》一三五：「隹子馬。」(《粹考》二五頁)] 羅疑薦雞之祭。 葉釋禡，引《鐵》二四八・二 ，胡小石：彝。(《説文古文考》) 馬，孝定按：作乃兕，非馬字。傅孟真以相土即邦社。(《新獲卜辭寫本跋》)孫海波以土爲社(《考古》二期五六頁)。 邦土(《前》四・十七・三)下土(《戩》一・二)亳土(《佚》九二八)

 郭説：禍。(《粹考》一八九頁) 陳説：咼。(《考古》五期十七《釋冎》)。 胡小石：亡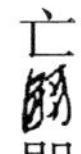即亡戾。 葉釋戾。(《前釋》一・卅五)。 李謂不從犬。

 郭説。(《甲研・釋飾》) 余永梁釋殺俏爲蔡。(《文字考》) 葉釋狐。(《前釋》一・一〇五)

 (《前》五・一・四) 葉釋禨。(《前釋》五・一)

 (《類纂存疑》一・五) 葉疑禨。(《鈎沉》一)

栅 (《後》上二四・二、《拾》三・十五)

王 羅。(《增考》) 王。 葉。(《前釋》) 顧實。(《釋王皇㞷》) 吴。(《名象疏證》) 郭。(《釋祖妣》) 徐中舒。

（《史語所集刊》四本） 汪榮寶。（《國學》二期）

 郭讀介。《粹》十二片：「庚午貞：于帝五臣。在且乙宗卜。」 李不識字，仍主五玉之説。

 陳直釋玉。（《殷契賸義》）

 王。（《殷虛文字續考》） 葉。（《前釋》六・十）

 （《粹》七・二〇：「不緝雨。」） 郭：緝疑顛（瑱）之古字（《粹考》九九）。 蘭按：當是聯字。

圓 羅。（《增考》） 郭：賺。（《粹考》二〇〇） 柯：包。（《補釋》） 余釋貺。（《天壤》十頁）

瑨瓊 郭釋琇。（《卜通》三・一四六頁，六七〇片）

每 胡小石：假爲霧（《爾雅》：「霧謂之晦。」）（《文例》下三）。 董彥堂：假作晦爲第四期字。第五期字假作悔。「其每」即《易》「有悔」，「弗每」即《易》「無悔」，爲第五期特用之辭。第四期已有假每爲悔者，如《新》一五七「以衆？王弗每」及「叀馬呼取？王弗每」，已開五期之端。 郭：假悔（《卜通》三・一二九），又假爲晦（《粹考》二〇六）。 葉疑若之變體。（《前釋》二・三・十六） 羅：敏。（《增考》中六十）

 盄 葉釋苗。（《前釋》六・四九） 疑公字邪。

孫釋隸。（《舉例》上廿四） 商：盄。（《類編》五）郭：盄。（《金文餘釋之餘》卅六） 余永梁：卣。（《續考》） 陳邦懷：菧。（《拾遺》九） 葉舊釋盈。（《前釋》二・四九） 唐：盄，溫。（《天壤》卅六）

◎ 丝不雨。帝隹丝邑龍。（《卜通・别》二・四） 若似虛字。

增「折」字。引余説（《導論》下廿九）。

蒿字。（《菁》十・十，史語所藏鹿頭）

郭云：卜辭或言：「莫于日中廼往，不雨。」莫疑假爲幕。（《粹考》九四） 《前》四・九・二：「……往……莫……」

 小 葉謂：舊作省文雨。《甲骨文字》一・十：「日允。」（李云原拓僅作，當爲雨之殘泐）又謂：《前》四・四二

「雨」,五五「牛」。羅釋少。王襄釋雹。按:《殷虚卜辭》四〇一「己巳卜,臣其斧(當是)?又」,小臣之小正作,知小同字。古本無少字。(《說契》九)

 羅釋少。(《增考》) 王襄釋雹(《類纂》十一),亦釋少小一字。(《類纂》二)

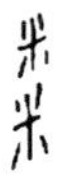 (《後》上二二·三) (同四) 葉釋釆,讀燔。(《鈎沉》十) 郭說同。(《卜通》二·五)

 商釋牛。與。(《佚存》十九頁)

牡 羅說。(《增考》中廿七)王說。均謂從士。 葉:疑從王,誤爲丂。(《說契》七) 郭(《甲研·釋祖妣》) 王襄釋麀爲麤。(《類纂》十·四五) 羅初釋麀(見《考釋》廿二),增訂本改爲牡。 董謂《後》下一八·八「乙未卜,晛貞:□子入駛利」等辭牡字只作。

剢 李依余說(《天壤》廿三),而謂卜辭殆音假作祟。 王固曰其出(《後》下三六·七) 丙辰卜,𡧊貞:𠂤出(《前》一·廿四·三) 壬戌卜,王貞:有(《鐵》十五·一)

 郭:犁。(《粹考》六六頁) 董:黎。(《斷代研究例》) 胡小石、王:物。 商:,物。(《佚存》卅二頁) 徐中舒:物。(《耒耜考》) 蘭按:物利音近,物可訓爲黎。自是物無疑。若讀爲利,何以解於卜辭之「叀物」、《詩》之「惟物」邪?

犆 郭云:犆爲牛色,不必然。特者,牛父也。(未見出處) 陳直曰:羅氏以犆爲牛色,非也。特,獨也。《禮·郊特牲》言「以獨牲祭天」也。(《賸義》六) 按:《龜》一·六·十:「物用犆。」吴其昌以告爲斧形。(《名象疏證》)

 華學涑:魄。(《類纂》五·二六) 余永梁:醜。(《文字考》) 郭:罶,醜。(《青銅》八頁)

咸 吴其昌據子貞戉碪形簋作,謂咸之本義爲一戉一碪相連。其後碪形之衍變成口。(《名象疏證》)

吉  吴謂象一斧一碪形。上弦月彎矍如斧,故名初吉。 郭說從士。(《釋祖妣》) 葉說。(《說契》)

周  商、郭(《釋寇》):周。 葉:金。(《前釋》四·四二) 王襄:鹵。(《類纂》十二·五四)

唐 王謂卜辭於湯之專祭必曰「王賓大乙」,惟祭告等乃稱唐。 未知其故。(《戩考》七) 羅謂唐殆大乙之謚。 李謂僅第一期稱湯，其他數期均稱大乙。

囂

用余説補。

（《後》下二八·十一）（《前》六·九·六）（《粹》四〇四） 葉：台。（《鉤沉》八） 郭：在此與「多后」同例，蓋假爲君。（《粹考》六十三） 蘭按：疑當即多公。公台一字邪。疑即。或員疑即。咸疑即。

吕

葉釋瞢，讀蒙。（《前釋》二·十八）

瞢

用余説。

吆

丁山説：干單古今字。（《説文闕誼箋》） 丁以干爲盾則非。

單

（《前》五·十·七） 葉釋哭。 蘭按：疑嗽字。（？）（？）爲敫。

李云：當釋喪，羅、孫釋噩、咢，葉釋喿（《前釋》二·卅六），均非。 李謂從吅或品，桑聲。 疾目。不喪明。其喪明？（《史語所十三次》八七片） 喪衆（《前》六·三九·六） 喪羊（《前》八·十一·四） 師弓大其喪。（《前》八·十四·一） 貞：並亡巛，不喪衆。（《後》下三五·一） 壬戌卜：其喪衆。今夕亡囚？壬戌卜：不喪衆。（《史語所甲編》三八一，一·二·〇一三一） 喪衆（同七三七，二·二·〇三三四） 不喪衆（同八〇九，二·二·〇四二四）

葉釋歸從𠂤從止。（《枝譚》九） 帚好即歸俘（《前釋》二·七六）

郭：歸即夔，在湖北秭歸。（《粹考》一五二）

𨇙

引余説補。按：品字誤。

李云：或從二止相重作。（《鐵》二二·二）或釋步，非是。

蘭按：或是徙之本字。

孫（《舉例》下廿一）、葉（《前釋》五·二）：登。 羅：𢍜。（《增考》中三九）

　羅列「步」下。《前》五卜辭有曰：「甲午，王涉歸？」王無徒涉之理，殆借涉爲步字也。　李謂羅謂王無徒涉之理。然則王又寧當徒步乎？　蘭按：涉當即讀步。

　王襄釋達。　蘭按：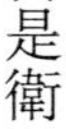當是衛。李從羅謂即。（以《龜》一・七・九、一・二九・七二辭一作衛一作銜爲證）

歲　孫：、當釋戉。（《舉例》下十九）　郭：歲戉一字。（《釋歲》）　余說。（《天壤》卅）　于省吾：戉爲歲之初文。戉戌有別。（《駢續》一・四）　葉釋戚。（又《前釋》一・十四）　按：《餘》一之歲爲第一期，作戉均晚。（《卜》二二三五亦有歲字）作者似亦早於戉。　則于說非也。

此　依董釋補。

乏　用余說補。

　（《前》七・卅・一）　商疑旋。（《類編・待問編》七・二）　郭釋旦，而旋從旦聲。（《青銅》下七六）　李釋是。　蘭按：此只是足字。文曰：「庚辰卜，大貞：雨不足，辰不隻羊。」羊疑讀爲祥。

征　孫海波作辵。　董：延。（《釋馭嫠》）　孫：征。（《舉例》下二）　羅：延。（《增考》）　王：延、延通。（《類纂》二・八）　《徵文》釋延。（《天象六》）　胡小石：辵、征、延一字。「征風」、「征雨」、「征貝」猶言「得風」、「得雨」、「得貝」。（《說文古文考》）　葉用王襄。（《前釋》一・十九）　郭：辵、延一字，用爲虛辭誕。（《粹考》一〇三）

　葉釋辻。（《鉤沉》十）

　（《前》四・三六・七：「貞：于□南雒奠。」）　蘭按：當釋雒。　（《前》五・九・三：「壬寅卜，雀侯弗𢦏𢀛？」）（《前》六・三四・一：「乎雈。」）　余永梁俱釋進。（《文字考》）

冓　（早期）　遘（祖甲以後）　遘（後期）　（《斷代研究例》）

彳用　（《佚存》六六一片，《粹》一一九二、一一九三）　商、郭均釋通。　孫亦釋通。（《考古》三期七十頁）

衜　還　用余說。（《天壤》四九）

彳尼　郭：即迡，遲之異。（《卜通》五七）　羅：逃。（《增考》中七十）　商：逃。　葉：行。（《鉤沉》十七）

羅：避。　容：徲。（《甲骨文字之發現及其考釋》）

余釋逸。（《天壤》廿九）

（《佚》二一）　商釋邋。

王襄釋徐。（《類纂》二・八）　葉非之。（《前釋》六・二六）　孫：途。

复　按：良字從此變無疑。

（《後》上十四・八）假狂爲往。

葉：循。（《鈎沉》乙十七）　羅：德。　郭：值，直。（《卜通》三・一一〇）　商：值。（《佚》八）

徬　（《福考》四）商：𢓊。　郭：，越。（《卜通》二・一三一）

卬　御　羅。　聞。（《殷虛文字孳乳研究》，《東方》廿五卷三號，五六葉）　葉。（《前釋》一・二五，又一・卅八）　郭。

（《甲研・釋干支》五六頁，《卜通》二・九、二・十一）

董：馭。（《安陽》四）　商：肄。（《佚》卅九）　余：肄。（《文字考》）　郭：叙。（《粹考》三二）

（《新》一五二）　余永梁：馭。（《文字考》）

（《粹》一一六〇）　郭：游。（《粹考》一〇九）　于：𢓜。（《駢續》卅九）

羅釋行。

（《佚》六三頁）商釋行。　蘭按：是达之省。《説文》達重文。

多射衍　（《前》五・四二・五）　多射（《後》下二六・一）　郭疑衛防字之異。（《卜通》三・一〇三）　余永梁：衛、衛釋彷。（《文字考》）　葉：衛。（《前釋》一・三四、五・四九）

葉釋囧。（《前釋》七・卅，又觀一・八九）

葉釋䞃。（《前釋》四・四六、五・卅五）

品　李旦丘釋厶。（《零拾》卅九）

㗊　陳邦福：龠。（《辨疑》四）　郭（《甲研・釋龢》言）　柯：單。（《補釋》）　商：戰。（《類編》十二・八）　葉：嚚。（《鈎沉》十四、《前釋》五・二二）

龢　[illegible]　蘭按：金文益公鐘作龢可證。

三卷

　余永梁：舌。（《續考》）　舐。（《解詁》七五〇）　于：舌。　疾舌，隹㞢它？（《續》五・十七・三）（《駢續》）　孫：香。（《舉例》）　葉：者。（《前釋》一・九九）

（《後》下二六・五）　孫海波：丩。（《考古》四・十六）

（《續》一・十六・二）　聞釋古。（《孳乳研究》，《東方》二五卷三號，五七）　郭釋古。（《卜通・別》五頁）　（《卜通》四・一五八）

言　郭釋龢言。　葉非之。（《前釋》五・廿四）

　孫疑報，又疑設。（《舉例》十四）　王襄疑酌。（《徵文考・典禮》十二頁）　李旦丘：設。（《零拾》卅六）　郭：毁。（《卜通》四・一六五）

　李釋詩。甚佳。

　羅。　葉。（《說契》）　郭。（《卜通》四・一七一）

　陳：弇。（《小箋》廿頁）　葉。（《前釋》四・三四）　孫。（《學文》一卷四期《說弇》）　李謂地名作，免身作，非一字。然《前》八・十二・三：「婦鼠余子」，只作。

　王：畀。　余（《文字考》）

　郭：戒。（《粹考》一四九）

？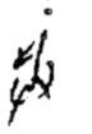　據余說補。（《導論》）

(《卜通》五九六片)

 羅：異。 王：戴。 余。(《續考》) 丁。(《釋冀》) 葉。(《説契》、《前釋》五・四二)

 (《新》二一六片)

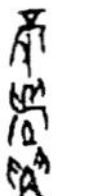 羅釋爨。(《類編》三・七) 孫云：疑盥之倒。疑𡍬字。從臼、從冉、從土，《説文》所無。(《考古》四期十一頁《小記》) 𡍬，王釋。

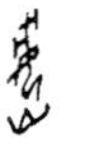(《粹》四一七片) 郭謂疑鬻之異，從火妟聲。妟即旡字。

 葉：鬳。(《鈎沉》十五)

 ⿱比皿 羅：鬻。 余：與鬻同字與否未可定。(《文字考》) 葉。(《前釋》六・卅九)

餗 王 葉：餺。(《前釋》二・六六、《前釋》五・廿) 孫：饙。(《舉例》下廿) 柯：爲「今兹有」三字合文。(《補釋》) 孫(《舉例》)

聞一多曰：卜辭每以「爲賓」連文。爲賓，賓爲也。爲、嫣古一字。疑與傳説中之舜有關。卜辭中尚無以爲訓作爲之意者。(《考古》六期《釋爲》)

 羅：執。 按：從杢似袿。

董説：⿰壴凡卜辭作、、、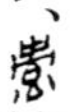諸形，乃以黍稷爲祭之一種。殷人以彡、翌、⿱劦口、⿰壴凡、祭五種祭祀爲一系統。⿰壴凡字之演化如下：

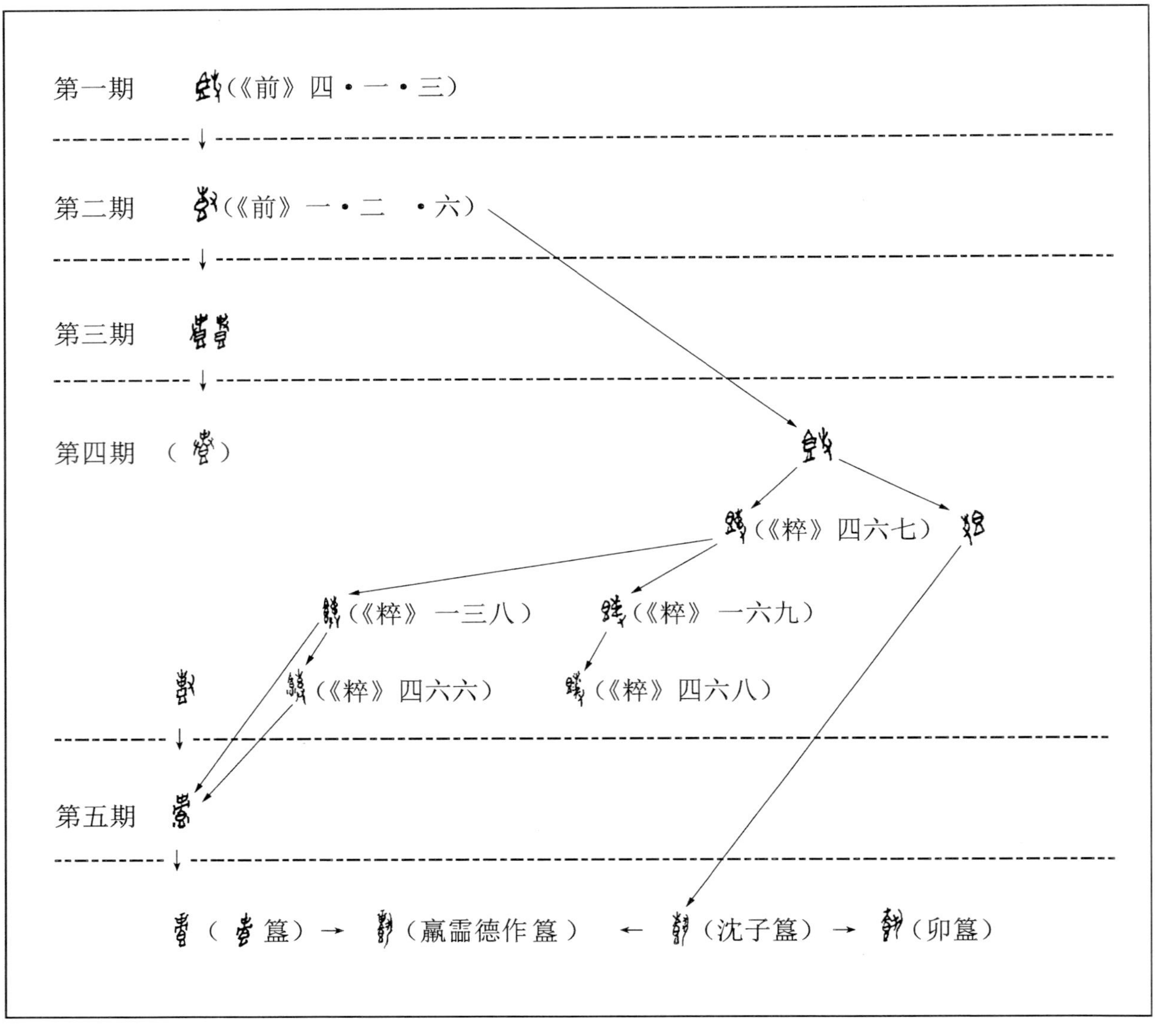
第一期
（《前》四・一・三）
第二期
（《前》一・二 ・六）
第三期
第四期
（《粹》四六七）
（《粹》一三八）
（《粹》一六九）
（《粹》四六六）
（《粹》四六八）
第五期
篮）
（赢霝德作簋）
（沈子簋）
（卯簋）

均象以手持□（殆象香草）植於豆上以爲祭也。□或在手中，或在豆上，則其象有先後也。□或變作□，或作□，或作□。由□變而爲金文之□若□矣。字均從又。意者當有從収作□之字，然後訛變爲□耳。（□雖未見，然由□等證之，或當有□字。且古文從又、從収，每不別也。）至□、□、□當爲一字，則於諸字在五種祭祀系統中所處位置相當，且其字形復遞變相承可知也。（董說未發表，李據口授。） 按：卜辭有□字，羅、王均釋𢦏（虎簋有𢦏字，王說見《卜辭所見地名考》） □ 葉釋索。（《前釋》一・四十） 商、華學涑並釋祼。 李謂□、□之與□、□、□，在卜辭本爲一字。小篆始分爲餗、𢦏二字。今因尚無絶對可靠之證據以證明□、□之必爲一字。姑仍許書之舊，分收餗、𢦏二篆下。 蘭按：從𢦏可通從□，而董說不學極矣。

𢦏 商讀伐。（《佚存》八九頁）

宎 丁（《說文闕義箋》）

郭謂宎通擾。（《粹考》一四九）

〇〇

□ 董。（《馭釐說》） 蘭按：□ 作□，或作□，或作□，則□即□、□ 即□也。此與□即□同義。

董謂□、□、□疑並爲尞，均象人燔柴而祭之形。祖甲時卜辭未見□字。他期用□若□者。祖甲及帝乙、帝辛時均用□字。可見□即□、□字也。廩辛、康丁時則用□爲□、□字。（李用董口述） 郭疑□與□爲一字。（《甲研・釋歲》）

取 葉釋攻。（《前釋》一・五五）

彗 用余說。

叓 用余說而以叓歸同爲叓。 葉亦釋叓。（《前釋》五・卅三） 孫。（《考古》三期六一頁）

史 陳夢家以爲田獵之網。□即干也。或作□，象建㫃於史上。（《考古》五期《史字新釋》） 李云：卜辭史作□，無作□者。事則二體兼有之。

□ 王疑畫。 郭：規。 王襄：肅。（《類纂》三・十三） 葉。（《前釋》二・十一）

臣　郭。(《甲研》) 葉。(《前釋》二・十九) 吴秋暉：瞋之本字。象怒目形，即古目字而中間之睛特大突出眶外者也。(《學文溯源》五六葉)

⿷匚臣　商疑⿷匚臣。

嗀　用余説。(《文字記》、《天壤》五十頁) 陳邦懷讀愨。(《福考》三頁)

許敬參：鐘。(《存真》一八・六)

皀　爲簋之初文。戴家祥(《釋皀》)

〇〇

役　役　余永粱。(《文字考》) 貞：疾役不延(《史語所甲》一三・〇・一五三〇四—一五四〇四)役疑假爲疫。

⿰王殳　余永粱：攻。(《文字考》)

　(《前》四・十一・二) 王襄：寸。(《類纂》三・十四)

尋　用余説。(《天壤》四二)

⿰鬲丑　葉疑「有」、「鬲」二字合文。(《前釋》二・二十)

　(《後》下十・十五) 敏　羅以、爲敏。或釋爲妻。余按：敏、妻殆是一字。

　疑與同。疑與同。叙與叙同。

　陳夢家釋歧。(《考古》六期《釋歧》) 葉。(《前釋》六・十一) 柯昌濟：流。(《補釋》) 孫詒讓：烝。(《舉例》下三三)

　疑仗非攸。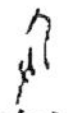似亦非攸。

　(《佚》六〇四) 商：敉。

　(《福》二) 商：駇。　陳：持。(商引)

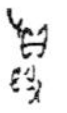　李釋斆。

　郭：宰。(《甲研・釋臣宰》) 葉：寇。(《説契》六八)

　(《柏根》四九片)　余說。(《天壤》五四頁)

攺　羅云：古金文及卜辭有攺無改。疑許有之。攺即改字，初非有二形也。　蘭按：「無或俞改」，是有改字也。郭云：朴作教形之意。子跪而執鞭以懲戒之。按非從子。

　(《新》一四六)斆

　(《粹》二六二)即教。

　郭：宧，貞之異。(《卜通》三・一三七)

用　葉。(《說契》八)　林義光。(《說契》引)　余永梁。

葡牛葡羊　于謂應讀爲副。亦即疈辜之疈。(《駢續》)　蘭按：似可讀爲《方言》「㷗，火乾也」之㷗，亦即《說文》稨以火乾肉。

三卷

智　用于說。

哭　戴家祥(《哭字說》)

　(《佚》二七六片)

　羅。(《增考》)　陳邦懷：奭。(《小箋》十七)　郭：母。(《甲研・釋祖妣》)夾=母。(《卜通》二二，《青銅》上《戊辰彝考釋》，《金文叢考・釋𡗝》)　葉：夾。(《鈎沉》十三，《前釋》一・十六)　陳夢家：夾，母。(《考古》五・十二)　唐。(《天壤》)　張苑峰釋奭讀仇訓匹，象腋下挾兩物形。腋下所持詭變至多，蓋取二物相儷爲偶，故不拘拘於形體也。《小雅・賓之初筵》「賓載手仇」，鄭箋：「仇讀曰𣄯。」可知音同。甲骨金文中之奭皆當讀爲三百篇中之仇。「黄𡗝」、「伊𡗝」如「公侯好仇」之仇(《奭字說》未發表)。

　(《甲編》一五二二：一・〇・〇二六一)　李在「眉」下。

𦤎　陳邦懷：啚。(《小箋》廿一)

魯　商：魚、魯　均漁之變體。八、口均象取魚之具。（《佚考》八七）　葉：魚、漁。（《鈎沉》十六）　郭：魯。（《青銅》上十八）　孫：魯。

盧　羅釋魯。（《增考》中七三）

習　余說。

羽　余說。翊　翣　昍

雉　雗　陳邦懷。（《小箋》十四）

（《前》四・十七一五）　王襄：雉（《類纂》四・十八）　胡小石：象懸雉之形。余以爲即古犧字。（《說文古文考》）帝連文　郭：帝鴻。（《卜通》一六六頁）

雟　柯：禽。（《補釋》）　羅、商、陳夢家：離。（《考古》五・十四《史字新釋補證》）

仳　（《後》下二十・十一）　余永梁疑雌。

〇〇（《庫方》一〇一四）　陳夢家云：字象人雙手張網於上以羅隹。乃羅字象形。（《考古》五・十五《史字新釋補證》）李釋翟。　蘭按：此當是罿字。

瞿　商、葉：鸑。（《前釋》二・十八）葉：畢。（《鈎沉》十五）

雈　雚　郭：雈，禍。（《卜通》二・九五）　胡小石：雈，風。（《說文古文考》）　董：武丁時作雈，祖甲以後加兩目形作雚以示舉目觀看之義。（《斷代研究例》四一二）

〇〇或作、。　商謂爲戈之變。　葉非之。　蘭按：此可證之即也。　蔑　郭謂即《山海經》「女蔑」。（《卜通》二・五八）　卜辭《前》一・五二・三與「黃尹」並列。《甲編》八八三：「其又蔑眔伊尹。」　《前》六・七・六：「己未卜，完貞：蔑雨，隹有壱。」

孫：羞。（《舉例》下九）　羅：羊。　郭：朋若瞿之古文。（《粹考》十二頁）　徐中舒：釋善。（待考）　《前釋》

四·廿二引孫詒讓：苜。　蘭按：此字不從羊。蓋本作也。其𦉪之古文歟？

　（《粹》一五九一）　蘭按：非集字，當作樵。

葉以、雇並風之或體。郭釋雇，非。（《前釋》四·六）

㕜觀伊夾　（《粹》八二八片）　郭云：例以他辭，則鳳當爲伊尹之配。鳳又稱帝史，此蓋殷人神話或以伊尹之配死而爲風師也。（《粹考》一一〇）　卜辭或言鳳方當即《後漢書》夷有九種之風夷。（《粹考》一五二）　陳邦懷：㞢嶽。（《小箋》十三頁）又《自序》引吉曾甫。

王國維《釋朋》　郭。（《甲研·釋朋》）

　葉：玨（《前釋》五·五）　李據王静安謂玨即朋，又據徐灝（「朋」下，「貝」下）謂朋爲貝之隸變。　朋無定數。（郭沫若説）　朋廿六枚（《田野考古報告：辛村古墓》）

鳺　孫：雄。（《舉例》四五）　余説。

　孫：鷹。（《考古》四·十五《小記》）

　葉：鳴。（《前釋》三·二六及卅四）　蘭按：當是雁。　第二形柯昌濟鶉。　商：豚。是。

胡小石謂畢馬、畢鹿假爲彈，射也。（李據口述）　李據《金璋》四〇一片「叀王躾𢍰鹿，亡戋？畢」，明畢非射。

　𡉚　從土（？）或之別構。　葉。（《前釋》二·卅四）

𡚬　聞宥：爲畢繁文。（《孳乳研究》）

再　余説。　郭。（《金文叢考》）　陳邦懷：舉。（《小箋》十九）

爯　郭：從爪再聲。（《金文叢考》）

聞在宥以幼爲功（《集韻》功或作紡）。（《孳乳研究》）

叀　余永梁。（《續考》）　孫海波。（《考古》五·四五《小記續》）　郭。（《卜通》十四、一五六，《餘釋之餘·釋叀》）　葉。（《前釋》一·四四）　孫。（《舉例》下十七）　王襄。（《徵文考釋》六）　吴其昌。（《解詁》三七片）　李旦丘（《零拾》

卅四）並用諸說，如搏、專等。

李孝定謂金文「叀昌天命」、「虔夙夕叀我一人」均讀惟。

壴　葉謂可疑，似非從叀。（《前釋》二・五一）

予　孫。（《考古》三・五六《小記》）

　孫釋爰。（《甲骨文録》五七七片）

　聞宥：𤔔。（《東方》廿五・三・五五，《孳乳研究》）

　胡小石：爭。（《說文古文考》）　郭沫若用胡說。（《粹考》十六頁）

　（《粹》一二四七）　郭疑殔。

　郭：囚。（《金文叢考》）　葉：囚。（《前釋》四・五四）　董：卜辭圂作，囗爲囹圄。井與囗不同。知非囚字。

孫：，汓。（《文編》十一卷三頁）　董作賓：，仍是死。　丁山：死。　李並以爲死。

〇〇〇

　（《佚》七三九片）　商：㦰。

　斮　用余說。　蘭按：《曾子問》無斮俎。

　（《前》七・四三・二、《佚》一八八）　李旦丘：䎱、䏞，從肉（×）。（《零拾》三七）

　刹　郭：假爲䜌。（《卜通》二一一五六）　刹異文。（《卜通》二一一五七）　李云：卜辭假「乍」爲「則」。

〇〇〇

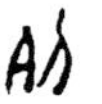　余永梁：刖。按：從月不從肉。　蘭按：當釋胣，《說文》：「小耎易斷也。」猶（卲）之爲色，（紹）之爲絕也。

〇〇〇

制　《前》五・三九・八　郭：制。（《卜通》四・一六四）

　商：俎。　葉謂誤。（見《前釋》一・一一九）

〇〇

　《前》四・五一・一　舊釋刃。　蘭疑勿。

耤　郭。（《甲研・釋耤》）　徐中舒。（《耒耜考》）　陳邦懷。（《拾遺》）　余永梁。（《新獲卜辭寫本跋》）

　用余說。　陳邦懷說與余同。（《小箋》廿四）

〇〇〇

 葉：竹。（《説契》） 蘭按：仍當釋冄。

〇〇〇

 羅：篚。 葉：匠。（《前釋》六・三四） 蘭按：匧，見《説文》。

 （《粹》一二六六、一二六七） 郭釋笙之初文。

 羅：册。 陳邦懷：典。（《拾遺》） 葉：再册亦作「再殹」，是册、殹確爲一字。（《前釋》二六・九） 于：工典。（《駢續》十一）

工　王襄。（《類纂》五・廿二） 葉。（《前釋》二・六九） 吴其昌：斧形。 孫：工。（《考古》三・七二《小記》） 王獻唐：象一系貫二玉。（卅二年四月十七日史語所講演）

 郭釋工。（《甲研・釋攻》）

 （《廈甲》廿一）

 陳從羅説。（《小箋》九）  余説。（《天壤》九、《導論》）郭：巫。（《粹考》十三）

𣍘　孫疑品之變。（《舉例》下十一）「栅八又五牢」（《拾》三・十五） 「叀丝栅用㚔羊一，卯一牛」（《後》上二四） 「叀丝栅用伐十又五」（《後》下卌・三四） 辭例與𣍘不同。

曹　丁山。（《説文闕義箋》） 郭。（《卜通》四・一六〇）

廼　葉。（《前釋》一・一二七） 郭。（《粹考》九四） 「王廼省（？）田」（《後》下廿・四）「莫于日中廼往」（《粹》六八二）「卯貞：□羽……于父己廼曹」（《前》八・十二・六）

乃　「之日□有嬉乃卬事」（《前》七・三二・三） 「……卜……王命□以子□乃奠于并。」（《後》下三六・三） 「乃丝有祟」

兮　郭：或假爲曦。（《粹考》九八）

乎　「丁未卜，□㞢咸戊□戊乎？」 「丁未□㞢咸戊牛不？」此二辭一綴以「乎」，一綴以「不」，蓋均表示疑問。不者，否也。(《粹考》六六頁) 李云：郭所據「乎」字，拓文作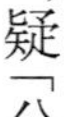，疑「兮」非「乎」。

 孫：粵。 李云：當釋㱿㱿。

喜 餗 喜讀饎。陳。(《小箋》十三)

彭 葉。(《鈎沉》乙・二一) 《前》四・一：「貞今日……乙亥……彡壴。」 《佚》二三三：「戊戌貞：告其壴彡于□六□。」

〇〇  羅：樹。 郭：枖。(《卜通》三・一六〇) 葉：樹。、一字。(《前釋》一・二五)李釋嘉。以金文證卜辭加省，以壴爲例。

 《說文》無。各書：豐。李云，非。字形文義並不同。

鼖 窡 並用余說。

 孫：䜴。(《文編》) 羅：烝。 陳：從𢍏聲。(《小箋》九)

王釋禮。(《集林》) 商。(《類編》、《佚》三七頁)

 葉疑豊。(《說契》五)

 (《卜》二〇三〇) 葉疑虡。(《說契》五)

 王襄：豹。(《類纂》九) 孫海波同。 葉：虎。(《前釋》四・六一) 矦即。

 (《新》三四七)虎 李疑虓。

䖒 蘭按：秦量皆字如此。《說文》䖒。

《粹》一一八二：「卜：其皿鳳方叀……」 郭云：皿殆假爲㿻皇。

 (《後》下三四・三) 孫：盛。(《考古》三・六四) 商：益戊合文。

 (《拾》四・十八) 孫以爲盧。(《文編》)

 (《粹》一〇九) 郭以趞曹鼎證爲盧。 于省吾：爲初文。(《駢續》二十)

 孫：盒盇。（《舉例》上廿三） 葉：盈。（《説契》九） 余：盅。（《天壤》廿四）

 盂 盡（《佚》二三四）

（《前》六・四一・八） 商釋盦。

 葉：盪。（《鈎沉》，《前釋》六・卅二） 郭：，般。（《粹考》一五一）

 商（《佚存》十九）

 孫：盅。（《舉例》上廿三） 羅：血。 葉：、監一字。（《前釋》四・四七）

 吴其昌：與用義殆不異。（《解詁》四八五片） 于省吾：盞，象薦血於几上。（《駢續》廿四）

〇

（《佚》六三一） 孫：卹。（《考古》四・十七）

 商：主。 陳：朱。（《小箋》十五） 葉：桑。（《前釋》二・卅九）

 羅：阱。 商：阱。 郭：穽麋合文。（《卜通》十一） 葉（《前釋》二・二五）

 郭疑啚之繁文。（《粹》五四四片）

⿰忄𠬝 用余説。次饔下。（《天壤》四七）

⿹勹金（《後》下七・十三） 王國維：复。 余永梁：飤。（《文字考》）

倉（《卜通・別》二一・八頁八片）

 内 董。（《福考》三頁引） 商。（同三） 容、瞿。（《卜釋》二六，又三六） 葉。（《説契》九）

⿱⺌人 用余説。丁。（《闕義箋》十八）

 缶 余説。（《天壤》五五） 郭《粹》一五一頁亦作缶。

〇〇〇

（《河南博物館》三三六） 孫《文録》廿四頁，疑亦矢字。 蘭按：此乃矢字也。

⿸厂矢 象張布。（羅） 厂係畫界。（葉（《説契》十）

⿰弓矢 從余説，與躲爲一字。

 王。孫。（《名原》下卅四）商。陳直：象太學。（《賸義》八）郭。（《粹考》九〇頁，《卜通》一六一頁）《說文》土部「墉」下段注：「蓋古讀𩫏爲墉，秦以後讀如郭。」

 王：京。郭：從京亯聲。（《金文叢考》）葉：「亯」、「京」二字合文。（《前釋》二・六五）

𩫏 羅：亯。王。（《古金文考釋》）陳邦懷：亯。（《小箋》十二）郭。（《卜通》五・十一）葉（《前釋》二・十）

㫗 用余說。「叀㫗」，厚（？）

 （《前》七・二三・一、《後》下二八・一）郭釋面。（《卜通》一〇五頁）

〇〇〇

 （《後》下廿・十六）葉：嗇、廩。（《枝譚》三）陳：廩。（《小箋》四）蘭按：當作⿷匚稟。

〇〇

 （《粹》一二七六）郭：稟。蘭按：檣。

啚 羅：啚。余永梁：合。（《論叢》一卷四號）孫：啚。（《考古》三期《小記》）

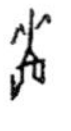 孫：嗇。（《舉例》上卅一） 嗇（《拾》十二・二）

 羅：嗇。 蘭按：⿱秝田當讀如秝。

麥 羅。葉。（《說契》）

 复 孫：复。（《舉例》上八）羅：復。葉：复、復一字。（《前釋》五・十六）陳邦懷：复從㫗省。《說文》富者，苗夔：⿱竹畐省。（《小箋》廿一）

  （《粹》一二七五）郭說致。

 于。（《釋屯》，《輔仁學誌》八卷二期）

夓 郭。（《卜通》五六頁、一五四頁）孫海波。（《考古》二期《讀〈古史新證〉書後》）余說。（《考古》《禘、郊、祖、宗、報》，《佚存》八一頁）

夒 用余說。

華學涑：舞。（《前釋》三·廿一引） 王襄。（《類纂》五） 葉。（《枝譚》五） 郭。（《粹考》一〇一）

〇〇〇 （《粹》一三二〇片） 郭釋舞。 蘭按：伕是走字邪？

〇〇〇 （《粹》一五四三片） 郭釋舞。 蘭按：仍是达字（達重文）。

柯：舞。（《補釋》） 孫：共。（《舉例》上卌六） 葉：垂。（《枝譚》，《拾遺考釋》七）

（《卜》一二八片）（吴其昌云：弟殆即叔字之消。（《名象疏證》））

六編

王襄、商、孫、朱均杏。 郭：，丘圍。（《甲研》釋作） 葉。（《前釋》四·廿）

朱 商：珠。（《集刊》一本十七頁）

（《拾》五·十三）

商疑杲。（《佚》十一丙）

（《後》下二九·十二） 葉：柵。（《鈎沉》乙十六）

王：櫛、瀄。（《殷虛文字續考》） 郭：如王說。從水節聲。（《卜通》一二八） 葉：從即從㚒從水，或省水。 釋櫛似當未塙。（《前釋》二·三二）

〇〇〇 按：木似柯作，則是椰而即矣（卜辭或作）。（此猶或作也。）

杞 陳邦懷。（《小箋》十六） 商。（《佚存》六一）

大采 小采 陳邦懷。（《小箋》廿八） 商。（《佚存》四二） 郭。（《粹考》一三五） 孫。（《考古》三期六五《小記·釋采》）

余永梁：枘。（《文字考》） 葉非之。（《前釋》四·八）

斨 用余說。 葉：，裸。（《鈎沉》乙）

棠 羅：果。（《增考》中卅六頁，又二二頁） 郭：棠。（《卜通》八九頁）

（《粹》一三〇五片） 郭：梏。

 孫：召。（《舉例》上卅四） 郭：勺。（《古代社會研究》） 林：旨（者）。（《鬼方黎國並見卜辭説》） 葉：椒。（《前釋》四・十一）

東 徐中舒。（《東字説》） 丁山。（《闕義箋》） 余説。（《考古》四期《釋四方之名》）

棘 《闕義箋》、《集刊》第二本《叡夷考》 陳邦懷。（《小箋》八）

楚（《粹》一三一五）

𦯺 葉：录象懸兵於架。（《枝譚》一・廿四、《前釋》六・一） 董：录本轆轤字也。作𦯺第五期字。第一期假录爲之。

孫詒讓：誤爲正。（《舉例》下二）誤㞢爲之，訓爲適。（《舉例》上十七） 葉：㞢。從孫。（《前釋》一・三） 商：㞢讀及。（《佚》九頁） 郭：，生。（《卜通四・別》一新十七片、廿片）㞢。（《粹》六二頁）

（《後》下卅・八） 孫：㞢。（《考古》四期廿一頁《小記》）

𠂤 古堆字。（《粹考》八四頁） 商：。（《佚》一五頁）

出日 入日（《粹考》七頁）

青 （《粹考》一六五頁） 陳直：南。（《賸義》四）

生 郭。（《卜通》新廿片釋文、《粹考》六二頁）

 孫：國。（《考古》三期六十《小記》）

 孫：摶。 羅：甫。 葉：專。（《前釋》四・四） 余：苗。（《天壤》卅二）

 余釋帚。 葉：困古文。（《前釋》一・一四一）

（《佚》十一） 孫海波：員。（《考古》三期七四頁《小記》）

遈 取貝百？口取貝六百？（《侯家莊》一五一片） 丁亥卜，光取貝二朋，在正月取。（一六六片） 其䖒用雚目貝，叀貝朋。（《甲編》七七七片） 高曉梅云：寙鼎「錫朋五朋」，作四器（鼎二、簋二），可知價值甚高。至其末葉，遽伯睘簋一

器所費用十朋又四朋。昭王以前器所記錫貝以十朋爲多，自此而後漸增至卅朋五十朋，至東周則未見錫貝。（《大司空村墓内的含貝握貝與喪禮在後世的流傳》第四節，此文尚未發表）

貯 郭：宁本鹵之初字。（《金文餘釋》） 羅。 王襄。（《類纂》六）

賓 孫。（《舉例》上九） 郭云：從匕。（《甲研・釋祖妣》）儐，動詞。（《卜通》十五頁）亦賓字。（《卜通》七六、《粹考》一四三） 羅。 葉。（《前釋》一・九） 陳直：儐省。（《賸義》三） 孫海波：即儐。 郭説甚確。（《考古》三・六七《小記》） 聞一多：爲賓，賓爲，讀嬀。（《考古》六・一八五《釋爲》）

買 （《佚》四六二片） 孫。（《考古》三・六九《小記》）

 （《新》三六六） 舊釋貯。

 王。（《史籀疏證》） 郭：土，相土。（《卜通》七〇） 孫仍釋邦土。（《考古》二《〈古史新證〉書後》）

○○  （《前》四・一・二） 余永梁：郢。（《文字考》） 蘭按：似是卯。

《前》七・三六・二片：「貞：今日其雨？王固曰：矦丝雨。之日允雨。」 李孝定云：乃日之漏刻直畫者。 蘭按：之刀法不似日之漏刻，仍是字也。

 （《拾》十三・一） 葉：晉。

晵 王。 葉。（《説契》） 商。（《佚存》一頁）

昜 暘日。（《粹考》七頁）

○○○  （《粹》四九七至四九九片） 郭釋暑從日叔聲。 蘭疑是晰字。

 （《粹》七一五） 郭釋昏。 （《佚》二一九二）

 （《後》下三九・十四，《佚》四六八） （《明義士》） 孫海波。（《考古》四・十九《小記》）

○○○  （《前》一・五二・五） 葉：暴。（《鈎沉》十四） 蘭按：此麌之本字。

昔　洪水。（葉《説契》）

　羅：晝。　葉：煇。（《鉤沉》二）　于：㝔。（《駢續·釋㝔》）　蘭按：當是暅或暄之本字。易日以照之。

朝　羅。　商：萌。　郭：萌。（《卜通》一七〇）

　孫亦旋。（《考古》三·七一《小記》）

　孫：旅。（《甲骨文録》四七頁）

族　葉：交脛人在旗下。（《説契》）

冥　郭。（《卜》別）

　（《佚》五〇六）　商：雹。　唐：星。（並《佚考》）　曐　高田忠周：星。（《卜通》九〇）

郭：月夕混用，大抵以有點者爲月，無點者爲夕。　孫：月夕同文。唯以文意别之。董氏以爲前期月作，夕作，後期月作，夕作夕，誤。卜辭有月夕同見一片而作若者。（《文録》八頁）　容：月夕二字通用。　余説。（《佚存》四八）　許敬參：互通。（《存真考釋》七六）　董。（《斷代研究例》）又自武丁至祖甲以爲月，以爲夕。　廩辛康丁未見紀月，夕字作。武乙文丁夕月均作。帝乙帝辛月作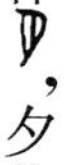，夕作。（口述）　五期卜辭言：「今亡？寧在某月。」其卜之之日在月朔，非卜夕也。　又卜辭每言「今月雨」、「今某月雨」，讀者誤「今夕亡」、「今夕雨」、「今某夕雨」，遂以爲月夕混用。（口述）

　柯：脺。讀作朔。（《補釋》）　王襄：朔。（《類纂》三十三頁）　陳邦懷：朔。（《小箋》四）

⿰龍又　王襄：攏。　陳邦懷：⿰彳龍。

　（《卜通·别》二）　李孝定釋⿰彳龍。

卜　外　董：外當取卜兆向外之義。

夗　羅　葉。（《説契》、《前釋》七·十七）　葉謂卜辭無夜字。王襄以「不亦雨」爲「不夜雨」，郭從之。（《卜通·别》二一·十·三片）

毌　孫。（《舉例》下卅三）　葉。（《前釋》五・四三，《鈎沉》五・十一）　郭説毌古干字。

〇〇〇　（《粹》九一六）　（《前》五・三九・二）　郭：毌。（《粹考》）　蘭按：或。

卣　李孝定以瓠壺爲卣。《戩》二五・九「𠧧五」，他辭皆作卣。《鐵》一九三・四「今日不雨」，他辭均作。

〇〇〇　蘭按：䰜之異。

〇〇〇　（《後》下一六・一三）　蘭按：䅵。

片　爿　丁山（《説冀》）　陳邦福（《辨疑》：片即爿。）　董：爿即牀古文。、皆象人在牀上也。

㲉　郭：版。（《甲研・釋版》）　陳邦懷：牂。（《拾遺》八）　唐。（《天壤》卅二）　葉讀戕。（《前釋》四・五）

鼎　王國維：卜辭貞、鼎二字有別。　孫：古一字。（《考古》三期七三《小記》）

　鼐　當即鼎。

克　羅。　商。《説契》。

　（《卜》三四八）　葉：穆。（《説契》）

〇〇〇　陳邦懷：稷。（《小箋》十五）　余（《導論》）　今按：當即柷字。

术　用余説。

䅺　用余説，列「稻」下。

〇〇〇　郭：稌。（《卜通》一四三頁）　蘭按：榆。

康　羅。　郭。（《釋干支》）

季　葉：象根形或人戴禾。（《説契》）　董：人聲。

䆋　羅。　列「秌」下。　《粹考》一・廿一。

　秦　（《粹》一五七六）

(《前》二・十・五) 孫海波：縣。 李孝定：𥠖。

秉 葉：秋。(《鉤沉》三) 郭：稈。(《粹考》一一三)

(《龜》二・二五・一五) 葉：者。(《說契》) 郭：香。(《卜通》一四三)

〇〇 米作，其作者，或之異邪？ 郭：卜辭用米爲祭名，蓋讀爲類。(《粹考》三七)

 葉：稻。(《鉤沉》十六頁) 李孝定：舂。

家 葉。(《釋契》) 邵君樸。(《釋家》，《集刊》五本二七九) 李從余說。

定 用余說。

寘或寘  羅：朋。葉：珏。(《鉤沉》)

(《前》二・四・五) 葉：宭。(《鉤沉》十三)

宰 (《佚》五一八) 吴：屋下有辛類兵器。宰殺，宰割。

(《前》六・十・一) 葉：守。(《前釋》六・九・十九) (《前》七・四三・一) 葉：守。(《前釋》一・九二)

〇〇〇〇〇  中島竦疑坐。(《淵源》一中八六頁) 蘭按：此席之古文。誤爲厂耳。《說文》：「席，籍也。」《論語》：「必正席先嘗之。」皇疏：「猶坐也。」《鄉飲酒》：「乃席賓。」注：「敷席也。」然則席本義爲坐爲籍，引申乃謂所籍之簟爲席，由動詞變爲名詞也。

 孫：定，郕。(《舉例》上廿九) 羅：客。 葉：客。(《前釋》四・卌九)

(《粹》六六四片) 郭釋宎即客之古字。

 陳：宕。(《小箋》廿五)

(《佚》一〇六)

(《新》三二一九) 疑未必是宋。

 葉：疑宗倒。(《前釋》六・十四)

⿱宀畀 蘭按：寷。

⿱宀午 陳：宮宮。（《小箋》七） 聞宥：綱羅。（《孳乳研究》，《東方》廿五・三號）

 郭：房。（《卜通》七） 李旦丘：予。（《零拾》七） 孫海波：環。（《文編》附録） 董：乃第一期宫字，後始增作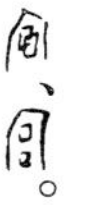。

 （《龜》一・五・八） 商、孫收作呂。蘭疑呂。

 （《拾》五・六） （《粹》九六〇） （《後》下四二・十四） 葉、郭均釋宊。

⿰爿虎 丁山。（《説冀》附餘二《釋⿰爿虎》，《集刊》一本） 柯昌濟：釋懼。（《補釋》） 王襄：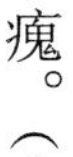，瘣。（《類纂》七・三六） 葉：並待商。（《前釋》六・九） 孫海波：⿱宀⿰爿禀⿱宀⿰爿禀。（《考古》四・十五《小記》） 郭：丁夢可信。（《卜通》九二）⿱宀⿰爿夢省父聲，痛。（《卜通》九十） 葉：，瘳。（《鈎沉》） 孫：瘳。（《舉例》上十二） 戴：瘥。（《考古》五・卅五《殷契亡囚説》）

⿱宀妹⿱宀⿰巾卩⿸广⿰巾卩 羅：寐。（《雪堂金石文字跋尾》） 葉。（《前釋》二一・八）

疒 丁山：疾。（《釋疾》，《集刊》一本二四三） 疥（孫：《舉例》上廿六） 王襄：疥。 郭：⿰爿㬎。（《卜通》一一頁，《餘釋之餘》） 胡：癘。（《文例》下廿五） 董彦堂：武丁時作，文丁時作（四期甲骨有「疾目不喪明？其喪明」、「囚同疾」之辭）。（《從高宗諒陰説到武丁父子們的健康》，載《中國青年》）

⿰火矢 羅：疾。（《增考》中七五） 王以爲医，疾之本字。（《毛公鼎考釋》） 葉：疾從交不從矢。（《説契》十頁）

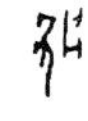 陳邦懷：瘧。《墨子・經説》下：「智者若瘧病之之於⿸疒虎也。」敦煌唐寫本《食療本草》蕪荑條：「和沙牛酪療一切⿸疒虎。」（《拾遺》七）

⿸尸隹 王：鳳。（《戩考》六十） 商、孫同。 董：⿸尸隹、雈有同版，當非鳳字。（《斷代》） 郭：冢（《卜通》八五、《粹考》一〇九）

冑 用余説。

〇〇〇

□（《粹》一五九四）　郭説網。　葉玉森謂□，罦。（《爾雅》：「罬謂之罦。」篆文□即□之訛變。）　李云：罦罬一字所分衍。罬，□之形訛，罦，□之形訛。　蘭按：□當是羉，猶□也。□當是罬。□當非罪邪？

罯　戴家祥：罟。

□　葉：羈。（《鈎沉》十六）

□　王：罝。　商同。　陳邦懷：罨。（《小箋》六）　葉：罝。（《前釋》一·六三）

□　王：罕。　葉：□從目，不當釋罕。（《前釋》一·一三二）　陳：罹。（《小箋》十七）　李：罯。

□（《後》下十九四）　羅：冪。　王襄：幎。（《類纂》七）

白　瞿：羅誤讀白爲百，遂謂禮家謂殷牲用白爲無徵。殊不然也。（《卜釋》卅五頁）　郭謂白象拇指。（《金文叢考》一九九）

黹　王國維：黻。　王襄：帶。（《類纂》七）　葉：均不可通。（《前釋》四·五三）　李孝定謂當釋黹。

保　用余説。

□　孫：夷。（《舉例》上卅九）　羅：伏。（《待問編》）　葉：仁。仁夷通。　郭：夾。（《卜通》一〇八）《類編》、《文編》：□（《前》二·十九·一）　二乃紀數字，與人近。非仁字。

□（《新》）　董釋倞。　蘭按：似是飾。

□　郭：何。　羌舊釋爲允，不確。（《粹考》七九頁、一〇六頁）　唐：□，何。（《佚》十四）

□　用余説。位。

〇〇〇

□　偁　郭説。（《卜通》一五八）　蘭按：偁省作□者，猶□者作□也。陳邦懷謂偁從舉，《釋言》：「偁，舉也」。（《小箋》十八）

乍　郭：□形之變。　葉非之。（《前釋》一·九四）

伐　樂舞。伐者猶云萬者。（羅）　釋作舞干。（陳直《膹義》五）　董：舞名。（《獲白麟》下篇《釋羌》）　吴：用人之祭。（《人祭考》，《清華周刊》文史專號卅七卷第九、第十期）　商：伐舞。（《佚存》卅三）　郭：干舞。（《卜通》十六）

孫：咎。（《舉例》下四） 葉：舁。（《前釋》四・四十）

弔（叔） 羅。（《雪堂金石跋尾》） 郭。（《甲研・釋干支》） 葉。（《前釋》一・五〇） 唐。（《導論》下廿） 本弔字。古文用爲伯弔或不弔，後世音變改用叔字而學者多誤謂即叔字。或且謂《說文》弔字與從弔之字均爲叔字之誤。不知金文固自有叔字。（《考古》三（？）（四（？）期《釋四方之名》）

○○○ （《前》四・一・七） （《前》六・五三・二） （《前》四・三七・五） 葉：[棥大]。（《前釋》四・二） 蘭按：當爲椅。似當爲㑣（猶婪也。）。待考。

王國維：[亻水]。 商：從人從少。（《待問編》） 葉：從人從小。（《前》四・卅七）

余：卮。 李孝定：與同釋卬。

昆 用余說。

葉：并。（《鈎沉》二）

冀 丁：爲保，爲異，從保異聲，即冀。（《說冀》） 葉：捋假作俘。（《前釋》一・一〇四，又七・二） 郭。（《青銅》上一至八頁）

衆 葉：昆。（《鈎沉》）

監 用余說。

○○ 衣祭《公羊傳》：「大事者何？大祫也。……五年而再殷祭。」

（《粹》一五八八） 郭釋禕。是也。 盧江劉氏。（李引）

○○○ 孫：襄。（《舉例》下十） 王襄：卒。（《類纂》） 孫：從爻，即卒字之所出。 校。（蘭）

○○○○ 王：褮。《類編》、《文編》：褮。 郭：禜。

疑之誤與？

○○○○ 羅：亦求。 王：升或庡縣。（《戩考》三頁） 葉：卜：于九示？（《前》三・二三・七）貞：于九示？（《後》

上二八・十二）似確一字，應並釋求。即不釋求，亦當爲祭名，非祟也。（《前釋》三・四）郭：𠦪。（《粹考》三・五）《甲研・釋餘》作求。　余説及商説。（《福考》一頁）

（《粹》四六五片）郭：衩，裘。

（《粹》五一九片）郭：尸。

容：彤。（《卜釋》三一）郭：川。（《卜通》五一二片）

䑣　羅：奉火。　丁山：舂上半。（《闕義箋》卅四）郭：奉斧兵之初字。奉火。（《説契》）

（《粹》八四三片）郭：般。　蘭按：如從舟則洀。

徐中舒：象耒，訓「一番謂之坺」之坺。（《耒耜考》）　葉：架上懸刀形。（《説契》）

（《粹》一二三〇片）郭：古文奇字人。

〇〇〇〇

孫海波：兢。蘭按：孖。

郭：先。（《粹》二四七片）

（《前》二・七・二）　陳邦懷：視。（《小箋》十八）（《前》二・二五・一五）郭：雷，霧。（《卜通》一四三頁）

孫：吹。（《考古》三・五五《小記》）

葉：歌。

卸　余舊釋敼。

（《佚》九五〇）　余説歆。

（《後》下四二・六）　孫：次。（《考古》三・五五）

歆　（葉《説契》八）（《佚》六四八）

 羅：兇。　郭：皃。(《卜通》五七、《粹考》十五)　朱芳圃：禼。(《字編補遺》廿四)　余說。(《天壤》)
顱《天壤》　郭：蔑。(《卜通》一〇九)戭。(《粹考》六)　胡小石：武。從止從戉與從戈近。(李據口述)　羅：伐。
容：象人爲厭勝之術。(《卜釋》十七)　葉：頗。(《鈎沉》十四)鉏。(《前釋》六十・九)
 䫏(《卜通》一〇八)假面形。(聞宥。引見《前釋》七・廿五)葉：鬼。(《鈎沉》八)　余永梁：皃。(《文字考》)
頊　葉：頊，顯。(《鈎沉》十七)　許敬參：晛。(《考古》三・八十二)
 (《菁》四・一)　(《後》下十五・五)　余永梁：面。(《文字考》)王襄：，宧。　商：，訇。(九・四)

○○○○

 (《新》二四八片)　蘭按：此確是面字。
 首。
 葉疑卪。(《鈎沉》十八)
 羅疑即古巽。　丁(《闕義箋》)
 商：嬖。　郭：卻。(《粹考》六十)
 用余說。
 羅：卯。　郭：既。(《卜通》九九)
 羅：辟。　孫：孱。　「己巳卜：王于正辟門奚」，則作辟是也。　蘭按：辟蓋以大辟爲本義，爲兵器歟？

○○○○

 (《戩考》四九)　商(《佚存》七)
 一字。商　瞿潤緡非之。(《卜釋》一頁)余說。(《卜釋》四頁，《天壤》)
 (《前》八・七・一)　王襄(《類纂》)：苟，敬。
 (《戩》四八・八)
 (《卜》二一四二)　葉疑亦鬼。(《前釋》六・廿一)
「叀王魂」與「叀王祝」文同。

髟　用余說。

醜（《佚》九七三）

葉釋禺。（《說契》七）　誤。

沈兼士謂鬼、甶、禺一字。（《鬼字原始意義之試探》，《國學季刊》五·三）

商：厶。

（《遺珠》九二二版壬申卜：「王徏。」）似是山字邪？

○○○○（《卜》一一一五）（《卜》一六〇五）（《前》七·一·一）　依此則不必是山形，亦非火形矣。

岳　孫。（《舉例》上廿、《名原》）　羅：羔。　葉主孫說。（《鈎沉》三、《前釋》一·一三五）　余說。（《導》下五七）　郭：崋。（《卜通》九三，《粹考》一五頁）

郭：廣。（《卜通》一五八）

（《佚》七四五）商疑秦。　孫：麻。（《考古》四·十七《小記》）　蘭按：疑是「入」、「秝」二字。

（《前》六·四九·四）　余永梁：㡿㡿。（《文字考》）　葉非之。（《前釋》六·四五）

郭謂石之初文。

弓　胡：勿。與勿異。（《文例》）　董。　郭：笏之初文。（《粹考》三）　李孝定以爲犁，謂勿金文作（毛公鼎）。《金文編》「勿」下、諸形仍是犁字，謂容氏誤。

（《天壤》七〇）

葉：而。　獸之多頰毛。（《說契》）　余。（《天壤》）

從余說，列豭下。

○○○　陳夢家與同釋豖（謂豖本牡豕，引申爲去勢之劅）。（《考古》六期《釋豖》）　聞一多謂豭，豖（去勢之豖）。（《考古》六期《釋豖》）　李孝定云：卜辭言多用豭，而諸字則無一用豭者。　蘭按：聞說似可從。　然則豭應是豖乎？抑豜與豖非一字而爲豭邪？

豩 （《拾》一・五）

豩 羅：豩。 葉：疑豩。（《説契》） 蘭按：闋從此。闋殆鬭鬩之本字，誤門爲鬥耳。

獐 用余説。

𤖼 葉：從月。（《鈎沉》）從口。（《前釋》三・二六）

〇〇〇〇

 當是喙。（《佚》三五九） （羊屮喙）屮喙猶屮足歟？ 商云：舊釋吠，非是，當是豚字。 蘭按：商以爲，蓋誤承葉説耳。 （《菁》十一・六）

 王襄、商、朱：豸。 孫海波：㣇。

 羅：竄。（《貞卜文字考》十八） 葉：鼠。（《鈎沉》十五） 郭：鼠。（《卜通》九二） 李孝定：貍。

 郭：貍。（《卜通》八六頁） 李孝定謂貍修尾，此竭尾，非貍。

 葉：豩。（《前釋》五・四十） 孫同。 李謂不作。

豖 羅：馬。 葉：駁。（《前釋》二・十二）  犀。（《鈎沉》） 商：豸。

易日 孫：更日（《舉例》上四） 王：祭名。（《戩考》廿一） 陳邦懷：禓日。（《辨疑》三） 王襄：祭日。（《徵文・典禮一》） 葉玉森：祭名。同王静安説。（《前釋》一・五九） 郭：暘日。（《殷契餘論・易日解》，《粹考》七頁）

董：錫日。「天其錫之日」，蓋欲其晴也。（口授）

 葉：廌。（《鈎沉》十五） 孫海波。（《文編》） 余説。（《天壤》五九） 李主廌，然又云：「卜辭言廌之例與言鹿同。」

（《鐵》一九七・四） 孫海波釋薦。 似可疑。

麤 葉：麗。（《鈎沉》十六，《説契》四） 王襄、商、孫：麤。

〇〇〇〇

馬 釋騼亦可。 騼爲驪，猶覷爲覼也。

〇〇〇〇

 以騼覷二字推之，當即䴥字。 䴥從、從鹿不別，又作麌。

畬　孫詒讓：省吾爲五，又增酉形。郭謂不如説畬爲畬之訛。王襄。孫海波。

兔　用余説。（《天壤》二一九）　逸。用余説。

⿰立犬　陳邦懷。（《小箋》二五）　孫。（《文編》）　余説。（《導論》下五三）

　郭：犾。（《粹》九九一片）　假爲獮（？）。

獘　羅：獘。　王襄：獘。　葉：「敝」、「录」合文。

　（《前》八・十・一二）　商疑獻。（《待問編》）

　（《佚》二七三）　商釋獻。

　蘭按：淄或是猫之異文。

犷　羅、王襄、孫海波、商：狼。葉：狐。（《鈎沉》十五）郭：贊成葉説。（《卜通》一二八）

　胡：戾。葉：戾。（《鈎沉》，《前釋》一・卅五）郭：猷。（《甲研・釋猷》）猓。《粹考》一八九）

〇〇〇〇 ？

火　《後》下九一：「七日己巳夕，良有新大晶並火。」《前》六・四九・三：「貞：勹亡囚？旬火？帚娃子荆。」《粹》一四二八：「貞：旬亡囚？貞：勹亡火？」

　王襄：焌。

　（《前》六・二一・五）　葉：㶿。

㶿　郊。（王襄《天象六》）　葉。（《枝譚》）　郭。（《粹考》四，《粹考》九一）

　余永梁：穮。《方言》作「僄」。（《文字考》）　孫海波用此説。商：熊。

萸　用余説。

〇〇〇〇

　（《粹》一二四八）　郭謂蓋焚之繁，爨字從此作。蘭按：當即爨字。《説文》爨或作㸑。蓋本作焚，或加冖或加𦥑耳。爲火燒林，而焚象兩手以火炬燒林，義微不同，殆非即一字也。然《説文》焚從棥聲。段玉裁改爲從林，蓋以《詩》

韻焚在文部，而樊在元部也。實則文部之字往往本在元部，如堇本莫聲之類是也。焚雖不從棥，然可讀在元部，則焚之與爨韻本相同也。

余永梁。

炗

 于：㦰＝威。（《駢續》卅六）

○○○○  （《粹》一一九五）　郭：䫉＝熅。　蘭按：爁。

○○○○  （《新》二四七）　蘭按：當釋㞭，㟅即《説文》㞭字。（或以爲從火非。）

○○○○  （《前》七・二一・四）　蘭按：疑是岆字。

○○○○  （《卜》一六三〇片）　蘭按：當即字。

 （劉晦之藏骨，見《續殷契佚存》：「其用牛。」）　孫海波釋赤。（《考古》五期四七）　大今三月雨？　大今三月不其雨？　郭：大假爲達。（《粹考》一〇七）　董讀爲「今三月大雨」，語法顛倒。（李據口授）

夾

孫：夷。（《舉例》上卅九）　羅：伕。（《待問編》）　葉：仁。（《前釋》七・二六）　郭：夾。（《卜通》一〇八）　余説。（《天壤》文釋三七）

 （《甲骨文録》六七二、六七三、六七四等片）

○○○○  （《新》一五〇片）　李謂夷字。　蘭按：弦字。

夨

葉：夭。（《鈎沉》）《前釋》一・一二四自非其説。　柳詒徵：吴。（《史學與地理》二期《説吴》）　郭：吴。（《卜通》六八頁、六九頁）

 葉：奔。（《説契》）

 （《前》二一・三・一）　王襄：允。（《類纂》）　鮑鼎：尤。（《春秋國名考釋》）　葉（《前釋》二・五）

幸

郭：工。（《甲研・釋攻》）幸，鋨之初文。（《粹考》一四九）　董：𢍏之原始象形字。（《説𢍏》，未發表）董文附殷墟出土小陶俑照片。　蘭按：只是繩縛男爲背縛，女縛雙手於前。不足爲械繫之證。

余説幸、睪。(《天壤》六四)

〇〇〇〇 弄　孫：，饔，龔。幸或睪省，執之借字。(《舉例》下廿四)　葉：執字省變。(《前釋》二・四三)　郭：攷。(《甲研・釋攷》)　許敬參：饗。(《存真》一・七九)　蘭按：爲羿，本義爲釋解也。如云「釋箕子之囚」。卜辭爲執，爲釋兩手不並梏矣。(或作，似相聯者。由從從収誤聯之耳。)其作者，釋義尤顯矣。

圉　葉(《枝譚》《前釋》四・四)

夲　余説。(《天壤》四七)　李謂與異。似土之省。卜辭從之字，小篆多從土，甚少譌爲十者。

?　郭。(《卜通》二一頁，《粹考》三)　余説。　李云：當釋爲求，與異。卜辭用與辭例不同。「年」無作「」者。

羅：桒。　陳(《小箋》廿)同。　葉：拱、拲。(《前釋》三・廿一)　郭：奏。(《粹考》一〇一)

孫：皋。(《舉例》上十八)　李疑燕。

羅：奚。　陳邦懷：媄。(《小箋》十二)　郭：反翦二手，非從女。

〇〇〇〇 蘭按：作(《前》六・十九・二)一形疑是要字，《説文》作，散盤作。

〇〇〇〇 又按：奚似可通女。(《前》六・一九・一)㜎，當即嫛(《説文》有嫛、婉二字)。(《前》一・十六)　商釋奚之異。葉釋繫。(《枝譚》四)㜎當即威。

並(《導論》下五三)

(《後》上一一・一)　(同)　郭：慶。

汅　王襄：斤。(《類纂》十四)　葉：沚。(《前釋》二・四八)　妣乙(《前釋》一・一三三)　李旦丘：没。由以、同釋爲設也。(《零拾》二九)　商：汅。(《佚考》八四)　孫收一字爲汅，餘入附録。郭：河。　董同。　余：汅。(《導論》下十四)

郭：亦河。(《粹考》一一一頁)

冓　羅：洗。孫：市。(《舉例》上卅五)葉：冓、溝。(《說契》三)

? 　羅：浴。陳邦懷：温。[據魯峻碑温作𥁕爲證。(王念孫說)](《小箋》廿三)

? 　郭：灊(心聲)。

　(《新》一〇八片)

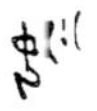　(《善》一五七)

　(《前》四・一・三五)王國維：油。(余永梁《續考》引)　葉：海。(《鈎沉》三)

　商：汉。孫：洧。(《考古》四・十三《小記》)

〇〇〇〇 　羅：澡。蘭按：叉，溞。

　與似非一字。

　(《佚》六七八)

　商：演。孫：淡。李謂演之或體。

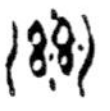　商：滛。孫：滋。(《考古》四・十二《小記》)

　余永梁：引王疑益。(《續考》)　陳：邕。(《辨疑》十一)　葉：浥。(《前釋》四・十七)

　(《粹》三六六)　郭：𣲡＝沙。(《粹考》五七)

　孫：同。又叀省。(《舉例》下七)　羅：洗。王襄：沚。(《徵文》)　郭：沚。(《古代社會》)　葉：諸。(《鈎沉》)
浞。(《前釋》一・一三〇)　林義光：熒惑。(《卜辭即熒惑說》)　余說。(《天壤》五一)

　羅：派。　柯昌濟：䢅，衍。(《補釋》)　葉：永。(《前釋》一・七七)瞿潤緡：永。(《卜釋》一)

　濘　陳邦懷。(《小箋》五)

　董謂湄假爲雈，爲第四期特用字。(口授)

○○○○

（《大龜三版》）　郭（《卜通・別》一・五）　蘭疑汥。

○○○○

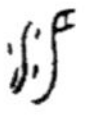（《前》二・六五）　葉：瀧。（《鈎沉》）　蘭按：仍是汜。

涇　葉：從𢇍。（《鈎沉》四）

（《前》四・四二・四）　葉：湫。（《鈎沉》四）或湆、香。

羅：澡。陳邦懷：沺。（《小箋》二三）與上似一字。

孫海波：沃。（《考古》四・十二《小記》）

沈兼士《漉字説》謂象桔槔之形，爲瀝水之具，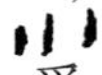爲外溢之水滴，當即漉之本字。

（《佚》二〇〇・二）　涑。

（《佚》四三）　孫海波：泰。（《考古》四・十二《小記》）　余：元。

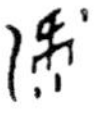（《卜通》六〇二片）　郭説：漏。　蘭謂即泂字。

滴　羅。葉：《詩補傳》：今陳州商水縣。（《説契》）　葛毅卿：滴＝漳。（《集刊》第七本第四分《説滴》）

○○○○

浩　羅：沉。余舊釋泮。造，造。汼，浩。牟，梏。《爾雅》：「天子造舟。」《方言》：「艁舟謂之浮梁。」造又浮義邪？

洀　王國維：方舟之方。　商疑舟之變。　蘭按：《玉篇》有洀字，「水文也」。《管子》以爲盤桓之盤。

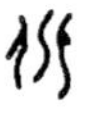羅：汭。（王駁之。商引）董：從水從北，疑即邶字。　陳獨秀：邠。

溴　林泰輔以爲溴。葉非之。（《前釋》一・四八）　商：溴。

○○○○

漊　蘭疑即涞。

漕　蘭疑即澧。

葉：淵。（《鈎沉》）

孫海波：𣳫即澍字。尌從壴聲，故澍可省作澍也。李忘此字及孫説出處。

〇〇〇〇

（《後》下十九・九）

（《後》下二七・十）（《後》下二九・五）（《戩》二八・四）孫並以爲涿字。李以爲沒，爲涿，並《説文》所無。蓋以豖作也。蘭按：作者，乃形之小變（腹蓋未全），非叜字。此不必分兩字。豖象（如喙字）多亂（或本一字）。此當釋潒。《士喪禮》：「渜濯棄于坎」，注：「古文作潒。荊沔之間語。」《廣韻》以潒爲水名。則古有此字也（從豖亦可釋爲涿，《集韻》有之。然自是遂人之遂之後起字）。

（《前》六・三・一）余永梁：溲、隤。免盉「錫免鹵百𨻰」，即啚字。（《文字考》）　葉：滓、滜。（《前釋》六・三）

陳：從水從手持由，當是渡。（《小篆》）

（《佚》八四七）　疑即安字。

〇〇〇〇

漖　陳邦懷：漖。（《小篆》五）蘭按：《廣韻》有漖字，丑入切。

涉　羅：涉。借涉爲步。商非之。葉同商説。（《前釋》一・一四二）　孫詒讓：歲。（《舉例》上五）

商：甽。葉謂田、巛兩字。（《前釋》四・十六）

羅：川。陳邦福：當釋巜。（《辨疑》十）

商：洌省。陳邦懷：𡿧。（《小篆》七）

巛　孫。（《文編》）　葉。（《説契》）　董。（《斷代研究》）

葉：雷。兩手持斧鉞。（《鈎沉》二）　董：可信。惟謂持斧鉞則非。蓋象兩手掩耳形。雷聲震耳欲聾，故人聞雷則掩耳。先哲造字遂象之也。（李未著所出）

陳邦懷：翊。敦煌唐寫《尚書釋文》「雨」古作「翊」。（《小篆》廿四）

羅：電。葉：雹。（《鈎沉》一）　郭：虹。（《卜通》八六）

霝　羅。陳邦懷據《説文》古文𩆜釋雷。（《小篆》三）

羅、商、孫：雪。葉：霜。（《鈎沉》）雪。（《前釋》三・廿）

雺　余：霓。（《文字考》）　葉：或霾。（《前釋》六・四五）　郭：霾。（《卜通》八五）　孫海波：霾。（《考古》三・七〇《小記》）

雩　王國維：雩訛粵。　葉（《説契》）　羅。

（《粹》八四五片）　郭：霝當是雩之異文。

（《卜》一七七九片）　葉：云。（《説契》）

　葉：鰕。（《鈎沉》）李孝定：鮪。

（《卜》六六五片）　葉：穌。（《説契》）

　葉：鰕。（《鈎沉》十六）

魚　商：漁。（《佚存》八七）

（《粹》一三〇九片）　漁。

　羅：燕。孫：皐。（《舉例》十八）（《前》五・四二）冡。（《舉例》四三）　燕。（《名原》上十二）

中島竦：舞雩之象，不當釋燕。（《淵源》一上卅）

龍　羅。葉。（《枝譚》）陳邦懷。（《小箋》）余説。（《天壤》四十、六一）

用余説。

二

　徐中舒：丽，麗。金文借麗爲協。（《耒耜考》）　郭。（《卜通》八三，《青銅》下二五）

（《粹》九二七片）　余説：猒，然。（《天壤》五九）　李孝定非余説，謂：「卜辭、金文固無作、諸形者，而必謂形必有簡體作即肰，若猒之所由訛變，實難徵信。且尸鏄同器有猒猒二字尤爲非一字之鐵證。而謂春秋之時已不知此爲一字。夫春秋去古未遠，其文字之衍變相承，當猶可考索而得。且之爲，又訛爲，均臆必之詞，更無旁證，乃以之厚誣古人，恐未然也。」

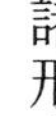

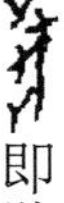

不　郭説。（《古代社會》，《卜通・別》一第二頁）

羅。王。　丁山謂網形。　余說。（《考古》四期）
聖　用余說。
（《粹》一二二五）郭謂聲。
䎽　聞　用余說。（唯以耳爲䎽之異構。）　于：䎽，讀閔。（《駢續》卅七）
孫：戛。（《舉例》下八）　林泰輔：馘。（《抄釋》）　葉：戲戲。（《前釋》一・一三〇、一・五八）　孫海波：馘。
（《考古》三・五八）　余（《天壤》五一）
郭：孥。（《卜通・別》一新一八片，《甲研・釋攻》）　孫海波：挚。
孫：擘。（《舉例》下十六）　葉非之。（《前釋》七・二十）
葉：招。（《前釋》二・四二）
孫海波：擘。（《文編》，《文録》九）　葉：擘。（《說契》九）　郭：曼。
（《柏根氏》二七）　《天壤・文釋》五四。
郭：擅。（《甲研・釋挈》）　林義光（《文源》）：臾，古饋。　葉：鬼臾區之臾，奄。（《鈎沉》）　王襄：关。　葉並非之。（《前釋》一・一二七）
（《前》六・十二・三）　王襄疑播。（《存疑》三・廿）　李疑從禾從水，非采字。
董釋姓。
（《甲骨文録》三〇三片）
○○○○　葉：妻。（《說契》六）　羅：敏。　董云：確是妻字。他辭有「示壬妣庚」（《史語所十三次》），與妾皆爲配偶義，無貴賤嫡庶之別也。　蘭按：卜辭固以母字爲之矣。　則釋爲敏，仍是可通。　然則敏、妻殆一字乎？後世變爲從齊聲耳。
王襄：十二支之子作……無作、子，惟人名概作。又巳作、、，無作，而祀、妃皆從。疑古文與、與不相通。（《徵文・雜事》十頁）

〇〇〇〇

妃　葉：疑妃即假作好(伃)。(《前釋》四・卌)

　(《前》二・三・三)　葉：㛫。(《前釋》二・五)

　(《新》二二一片)　郭謂母四乳之形。(《卜通・别》一・八頁)　蘭按：即母之繁飾字，或可引申爲海字邪？

《前》二・四〇：「戊辰卜，貞：今日王田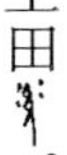，妹不冓大雨？」　葉云：假爲昧。(《鈎沉》三)

㚥　葉：奴，女持耒。(《前釋》一・八八)

娥　娥皇。(《甲研・釋祖妣》)

　(《佚》九九七)　余説：婀。(《天壤》五六)　商：娥。

媚　余永梁。(《文字考》)

好　羅：好。　商：妃。　容云：仍當是好。(《卜釋》卌)　葉：伃。(《前釋》一・一一三)　唐。(《天壤》六一)

嫇　陳邦懷：嫆。(《小箋》二十)

姃　王襄疑姂。(《存疑》十二・五七)

　《鐵》十三・一云「好冥」，乃好字，非如。

　葉：婐。(《拾遺・考釋》廿)　孫：娕。(《考古》三・六二)

　董釋妟。　李云：即，疑仍女之衍變。

　孫釋妝。(《考古》五期四九頁)

媟　羅：婐。　李改釋媟。

婪　(《佚》七〇七片)

　𡣍　(《契》八六四)

　姌　李釋笅。

㚲　王　余。(《文字考》)

姛　商、孫：始。　陳：姛。（《小篆》十一）　郭：姛同姒。（《卜通》四・一六六頁）

（《前》六・二六五）　葉謂非一字。　李非之。

（《後》下三二・八：「王役。」）　李云：當釋爲民。　郭説民字。（《甲研・釋臣宰》）

（《粹》一五八一片）　郭謂：弗本義與弔同。當是茀矢之茀。

（《前》六・十・二）陳邦懷。

郭：挈。（《甲研》）　孫：佀。（《舉例》下廿三）　葉：目。（《前釋》一・六三）　華：氏（通地）。（《類纂》）　商：氏羌。（《福考》三）　李旦丘：以。（《零拾》二）　余説（《天壤》三六）

孫：癸。（《舉例》上三）　郭：金文癸。（《釋干支》）　葉：是否一字，亦不能遽認爲癸。（《前釋》一・一三二）

王襄：戌。（《類纂》十二・五六）

按：爲戌，蓋首王氏。

〇〇〇

孫：或，國。（《舉例》下十九）　羅：戈。（《待問》四卷）　葉：與爲一字。戔。（《前釋》四・廿八）　李從孫説，謂從囗即《説文》音圍之囗，植戈囗中，守土之義也。

（劉晦之藏）　□其遣戕。（《考古》五・四七《小記》）

衎　羅。　葉。（《前釋》六廿・五）　余。（《文字考》）

戠　羅。　丁。（《闕義箋》）　葉。（《前釋》四・七）　商。（《佚考》七一）：黄色。

戔　羅：戔，戰之初字。　陳：諄，虩。（《小篆》廿四）　郭：戔。（《卜通》四一）　葉：戡。（《前釋》一・五四、（《前釋》四・五二）

〇〇〇〇

《新》一九五背：「己卯卜：酋（？）三匚至甲十示。」　于云：即扌丩字，《集韻》收古文。　「三匚至扌丩甲十示」者，三匚，匚乙、匚丙、匚丁也。繼之以示壬、示癸、大乙、大丁、大甲、沃丁及小甲共爲十世。適當小甲、雍己、大戊兄弟三人之世，而三人之中，衹小甲稱甲，是⿰扌丩甲之名，非小甲莫屬。《御覽》引《紀年》「小甲高。」高、⿰扌丩一聲之轉。小甲名⿰扌丩，可稱⿰扌丩甲，猶河亶甲名整，《吕氏春秋・音初篇》作「整甲」矣。（《駢續》九） 董：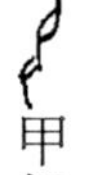甲仍是河亶甲，他辭作戔甲者也。此片蓋大宗小宗分祭之證據。此乃第四期文丁時代卜辭出村中，所舉乃小宗之十世，除卻大宗而言也。其序：

小宗　　大宗

（一）上甲

（1）匚乙
（2）匚丙
（3）匚丁
（4）示壬
（5）示癸

（二）大乙

（三）大丁

（6）外丙—（四）大甲

1（五）大庚

4（8）雍己—2（7）小甲—3（六）大戊

7（10）戔甲—6（9）外壬—5（七）中丁

（八）祖乙

（九）祖辛

（十）祖丁

上甲至祖丁十示見於《佚存》最後一片（蘭按：九八六片），大宗也。亦文丁時卜辭。此三匚至戔甲，乃小宗之十示也。沃丁中壬不在祀典。戔從兩戈相向，亦兩戈之簡形，但多兩手以示動作而已。　蘭按：字之從無問題。于、董於世次均有誤。于氏不知除去三匚之外，示壬、示癸、大乙、大丁、外丙、中壬、大甲、沃丁、大庚、小甲正爲十示。而併計三匚在内只得略去外丙、中壬、大庚三人矣。其略大庚，最爲無理。故云適當小甲兄弟三人之世云

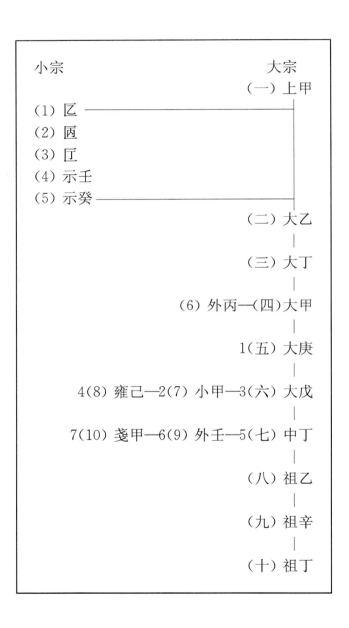

云。屬辭頗含混，蓋自覺其難安也。至董氏强欲以配《佚存》十示，而小宗之說亦誤。併三匚在内計算，然即如董說以小宗計，則匚乙、匚丙、匚丁、示壬、示癸、卜丙、中壬、沃丁、小甲、雍己、外壬、戔甲爲十二世，乃不得不創沃丁、中壬不在祀典之說以彌縫之矣。其實如以此爲小宗與《佚存》相配，則戔甲以下尚有羌甲、南庚與祖辛、祖丁，同時又何以無之？則知此正自祀三匚至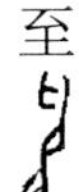甲十示與彼《佚存》十示無涉。《佚存》十示以其越祀，故必舉其名。此則依次，故可只言至甲十示也。若說甲爲戔之妄，則不必辨矣。

葉：或。（《前釋》二・十四）　孫：或。（《考古》三・六十）

羅：戉。　葉：國名越省。（《鈎沉》四）　許敬參：傳戉（說）。（《考古》三・八八）

我

王：象兵器形。　葉：象足形（足形兵）。　孫：《說文》：「我，頃頓形。」乃立戈之形，爲頓戈之處。

鋸形，我之假型。錡（鉏鋙）。（《粹考》一九七）

羲

陳邦福：羲。（《前釋》二・八引）

乍

胡小石：假乍爲則。「我其巳賓乍帝降？若。我弜巳賓乍帝降？不若。」（《前》七・三八），以文誼推，乍當爲則。（《文例》）　郭用其說。（《甲研・釋作》）　葉：卜辭「作邑」、「作東帝」等，無訓則者。《前》七・三八・一辭之「乍帝」。（《前釋》七・二七）　蘭按：胡說僅此一例，亦是孤證。余疑「巳賓乍」猶「爲賓」、「賓爲」，爲亦動詞。聞一多釋嫣，非也。

亡匄，亡害。郭（《卜通四・別》一・一頁）　又匄，有害。（《粹考》六三）

（《前》三・二七・六）　葉引羅釋區。（《前釋》三・廿九）

医

羅：医。　商：医。　葉：恐非医。（《前釋》二・四二）

余說。（《卜釋》四一）

匡

王襄：匡。

〇〇〇〇

（劉晦之：「癸亥貞……汅叀……辛未酒。」）　酢于甲　孫海波以爲曲字，祭名。（《考古》四・二十《小記》）　蘭按：仍是字。《後》上二八・二二云：「酒匚于囲」可證。

引　用余說。(《導論》下廿五)

　羅。　王襄。　陳直「朿于彈，用百牢」，《書序》「咎單作《明居》」，《殷本紀》引馬融注：「咎單，湯司空。」(《賸義》八)

　假彈。(郭《粹考》七九)

弓　貞：弓乎……羊。(《鐵》一六二・二)　丁丑卜，貞：巫九畣典蘖侯尤罘……(《前》四・三七・五)　貞：乎丘(《前》五・八・二)　丘取网。(《前》五・九・一)　王固曰：允……(《龜》二・三十七)　允寇(？)。　貞：允。(《戩》四五・十一)

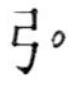　壬寅卜，貞：征妣……(《前》五・八・三)　癸卯卜，貞：，𠂤百，牛百……(《前》五・八・四)　己卯卜，貞：弘征于丁宗熹(《前》五・八・五)　癸亥卜，完貞：習丁卯酒，牛百于丁……(《粹》五二八)

弜　羅疑弼古文。　王：柲之本字。(《觀堂集林・釋弼》)　丁山：柲本字。(《閼義箋》)　葉：假爲必。(《前釋》四・六)

弦　用余說。(《卜釋》卅三)

𢆶　羅：系。　王：絲。

孫　商：紀。容非之。(《卜釋》七七)

　(《粹》八一六)

　羅：䌛。　葉：𢇁(古文絶)。(《鈎沉》)

　羅：約。　龔孝拱《積古齋款識》批本(陳乃乾藏)謂當是絶字(格伯簋)。(聞宥引，《孶乳研究》，《東方》廿五・三期)　葉：斷省變。(《前釋》一・八六)　林義光《文源》：紹。相承誤爲𢇁。　蘭按：尚有字。

　(《前》二・八・二)　余永梁：級。(《文字考》)

　羅：自。　王襄：六。(《徵文・地望》六頁)　林泰輔以六爲終。(《龜》一抄釋)　葉：冬。(《枝譚》)　商：終之本字。(《福考》九)　胡小石：終誼，爲冬之引申。(《說文古文考》)　郭：「終，牛棘」之本字。

?

(《前》六・三三・二) 陳：緤。(《小箋》十六) 葉：紟。(《前釋》六・三三)

(《前》二・三・五) 郭：縈。(《卜通》一三二頁)

(《粹》四九六片)絣，編。

(《前》四・三三・二) 葉：紲。

羅：繳。(《雪堂金石文字跋尾》) 王襄：弋。 徐協貞：欒。(《卜辭通釋》)

葉：繫。(《說契》七) 羅：奚。

彝 羅：持雞。 郭：最初所用之犧牲爲雞。 孫海波＝楊沂孫說＝《說文古籀補》，從雞。 徐中舒：雞。(《說尊彝》，《集刊》七本一分)

葉：彝。(《前釋》四・六・二) (《類纂存疑》十三・十七，《書契菁華》)(《鈎沉》九)

絎 余說。

葉：轡。(《前釋》二・三三) 商(《待問》二・三)

羅。 于：脺省。(《駢續》二三) 孫。(《舉例》下十三) 葉。(《前釋》一・二)

孫。(《舉例》下九) 商。 葉。(《前釋》一・一四〇)

(《粹》一五三六) 郭：蟬。

葉：蝠。(《說契》七)

葉：蠻。(《鈎沉》六)

郭：蜺。(《卜通》又八六頁) 華學涑：虺。(《華埃文字比較表》) 葉：橋。(《前釋》七・六) 李旦丘：橋。(《零拾》三六) 董：《武梁祠畫像後實》第三石第二層列雨師、風伯、雷公之像。其右方圖一虹霓與甲骨文蜺字幾全同，作兩首下垂飲水之狀。可爲郭釋蜺字强有力之證據。(《說蜺》) 李孝定釋虹。

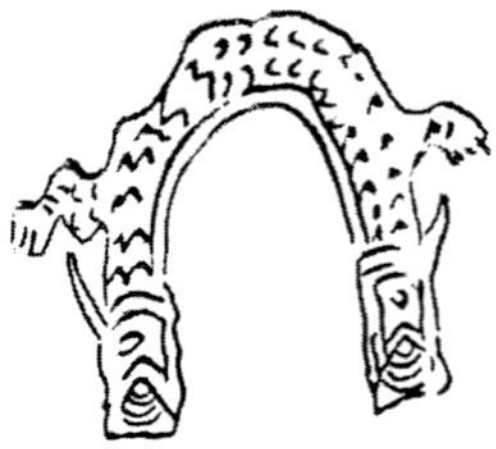

 葉：蠶。（《枝譚》九）

 商：蜀。 孫：蠲。 葉：蠶。（《枝譚》）

蜌 葉：蠶。

 羅：它。 葉。（《前釋》一・六四、一・七二） 郭：或作𢓊。蓋即迱字。（《粹考》四）

黿 用余説。

鼉 葉。（《鈎沉》十五）

《甲骨文字》一卷廿三葉一六片「一＝」即「一二」。（《鈎沉》十九頁説）

亘 回 孫。（《舉例》上九） 羅：，㠯。 商：，亘；，㠯。 葉：亘。（《前釋》一・八五） 容：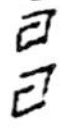二者實一字。（《卜釋》五）

 商：私。 容：㠯。（《卜釋》五）

 孫：同省。（《舉例》上卅五） 王襄：凡。（《類纂》） 葉：風省。（《鈎沉》二） 羅：槃。 郭：凡（槃初文）。

 王：上象土壤。（《戩考》一） 郭：土、且同爲牡器。（《甲研・釋祖妣》）東土、南土，假爲社。（《粹考》一一九）

孫詒讓：且，組。（《舉例》上卅五） 王國維：社。（《殷禮徵文》） 傅孟真：土＝社。（《新後記跋》） 葉：或仍邦社。（《前釋》一・八七） 孫（《考古》二・五五《〈古史新證〉書後》）：社。

? （《後》下三八）  葉：土。（《鈎沉》） 蘭按：或即。

萁　郭：基。（《甲研·釋封》）

　葉：坴。（《鈎沉》）

　余永梁：圣。（《文字考》）　郭：圣。（《粹考》一五八）

〇〇〇〇　卜辭多云「坙(坴　)田()」，殆即糞田邪？

　（劉晦之）　孫：坴。（《考古》五·五二）

　林木爲界。（郭《釋封》）　王國維：封、邦一字。（《史籀疏證》）　陳邦懷：「二封」、「三封」乃封疆，非地名。（《小箋·自序》）

〇〇〇〇

　葉：增。（《説契》九）

　葉：垂。（《卜》二二九九）

僂　郭塞。（《卜通三·别一》十頁）

莫　董：饉。象人衣冠整齊、兩手交叉恭謹之狀。（《考古》四期《説莫》）

孫：無雨曰艱，亦省作「來莫」。見劉晦之藏契（羅：㚔豆）。（《考古》五·五三《小記續》）　郭：饉。（《卜通》七六）堇色。（《粹考》八〇）　郭初釋黄。（《餘論·釋黄》）　我莫　我不莫　李孝定讀爲謹，莫讀饉。

　葉：田。（《説契》三）

　（《粹》一五七〇）　郭：疇。

　（《粹》一五五一）　郭：畜。

　（《粹》一二二二一一二二四）　郭：畕。

彊　羅。　葉。（《説契》）　丁。（《闕義箋》）

男　商。　徐中舒（《耒耜考》）：力象耒形。

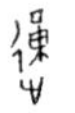　（《佚》三）　商：動。　蘭按：疑速。

 協蘭疑此爲協字所從出。

啓 葉。(《鈎沉》十一) 徐。(《耒耜考》) 郭。(《卜通》一九)

 孫：由。(《舉例》下卅四) 郭：古。(《甲研・釋寇》、《卜通》一五八) 于省吾：留。(《駢續》三九) 葉：由。(《前釋》四・五七) 胡厚宣：叶。(不詳所出)

 李釋釣。

 王：勺。(《戩》二五・十) 葉：升。

 孫：適。(《舉例》下四) 羅：處。 葉：内。(《説契》九)

圂 羅。 王國維。 郭。(《青銅》上廿五) 宜。(《粹考》七) 孫：俎。(《舉例》下一葉) 葉：俎。(《前釋》一・九三)

 葉：力。(《鈎沉》十七) 余説。(《導論》下廿九)

斧 斫 用余説。 新 斫 用余説。 郭。(《粹考》二六) 斲 阝兵 炘 斪[葉：勥。(《鈎沉》十七)] 斯

 王襄：斘。(《前釋》四・廿一引) 葉：斷。(《説契》三)

斝 羅 王

 升 柯：為一字，升。(《補釋》) 陳邦福：升。(《辨疑》五) 乙丑卜，貞：王其又于文武帝其目羊其五人正王受又。(《徵文・帝系》一四三) 葉：據此二字在一辭内非一字，非予誤釋。即柯、陳二氏誤釋也。(《前釋》一・廿一) 董：勺。象勺中盛酒形。 蘭按：勺作，與此異。此疑斗字。爲斝，斝亦即斘字也。

餗 羅：次。 胡小石：自。(《説文古文考》) 葉。(《前釋》二・二二、《前釋》二・八)

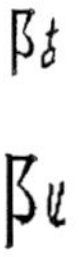 葉：隊。(《説契》) 郭：阤，墮。(《卜通》一五八)

餗  郭：陲。(《粹》一九二片)

陝 孫：陵。(《舉例》下廿六) 葉：陝之省。(《前釋》四・六三) 商：郊。 孫海波同。

〇〇〇〇

 阝心(《新》一四六片，《外》一七三片)

陝 商：第。　葉非之。(《前釋》五·十)

 葉：隞。(《鈎沉》九)

阝企 葉。(《前釋》七·十二)　王國維：陵。　郭：仄。(《卜通》一五八)
《數名古誼》。(丁山《集刊》第一本)　郭。(《甲研·釋五十》，《卜通》七頁，《粹考》一七三頁、一七四頁。)

宁 葉疑貯省。(《前釋》四·四)

亞 葉：——當同字，即古亞國。(《鈎沉》八)　郭：多馬亞，當讀惡。(《粹考》一六八)　孫海波：亞亦訓宮室，父甲亞猶父甲宮。(《文録》廿三)　李謂安陽發掘殷帝王墓葬極多，均作形。疑殷人墓葬之象形字。

 五(《佚存》三五頁二二四片)

六，入。(《數名古誼》)

九，肘。(《數名古誼》)

萬 郭：蠆，契。(《卜通》七一)　葉非之。(《前釋》三·三三)

獸 葉：從單，捕獸器。(《鈎沉》)　丁山：干、單古不別。

甲 葉：駁郭魚鱗之義說。(《前釋》一·廿四)　(《前釋》一·廿六)　王。(《戩考》五)　陳邦福：，天象；，地象。(《殷契説存》一)　陳直：甲、乙、丙、丁，以甲、乙、丙、丁日而報，故名。《郊特牲》「大報天而主日」也。吉曾甫(誠)云：祭天圓丘，故甲從〇(圓)，加匚者，方澤祭地也。予案：，皆地象也。(《賸義》一)　傅斯年。(《新寫本後記跋》)　葉。(《前釋》一·廿八)　余説。(《考古》六·三二九頁)

乙 郭。　吳其昌：軋(刀)。(《疏證·兵器篇》)　吳秋暉：尾。《内則》：「魚去乙。」今北人呼尾曰乙把。(《學文溯源》五六)

 尤 胡小石。(《文例》)　丁山。(《集刊》一本)　郭：省。(《甲研·釋繇》)

丙　郭。　葉：几形。（《前釋》一・廿二）　王獻唐：枰也。（《釋丙》）　丙、几一物而異名者也。

丁　郭。　葉：人頂。（《前釋》一・四十）　吳其昌：釘，鐕。

戊　葉。（《前釋》一・五二）　郭。　吳其昌。

　許敬參誤爲成字。（《存真》九十）

　郭：繳。　林義光：紀識。（《文源》）　葉：綸索。（《前釋》一・五一）

庚　郭：有耳可摇樂器。鉦。　吳秋暉：以漏斗置架上。加四點爲康。其設置爲揚簸穀糠之用。（《學文溯源》四）

辛　郭　吳其昌：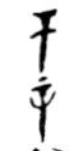斧屬兵器形。　葉。（《前釋》一・十三）　中島竦：立之倒文。（《淵源》一・中・九三）

　王釋辝。（《集林》六）　郭：假孽。（《卜通》八四）　中島竦：咅。（一・中・九九）

　余永梁：辡。（《文字考》）　葉：辛繁文。（《前釋》二・四七）

　聞宥：辭。（《孳乳研究》）　未舉字出處。

壬　郭：之變，工壬同源，即鑱。（《甲研》。《粹考》已不用此說。）　林義光：縢之古文。　葉：或古軫字。　吳：兩刃之斧。

　郭　孫詒讓所舉（《鐵》四十・二）　葉玉森説（《前釋》一・一）：鐃炯：葵。　吳：雙矢交揆。

　子　郭。　葉。（《鈎沉》十四，《枝譚》八，《前釋》一・九十）　余説。（《天壤》二，《考古》四期三頁）

　（《佚》五八六）

毓　郭：非繼體君。

　聞：與同爲居。（《孳乳研究》）

　葉：非毓。（《前釋》四・三六）　郭：育不確。（《粹考》六二）

丑　郭：爪形。　葉：手古文。、、並從丑。（《前釋》一・三四）

尹　羅：寅父。後改寅尹。　王：尹，從大非寅字。（《戩考》廿一）　郭：黄。（《卜通》五十）　葉：，寅。

（《說契》）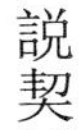，寅。（《前釋》一・一三九）　王襄：黄之變體。（《徵文・人名》三）

　陳邦懷：窌（窖）。（《拾遺》十七）　林義光：鍪。　葉：門環，開門形。（《前釋》一・三七）　吳其昌：原始象形文，象雙刀對立形。（《殷代人祭考》）

辰　郭：蜃。　林義光：蜃。　顧實：蜃。（《詁林》引吳紹埴《釋辰》）　胡小石：象人推（耒）。（《說文古文考》）
葉：手撼厓石。（《鉤沉》二）

辰　余永梁：辱。（《文字考》）　葉玉森：踬。（《前釋》二・二六）　余讀若震。（《卜釋》十九）　郭讀辱。（《釋干支》）

　巳　郭謂巳象人形。　葉非之。（《前釋》一・卌二）

㠯　徐：耜。

午　葉：鞭。（《枝譚》二）　羅釋御字，策形。　郭：索形。　聞宥：交午之形。又通爲約束麻絲之形。（《孳乳研究》）

未　郭：未、采（穗）一字。　林：枝。　葉：未、末一字。（《前釋》一・廿二）

申　羅：非申。　葉：電。（《鉤沉》一・廿二）　林：伸。　郭：一綫結兩物。

酉　王：尊。　郭：壺尊。　林：釀酒器。　葉：容酒之器，上有提梁。（《前釋》一・廿三）

〇〇〇

（《大龜二版》）　董、郭釋酬。　按：酒。

（《前》六・六十・二）　陳邦福：醬、盟。（《辨疑》十三）

酌　羅：酒，酎。　吳秋暉：酒，酬。（《學文溯源》卷七）（按：此誤以古鑑邢侯敦「王格豐京祀」爲酬也。）　孫詒讓：酒。非彡，即水之省變。（《舉例》下廿三）　許敬參：酬。　葉：彡日酒祭之專名。卜辭多「酌彡」或「彡酌」連文，可知酌祭之日即彡祭之日，故酌從彡。（《鉤沉》十，《前釋》一・四七）

　郭：盥。（《卜通》七七）

戌　羅、郭、商（《佚存》三）：戊、戌一字。　葉：、戌不同。戌，古戚字。（《前釋》一・七）

亥　郭：異獸，二首六身。　林義光：荄。　吴其昌：亥，豕。《殷契卜辭》三一片「壬辰卜，大貞：翌三豕」，己亥正作「三豕」，足證古即借豕爲亥。（《金文名象疏證》）

整理説明：

手稿爲毛紙，計四十二頁，每頁三十餘行，行三十餘字，共約三萬字。除個别頁面小有破損外，其餘保存完好。題名「讀李孝定《甲骨文字集釋》十四卷」，「讀」字爲整理者後加。卷首作者自注「三十三年四月廿二日起閲」，知該手稿始作於一九四四年。

《甲骨文字集釋》是北京大學文科研究所李孝定先生的碩士論文，爲其抗戰時期借讀李莊中研院歷史語言研究所期間所做，六十萬字，導師爲董作賓和唐蘭，論文於一九四四年獲得通過。（該文原稿已丢失，中研院歷史語言研究所專刊之五十《甲骨文字集釋》是其一九五九至一九六五年按原稿體例增訂重編的。詳見李孝定《逝者如斯》，臺北東大圖書公司，一九九六年，第五三、九九頁；又李孝定《我與史語所》，載《新學術之路——中研院歷史所七十周年紀念文集》，臺北中研院史語所，一九九八年，第九一四至九一八頁。以上資料信息得陳昭容先生幫助）。

本次整理有如下改動：

一、調整頁碼

手稿頁面原標頁碼系前此的整理者所作，有缺碼和錯碼，此次整理結合《甲骨文字集釋》的編排順序和内容作了適當調整。

二、標點符號

原手稿無標點，此次對全文重作新式標點。

文中天頭、句首、字邊間有？號、×號、=號、◎號、連圈符號等，現皆用括號或方框括起，放在對應字句附近。所録各家之説，皆爲擇要，因此不加引號。

（沈之傑）

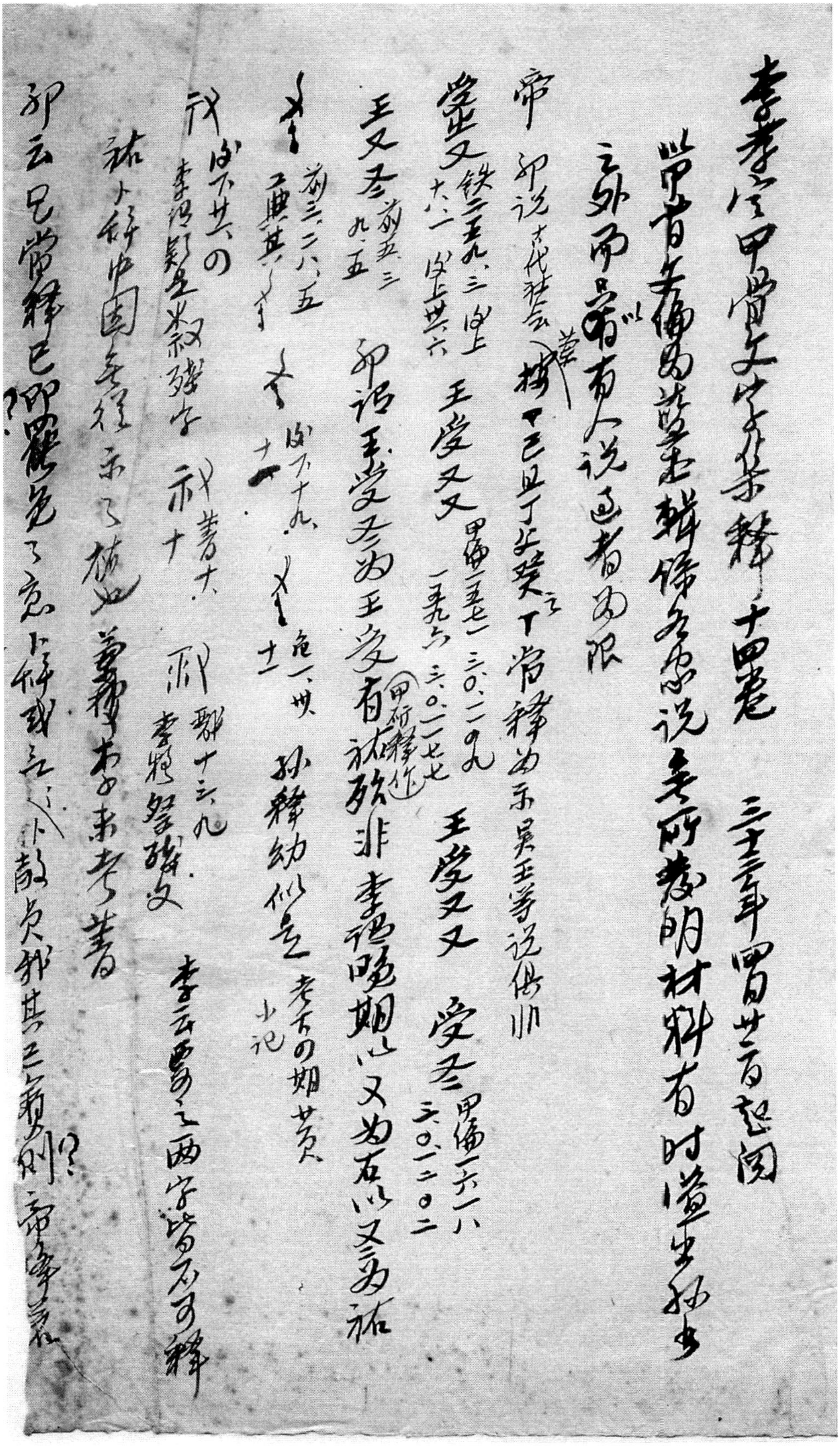
李孝定甲骨文字集釋十四卷 三十二年四月廿日起閱
學者各備為收集諸家說無所發明材料有時嫌其少
之外而最前有人說過者為限

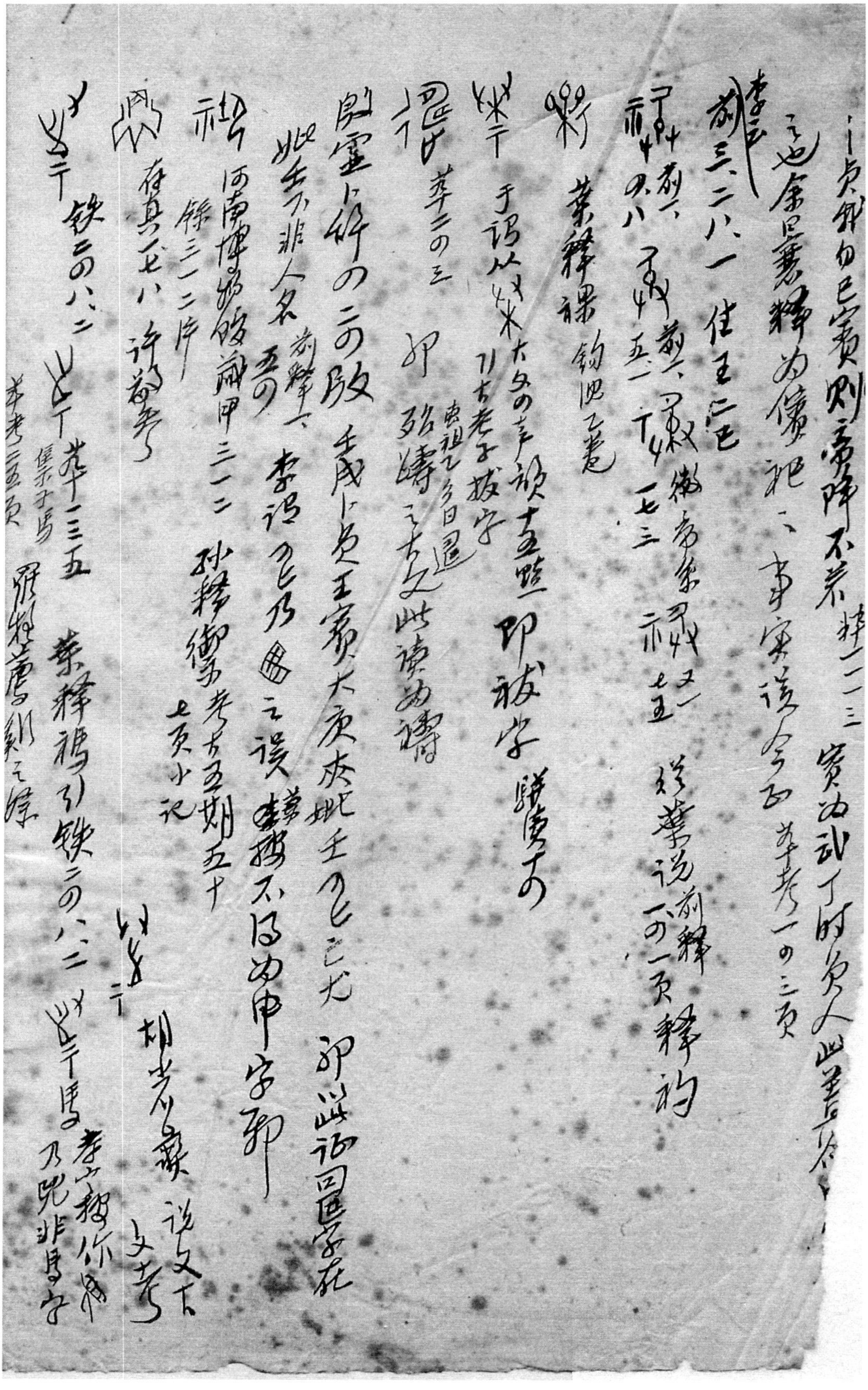

卯

陳[illegible] 卯（寶） 於道也 林義光 釐 葉 門環 兩門形 前釋一、一三七

吳其昌 亞[illegible]象形文兆 象雙刀對立形 殷代人祭考

辰

卯 屬 林義光 眉 顧實 [illegible] 從林乃吳說 按 釋辰

切 岩 [illegible] 不采 說文字考 葉 [illegible] 屋石 鉤沈二

辰止 余 [illegible] 字考 葉玉森 前釋二、二六 余讀 [illegible]

卯 [illegible] 釋干支

巳 卯 謂巳字之形 葉 小乙 前釋一、廿二

巳 徐 [illegible]

午 葉 [illegible] 二 卯 [illegible] 羅釋御字 [illegible] 形 閑宥 交午之形 又通由 [illegible] 東 [illegible]

未 卯 未采 [illegible] 一字 林 枝 葉 未末一字 前釋一、廿二 [illegible] 研究

羅 [illegible] 非申 葉 電 鉤沈一、廿二 林 仲 卯 一絲 [illegible]

申

酉 王 卯 壺 [illegible] 林 [illegible] 葉 [illegible] 前釋一、廿二

大龜二版 葉 卯 釋酬 [illegible] 酒

丑 前六、六十二 陳邦懷 [illegible] 十三卷

羅 [illegible] 對 [illegible] 酒酬 [illegible] 七

（[illegible] 漢以古 [illegible] 王 [illegible] 京 [illegible] 為酬也）

卯 酉 [illegible] 通一六七

酉

[illegible] 酒 乃非 [illegible] 交 [illegible] 酬

葉 [illegible] 名 [illegible] 前釋一、[illegible]

日卯 [illegible] 鉤沈十 前釋八、[illegible]

（[illegible]）

卯 [illegible] 通七七 葉 [illegible] 前釋一、七

戌 [illegible] 卯 戌 戌一字

亥 卯 [illegible] 二 佚存三 [illegible] 林義光 [illegible]

[illegible] 二 [illegible] 六 [illegible]

吳其昌 亥 [illegible] 金文 [illegible] 疏記

殷契 [illegible] 三一 [illegible] 壬辰卜大貞 [illegible] 三下

[illegible] 三 [illegible] 亥

台字考

《前編》六、六一、七

「取劦㠯又(有)示廼𢀛方」

此言命取先劦祭，我有示，然後征方也。又讀爲有，劦即脅祭，取，人名，習見。

津按：台用爲人稱代名詞，獨僅見于《禹貢》及《湯誓》，而「如台之何」亦限於夏商書，固非偶然也。疑台字之用，亦殷商習語，後世傳者，亦仍舊貫，以示其爲商人書。前所舉甲骨文之「以」字殆非讀爲「台，我也」之台，義則有難安者，由此證之，台實爲保存商人語言而留。《兩周金文辭大系考釋》于郘王義楚鍴下云：「金文多以從台聲若㠯聲之字爲之，且均爲領格，又此用例爲宗周文所未見，今《尚書·湯誓》「台小子」之文，竟用爲主格，足證該文實周末人所僞托。」按《湯誓》八見「予」字，亦曰「予一人」，則周末人僞托實無必用台之必要，甲骨文亦通用「我」「余」而「台」字少見，則《湯誓》用「台小子」固無不可。

前舉金文用辝字者叔弓鎛，郭沫若氏釋爲叔夷鐘，云：「叔夷乃宋出，其父爲宋穆公之孫，己則出仕于齊，當爲靈公之世。」宋，商後也。則其用商人習語，更無可疑。非台字用始於此時也，此台字之用法，已由宋人所傳普行於世。

郭氏依孫詒讓説，據《左》襄六年傳齊侯滅萊，定此器當在此時。綸鎛、𪒠氏鐘字形相近，當亦同時。

晉姜鼎，郭氏云與曾伯霥簠同時，彼簠云「克狄淮夷，印燮繁湯」，此云「征繁湯𩡧」，是其證。而此有文侯名，春秋中葉尚無謚，大率即文侯在世時事也。

朱公牼即朱宣公，見《春秋》襄十七年。

郘義楚見《春秋》昭六年，郘器時代皆與郘義楚耑相近。

孔悝

推此諸器以觀台字用爲代人稱詞，又多見於春秋中葉，而春秋中葉之台字用法，去口語已遠。例：王孫遺者鐘「余恁㣈心，延□余德」，與余爲互文。郘王子旃鐘「乃我生㕼㉆及台父兄庶士」亦互文。又儆兒鐘「樂我父兄」，文法略同。郘王義楚鍴「及我文考，永保怡身」，晉姜鼎「宣邲我猷，用召匹辞」。亦皆辞我爲互文，是皆以台爲我之代字，非若《禹貢》《湯誓》之質，故郭氏之言，未可信也。

又頌齋拓本國臣戣簋銘曰「國臣戣作𩰫皇祖匽辞乙公癸文考于永寶用」。于省吾云：疑行次有顛倒，應讀作「格台皇祖乙公、文考父癸」。于列國臣戣簋于敔簋之前，比當爲宗周文。

（劉雨）

整理說明：

雲南著名收藏家陳立言先生收藏一批當年西南聯大教授的手稿，此文爲其中之一，原文無標題，毛筆書於兩頁毛紙上，題名爲整理者代擬。作於作者西南聯大任教期間（一九三九至一九四六年）。

古文字中的代詞

台

《尚書》中台字用爲人稱代名詞者

《禹貢》

祗台德先

此用爲領位

《湯誓》

非台小子敢行稱亂

《史記集解》引馬融注：「台，我也」。

用爲疑問代名詞者

《湯誓》

夏罪其如台

《盤庚》

卜稽其如台

《高宗肜日》

乃曰其如台

《西伯戡黎》

今王其如台

《湯誓》《高宗肜日》《西伯戡黎》「如台」，《史記·殷本紀》均作「奈何」，王引之解《盤庚》「卜稽曰其如台」爲「卜問曰其奈何」?（見《經傳釋詞》）

金文中所見台字用爲人稱代名詞者

孔悝鼎

對揚以（㠯）辟之勤大命

郐王子旃鐘

乃台父[illegible]庶士

字或作辝、作[illegible]、作[illegible]

郐義楚耑

永保[illegible]身

朱公牼鐘

鑄辝龢鐘二銘

齊鞷氏鐘

于[illegible]皇且文考

叔弓命鎛

女敬共辞命

余命女嗣辞釐邑(？)

王孫遺諸鐘

余恁飼心

甲文中所見台字用爲人稱代名詞之例

甲文以「以」爲之

殷契粹編一一六七片

丁酉卜其乎㠯多方小子小臣　其效(教)□(戒省)

按：前編四、十五、七：「貞我家舊臣亡巷。」粹編一二〇七：「貞我多臣不𡰥。」「我多臣。」「我家舊臣與台多方小子小臣。」文法略同。又《尚書》恒曰：「爾多方」、「爾有方多士」。則此稱「我多方」無疑。又粹編一五四五乙：「……以多田亞任。」疑以亦讀爲台。

金文中朕字用于領位者例

用於由上及下之口氣者

邢侯彝

邵朕福血(□)

大盂鼎

余隹即朕小學

叔弓鎛

余命女政于朕三軍

肅成朕師旟之政德

諫罰朕庶民左右無諱

女婜勞朕行師

秦公簋

虔敬朕祀

舀鼎

必唯朕〔禾？〕賞

上承「匡拜稽首」，此當爲對下口氣。

師寰簋

今余弗叚組，余用作朕後男巤尊簋。

按：此器首承「王若曰」，下記師寰立功、孚吉金。而此「余」亦王自謂也，此朕亦王自稱。「朕後男」猶云「在我後嗣子孫」也，與下例有別。

克鼎

昔余既令女出內朕命

敬夙夜用事，勿法朕命

用於皇考文且之例

克鼎

穆穆朕文且師華父

微䜌鼎

䜌作朕皇考𪓐彝尊鼎

䜌用亯孝于朕

獻彝

朕辟天子，⿰木⿱虍丂伯令氒臣獻金車

于省吾：令、命猶賜也。

⿰鬲廾攸比鼎

比作朕皇且丁公皇考惠公尊鼎

晉姜鼎

余隹司朕先姑君晉邦

甲文中朕用於領位者

前編八、一四、二片

丁丑卜　王　貞令[illegible][illegible]于[illegible]　[illegible]朕事

同上四、四、七片

甲辰卜　王　羌弗戠朕事

同上四、四六、一片

乙酉卜　王　貞余[illegible]朕老[illegible]征□莫

貞隹余受馬方　又弗執其受馬方

殷契佚存一、一五片

甲戌卜　王　余命角帚甴朕事

整理説明：

此稿亦雲南著名收藏家陳立言先生的收藏品，從内容看，似爲上文所作的準備資料。作者一九四八年前後，發表了幾篇考證石鼓文的論文，其重要論據即基於對古文字中代詞使用情況的考察。

用毛筆寫於四頁毛紙上。作於作者西南聯大任教期間（一九三九至一九四六年）。篇名係整理者代擬。

（劉雨）

叁 青銅類

中國青銅器學導論大綱

①中國青銅器的產生和發展
②中國青銅器的冶鑄過程
③中國青銅器的特點
④中國青銅器的種類（器形和用途）
器形分類與用途分類
工具和兵器　禮樂器　服御器（包括車馬飾、鐘鑑、帶鉤）　度量衡　錢幣　璽印　雕塑（明器、神佛像）
⑤中國青銅器的裝飾（木、玉、松石、金、紅銅、鐵、塗漆）和花紋（鑲嵌花紋形制）
⑥中國青銅器的銘刻
⑦中國青銅器的流傳（傳世收藏、出土著録）
⑧中國青銅器的研究（斷代、分域、考古學、古器物學、銘刻學、古文字學、古代史）
⑨鑑別鑑定（辨僞）
⑩保管傳拓和修復（一些技術上的問題）

整理説明：

這是作者爲作《中國青銅器學導論》草擬的一個大綱，僅一頁，寫作時間不詳。題目「大綱」二字係整理者所加。

（劉雲）

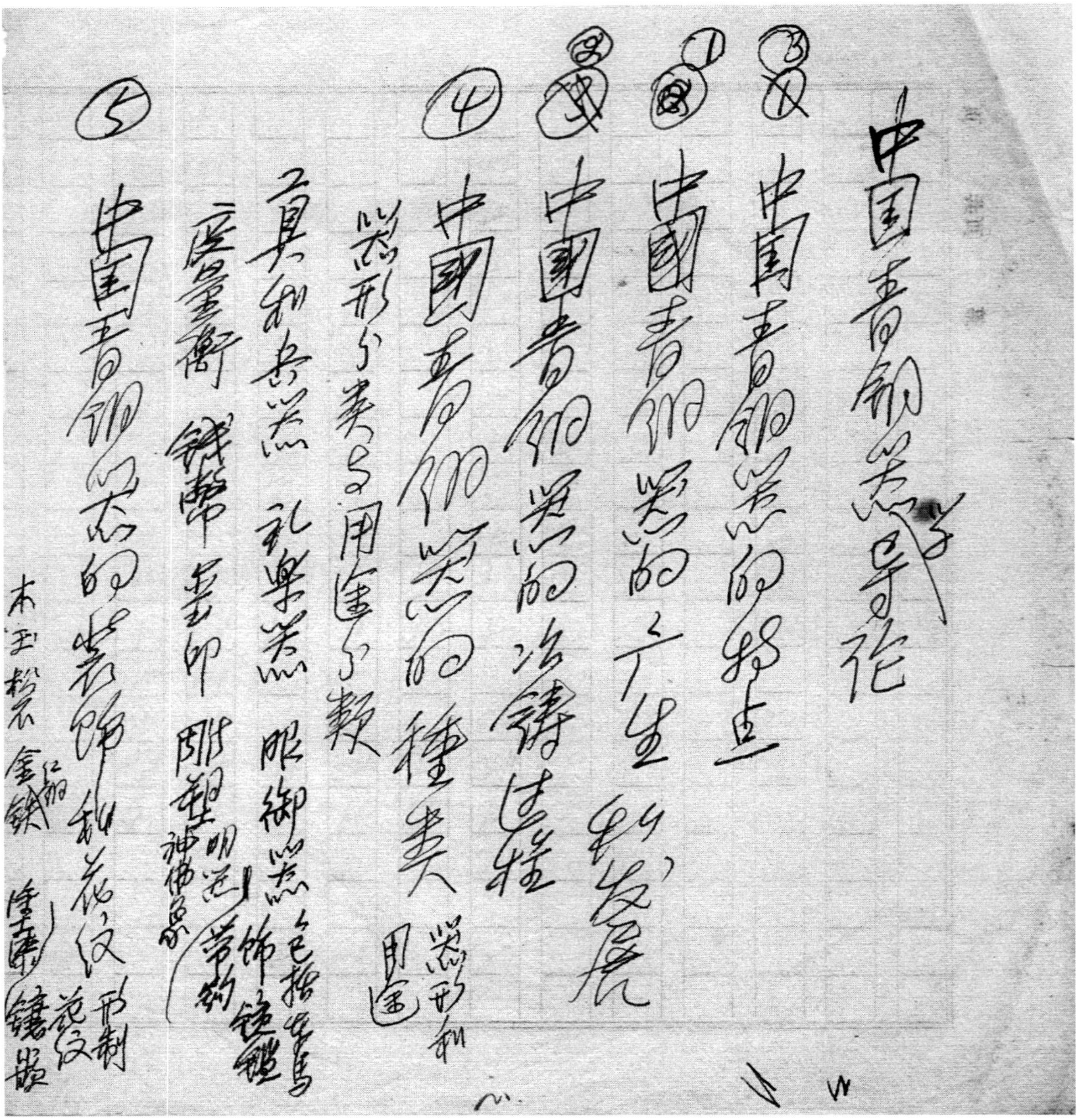
中国青铜器学导论
③ 中国青铜器的起源
① 中国青铜器的产生和发展
② 中国青铜器的冶铸过程
④ 中国青铜器的种类 器形和用途
器形分类与用途分类
真和器 礼乐器 服御器 包括车马 饰 链
度量衡 钱币 玺印 雕塑 明器 神佛像 带钩
⑤ 中国青铜器的装饰和花纹 形制 花纹
本玉 松石 金银 错 镶嵌

原稿様張一

原稿樣張二

⑥ 中國青銅器的銘刻

⑦ 中國青銅器的流傳 傳世 出土 收藏 著錄

⑧ 中國青銅器的研究 斷代 錢 考古學 銘刻學 古文字學 古史 古器物學

⑨ 鑑別鑑定 辨偽

⑩ 中國青銅器修復 傳拓 一些技術上的問題

青銅器目録

昔寥室藏金石拓本

鐘

鐘

皇王眉壽鐘　十三字（鉦六字）

又一器　（鉦五字）

虢叔旅鐘　九十一字　清儀閣器

斁狄鐘　二十一字

䖒鐘　十二字

䖒鐘　六字

又一器　卅五字

奠井尗鐘　十字　妥賓

又一器　賓

鼄公牼鐘　五十許

内公鐘　十字

兮仲鐘　第一器　廿一字
井人女鐘　下　四十二字
兮中鐘　第二器
禄康鐘　廿二字
叔氏鐘　第二器　五十三字
子璋鐘　第四器　四十餘字
　又一器　二十二字
益公鐘　九字
留鐘　六字
天尹作元弄編鐘　五字
郘鐘　左角有裂文　八十六字
　又一器
永寶鼓之殘鐘　存四字
鷹羌鐘　？
郲太宰鐘　卅二　故宮
宗周鐘　百十八
工𢿝王鐘　未著録？
尗氏鐘　頤和園
鼄尗止伯鐘　頤和園
殘字鐘　頤和園
見工鐘　卅三字　未著録　中村不折藏　見《三代秦漢之遺品》
鼄君求鐘　十六字？

楚王領鐘　十九字
者汚鐘　約廿四字　未著録
以上見《吉金文字》
梁其鐘
補
郘鐘　缺一器
鐘
鄒
補
楚公鐘　十四字　陶齋
⿸厂⿰萬鳥鐘　補善齋
孝孫鐘　約二十字　《周》一補遺
井人女鐘　編鐘　後改新拓
永寶鼓之　殘　四五字
奠井叔鐘　妥賓
自乍鐘　頤和園　約八字
益公鐘　九字
見工鐘　三十三字
者汚鐘
梁其鐘
孝孫鐘　《周金》
鐃

[?]鐃　似即中鐃
亞虹右鐃
龏鐃一
二
三
[?]鐃一
二
三
[?]雉鐃　　二字
亞疑鐃一
二
○辛伊鐃　　五六字？
鐸
□外卒鐸
□郢逵鐸
鉦
[?]矛鉦　二字
貯鉦　一字
鈴
王成周鈴
亞疑鈴
鑾

吴作寶鑾　三字

医鑾　一字

鐘鉤

内公鐘鉤

鬲

會姒鬲　五字

中姞鬲　六字

王乍姬𩰫母鬲　十三字

○隋子奠白鬲　廿二字

奠𤼷白鬲　八字

祖中無龍鬲　十五字

又一器

○叔牙父鬲　十五字

衛妀鬲　八字

白上父鬲　十二字

○召白毛鬲　八字

鑄子叔黑𦣞鬲　十七字

吕王鬲　十三字

姬𡚬母鬲　六字

虢姞鬲　四字

戲白鬲　十四字
召中鬲　十五字
⿱雨又人守鬲　五字
大鬲　六字
龔鬲　十五字
白狺父鬲　十字
鼀伯鬲　十五字
王白姜鬲　九字
虢中鬲　十五字
○虢季氏子⿰纟叟鬲　十五字
季右父鬲　六字
○陳侯鬲　十八字
○□乍□□鬲　存兩三字
亞⿰金卩鬲　十七字
虢文公子鬲　十八字
馬孟辛父鬲　廿字

《吉金文字》

魯伯愈父鬲　十五字

《梅花草盦》

鄭伯筍父鬲　十九字

頤和園

父辛鬲　二字

故宮

甗

戈父戊甗
〇万亞父丁甗　四字
〇豖甗　一或二字
闞甗　五字
𦚏子良人甗　存廿二字
鄭氏伯高父甗　十七字
王人舊輔歸若甗　廿一字
白真甗　五字
者女甗　九字
𣪕作父庚甗　六字
子邦父甗　十四字
比甗？　八字
叔碩父甗　十三字
奄作婦姑甗　七字
□父己甗　三字
穀父甗　十四字
宋甗　四字
《梅花草盦》

○〓甗　七字
鄭太師小子甗
且丁旅甗　三字
中甗　四字
雔卯𠨍甗　七字
畓夫甗　九字
寡史〓甗　六字
〓父己甗　三字
虢伯甗　六字
再辛甗　二字
宁戈乙父甗　四字
乍寶彝甗　三字
以上故宮

鼎

佣中鼎　十二字
吕𪓐　四十三字
白𣄰父鼎　十四字
陳医鼎　廿一字
○𢊁叔樊鼎　廿六字
郑遣鼎　十二字

○從鼎　十二字

○□乍鼎　八字

△鄭戒句父鼎　十六字

白阦鼎　廿一字

○大師乍叔姜鼎　十字

穌衛妃鼎　九字

△[illegible]乍[illegible]鼎　三字

○父丙[illegible](南)門鼎　四字

乍長寶隟彝鼎　八字

○[illegible]　鼎？　三字

非余鼎　廿六字

○罞鼀鼎　二字　兩器

戈父辛鼎　三字

孟臽乍鼎？　三字

史父庚鼎

曩父乙鼎？　三字

乖乍從旅彝鼎？　五字

△再[illegible]父乙鼎　四字

○父丁冊鼎？　三字

○乙再鼎？　二字

○旱鼎？　一字

○亞□丙鼎？　三字

白乍寶彝鼎　四字
○戈父丁鼎　三字
□父鼎　八字
雔白原鼎　十八字
○□父辛鼎？　三字
白遲父鼎　六字
○子㱙鼎？　二字
○壬父鼎？　二字
○史盘(盄)父鼎　六字
○甾母丁鼎　三字
乍父甲隮彝鼎　五字
鶂形鼎　一字
矢王鼎　六字
珥鼎　十九字
□父癸鼎　三字
○□乍母丁從彝鼎　六字
叔旗鼎　六字
□父癸鼎　六字
隹父癸鼎　三字
乍寶鼎　三字　三器
○□△鼎？　一字
△乍寶鼎　八字

季盨盡鼎　八字

〇珊母父丁鼎　四字

白乍彝鼎　三字

徙鼎　八字

冄鼎　六字

史鼎　一字　《殷文存》第二器　又《周金文存》二、六六

尚作齋鼎　《周》二、六六

中𠂤父鼎　《周》二、六三

叔姬乍陽白鼎　九字　《周金文存》二、五九

戲伯鼎　五字　《周》二、五七

〇君鼎　有拓本　又一器　《周》二、五四

鼎　十三字？　《周金》二、五三

〇內子中旟鼎　有拓本　四行　《周》二、四九

又一器

兹大子鼎　《周》二、三九

辛鼎　《周》

宗婦鼎　三、五疑一器　又二　《周》二、三八　又補遺四器

齊灰作孟姜鼎　刻紋　《周》二補遺

吴王姬鼎　《周》二補遺

中義父鼎　六字　《周》二補遺　多一器

乍寶鼎　《周》二補遺

害乍召白父辛鼎　有照片　約存三十字　《周》二補遺

成王隮鼎　三字　《周》二補遺

□鼎　九字　《周》二補遺

窓鼎　又一器　有全形　《周》二補遺

当乍鼎　八字

奠戚句父鼎？　十六字

□乍從？　三字

父丙□門鼎

□丁父鼎　三字

帚龜鼎　二字

孟𦥑鼎　三字

冈□父乙鼎　四字　附一疑僞

父辛鼎　二字

豕父丁冊鼎　四字

乙冉鼎　二字

亞□雨鼎　三字

㫃父辛鼎　三字

子□鼎　二字

乍寶鼎　三字

□乍母丁從彝鼎　六字

𢔶士鼎　一字　二字？

冊母父丁鼎　四字

子鼐盄彝鼎　四字

△克鼎　比《羅印》較精拓

△噩侯馭方鼎　較精

𩍆兹鼎　九字

[?]夌鼎　五字

丙作父乙鼎　四字

般鼎　一字

臣辰先父乙鼎　五字

[?]白鼎　六字

囝鼎　一字

[?]鼎　一字

南公有𤔲鼎　二十二字

史農鼎　十六七字

𨻰鼎　存八字

萊公子鼎　五字

虢宣公子白鼎　二十五字

奠白□□士叔皇父鼎　二十餘字

中義父鼎　六字

雁公鼎　十六字　又一器

冊[?]宅鼎　三字

[?]鼎　一字　《筠》作鬲，《攈》作彝

？白無鼎　六字　待考

□父丁鼎　三字

□□鼎　二？三？

亞□竹鼎　九字

鄉宁父乙鼎　四字

亞弜父丁鼎　四字

□子秝鼎　五字

鄭子蒷壷鼎　器蓋　十三字

又□敄鼎　三字　此即《嚴窟》著録者，像彼書漢反印耳。

亞醜鼎　二字　《嚴窟》

先鼎　一字　《嚴窟》

帚敄告鼎　三字　又

㠱亞吴亳作母癸鼎　七字　《嚴窟》

子馬氏鼎　三字　《嚴窟》

帥隹鼎

穆公鼎

周公東征鼎（塱鼎）

叔荓父鼎　十四字

右鼎　四字

○□父癸鼎　三字

大師人鼎　十三字

大保鼎　三字

丁己且丁父癸鼎　九字
○子鼒盄彝鼎　四字　未著録
鮇冶妊鼎　十六字
善夫克鼎　七十二字　三器
戈鼎　一字
乍父己鼎　三字
大師小子師望鼎　九十四字
鼉医駿方鼎　存七十九字
師全父鼎　九十三字
𥤢鼎　四十二字
○雔兹鼎　十字
亯鼎　十四字
乍寶鼎戈　四字
十夌鼎　五字
叔具鼎　八字
△丙乍父乙鼎　四字
⿰㕣禾鼎　四字
父乙鼎　五字
○般鼎　一字
乙或鼎　二字
目作乙戈盾形鼎　三字

○臣辰先父乙鼎　五字
非攺鼎　六字
○㣇白鼎　六字
○囝鼎　一字
白作寶鼎　四字
○□鼎　二字？
史次鼎　二字
戈且辛鼎　三字
再父辛鼎　三字
○？再共父乙鼎　四字
南公有𤔲鼎　二十二字
鄭日媿鼎　十字
𡪞鼎　卅一字
中義父鼎　十七字
鄭義白鼎　十四字
郜白祀鼎　廿一字
○吏農鼎？　十六七字
○䕭父乙鼎　三字　二器
剌鼎　五十二字
甚諆臧鼎　十字
○㬪鼎　存八字
曾者子鼎　十三字

䨻鼎　四字

趞鼎　八十三字

○萊鼎　約五字

𣪕鼎　四字

○虢公子白鼎　二十五字　未著録

亳鼎　廿三字

○鄭日氏士叔皇父鼎　約二十四字

𩟄乍且壬鼎　九字

𩟄盄乍父丁鼎　六字

○中義父鼎　六字

白旂鼎　五字

或婞鼎　七字

内公鼎　十二字

嬴氏鼎　五字

大祝禽鼎　四字

黄孫子係君赤單鼎　廿二字

鲞父鼎　六字

内子中旜鼎　十八字

應公鼎　十六字

我叔朕鼎　廿七字

章鼎　四字

[illegible]君鼎　十二字

異父癸鼎　三字

鐘白侵鼎　廿四字

象且辛鼎　三字

壴鼎　一字

康医丰鼎　六字

無去魯生鼎　十六字

虢文公子⿰饣殳鼎　廿字

中師父鼎　卅七字

斛攸从鼎　一百字

○冊□宅鼎？　三字

鼂父丙鼎　三字

鄭饔遼父鼎　十三字

○□乍寶彝鼎　四字　《平安館拓本》云是鼎，《筠》作鬲，《攈》作彝

楚王歓肯鉈鼎　十二字

盂鼎

史頌鼎？　六十三字

善鼎　一百十二字

白魚鼎　六字

○□父丁鼎　三字

木工鼎　七字

旱父癸鼎　三字

若媼鼎　八字

○無枝鼎　十一字
酉父癸鼎　三字
亞獏父丁鼎　四字
○戠禾作旛鼎　四字
亞矢鼎　二字
○子妥鼎　二字
亞卯鼎　二字
○□七鼎　三字
乍父己鼎　三字
立鼎　五字
○師旅鼎　七十九字
或者鼎　廿三字
藥鼎　十字
○父辛鼎　二字
○襄好鼎　二字
○史鼎　一字
亞得父庚鼎　四字
○弟丁鼎　二字
○亞弜鼎　二字
叔乍隮鼎　四字
冊□父癸鼎　四字
訢啓鼎　五字

〇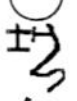乍父癸鼎　八字

師湯父鼎　五十四字

右脒鼎　五字

霝鼎　一字

俆水鼎　二字

庤鼎　二字

鄆孝子鼎　十六字

〇白蓋鼎　廿五字

戈囧鬲队鼎　十字

幸父庚鼎　三字

乍[illegible]餴鼎　五字

〇亞[illegible]鼎　九字

〇鄉宁父乙鼎　四字

〇亞豈衙鼎　三字　兩器

〇亞弜父丁鼎　四字

乍寶鼎　四字

毛公鼎　石印

〇御可方鼎　四十三字

[illegible]鼎　三字

堇臨鼎蓋　八字

貿鼎　卅一字

舍父鼎　廿二字

白疑鼎　十六字

以上《金文拓本》

𠂤鼎　七字

𢦚鼎　六字　即太保鼎

陵叔鼎　六字

魚父乙鼎　三字

吴王姬鼎　廿字

䢅白𦱤鼎　十九字

𫝼灰之孫𨼙鼎　七字

保鼎　一字

史昔鼎　六字

？尔甘里三斗鼎　六字

鄦安之孫𧆑太史申鼎　卌二字

〇中義父鼎　六字（與前不同）

〇子𢍏父癸鼎　四字

内太子鼎　十一字

師高鼎　六字

乍旅鼎　三字

屯鼎　十三字

𡨦鼎　卌六字　兩㡀

以上《吉金文字》

[illegible]鼎　五字

乍寶鼎　三字

亞酗父辛鼎　四字

魚父丁鼎　三字

以上《梅花草盦》

大鼎　八十字

雝鼎　十五字

翏父鼎　十二字

白筍父鼎　十四字

婦射鼎　三字

康鼎　六十二字

𠂤方鼎　七字　不同　二器

亞酗方鼎　二字

亞徉父戊鼎　四字

内公鼎

又

[illegible]父癸鼎　三字

要父癸鼎　三字

丙父己鼎　三字

亞酗父乙鼎　四字

册鼎　二字

串父辛鼎　三字

旱父丁鼎　三字

父丁鼎　三字

亞酗鼎　二字

大豕父丁鼎　四字

再父家鼎？　三字

彡鼎　八字

乍父辛鼎　八字

且丁鼎　三字

乃孫鼎　十一字

以上故宮

僨鼎　一字

婦射鼎　三字

大黽父癸鼎　四字

槽鼎　四字

才僟父鼎　六字

曆鼎　七字

韋鼎　六字

中殷父鼎　十三字

史圛父鼎　十二字

頌鼎　百四九字

小臣缶鼎　廿三字

以上頤和園

鼎補

○□子𣏟鼎　五字

○鄦子募𡍲鼎　十三字　器蓋

内太子鼎　十一字　與前不同范

○中義父鼎　六字

□鼎　十七字

亞酰父丁鼎　四字

○又癸敄鼎　三字

木父壬鼎　三字

○龍鼎　一字

亞弜鼎　二字

□魚父乙鼎

尊

□尊　一字

趞尊　二十八字　簠齋

○□父癸尊　三字

亞醜尊　二字　器蓋

趩尊　六十七（八）字

○□乍旅彝尊　四字

○魚尊　一字

乍册睘尊　廿七字　子廟
○□乍父乙旅彝尊　九字　子廟
○甠乍且乙寶彝尊　八字
大黽父辛尊　四字
□子父己尊　四字
○舲白乍寶隮彝尊　六字
○亞壴尊　二字
子啓尊　十六字
○戈乍隟彝尊　四字
員父尊　六字
⿰能卩季尊　六字
交尊　十二字
○？帚嫁尊　二字
○□父辛尊　三字
辛乍寶彝尊　四字　兩
師遽尊
○北子尊　八字
○員尊　十三字
諸女尊　五字
○匽方尊　八字　蓋器
犀乍父乙尊　十一字
丙父癸尊　三字

以上《梅花》

○史尊　一字

○豢乍父辛尊　四字

○果乍父丁肇彝尊　六字

○乍父丁寶彝尊　七字

○父丁尊　三字

○免尊　五十字

以上頤和園

季受尊　十九字

服尊　十四字

者姛方尊　九字

乍龍母彝尊　五字

甶父乙尊　三字

乍祖乙寶隩彝尊　六字

乍父己寶彝尊　六字

亞蘘父辛尊　四字

御尊　十六字

再且辛尊　三字

父辛尊　二字

父戊尊　三字

𡗞父癸尊　三字

尊　二字
亞覿尊　二字
小子夫尊　十五字
大黽父乙尊　四字
史尊　一字
史尊　底一字
以上故宫
尊補
◯回尊　五十二字
商尊　六字
能匋尊　廿四字
弘尊　十字
盠司徒尊　九字
尊　二字
◯再父乙尊？　三字
㠱亞矣毫乍母癸尊　七字
健尊　六字
疐尊　五字
亞弜尊　二字
史伏尊　八字
子且辛尊　四字

魚乍父己尊　七字

咎尊　九字

卣

〇亞犬卣？　二字

丁己且一、父癸卣　七字　器蓋

〇盥客爲徐醒爲之卣　七字

〇車方卣　一字　器蓋　方彝

〇帚嫁卣　二字　器蓋

〇亞醜卣　二字　器蓋

己□卣　二字

虆父丁卣　三字　器蓋

豚卣　十三字

□卣　十三字

金頁卣　八字

白旅卣　貳字　四器

〇白乍寶隮彝卣　五字

录白㦰卣　四九字　蓋器

晇卣　二十七字

綸白卣　六字　蓋器

□父丁卣　四字　蓋器

肇父乙卣　三字　蓋器
壴卣　五字　蓋器
倗卣　十一字　蓋器
敎卣　十字　蓋器
盆卣　十二字
夾卣　八字
罶卣　四十四字
○亞乚卣　二字
𢦚己卣　二字
○父癸魚卣　三字　○○丁筱農
臯白卣　十七字
○父乙韋册卣　四字
○臣辰父乙卣　五字
隻帚父庚卣　七字　器蓋
亞㝨宧父丁卣　七字　器蓋
盂卣　廿五字　器蓋
農卣　四十八字
𠂤卣　五字
戊木卣　二字
人乍罍父乙卣　六字
以上《金文》
婦闟卣　十字

灉卣　八字

以上《吉金》

白魚卣　六字

井季㚤卣　六字　器蓋

乍寶尊彝卣　四字　器蓋

女子小臣兒卣　十字

𠙶白罰卣　八字

以上《梅花》

○丁牛卣　二字

○史父丁卣　三字

○鳶且辛卣　三字

○頍卣　五字　器蓋

○亞㝵父癸卣　四字

○子乍婦㛙彝卣　十四字　器蓋

以上頤和

亞醗杞婦卣　四字　器蓋

弟父辛卣　三字　器蓋

䏇季卣　六字　器蓋

乍旅彝再卣　四字　器蓋

䍐卣　一字　器蓋

囊父己卣　三字　器蓋

魃父卣　六字　器蓋

𦎫不淑卣　存十三字
乍寶障彝卣　四字　蓋器
○史卣　一字　蓋器
○周乎卣　三十四字　器蓋
○父己卣　三字
以上故宮
補
㠱亞矣亳乍母癸卣　七字　器蓋
[山/酉]卣　一字
[片章]卣　十一字　器蓋
叉卣　三十字
○騣卣　四字　器蓋
○又父癸卣　三字　器蓋
中卣　九字
剌卣　九字
○彝卣　一字　器蓋
参卣　九字
父辛卣　三字　器蓋
○母魚卣　二字　器蓋
丁犬卣　二字　器蓋
宜生卣　十二字

白睘卣　九字

觚

冢己觚　二字

○⿰弓章觚　一字

○亞丁⿰户凡觚　三字

觚　一字

妻(毒)魚觚　二字

亞⿰兂匕觚　二字

父己觚　三字

○戉方罍乍父辛觚　七字

○亞其觚　二字

○白乍大公觚　八字

○卿宁觚　二字

卿觚　七字

吠觚　七字

亞古父己觚　四字

亞乍父乙寶隩彝觚　七字

以上《吉金》

雞形父乙觚　三字

以上頤和

㐅倲觚　二字
子㒸觚　二字
戌[illegible]且辛觚　四字
亞旃觚　六字
[illegible]父乙觚　三字
〇子父癸觚　三字
〇父丁史觚　三字
〇子鷹[illegible]觚　三字
以上故宮
册疋父乙觚　四字
嫐觚　一字
㝨父己觚　三字
〇得父乙觚
〇𡚬觚　一字

觥

〇冈父辛觥　六字
故宮

觶

丁母觶　二字　器蓋

冀父辛觶　三字
姞亙母觶　五字
子刀觶　二字
史晨觶　二字
子𧰼觶　二字
登車父丁觶　五字
幸父戊觶　四字
戚乍彝觶　三字
冀觶　一字
冀父乙觶　三字
亞𠤕叡父乙觶　五字
亞牧觶　二字　器蓋

敄觶　六字
以上《金文》
乍冈觶　二字　陽文
以上《梅花》
父乙觶　三字
以上頤和
衛父辛觶　三字
井季𡭴觶　六字

刅觶　四字

作寶尊彝觶　四字

□父己觶　三字

爻觶　一字

秉毌戊觶　三字

○子弓觶　二字

○奄父乙觶　三字

○?□父癸觶　三字　疑

以上故宮

卮……

父丁……

……

……

……

……

……

告田觶　二字

戚乍彝觶　三字

白頄觶　二字

□觶

亞士乍父己觶　七字

盨

叔賓父盨　十二字
杜伯盨　卅字
遣叔盨　十六字
改盨　十七字
𢍏登叔盨　十三字
𢓊亞薦孟延盨　十八字
雋叔盨　十八字
虢中盨　廿二字
爲甫人行盨　十三字
中伯盨　八字
曼龔父盨　廿二字
鄭井叔康盨　十五字
中義父盨　十二字
鑄子叔黑臣盨　十七字
虢叔盨　十三字
鬲攸从盨　存百廿三字

𠟭叔盨　十二字
食中走父盨　十八字

以上《金文》

白多父盨　十五字

以上《梅花》

攸鄙盨　五字

以上頣和園

濼季獻盨　十六字

遣叔吉父盨　十六字　器蓋？

壺

刅乍寶彝壺

○𨚕壺　四十三字　蓋四字

白濼父壺　六字

○[illegible]子卙壺　五字

𣅀中壺　十四字

畨匊生壺　卅二字

冑君壺　四字

○左内偤廿八方壺　十四字

曶壺蓋　百一字

○成白邦父壺　十字

虞司寇壺　殘存九字

○白䎘壺　七字

嬗妊壺　五字

[illegible]壺　九字
且己壺　二字
○[illegible]公子口壺　廿九字
○？彡壺　約三十餘字
宬白㔶生壺　十一字
○交君子叕壺　十六字
周㚖壺　廿四字
維婦壺　二字
㚇孟壺　十四字
㕚白每亡壺　廿一字
○庚壺　百餘字
○東周左𠂤壺　十三字
内白壺　八字
以上《吉金》
周㚖壺
太師小子師望壺　十八字
以上《梅花》
○專壺　一字
○宁劥壺　二字
○嫼嫣壺　五字
○△○壺　五字
○亞虎柜父乙壺　五字

○内公壺　四十一字
以上頤和園

曾伯陭壺　四十一字
應公壺　六字
内公壺　九字
白庶父壺　十二字
子父乙壺　三字
㠯父壺蓋　十四字
○萬諆壺口　卅六字
周𡢁壺
○㔸君壺　十八字
以上故宫

先壺　一字

缾

䣄史賓缾
孟城缾　十餘字
見故宫

盤
曆盤　五字
夆叔盤　卅六字

齊太宰歸父盤　廿四字

德盤　十七字

八啚父盤　七字

黃□子白盤　卅四

脺侯盤　二十字

拍盤　廿六字

○楚王酓肯盤　十二字

○⿱覀夨盤　二字

儕孫殷穀盤　十九字

○吴盤　六字

縵父盤　六字

毳盤　十六字

黃季俞父盤　廿三字

白矦父盤　十七字

○亞矢盤　二字

○𢆶父丁盤　三字

魚從盤　二字

○楚季苟盤　十八字

○陳矦乍王中嬀盤　廿九字

師寏父盤　十六字

○奠白（或即鄭白匜　待攷）○

士叔皇盤　廿一字

宗婦盤　　廿五字

以上《金文揭本》

父戊㫚盤　　三字

○？召句□□盤　　約十六字

以上《梅花》

○叔五父盤　　十六字

○毛叔朕彪氏盤　　十八字

以上頤和園

散盤

匜

叔碩父匜？　　十六字

○𧺝乍父丁寶彝匜蓋　　六字

⧅叔黑臣匜　　十一字

䄙伯𢍰匜　　十七字

白正父匜　　十六字

叔高父匜　　十七字

甫人匜　　十字

帚嫣匜？　　二字

太子□匜　　七字

齊矦匜　　廿二字

函皇父匜　十五字

匽公匜　十三字

作中姬匜　存四

曩甫人匜　廿字

賢匜　廿七字　兕觥

魯士商叡匜　六字

叔疾父匜　八字

史頌匜　十四字

叔男父匜　廿二字

黄中匜　十字

取盧子商匜　十七字

父戊竟匜　三字

○父己匜　三字

平安館

○匽白聖匜　八字

子𩰫匜　九字　器蓋

王之女叙匜　四字

公父安匜　廿九字

王子匜　六字

量

商鞅量

新莽量？
光和二年量？
秦量　七種
莽量
少府㢋二益量
斛半斗小量
大半籥量
衛量　四字

詔板

廿六年詔板
三種
元年詔板
五種
殘詔板　定□

權

兩張大權
大䰟權
八斤權
廿六年權

又

又

廿六年小權

又

又

始建國元年九斤權

始建國元年八兩權

始建國元年中都第九權

宦纍

又

光和二年權

至元權

至正十年權

建文元年權

整理說明：

手稿用「教育部清理戰時文物損失委員會平津區辦公處用箋」紙，朱絲欄框，散頁二十四張。一九四五年四月日本投降前夕，爲保存戰區文物，國民政府教育部成立「清損會」，著名學者馬衡、梁思成、李濟任副主任委員，唐蘭被聘爲平津區副代表，因得使用此辦公用箋。本《目録》多記載各類重要有銘文青銅器，並注明藏地，可能是以備清理戰區文物時使用，故該《目録》應作於一九四五年。標題爲整理者所加。

（劉雲）

原稿樣張一

吉寶室藏金石拓本

鐘

[illegible]鐘

𠂤王眉壽鐘　十二字

又一器

虢叔旅鐘　九十一字（鉦至述）（銘六字）　淸儀

前器

𨤏狄鐘　二　十八字

戲鐘　十字

〃〃　六字

鄭井叔鐘　又一器　廿五字　十字　與賓

楚公逆鐘　又一器　賓　五十許

內公鐘　十字

兮仲鐘第一器　廿七字

丼人妄鐘　下　四十二字

兮中鐘　第二器　　宗周鐘　百十八

[illegible]鐘　廿二字　　工𠭯王鐘　未著錄？

[illegible]氏鐘　第二器　五十三字　　[illegible]氏鐘　臨[illegible]園

子璋鐘　第四器　四十餘字　　[illegible]尗止白鐘　〃〃

又一器　二十二字　　殘字鐘　〃〃

益公鐘　九字　　見工鐘　廿二字　中村不折藏　未著錄

留鐘　六字　　見三代吉金遺品

天尹作元[illegible]鐘　五字　　[illegible]君[illegible]鐘　六字？

邵鐘　存有銘文　十字　　十六　楚王頵鐘　十九字

又一器　　者汈鐘　約廿字

永寶鐘　殘鐘　存四字　　未著錄

以上見吉金文字

[illegible]鐘

梁其鐘

鄦子[illegible]鐘　北海團城藏

教育部清理戰時文物損失委員會平津區辦公處用箋

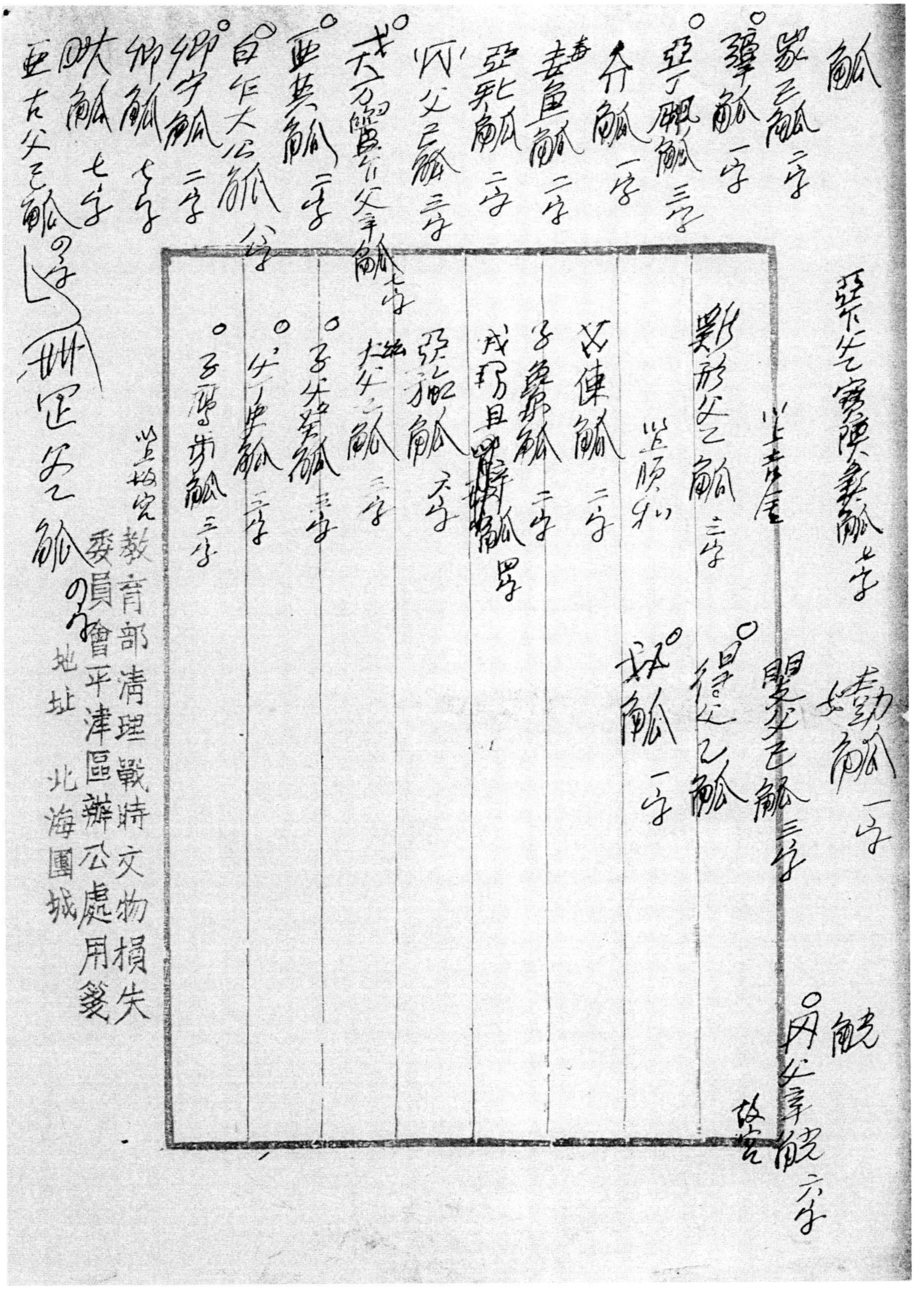

教育部清理戰時文物損失委員會平津區辦公處用箋
地址 北海團城

説劍

（記湖南省近年出土的銅劍、漆鞘、木梜與木櫝，並論古代關於劍的部位名稱和刀劍的附屬物）。

長沙地區出土戰國時代楚文物很多，解放前常被奸人盜掘，出土文物大都流散，很多被盜運至國外，又無科學記録。商承祚《長沙古物聞見記》（卷下）曾記一九三七年長沙東郊魏家沖楚墓所出的一件「有漆鞘玉珌，緱有纏組，外盛木櫝」的「全制之劍」，不知今在何處。解放後由於黨和政府對古代歷史文物的關懷與保護，配合基本建設工程，發現了很多重要文物。一九五三年在北京歷史博物館舉行的楚文物展覽，就有帶木梜的殘鞘銅劍。梜長六五・三釐米，素材無文飾，上蓋下底，長而扁圓形。劍長四四・三公分，無劍首。漆鞘作蛇腹紋，劍鋒處逐漸縮小。另有帶鞘銅劍一柄，劍長四一・三公分，漆鞘蛇腹紋，劍鋒處有玉珌，另有帶鉤及玉璏。兩劍均出長沙市〔一〕。

最近《文物菁華》編輯部給我看的一批新材料，比從前所見到的更爲重要，有一九五二年長沙掃把塘一三八墓出土的銅劍漆鞘與木梜；有一九五四年長沙左家公山十五號墓出土的嵌緑松石銅劍，頭繞絲組，漆鞘，角珌，鞘用綢裹，盛以長方木梜；一九五六年長沙子彈庫三十號墓出土的銅劍，黑漆蛇腹紋鞘，盛以無蓋木梜；還有一九五八年常德德山十號墓出土的銅劍，黑漆蛇腹紋鞘，盛以黑色木梜。這些材料都是發掘出來的，有很多同出文物，有詳細的發掘記録，顯然是極爲可靠的珍貴史料。

西周時代，可能還没有劍，《詩經・公劉篇》「鞞琫容刀」，還只是裝飾用的刀，所以稱爲容刀。《周書・克殷解》「擊之以輕吕，斬之以黄鉞」，可見「輕吕」没有刃，《史記・周本紀》改爲「輕劍」是錯的。古代用車戰，需要長兵器，勾兵的戈、戟，刺

〔一〕詳《楚文物圖録》三六、三八葉。

兵的矛，都是長兵器。春秋時期受北方民族戎狄的影響，步兵興起了。《左傳・隱公九年》，北戎侵鄭，鄭伯説「彼徒我車，懼其侵軼我也」，可見當時人對步戰是有戒心的。步戰需要短兵器，劍的發展大概就在這個時候。《左傳・桓公十年》（公元前七〇二）虞公向虞叔求寶劍，是關於劍的最早的記載，這時離西周王朝的覆没已經七十多年了。虞國在山西省南部平陸縣一帶，是跟戎狄接近的，所以很早就有寶劍了。傳世有少虞劍，相傳是山西渾源出土的。劍有三柄，兩柄已流散至國外，但都是殘破的，只有故宫博物院所藏一把完整如新，鋒刃堅利，裝飾也很華美，有錯金書前後兩行，共二十字：「吉日壬午，作爲元用，玄鏐鋪吕，朕余名之，謂之少虞。」劍而有名，顯然是一把不平常的寶劍，我們由此可以想像古代那些有名的寶劍，如：干將、莫邪之類，大概也是劍主人所特别爲它取的名字。渾源在春秋時是代國地區，戰國初期爲趙所滅。這裏所出的銅器很多，是屬於春秋後期的。《戰國策・燕策》鮑彪注：「代，北狄之别也。」那末，劍這種武器可能是在北方首先發展的。

到了春秋戰國之間，長江流域吴越的劍突然大爲有名。《考工記》説：「鄭之刀、宋之斤、吴粤之劍，遷乎其地而弗能爲良，地氣然也。」吴國古代又稱干，就是邗，所以《莊子・刻意篇》説「有干越之劍者柙而藏之」，干越就是吴粤。但吴國的劍得名更早，所以《戰國策・趙策三》「夫吴干之劍」就單單説吴國。相傳「吴王好劍而國士輕死」，《荀子・性惡篇》説「闔閭之干將、莫邪、鉅闕、辟閭，古之良劍也」，闔閭就是吴王光，《史記・吴世家》有季札把寶劍掛在徐君墓樹上的故事，《左傳・哀公十一年》説吴王夫差把屬鏤劍給伍員要他自殺，《吕氏春秋》説楚國的勇士佽非「得寶劍于干遂」，高誘注説「干遂吴邑」，到了漢朝像《吴越春秋》、《越絶書》等所講寶劍的故事更多了。在傳世銅器裏有：吴季子之子逞劍，攻敔王夫敢劍和攻敔王夫差劍〔二〕，攻敔就是勾吴，那末，吴國的寶劍很多，出名不是偶然的。越國的劍，大概在春秋以後才發展，故宫博物院、上海博物館藏越王劍很多，我所見過的就有十多柄，大都在劍鼻上有鳥篆自書王名，更晚也在劍首上有錯金奇字的，全是戰國時期的，我懷疑是越治吴以後，得到吴國的工匠，才能有這樣大的發展。

劍的普遍發展大概是戰國以後，《史記・秦本紀》説秦簡公六年（公元前四〇九）「令吏初帶劍」〔三〕（整理者按：「注

〔二〕 吴季子之子逞劍見《積古齋鐘鼎款識》卷八，攻敔王夫敢劍見《三代吉金文存》卷二十第四十六葉，攻敔王夫差劍見《雙劍誃古器物圖録》，原藏故宫博物院，今在歷史博物館陳列。

〔三〕 《秦始皇本紀》説簡公生惠公「其七年百姓初帶劍」。

四」手稿誤寫爲「注三二」），可見劍在秦國發展得就很晚。楚國跟吴越很接近，受影響要快一些，但故宫博物院所藏楚王歆章劍是楚惠王時做的（公元前四八八—前四三二），鑄工就不很精，銘文也不清楚，但楚王歆章戈卻十分精美，上面還有十八個錯金字，可能當時鑄劍的工藝是不如其他兵器的。但當楚懷王時期（公元前三二八—前二九九），楚國的劍也很有名了。《楚辭・九歎》説「執棠谿以削蓬兮」，《鹽鐵論・論勇篇》説「楚鄭之棠溪墨陽非不利也」。《説苑・指武篇》：「秦昭王中朝而歎曰：『夫楚劍利，倡優拙，夫劍利則士多慓悍，倡優拙則思慮遠也，吾恐楚之謀秦也。』」據《史記・六國表》秦昭王的元年是楚懷王的二十三年（公元前三〇六）。秦昭王的六年，秦與韓、魏、齊各國伐楚，是楚懷王的二十八年，可見懷王時的鑄劍工藝一定已經很發展了。

長沙地區出土的銅劍很多，製作大都很精美，從各種同出的器來看，它們應該屬於戰國中期，從劍的形制來説也應該是戰國中期。《史記・楚世家》：頃襄王「十九年（公元前二八〇）秦伐楚，楚軍敗，割上庸漢北地予秦，二十年秦將白起拔我西陵，二十一年秦將白起遂拔我郢，燒先王墓夷陵，楚襄王兵散，遂不復戰，東北保於陳城。二十二年秦復拔我巫黔中郡」，長沙在當時應屬黔中郡，頃襄王遷陳之後，把這些地方都丢了，儘管二十五年又重新取回「江旁十五邑以爲郡」，總是邊境地區了。所以長沙許多楚貴族的墳墓應該在頃襄王二十二年（公元前二七七）以前，跟所出銅劍的形制是一致的。

傳世古劍，可分爲兩種類型，從春秋時期的少虡劍一直到戰國中期的長沙楚劍，大都屬於這一種類型，劍身與劍把之間有鐔，早期的鐔較大，晚期都很窄；劍把是圓的，劍把上端有劍首，也是圓的。但戰國晚期的劍就很不同，没有鐔，也没有劍首，而劍把是扁的。

《考工記》對劍的形制記載得很詳細，説：

> 桃氏爲劍，臘廣二寸有半寸，兩從半之。以其臘廣爲之莖圍，長倍之。中其莖，設其後。參分其臘廣，去一，以爲首廣而圍之。身長五其莖長，重九鋝，謂之上制，上士服之。身長四其莖長，重七鋝，謂之中制，中士服之。身長三其莖長，重五鋝，謂之下制，下士服之。

這裏所説劍上的各部位，有：臘、從、莖、首、身等名，可以看出是早期的劍，所以把劍把稱爲「莖」而是圓形的。從這裏也可以看出《考工記》的寫成年代應該是春秋戰國之際，約公元前五世紀。

鄭玄《周禮注》説「臘謂兩刃」，清代程瑶田著《桃氏爲劍考》把臘説成是劍環，阮元用他的説法，都是錯誤的。戴震《考工記圖補注》説「劍兩刃兩脊分其面爲四，通謂之臘」是很對的。劍脊有寬有窄，劍脊兩旁爲兩刃，從脊到刃，有正反兩邊，所謂「臘」是包括正反兩邊説的。兩邊共廣當時的尺計二寸半，一邊就是一寸二分半，所謂「兩從半之」，就是只從每一邊來説的。鄭司農注兩從是「謂劍脊兩面殺趨鍔」，戴震説「自劍背中分之爲兩從，從舉兩面，則臘舉四面明矣」，説得很明白。羅振玉舊藏有一器，可分爲兩個半劍，每一個半劍约一邊有脊有兩刃而另一邊微窪，把兩個半劍相對拼合，就象一般的劍身，兩個半劍上都有一個陽文同字。羅振玉把它們稱爲同劑，見《貞松堂集古遺文》卷十一，又稱爲劑類，見《雪堂所藏古器物圖》（十二葉）。現在根據《考工記》就可以確定它們的名稱，應該是「兩從」〔四〕，同時也可以證明鄭司農等對於「從」的解釋是有實物爲根據的。

「臘」的取名可能由於它象馬鬣一樣，中間的脊高起，「莖」的取名則象草木的枝莖。「中其莖，設其後」，是説「莖」當「臘」之中，並設於「臘」之後。從前注家都没有讀通這兩句話，鄭司農説「謂穿之也」，可能是指莖穿過劍鼻而言，鄭玄注「從中以卻稍大之也，後大則於把易制」，是説從莖的中部起向後稍大，這在古劍裏有時是如此的，但要把「設」解釋成大，也不太恰當。戴震説「後」是「劍環」，那就跟下面才説到的「首」混起來了，程瑶田把「後」字讀爲「緱」，那是後加的繩子，與桃氏鑄劍無關。

關於「劍首」，古書裏記載比較多。《禮記·曲禮》「進劍者左首」，孔穎達正義説「首，劍拊環也」。《左傳·定公十年》叔孫的圉人要殺公若，假裝做不懂得禮節而把「劍末」給他，「劍末」就是劍鋒，可見「劍首」就是劍環。劍拊就是劍莖，刀拊是扁的，所以刀環跟刀拊是平行的，劍莖是圓的，因之劍環是在劍莖最後的外圍。《禮記·少儀》説「澤劍首」，鄭玄注「金器弄之，易生汗澤」。這是説會客時主人覺得疲倦與不耐煩，用手去摸弄佩劍，掛劍時劍鋒一定向下，那末，摸的時候就是劍環了。《莊子·則陽篇》「吹劍首者吷而已矣」，司馬彪注「劍首謂劍環頭小孔也」。《史記·吴太伯世家》「置匕首於炙魚之中」，索隱引劉氏説「匕首，短劍也」。又引《通俗文》説「其頭類匕，故曰匕首」。可見「首」像環而圓形的是「劍」，而象匕的是匕首。《漢書·匈奴傳》講到「玉具劍」，孟康注「摽、首、鐔、衛，盡用玉爲之」，是説劍上的四種玉飾物。「摽」《説文》作「鏢」，是

〔四〕 故宫博物院藏兩器，形均相似，但都只有一從，不全。

刀劍鞘末上的銅飾，那末「首」一定是安在莖上的。從這些材料來看，「劍首」是很容易辨别的，但戴震卻要把它解釋爲劍莖與劍身之間的劍珥，顯然是錯誤的。程瑶田把劍首解爲劍環是對的，但又把鐔認爲是劍首，也是很錯誤的。

《考工記》所記載的是早期的劍，到《莊子・説劍篇》裏所講的是戰國後期的劍了。《莊子》説「天子之劍，以燕谿石城爲鋒，泰岱爲鍔，晉魏爲脊，周宋爲鐔，韓魏爲夾」，一共提出了五個部位名稱，即「鋒、鍔、脊、鐔、夾」。「鋒」，《説文》作「鏠，兵耑也」，就是刀劍的尖端；「鍔」，《説文》作「剽，刀劍刃也」；「脊」是劍臘中隆起的部分，都是屬於劍身的，也都是很清楚的。但關於「鐔」和「夾」則有不同的解釋。

「鐔」從來就有兩種説法，一種是《莊子・説劍篇》的説法，在「鋒、鍔、脊」以後，繼以「鐔」和「夾」，可見「鐔、夾」也都是劍的一部分。《考工記》鄭司農注説「莖謂劍夾，人所握，鐔以上也」，這就是「鐔」在「夾」之下。《莊子》是從「鋒」説到夾，由下説到上的，可見鄭司農的説法與《莊子》相符合。那末，「鐔」在劍莖與劍身之間，《急就篇》「鈒、戟、鈹、鎔、釖、鐔、鍭」，顔師古注：「鐔劍刃之本入把者也。」徐鍇《説文繫傳》説：「劍鐔鼻也，人握處之下也。」正是這個意義。《莊子釋文》引三蒼説「鐔，劍口也」，《初學記》二十二引吕静《韻集》説「劍口謂之鐔」，所以説「劍口」，是當劍鞘口的緣故。《漢書・匈奴傳》「漢賜以玉具劍」，注引孟康曰：「摽、首、鐔、衛，盡用玉爲之也。」顔師古説：「鐔劍口旁横出者也，衛，劍鼻也。」這個鐔是用玉做的，但還是劍的一部分。另外一種説法與此不同。《戰國策・趙策三》説：「且夫吴干之劍材難，夫毋脊之厚而鋒不入，無脾之薄而刃不斷，兼有是兩者無鈎罕鐔蒙須之便，操其刃而刺，則未入而手斷。」這是説劍脊要厚，劍鋒才能刺得進，劍刃要薄才能割得斷，但就是這兩樣都有而没有鈎、罕、鐔、蒙須等附屬物而用手去拿劍刃，那末，劍鋒還没有刺入，手就先被劍刃割斷了。可見「鐔」在這裏是劍的一種附屬物。《説文》「鐔，劍鼻也」，劉熙《釋名》説「劍，其旁鼻曰鐔。鐔，尋也，帶所貫尋也」，顯然都把「鐔」跟《説文》訓「劍鼻玉」的「璏」（就是孟康所謂「衛」）併爲一物了。《楚辭・九歌》「撫長劍兮玉珥」，王逸注：「玉珥謂劍鐔也。」《莊子釋文》在鐔下引司馬云「劍珥也」，也是這個意義。玉璏是附在「劍鞘」旁，用以貫帶的，由於它是長形而附着在劍鞘的，有些象鼻形，所以稱爲「劍鼻」。而從玉璏的側面來看，正像古文的「耳」字，作□形，所以又稱爲「劍珥」或「玉珥」。《漢書・韓延壽傳》「鑄作刀劍鈎鐔」，顔師古注説「鈎」是兵器，「鐔，劍喉也」，又説「鐔似劍而小陿」。其實「鈎鐔」並言，「鈎」是掛劍的鈎，「鐔」是貫帶的鐔，跟《戰國策》的説法是一致的。這兩種不同説法中，我認爲應該以前説爲正。「鐔」字從金，可見原來就是鑄成的劍的一部分。大概由於「鐔璏」部位很接近，所以後來有些人就把「璏」叫做

「鐔」了。這種稱法在分開單説時是可以用的，但如孟康所説漢朝玉具劍上的四種玉飾時，「鐔」和「衛」就不能不分開了，「衛」就是「璏」，不等於「鐔」。至於《莊子釋文》在鐔下引「徐云：謂劍環也」，不知是指繫劍的環呢，還是指劍首的環。如其説繫劍的環，那就和「劍鼻」的意義差不多，但如果説劍首，那顯然是錯誤的。程瑶田的《桃氏爲劍考》把「鐔」作爲「劍首」，而把劍鼻、劍口、珥、環等都混合爲一，是更錯誤的。馬衡《中國金石學概要》知道「鐔」不是劍首，而是「身與莖間之飾，程氏誤認爲臘者」是很正確的，但他又誤把「鐔、衛」作爲一個東西，認爲是「中與側黑名」，則和孟康注與現在所能看到的漢代玉劍飾都不符合。孟康所説「摽、首、鐔、衛」是四種玉飾，是與實物相符合的。

《莊子》所謂「夾」，釋文引司馬彪説「夾，把也」。《考工記》鄭司農注説「莖謂劍夾，人所握」。鄭玄注「莖在夾中」。本來没有不同的解釋。程瑶田認爲這是説「莖外着木，如今之刀劍拊者，古劍無是物也。《戰國策》馮煖彈劍鋏歌曰長鋏歸來，鋏爲劍室，故呼長鋏，劍把安得謂之長乎」，才創爲「鋏」是劍鞘的説法。但《莊子》所説「鋒、鍔、脊、鐔、夾」是劍的五個部位，又怎麽會説到劍鞘去了呢？馮煖彈鋏的故事出《戰國策・齊策》，他第一次「倚柱彈其劍，歌曰：長鋏歸來乎，食無魚」；第二次「復彈其鋏，歌曰：長鋏歸來乎，出無車」。到孟嘗君給他車坐了以後，「於是乘其車，揭其劍，過其友曰：孟嘗君客我」。從文義來看，第一次「彈其劍」，第二次「復彈其鋏」，兩次都歌「長鋏」，最後又「揭其劍」，顯然「鋏」就是「劍」。鋏、劍兩字聲韻都相近，不過「鋏」是入聲字，「劍」是去聲字罷了。《楚辭・涉江》「帶長鋏之陸離」，注：「劍名也。」《吴都賦》「毛羣以齒角爲矛鋏」，注：「刀身劍鋒，有長鋏短鋏。」可見「長鋏」是劍的别名，固然不是劍把，但更不是劍室。程瑶田懷疑「莖外着木」的説法，認爲「古劍無此物」，這是没有看見過戰國晚期的劍的緣故。戰國晚期的劍都不用莖而用扁平的把，跟刀拊差不多，正不需要用緱來纏縛而需要用木片來夾住它，所以稱爲「夾」，這可以證明《莊子・説劍篇》的寫作年代要晚於《考工記》，又可以看到鄭司農和鄭玄是用當時常看到的劍把形式來解釋《考工記》的莖。至於程瑶田要把「夾」説成劍鞘，倒完全是嚮壁虚造，没有絲毫根據的。

關於「鞞」，在文獻資料上本是很清楚的。《説文》「鞞，刀室也」，又「削，鞞也」，削又作鞘，《説文・新附》「鞘，刀室也」。《廣雅・釋器》：「鞞、靳刀削也。」楊雄《方言》卷九説：「劍削，自河而北，燕趙之間謂之室，自關而東，或謂之廓，或謂之削，自關而西謂之鞞。」鞞字、鞘字和靳字都從革，鞞又作鞞，是因爲刀劍鞘都用皮革來作裝飾。《逸周書》伊尹朝獻「請令以魚皮之鞞」，孔晁注「鞞，刀削」。《尚書大傳》「南海魚革」，注「魚革今以飾小車之纏兵室之口」。兵室也就是刀劍之鞘。《説文》「鮫海魚，皮可飾刀」，鮫魚就是鯊魚，郭璞《山海經》漳水注，劉欣期《交州記》都説鮫皮可以飾刀劍的口。一直到近代還用鯊魚皮來作刀劍鞘，可見「鞞」是刀或劍鞘，是毫無疑義的。金文静簋「王錫静鞞剢」，番生簋「錫：朱紱、蔥黄（衡）、鞞鞣、玉環、玉□（玦）」。從「剢」字的從刀來看，「鞞剢」應該是刀室，從「鞞」字的從革來看，顯然是革製的。但郭沫若同志作「釋鞞剢」（《金文叢攷》一六九葉）卻斷言「鞞者珌也，琢者璏也」，那末，爲什麽「鞞」字要從革呢？郭説「錫刀室成何體統」，但《左傳》王以王后的「鞶鑑」爲賞賜，也不比刀室更名貴些。郭説番生簋上下皆爲玉飾，其實上文「朱紱蔥黄」，主要是「朱紱」，「蔥黄」是附在紱上的，「朱紱」與刀鞘同爲服飾之一，如果説賞刀鞘不成體統，那末，賞刀鞘末端的「珌」，也未必更體統些。至於「鞞剢」的「剢」，吴大澂説是「射韝」，那末，周王所賞的，一是刀鞘，一是射韝，不相聯繫，顯然是不通的。但郭氏把「剢」解釋爲「璏」，也不對。首先，「璏」是劍上的裝飾，刀上還没有發現過；其次，「剢」字在番生簋作「鞣」，顯然和「鞞」字一樣，都是用皮革做成的，至少也是可以用皮革來做的，而我們所見到的傳世的玉璏，是不能用皮革來代替的，可見這種設想，也是講不通的。其實「剢」是繫佩刀用的組綬。《詩經·大東篇》「鞙鞙佩璲，不以其長」，毛萇傳：「鞙鞙，玉貌；璲，瑞也。」鄭玄箋：「佩璲者以瑞玉爲佩，佩之鞙鞙然。」《爾雅·釋器》「璲，瑞也」，郭璞注：「《詩》曰鞙鞙佩璲，璲者玉瑞。」《釋器》又説「繸綬也」，郭璞注：「即佩玉之組所以連繫瑞玉者，因通謂之繸。」這裏的「璲」和「繸」實際是一個字，從它聯繫佩玉來説，就從玉旁；從它是組綬一類來説，就從糸旁。所以《後漢書·輿服志》説：「古者君臣佩玉，尊卑有度，上有韍，貴賤有殊。……五霸迭興，戰兵不息，佩非戰器，韍非兵旗。於是解去韍佩，留其係璲，以爲章表。故《詩》曰鞙鞙佩璲，此之謂也。韍佩既廢，秦乃以采組連結於璲，光明章表，轉相結受，故謂之綬。漢承秦制，用而弗改，故加之以雙印佩刀之飾。至孝明皇帝乃爲大佩，衝牙、雙瑀璜，皆以白玉。」又説：「自青綬以上，縌皆長尺二寸，與綬同采而首半之。縌者古佩璲也，佩綬相迎受，故曰縌。紫綬以上，縌綬之間，得施玉環鐍云。」這是説秦漢以後廢去古代的紱，但「佩璲」還存在，改名爲「縌」。《説文》：「縌，綬維也。」《急就篇》「綸組縌綬以高遷」，顔師古注：「縌者，綬之系也。」可見「縌」是聯繫革帶與綬的。照司馬彪的説法，雙印和佩刀都是漢朝加上的，雙印即剛卯，固然漢朝才有，但佩刀卻是周朝就有。漢朝還有佩刀跟漢明帝時恢復佩玉，都是復古，並不是新製。那末，「佩璲」或「繸」，可以繫佩玉，也可以繫佩刀，静簋的作「剢」從刀旁，正是繫佩刀的證據。據司馬彪的説法，「佩璲」跟「紱」是相聯繫的。《爾雅》：「繸，綬也。」《説文》「縌，綬維也」，又「綬，韍維也」，所以番生簋的「鞞鞣」，正在「朱紱蔥黄」之後。又據司馬彪説縌與綬之間，可以施玉環與玉玦（鐍），所以番生簋在「鞞鞢」之後，説到「玉環玉□（玦）」。又據毛公鼎在這一部服飾方面，只説「朱韍蔥黄，玉環、玉口（玦）」，更可以證明「鞞鞢」是「朱韍」裏的一部分，所以可詳可畧，那末「刹」或「鞢」是「佩璲」或「縌」，是毫無疑問的，跟後來劍鞘上的玉璏是毫無關涉的。

「琫」和「珌」是佩刀上的兩種玉飾，《詩經・瞻彼洛矣》毛傳説「琫上飾，珌下飾」，《漢書・王莽傳》「瑒琫瑒珌」，孟康曰「佩刀之飾，上曰琫，下曰珌」，本來是很清楚的。但從漢以來玉飾的琫珌跟刀鞘的鞞，常常糾纏不清，上飾下飾也常混亂。《詩經》説「鞞琫容刀」，毛萇傳説「下曰鞞，上曰琫」，是從整把刀來説的，「鞞」是鞘，「琫」是把，鞘在下，把在上。《左傳・桓公二年傳》「藻率鞞䩬」，「鞞䩬」就是「鞞琫」。《詩經・瞻彼洛矣》釋文「琫字又作鞛」，䩬跟鞛通，琣跟棒通，是一個道理。《説文》「釽刀握也」，《禮記・少儀》「削授拊」，拊也是刀把，把字又作欛，不論作「琫」、作「䩬」、作「釽」、作「欛」與「把」，都是脣音字，是一個語源孳生出來的。刀把可以用玉來裝飾，所以從玉作「琫」。傳世玉琫很多，過去都誤稱爲玉刀柲，郭沫若説瞿中溶《奕載堂古玉圖録》裏的玉刀柲八器，大抵皆當爲琫，是很對的。《三代吉金文存》卷二十（四五九葉）著録之玉刀柲，也是玉琫，琫爲六面形圓棒，銘每面兩行，行三字，連重文共六十多字，所説是道家行氣之説。從字體書法來看是六國時期的。《倭名類聚抄》卷五弓劍具「鮫皮」條引仁滑本單音義「鮫魚皮裝刀欛者也」，所以又可以從革作「䩬」或「鞛」。至於「珌」字，《毛詩・瞻彼洛矣》釋文：「字又作琿，賓一反。」《玉篇》「珌古文作琿」，《汗簡》「琿見《説文》」，可見「珌」和「琿」是一字兩體，珌在劍鞘的下端，所以又從畢。「必」音與「畢」同，「珌」或作「琿」，與《考工記・弓人》「圭中必」，鄭玄注「讀如鹿車縪之縪」，是一個道理。漢朝的玉具劍，稱爲「標」，《説文》「鏢，刀削末銅也」，標或鏢與珌或琿，也都是脣音字，是一個語源。

劉熙《釋名・釋兵》説：「室口之飾曰琫，琫，捧也，捧束口也。下末之飾曰琕，琕，卑也，在下之言也。」這個説法在琫上琕下的一點來説，是相當正確的，但它有兩點錯誤。第一，把刀把的「琫」，錯誤地説成是刀鞘的口，但刀鞘的口是不適宜於用玉來做的。第二把「珌」或「琿」字錯成了「琕」字，因而加以附會，結果就使得刀鞘之末的「琕」跟刀鞘的「鞞」相混亂。杜預注《左傳》説「鞞刀削上飾，䩬下飾」，則不但把「珌」或「琿」索性錯成刀鞘的鞞字，而且把上飾和下飾都弄顛倒了。宋本《説文》受到杜注的影響，在「琫」下誤注爲「佩刀下飾」，而小徐本不誤。反之，《説文》「珌，佩刀下飾」，《藝文類聚》引《字林》誤爲「佩刀上飾」。隋朝劉炫引《毛傳》來規杜預的錯誤，但明朝馮應京《六家詩名物疏》則相信《釋名》，而認爲《毛傳》「自相矛盾」，因而把《釋名》的琕來改《毛詩》的鞞，照他的意思，「鞞琫」就變成了「琕琫」也就是「珌琫」了。清戴震《毛鄭詩考正》則簡直説《説文》以「鞞」爲刀室是錯的，而要把《瞻彼洛矣》《毛傳》所説「珌下飾也，天子玉琫而珧珌……士珕琫而珌」等六個「珌」字（實際只有五個），都改作「鞞」。郭沫若同志要把金文「鞞鞛」解釋爲珌和璏，也受馮、戴兩家的影響。馮、戴兩家的錯誤，首先在不求甚解，他們不想如果「鞞琫」兩字只是刀鞘上的裝飾，那末，只舉刀鞘口上和末端的玉飾而不提刀鞘，如何讓人理解呢？其次，《毛詩》在《公劉》説「下曰鞞，上曰琫」，是就全刀説，所以只分上下。上刀把，下刀鞘。而《瞻彼洛矣》傳已經説了「鞞，容刀鞞也」，所以説「琫，上飾；珌，下飾」，上飾是刀把之飾，下飾是刀鞘的飾。本來没有自相矛盾的地方，馮、戴兩家自己没有讀通罷了。如果照兩家的説法，《毛傳》就不應該説「鞞，容刀鞞也」，而必須首先就説「鞞下飾」了。《毛傳》在《公劉》也只説「下曰鞞」，鞞的末端玉飾是「珌」，才稱爲「下飾」，而琫是整個刀把的裝飾，舉「琫」就指刀把，所以可以説「琫在上」，也可以説「琫上飾」，馮、戴兩家混爲一談，就糾纏不清了。其實「鞞」字從來就解釋爲刀室，《毛傳》説「容刀鞞也」，顯然是刀室的意義。金文「鞞鞛」字從革，顯然不是玉飾。《詩經》釋文「鞞」字補頂反，而「珌」或「琿」賓一反，無論字形字音與字義都不應混淆。段玉裁《説文注》糾正戴震的錯誤是很正確的，但説琫是刀環的裝飾還不是很妥當的，環是刀首在把的上面，琫只能是刀把的裝飾。徐灝《段注説文箋》説：

> 刀室曰鞞，人手所握處曰鞛，故鞞鞛連文。手所握處或以玉爲之，故别作琫。《詩》言鞞琫有珌，舉刀室與刀柄而稱，其有文飾與韎韐有奭句法正同，其後以琫爲上飾，遂專指珌爲下飾耳。

朱駿聲《説文通訓定聲》的解釋也差不多，都可以作爲「琫珌」兩種玉飾的定論。

刀鞘稱爲「鞞」，也稱爲「削」，《説文》「削，鞞也」，《説文・新附》「鞘，刀室也」，鞘和削是一個字。《方言》卷九：「劍削自河而北燕趙之間謂之室，自關而東或謂之廓，或謂之削，自關而西謂之鞞。」可見刀鞘和劍鞘的名稱是通用的。所以《史記・貨殖傳》「灑削薄技也」，顔師古注《漢書・貨殖傳》説「削謂刀劍室也」。鞞和鞘都從革，可見刀劍鞘本來是用皮革做的。但是珍貴的皮飾，如鮫皮（鯊魚皮）之類，不是容易獲得的，所以長沙等地所出戰國時的楚劍，都用木鞘而加漆，可以看出當時漆器的盛行。有的漆鞘作蛇腹紋，也是摹仿革製劍鞘的緣故。

劍的發展比較晚，所以劍上玉飾的部位與名稱，跟刀上不很相同。孟康注《漢書・匈奴傳》的「玉具劍」，説「標、首、鐔、衛，盡用玉爲之」。是完備的玉具劍，一共有四種玉飾。第一是「標」，就是「珌」。《説文》作「鏢，刀削末銅也」。刀劍同用此名，所以《廣韻》：「鏢，刀劍鞘下飾也。」《漢書・雋不疑傳》「帶櫑具劍」，應劭注：「櫑具木標首之劍。」晉灼注：「大劍木首。」那末，鏢有用木做的，所以字又作標，《梁書・侯景傳》「景所帶劍，水精標無故墮落」。據《毛詩傳》刀鞘的珌有琫、璆、鍔、珕四種，漢以後劍鞘上有玉或水晶的標，有木製的標，也有銅製的鏢，而從長沙出土的楚劍來看，在漆鞘末端除了常見的玉標外，還有角製的標，是過去所不知道的。

其次是「首」，對「末」而言，「標」在鞘末，「首」爲劍首。早期的劍首都是銅的，是劍的一部分，現在所見到的玉劍首，大概都是戰國晚期以後的。劍首圓形，一面有紋飾，中間畧窪，另一面可以安劍莖，有時還留有和莖粘起來的漆痕。《楚文物展覽圖録》(圖七二)所録長沙出土的嵌松石錦紋劍，就有玉製的劍首。

其次是「鐔」，是在劍莖與劍身之間的，原來是青銅製的，所以鐔字從金。早期銅劍，劍與鐔大都同時鑄成，但故宫博物院舊藏(現已撥歸浙江博物館)的越王州句劍的鐔是銀製的，跟劍不是一物。鐔上有鳥篆十四字：一面爲「越王州句」，「州句」兩字重出；一面爲「自作用劍」，四字均重出。可見鐔的單獨成爲裝飾是戰國中期以後才有的。程瑶田《桃氏爲劍考》裏把「鐔」誤稱爲「臘」，附有銅劍臘圖，可見獨立的鐔也有用銅製的。吴大澂《古玉圖考》裏的「琫二」，吴謂「或飾於刀柲之下，刃之上」者，實際是小刀的鐔。《説文》「鈹，劍如刀裝者」，「鎩，鈹有鐔也」，可見小刀是有鐔的，郭沫若説是小刀之珌，也是錯的。劍鐔上有銘文，是前人所不知道的，近年出土越王劍上才常常看到，羅振玉在《貞松集古遺文》裏，創爲「劍格」的名稱，不知有什麽根據。劍鐔很像人口的樣子，所以前人都解爲劍口，上口稍大，可以容劍臘，下口小，以納劍莖。今所見玉及琉璃製的劍鐔很多，故宫博物院藏有一把斷鐵劍上的玉鐔，尤其精美。《楚文物展覽圖録》圖七五長沙出土的銅柄鐵劍也有一個玉鐔。

其四是「衛」，《説文》作「璏，劍鼻玉也」。《漢書・王莽傳》：「孔休謁見莽，莽進其玉具寶劍，休不肯受，莽因曰：『誠見君面有瘢，美玉可以滅瘢，欲獻其瑑耳。』即解其瑑。」服虔注曰：「瑑音衛，蘇林曰劍鼻也，顔云瑑字本作璏，從玉彘聲，後轉寫者誤也。瑑自琱瑑字耳，音篆也。」《初學記》引《字林》「劍鼻謂之璏」，但《藝文類聚》引《字林》則是「瑑，劍鼻也」，與《漢書》同。《玉篇》瑑、璏一字。朱駿聲《説文通訓定聲》説「字亦作瑑，從彖聲，非從象聲也」，最爲正確。《説文》「彖，豕也」。金文作，是豕身上貫一矢的形狀，彖、彘實際是一個字，後來分化做兩種寫法而已〔五〕，後代人不識彖字，寫成象字，是錯的。

〔五〕 彖跟㒸不同，㒸就是豕字，後來在上面增益一個八字作㒸。郭沫若混彖、㒸爲一字，所以把「鞞[illegible]」解釋成「珌璏」是錯的。

傳世的玉璏很多，宋代呂大臨《考古圖》著録了一個璊玉璏，説「蜀惡子廟有唐僖宗解賜玉具裝劍，其室之上下雙綴以管綯，正此物，非劍鼻而何」。圖裏的璏，是一般所謂「昭文帶」，呂氏的定名根據傳世實物，是很可靠的。瞿中溶《奕載堂古玉圖録》説「此器當用以繫劍而勒於帶間之物」，那就不能説是劍鼻了。吴大澂《古玉圖考》認爲這種器不是璏，説「革帶之佩玉，中有方孔所以貫帶，繫組於其下，故上下皆微卷向内，與組帶相連屬，即《詩·大東》鞙鞙佩璲之璲」。而另外把劍鐔當做「璏」，這種説法都是錯的。根據近代出土的實物，如樂浪郡第九號墓與第三號墓所出的玉具劍，這種璏都在劍身上端的四分之一處。商承祚《長沙古物聞見記》有漢鐵劍，是一九三八年長沙南門外出土的，無劍首而有玉鐔（原誤稱玉璏），另有玉璏（原誤稱玉璲），膠固劍上，上距鐔七·二釐米，下距劍末五二·五釐米，比樂浪劍爲高。《楚文物展覽圖録》圖七四長沙出土的帶鞘銅劍有鉤與玉璏，但璏較小。又圖七五長沙出土的銅柄鐵劍，玉璏也膠固在劍上而且距鐔較近。一九五四年長沙左家公山十五號墓出土的銅劍漆鞘上也有玉璏，但已脱落。一九五六年長沙子彈庫三十號墓出土的銅劍的黑漆鞘上也有安玉璏的痕跡，但未見璏，安璏處上距鐔爲十八釐米，下距劍末爲三三釐米。這兩個銅劍的安璏處都和樂浪劍相近。那末，上面所舉安璏較高的情形是漢代鐵製長劍所特有的。

璏是固着在漆鞘上的，中間的扁方孔用以貫帶組，兩頭卷曲用以繫組綫，上端較短，呂大臨所説雙綴以管綯的，大概就是繫在璏的兩頭的。漆鞘裏爲薄木，外用綢裹而加漆，極薄，一般不過〇·二釐米，因之鐵劍養化後，常把漆鞘裹入銹裏，玉璏也就膠着在劍上了。商承祚重申吴大澂之謬説，稱璏爲璲，而説是入壙時隨意放在鞘面的，這是不符合實際情況的。佩劍時劍首在上，標在下，所以璏摠與鐔較近。商承祚説「貫而佩之，首重而末輕」，實際璏是繫組不是直接貫於革帶的，而且上短下長，也不會有首重末輕的毛病的。商承祚又説璲（璏）的兩端，一長一短，短的在下，長的在上，但就是他自己所附長沙劍圖，也是短的在上長的在下的，可見他的説法是不確實的。

除了玉飾以外，刀劍的把上是要用皮革或絲繩來纏縛以便於握持的。《説文》：「韄，佩刀絲也。」《莊子·庚桑楚篇》釋文引「三蒼」「韄，佩刀靶韋也」。《廣韻》「韠韄，刀飾把中皮也」。是韄跟琫有些近似的。《史記·孟嘗君傳》「馮先生甚貧，猶有一劍耳，又蒯緱」，集解：「茅之類，可爲繩，言其劍把無物可裝，以小繩纏之也。緱謂把劍之處。」《説文》：「緱刀劍緱也。」《廣韻》：「刀劍頭纏絲爲緱。」現在所見古劍的莖都是需要纏緱的，但無論絲繩或草繩，都已爛盡，沒有踪跡可尋。只有長沙出土的劍還有保存下來的。商承祚所記一九三七年出於長沙東南郊魏家沖楚墓的，據説「緱有纏組」。又説「以組斜纏，始末餘緒不可尋，極見匠心。組博三公釐，數縷編織而成」。這一把劍已不知歸何處。《楚文物展覽圖録》圖七一的殘鞘銅劍，在劍莖上只有殘剩的絲繩。但在一九五四年左家公山十五號墓出土的銅劍上卻有極爲完整的劍緱，簡直跟新的一樣，可以看出緱的纏法，是十分寶貴的資料。

戰國時期盛劍的木柗與櫝是從來没有發現過的。《説文》「柗，劍柙也」，《玉篇》引《莊子》「柗而藏之」。《禮記・少儀》「劍則啓櫝蓋襲之，加夫襓与劍焉」，注：「夫襓，劍衣也」。正義引熊氏云：倚《廣雅》「夫襓木劍衣，謂以木爲劍衣，若今刀榼云」，榼就是柗。近年來長沙出土的銅劍常常附有木柗與木櫝，一般統稱爲櫝，其實柗與櫝是有區别的。商承祚《長沙古物聞見記》所記的魏家沖楚墓所出全制之劍的木櫝，「櫝蓋面中高上平而兩端下隨，前後下削而廉隅，器口有内沿，與蓋切合」。實際應該是木柗而不是木櫝。《楚文物展覽圖録》圖七一長沙出土的櫝内殘鞘銅劍的櫝，蓋器相合作橢圓形，中高而兩端下垂，器口有内沿，也只應該是木柗。一九五二年長沙掃把塘一三八墓發現的所謂櫝，「呈長方形，蓋背隆起，向四面傾斜，未漆無紋」。一九五四年長沙左家公山十五墓中所出的所謂櫝，「櫝蓋中部稍微隆起，且四面收殺斜削，上呈長方形平面，兩端刻有條紋」，也都一樣。這都像現在所謂盒子，所以應該是「柗」。但一九五八年常德德山十號墓所出長方形黑色木櫝，則爲長方的箱櫃形式，上下及四周都是平的，所以應該是「櫝」。「柗」是專爲盛劍而製的，製作較簡單，也比較常見，「櫝」則製作工整。《説文》「櫝，匱也」，可以藏龜玉，還可以用作棺材，就不是經常用的劍盒了。

《説文》「韜，劍衣也」，《禮記・少儀》説是「夫襓」，長沙出土的劍柗，常有絲織品。商承祚所記魏家沖楚墓所出劍，「櫝面右（即劍首一端）有帛一團，其他有殘片。櫝内有大帛數層，置劍後四面掩覆之。殘帛附鞘身」。一九五四年左家公山十五墓所出的漆鞘銅劍，據説「鞘外還有絲綢包裹」。這些包裹的絲綢應該就是屬於劍衣一類的。

（劉雲）

整理説明：

這是作者較完整的一篇未刊論文，用四百字稿紙書寫，共二十七頁。寫成日期不詳，文中提到一九五八年常德德山十號墓出土的銅劍等，可知該文當寫於一九五八年之後。第二頁有「《史記・周本紀》改爲『輕劍』是錯的（注一）」句，（注一）應是（注二）之誤，且漏寫此注文。

原稿樣張

說劍

記湖南省近年出土的銅劍、漆鞘与木椟 並論古代关於劍的部位的名称和刀劍的附屬物

唐兰

長沙地区出土战國时代楚文物很多，解放前常被奸人盗掘，出土文物大都流散，很多被盗运至國外，又無科学記録。商承祚長沙古物聞見記（卷下）曾記1937年長沙東郊楊家冲楚墓所出的一件"有漆鞘玉璏，鏤有纓組，外盛木椟"的"金制之劍"，不知今在何处。解放后，由于党和政府对古代歷史文物的关怀与保護，配合基本建設工程，发现了很多重要文物。1953年在北京历史博物館举行的楚文物展览，就有带木椟的漆鞘銅劍。椟長65.3厘米，素材無文飾，上盖下底，長而扁圓形。劍長44.3公分，無劍首。漆鞘作蛇腹纹，劍鋒處逐渐縮小。另有带鞘銅劍一柄，劍長41.3公分，漆鞘蛇腹纹，劍鋒处有玉珌，另有带鞘及玉璏两劍均出長沙市（注一）。

最近文物参考編辑部给我看的一批新材料，比從前所見到的更為重要，有1952年長沙楊家湾138墓出土的銅劍漆鞘与木椟，有1954年長沙左

注一 見楚文物图録36，38页。

既死霸既生霸雜考

走簋説「隹王十又二年三月既望庚寅」，係共王時器。大簋説「隹十又二年三月既生霸丁亥」，如果司時，則既生霸丁亥在既望庚寅前四日，假定既生霸丁亥爲十五日，則此既望庚寅爲十八日。大鼎説「隹十又五年三月既霸丁亥」，當脱一「死」字。此三年之中有一閏月，因此，十五年的四月一日爲既死霸丁亥。（整理者按：作者此處旁批：此與共王十五年趞曹鼎五月既生霸壬午有矛盾，當重考）

曶鼎「隹王元年六月既望乙亥」，又「隹王四月既生霸丁酉」。假定元年六月既望乙亥是十八日，則二年四月二十三日爲乙亥，二十五日爲丁丑，五月十五爲丁酉。如果元年終有閏，則四月十五日是既生霸丁酉。

乍册夨令簋説「白才炎，隹九月既死霸丁丑」，召尊和召卣銘説「隹九月，才炎自，甲午……」。同在九月，同在炎自。既死霸丁丑爲九月一日，則甲午爲十八日。

作册䰧卣説「才二月既望乙亥」，下文説「四月既生霸庚午」。假定二月二十日是既望乙亥，則四月既生霸庚午是四月十六日。

衛盉説「三年三月既生霸壬寅」，假定是三月十六日。三年至五年中有閏月，則五年正月可能是乙巳朔。五祀衛鼎説「正月初吉庚戌」，將爲初六。九年衛鼎説「九年正月既死霸庚辰」，則是九年正月初一。（整理者按：作者此處旁批：此與曶鼎有矛盾）

《逸周書・世俘解》：「二月既死魄（當是庚申，初一），越五日甲子（初五）……咸劉商王紂……太公望命禦方來，丁卯（初八），望至，告以馘俘。戊辰（初九），王遂禦循追祀文王。時日，王立政。吕佗命伐越戲方。壬申（十三日）荒新至，告以馘俘。甲申（二十五日）百弇以虎賁誓命伐衛，告以馘俘。」

《逸周書・世俘解》：「維四月乙未日，武王成辟四方通殷命有國。」（此爲周四月初六，殷爲三月）

《逸周書・世俘解》：「維一月丙午旁生魄（一月十六），若翼日丁未（十七），王乃步自于周。」

此兩段在上段前。

《逸周書・世俘解》：「庚子（三月初一　周四月）陳本命伐磿，百韋命伐宣方，新荒命伐蜀。乙巳（三月十六　周四月）陳本新荒蜀磿至……」

《逸周書・世俘解》：時四月既旁生霸（即四月十六乙巳），越六日庚戌（四月二十一日），武王朝至燎于周……若翼日辛亥（四月二十二日），祀于位，用籥于天位。越五日乙卯（四月二十六日）……

辛亥（四月二十二日），薦俘殷王鼎。……壬子（二十三日），王服衮衣。……癸丑（二十四日），薦殷俘王士百人。……甲寅（二十五日），謁戎殷于牧野。……乙卯（二十六日），籥人奏崇禹生開三終王定。

武王成辟後改周正，前人未悟。

整理説明：

此稿用文物出版社三百字稿紙書寫，存兩頁。標題係自定，從文意看，作者既未寫定也未寫完。寫作時間不詳。

（劉雲）

既死霸既生霸考

走簋说："隹王十又二年三月既望庚寅"，似共王时器。大簋说："隹十又二年三月既生霸丁亥"，如果同时则既生霸丁亥在既望庚寅前四日，假定既生霸（丁亥）为十五日，则此既望庚寅为十八日。大鼎说隹十又五年三月既霸丁亥，当脱一死字。此三年中有一闰月，因此，十五年的四月一日为既死霸丁亥。

（此与共王十五年趞曹鼎五月既生霸壬午不合）

智鼎"隹王元年六月既望乙亥"，又"隹王四月既生霸丁酉"。假定元年六月既望乙亥是十八日，则二年四月二十三日为乙亥，二十五日为丁丑，五月十三为丁酉。如果元年後有闰，则四月十五日是既生霸丁酉。

乍册矢令簋说："（白懋）隹九月既死霸丁丑"。召尊和召卣铭说"隹九月，才炎自，甲午……"。同在九月，同在炎自。既死霸丁丑为九月一日，则甲午为十八日。

作册魖卣说"才二月既望乙亥"，下文说："四月既生霸庚午。"假定二月二十日是既望乙亥，则四月既生霸庚午是四月十六日。

卫盉说："三年三月既生霸壬寅"，假定是三月十六日。三年至五年中有闰月，则五年正月可能是乙巳朔。五祀卫鼎说："正月初吉庚戌"将为初六。九年卫鼎说："九年正月既死霸庚辰"则是九年正月初一。

[illegible]

逸周书世俘解："二月既死魄（当是庚申，初一）越五日甲子（初五）……咸刘商王纣……太公望命御方来，丁卯（初八），望至，告以馘俘。戊辰（初九），王遂御循追祀文王。时日，王立政。吕他命伐越戏方。壬申（十三日）荒新至，告以馘俘。侯来命伐靡集于陈，辛巳至（二十二日），告以馘俘。甲申（二十五日）百弇以虎贲誓命伐卫，告以馘俘。"

故宮青銅器館陳列草案

第一室　商周部分（一）

前言　在齋宮西暖閣前面牆面南部

主要説明青銅器的出現在人類社會發展史上的巨大貢獻和我國青銅工藝的特點。目的在使觀眾認識到勞動創造世界和我國祖先辛勤勞動所創造出來並遺留下來的許多珍貴品的歷史價值。

一、青銅器的産生　（在齋宮西暖閣内）

説明　主要説明勞動人民的智慧創造，科學的發展與人類文明的進步。重點在説明奴隸創造歷史。

（在西暖閣内東南牆面）

1. 青銅的冶煉和青銅器的鑄造　（西牆第一櫃　新2）

陳列實物　銅礦石　（向自然博物館和地質博物館要求協助）

將軍盔

陶範　約十塊左右

説明　⑴冶金技術的發明與發展

⑵青銅器的鑄造技術

輔助材料　⑴青銅冶煉場所遺址的照片

⑵青銅餅照片

(3) 青銅鑄造場所遺址的照片

(4) 青銅器鑄造方法的示意圖（主要表現澆鑄等方面）

(5) 陶範拓本、工具範的照片

(6) 青銅器的化學分析

2. 由石製和骨角製工具和兵器過渡到青銅工具和兵器　（第二、三櫃　新2）

陳列實物（一）工具　約二十餘件　第二櫃（分兩層）

斧、斤　約七、八件

鑿　約兩、三件

刀、削　大刀（珍品）及其他　約十件

鏟　大鏟（珍品）小方鏟　兩件

鐮　約兩、三件

其他

説明　介紹使用金屬工具比石或骨角器的優越性（可以引用恩格斯、斯大林等語録）和青銅器工具的發展（如有銎工具，即所謂袋形斧等，爲青銅工具的特點）。

輔助資料　(1) 石或骨角工具與青銅工具的對照圖，或只選用一些石或骨角工具的照片作爲對照。

(2) 有些青銅工具使用法的示意圖（如長沙出土有柄的斤）

(3) 古文字象形與工具器形的對照

(4) 銘文、花紋拓本

陳列實物（二）兵器　約三十餘件　第三櫃（分兩層）

戈　約七、八件

斧、戉、瞿　約十件左右

矛　約五、六件

矢鏃　約五、六件

說明　古代勞動人民與自然界鬥爭就需要有防身的兵器，階級社會裏兵器有了發展。兵器和工具的相互關係（如戈與鐮刀，斧戉與石斧等關係）

輔助資料　（1）玉石骨角等兵器與青銅兵器的對照圖或照片

（2）兵器使用的示意圖（如：戈、鉞）

（3）象形文字與兵器形狀的對照

（4）銘文、花紋等拓本

3. 我國已發現的青銅器遺址分佈圖，商、周、春秋、戰國遺址用不同符號標出（在西暖閣內東牆北面）

二、商周部分

（從齋宮正殿開始到誠肅殿）

說明　我國青銅器的主要特點是青銅彝器的特別發展，在傳説裏夏代就已經鑄造銅鼎。現在看到的商代中期青銅彝器，有些已經是製作複雜、精工的作品，從商到周更有很多的發展。青銅彝器大都是從陶器、骨角器、竹木器等演化而來的，大部分都是奴隸主貴族們奢侈享受的東西，從它們的製作上表現出我國勞動人民的高度智慧創造，許多燦爛的遺物，在世界文化藝術上是獨一無二的。在青銅器上的銘文是研究我國古代語言文字和歷史文化的重要材料。

商周青銅彝器對照圖

（1）商代中期　（2）商代後期　（3）西周前期　（4）西周後期

商代中後期（約公元前 14—前 11 世紀）奴隸社會

（以上在齋宮正殿西暖閣前牆面北部）

1. 由陶器、骨角器等發展而成的青銅彝器

陳列實物　（1）鼎、甗、盤（鼎選中期的，甗如無中期可選晚期較素樸的，盤可選高足的）。

第四櫃（如新2放不下要改3號，西側北□下）

說明 由工具兵器發展到用青銅做日常生活用具來代替陶、骨、角、竹、木等，是生産上的發展和技術上的進步，而奴隸主貴族則用來作爲奢侈品，主要是用於祭祀方面，稱爲彝。在當時屬於貴重品，所謂「祭器不出門」。

輔助資料 選擇新石器時代陶器中的鼎甗盤等照片

用陶範鑄造青銅容器的示意圖 （在屏風旁）

陳列實物 (2) 爵、觚、觶、斝、盉、尊 第五櫃

盉要珍品弦紋盉，此外盡可能找中期形式的。

輔助資料 選擇陶器照片

用陶範鑄觚的示意圖

2. 青銅彝器的發展

陳列實物 (1) 鼎、方鼎、鍑、𣪘 第六櫃

珍品 弜簋 百乳無耳 枚父辛簋 兩耳獸面

癸再簋 無耳侈口獸面紋

（有非珍品可代的就不提珍品）

說明 青銅彝器的發展以商代晚期到西周前期爲最高潮，不論在器形的多樣化和紋飾的精美都是突出的。

輔助資料 ①商代後期青銅彝器器形的發展 器形圖

②商代彝器图案紋樣的豐富多彩 美術加工 （正中屏風處兩側）

③安陽出土諸鼎等照片

④銘文拓本

陳列實物 (2) 醜亞方尊 醜亞方罍（珍品） 第七櫃（居殿正中）

說明 對醜亞兩器略作介紹

輔助資料　銘文拓本　局部照片

陳列實物　(3)尊、醅、壺、卣、方彝、兕觥、勺、匕

第八櫃　第九櫃

珍品　犧首尊　獸面紋尊　獸面紋方壺　獸面紋壺　父戊瓿
葡貝鴞卣　毌父乙卣　獸面紋卣(新18842)父戊方卣
朿父乙卣　兕觥

説明　殷代奴隸主貴族酗酒，酒器特多。糧食生産增加，用以釀酒。

輔助資料　局部照片　花紋拓本　展示圖
犧尊、象尊等照片
文字拓本

第十櫃(東暖閣外南牆)

陳列實物　(4)爵、觚一組　觶、斝一組

説明　飲酒器的組合　每個墓葬裏幾乎都有爵、觚，説明自由民也沾染了酗酒的風氣。

輔助資料　有成套酒器的出土照片　花紋拓本　文字拓本
美帝掠奪的柉禁照片並説明

(東暖閣内西側南牆)

陳列實物　(5)珍品　盤、盉、冰鑒、鐎(炭爐中的)三足器(調多)

第十一櫃(東暖閣内西牆南起)

説明　一般生活用具也用青銅來製造，盤、盉的關係和用途等。

輔助資料　安陽出土的三個盉照片
花紋拓本　文字拓本等

陳列實物　(6)青銅樂器　鐃一組　鐃(有銘文的兩三個)

第十二櫃

説明　商代合樂的發展

輔助資料　大鐃照片　鐃的使用示意圖？　拓本

陳列實物　(7) 華麗的青銅兵器　戈、矛、斧、鉞等，鑲嵌緑松石的，銅鑲銅的，鑲玉的，以及各種異製銅弼十個左右，青銅青珍品

第十三櫃

說明　青銅兵器上加上各種裝飾是爲佩戴或儀式上用的，並非實用。

輔助資料　花紋、文字等，拓本等。

3. 奴隸主貴族的奢侈享受，青銅用途的再擴大。

安陽殷虛宮殿遺址的照片（着重指出以銅爲柱礎），以及車馬坑照片，殉葬奴隸等照片。（在東暖閣西側北牆）

陳列實物　(1) 日用品　鏟　調色器　笄

(2) 車馬飾

第十四櫃（東暖閣外東牆第一櫃）

說明　這種奢侈生活是在殘酷剥削壓迫並大量殘害奴隸的基礎上産生的

輔助資料　車子的復原圖，車馬飾用途示意圖。

第二室　商周部分（二）

4. 青銅器銘刻的初步發展

(1) 青銅器上的銘刻

實物陳列　觚及兵器等在器面上施銘刻的　爵、斝等在鋬下的銘刻

器物内部（如鼎、簋、壺等）及觚足裏等

第一櫃（中間屋進門向西）

說明　青銅器上加銘刻是青銅工藝的進一步發展

輔助資料　內模的照片
　　　　青銅器銘刻部位的示意圖
　　　　中國文字演變示意圖　　　　　（西內間兩側的隔扇下）

⑵青銅器銘刻裏保留的古代圖畫文字

實物陳列　麟鳳卣、牛鼎等有圖畫文字的銅器（具體待選定）

第二櫃（西內間）

說明　青銅器上的簡單銘刻，有的是指器的用途，如牛鼎是煮牛肉的，羊鼎是煮羊肉的之類。有的是族徽，有的是作器者的名字，這裏保存了很多古代圖畫文字。

輔助資料　文字拓本等　安陽方鼎等照片

⑶簡單的青銅器銘刻　　第三櫃　第四櫃

實物陳列　一個字的器　且×、父×等器　作且×、作父×、作母×、作匕×、作兄×等器　某作父×、且×等器
作父×且×奠彝旅彝等器　某作父×且×等奠彝

說明　這些銅器大都是祭器，商代每日都祭，所以且、父、兄等都按十干排列

輔助資料　保定三戈照片或拓本　甲骨文且、父等祭祀拓本或照片
文字拓本

⑷表示族徽的青銅器　　第五櫃　第六櫃

實物陳列　①宁族各器
②大于、亞矣等族各器

說明　對於家族，尤其是「亞」作簡單介紹。

輔助資料　文字拓本等

⑸青銅器銘刻的新發展

實物陳列　①比較長一些的商代銘刻

以珍品　父己簋为主　第七櫃

實物陳列　②商紂時的𠨘其三器　第八櫃（中間偏西北面起）

輔助資料　長篇銘文如：王宜人方甗等　文字拓本等

說明　商代末期已有較長銘文是屬於紀事性質的。

奴隸社會　西周（約公元前十一世紀至公元前八世紀）　說明牌

1. 青銅器的繼續發展

實物陳列　①②③④⑤新型的鼎、鬲、甗、簋、簠、盨、盂、匜、尊、卣、壺、爵、觚、觶、方彝、鐘等，大盨蓋、大簋蓋、大盂等

第九櫃　第十櫃　第十一櫃　第十二櫃　第十三櫃

（第十一櫃爲大甗專櫃，放在屋的正中，鐘的發展可單列一櫃）。

說明　西周初期的青銅器大體上繼承商代而略有發展，巨型的器增多，到中後期食器增多，飲酒器減少，簠、盨等本是用竹木做的器也改爲青銅製了。樂器由手執之鐃改爲懸掛的鐘和鎛，器形花紋裝飾都有許多變化。銅消耗多，因而有從戰爭中向南方找銅的現像。

輔助資料　花紋、文字拓本等　周代銅器花紋的發展以前後期爲比較

2. 西周時代有關歷史文獻的青銅器

（1）西周前期（成、康、昭、穆約公元前十一世紀至前十世紀初）

實物陳列　①②康侯斧　史䛁簋　魯侯爵

第十四櫃　第十五櫃（進東裏間北面第一櫃）

說明　西周初期繼承商代的奴隸制，在銅器銘文中證實康王時賞賜奴隸動至千人（盂鼎　宜侯矢簋），昭王時已減至百人（矢令簋），昭穆時代累次征伐，都是爲的掠奪奴隸和財富。

輔助材料　盂鼎等照片拓本　成王隩　周公東征鼎等　文字拓本

（2）西周中期（共、懿、孝、夷　約公元前十世紀至前九世紀初）

實物陳列　師酉簋等　㢑敖簋蓋

第十六櫃　第十七櫃　第十八櫃（東牆並排三個櫃）

說明　西周中期周王朝已經衰弱，繼昭穆連年征伐之後，已經無力對外掠奪，而外族入侵的事情也多起來了。有些銅器銘文記載周代對附庸的關係，即對待一些少數民族的關係。

輔助資料　文字拓本等

㢑敖簋：戎獻金百車

（3）西周後期（厲、宣、幽　約公元前九世紀至前八世紀）

實物陳列　克鼎　師克盨　䣄从盨等　兮伯吉父器　虢叔旅鐘

第十九櫃　第二十櫃　外間第二十一櫃

說明　西周後期分田地的事情比較多了，厲王以後西周在經濟上有新的發展，厲王宣王又多次進行征伐。

輔助資料　文字拓本等

在臺灣的重要西周史料：宗周鐘　毛公鼎　散盤等

（東間南槅扇上）

第三室　春秋戰國部分

三、春秋戰國部分

說明　春秋戰國處在由奴隸制社會到封建社會的過渡時期，奴隸制逐漸轉變爲農奴制，奴隸制轉爲農奴制是變相的剥削制度，春秋時代工人的反抗，鐵工具逐漸取代青銅工具，生產有所發展，文化藝術也有巨大變化。周王朝的中央政權崩潰了，大大小小的邦國各自獨立發展，互相侵伐，最後成爲七個大國，一直到秦並六國，才建立了中央集權的封建國家。在這一段時期内，青銅器的發展基本上是符合社會經濟發展的需要的。（在西暖閣外南牆）

春秋戰國時期青銅器對照圖（西暖閣外牆南）

奴隸社會　春秋時代　（公元前七四〇至前四七五）

1. 青銅器的繼續發展

① 鑄造方法的進步　第一櫃（西間）

實物陳列　薄胎銅鼎（？）等

説明　春秋時代開始有了分鑄銲接的方法，錯金銀、嵌緑松石等技術也有了新發展。

輔助資料　立鶴方壺照片等

② 青銅器範圍的擴大　第二、三櫃

實物陳列　敦　鋪　缶　（參考蔡侯墓）

戈（有胡）　劍　　掠奪、贈送

説明　春秋時代青銅彝器已經成爲寶物，除了祭器以外，作爲媵器、行器等，鼎、簋有旅鼎、旅簋，鐘有編鐘。

輔助資料　旅鼎、旅簋等照片　編鐘照片　成組銅器照片

③ 青銅工具和青銅貨幣　第四櫃

實物陳列　齊貨　空首布

説明　青銅貨幣是在社會經濟不斷發展中出現的……

輔助資料　貝、貨等照片　由工、農具發展爲貨幣示意圖

蔡侯墓等遺址實物照片等　（西暖閣東牆北面）

2. 列國的青銅器

實物陳列　①②③④⑤⑥晉、齊、杞、鄭、衛、宋（？）、秦、徐、吴、越等銅器　正殿五櫃起至十櫃

⑤ 盛新鄭方壺　王子嬰次鐘　（西面向南獨立四號櫃）第九櫃

⑥ 盛輝縣三編鐘　第十櫃

説明　周王室衰弱，諸侯國各自獨立發展，都市中心已遷至各國首都，所以各國鑄造的銅器增多。

輔助資料　侯馬陶範及遺址　文字拓本等

封建社會　戰國時代　（公元前四七五年至前二二一年）

1. 青銅器的新發展

說明　戰國時代的青銅器，一方面趨於簡單樸素，如素鼎、素壺、素鈁等，一方面繁紋複飾，錯金銀、嵌紅銅、嵌松石等裝飾也更加精致，又有狩獵圖等圖案。

第十一櫃（殿中偏東）

實物陳列　①大鼎（新86998）楚王歙肯鎬鼎（兩件均珍品）

輔助資料　拓本等

第十二櫃（四號偏南）

實物陳列　②新出盤、盉

輔助資料　局部照片　花紋拓本

第十三櫃（四號偏北）

實物陳列　③新出壺　錯金豆　狩獵壺　狩獵等圖案殘片

輔助資料　展示圖等

實物陳列　④⑤⑥新型的器物　樂器如句鑃，扁壺等，車馬飾

有銘文的器物：錯金鳥篆殘鼎蓋　奇字鐘　上官登等

第十四、十五、十六櫃（沿東牆一排）

輔助資料　戰國時期銅器花紋的新發展：

（1）幾何式圖案　（2）關於社會生活自然景象等圖案

（東暖閣內西牆北側）

2. 青銅工具兵器的新發展

實物陳列　斧、鋤、鏟、銅削，劍、戈、戟、矛、弩、鐏、鐓

一些有銘文可以分國家的兵器：秦、燕、趙等。

第十七櫃（東暖閣內第一櫃由北向南）

説明　削竹簡的工具是這時代新見的，鋤爲了省銅並且輕便是形的，鏟子。由於步戰發展，兵器更進化了，由木弩到銅弩。兵器上有銘，由鑄銘到刻銘。

輔助資料　戈、戟、矛、弩等示意圖　照片

3. 青銅貨幣的發展　　第十八櫃（東暖閣内第二櫃）

實物陳列　方足、尖足等布，明刀、邯鄲、白人等化，圜錢、益貨、東周等，蟻鼻錢

説明　貨幣已遍及各國

輔助資料　各國貨幣分佈圖

4. 符節、璽印、度量衡的興起　　第十九櫃

實物陳列　符節、璽印。　量器：權　署形器

説明　新的都邑發展了，都市交通和商業往來的頻繁，促使許多人與人之間的憑信以及度量衡的規定爲必不可少的東西。

輔助資料　衡（天平）的示意圖　商鞅量的照片拓本

5. 青銅工藝在個人生活日用品上的新發展　　第二十櫃

實物陳列　①鏡鑒　②帶鈎

説明　鏡子從東周時已開始，戰國時大量發展，帶鈎也是戰國時期大量發展的。

輔助資料　鏡子等的出土情況

6. 少數民族的青銅器　　第二十一櫃（出東暖閣　最後一櫃）

實物陳列　淳于　西部民族兵器等　北方民族

説明　我國幅員廣闊，各民族文化發展不完全相同，但也互有影響。過去對少數民族文化是不留意的，近年來才有研究。

輔助資料　西南少數民族船棺葬等出土情況　四川考古發掘情況

北方民族？　（東暖閣西牆南側）

結語　屏風　用毛主席語録　是否可用毛主席參觀安徽博物館時的語録

整理說明：

一九七五年故宮藏四七八件青銅器在齋宮、誠肅殿和景仁宮系統展出，青銅器館陳列開幕。此文係唐先生在此之前親筆撰寫的青銅器館陳列方案。

（劉雲）

附件一：故宮青銅器館陳列櫃安排

齋宮

第四櫃　獸面紋尖足鼎　囧紋甗(B58151)　弦紋簋　龜魚紋盤　弦紋盉(珍)

第五櫃上層：鬲觚　鬲觚　單觚　亞其觚　交織紋爵(缺足)

戍(?)父癸爵

下層：獸面紋尊　弦紋斝　獸面紋斝

第六櫃上層：䣊亞父辛方鼎　車鼎　旅鼎(珍)　獸面紋款足鼎(珍)

下層：凷(正)鼎(珍)　弜簋(珍)　枚父辛簋(珍)　癸再簋(珍)

第七櫃　䣊亞方尊　䣊亞方罍

第八櫃上層：䕻祖癸尊　矢壺　獸面紋方壺(珍)

下層：犧首尊　父戊瓿(珍)　獸面紋瓿

第九櫃上層：方彝　葡貝鴞卣(珍)　兕觥

下層：獸面紋卣(珍　新18842)　父戊方卣(珍)　毌父乙卣　龍紋卣

第十櫃上層：祖乙爵　亞其爵(兩個)　䕻父乙角　獸面紋觚(三個)

下層：䕻父辛觶　遴觶　獸面紋斝(珍)　宁狽作父丁斝　冊方斝

第十一櫃上層：大黽父戊盉　竹父丁盉(珍)　沃方盉

下層：龜魚盤　束方盤　囧紋附耳盉

第十二櫃上層：三鐃一組　獸面紋鐃　[illegible]鐃

下層：亞□鐃（兩個）　素鐃　實鐃

第十三櫃上層：刀、矛、盔　嵌松石獸面弓柲　嵌松石馬首弓柲　蟬紋弓柲

下層：柲、戈、鉞　鑲玉刃矛（兩個）　獸面紋鉞　獸面紋有銎鉞　鳥內戈　獸面紋戈　獸面紋寬刃戈　牛首紋戈　嵌松石圓內戈　牛頭刀　龍柄刀　龍柄八刀　馬頭刀　鹿頭刀　羊頭刀　[illegible]戈盉

第十四櫃上層：蟬紋調色器　調色器　囧形器飾　笄

下層：衛册爐鏟　罘爐鏟　爐鏟

第十五櫃上層：獸面紋馬飾（珍）　獸面紋當盧　當盧　馬鈴（三個）　鑾鈴

下層：獸面紋車飾（珍　新117328）　軏　轙　錭　車飾（與錭相似）

筒形帶圈（珍　新117350）

誠肅殿

第一櫃　子示觚　牧父丙觚　耒父癸爵　大黽父辛壺　車鼎　戊戌簋　臣其斝

第二櫃　兔觚　[illegible]鼎　牛鼎　鳥簋　㑴父乙方鼎　鼻卣　車簋　戍馬觚

第三櫃上層：買車卣　買車觚　買車尊　（補買車器一件）

下層：宁方鼎　宁簋　宁角（兩個）　宁□□鼎

第四櫃上層：女子匕丁觚　父辛尊　乙且匜觚　且甲觚

下層：竹且丁簋　癸母鼎　兄辛觶　父丁[illegible]方鼎（珍）

第五櫃上層：毓且丁卣　乙亥簋　䫉卣（珍）

下層：小臣缶鼎　古亞簋　耵簋（珍）

第六櫃　切其三器

第七櫃上層：水鼎（珍）　獸面紋承盤鼎（珍）　乍寶彝鼎（珍）　方鬲（珍）

下層：龍紋大簋

第八櫃上層：象紋簋（珍）　内公壺　伯作簋（珍）

下層：衛始簋（珍）　滕虎簋　眀盨

第九櫃上層：扁盉　王中皇父壺（珍）　毳匜

下層：雷紋鐘　天尹鐘（珍）　虎飾編鐘（珍）

第十櫃上層：大甗　伯盂

下層：康侯斧（珍）　應公鼎　應公簋　向鼎　𤔲徒𤔲簋　堇臨簋（珍）　北伯鼎　衛父卣

第十一櫃上層：史𦣻簋　臣辰尊　穌爵（珍）　作寶彝鼎

下層：医戟　梁伯戈（珍）　伯穌鼎（珍）　魯侯爵

第十二櫃上層：盠𤔲徒幽尊（珍）　易𠀘簋　𩰠尊（珍）

下層：典史鼎（珍）　戜簋（珍）　不𡉚簋　焚簋（珍）

第十三櫃上層：大簋　㢊敖簋蓋　保侃母簋　趞叔鼎

下層：師旂鼎（珍）　次尊（珍）　免尊（珍）　𠊾父鼎（珍）

第十四櫃上層：同簋（珍）　𢼸卣　師酉簋（珍）

下層：𤰈季鼎　格伯簋（珍）　中枏父簋（珍）　豆閉簋（珍）

第十五櫃上層：𣪕作父乙尊（珍）　太師虘豆

下層：𪐉鐘　揚簋（珍）　諫簋（珍）

第十六櫃上層：叔向父簋　頌簋　史頌簠

下層：追簋　寰盤（珍）

第十七櫃　善夫克鼎（珍）　虢叔旅鐘　⿰鬲斗从盨（珍）

第十八櫃　杜伯盨（珍）　杜伯鬲　虢季子組壺（珍）　虢季子組鬲

虢文公子⿰饣攵鼎（珍）

景仁宮

第一櫃上層：鐵柄銅斧斤（兩個）　鑿（兩個）　有孔方鋤　鎛　空首布（四個）

下層：錯金鳥獸飾戈（珍）　繩索形智壬成関飾雲紋戈（珍）　陳丽子戈　□侯産戈（珍）　鄘戈　回紋鐏　富奠劍

第二櫃上層：三鳥鼎　三犧鼎　㥏子鼎（珍）

下層：壺　簋

第三櫃上層：上官登　回紋環耳盒　梁公孫敦　魚紋敦

下層：獸耳蟠虺紋鐳　四蛇飾方甗

第四櫃上層：魯大師徒厚氏元鋪（珍）　魯士商𠭯簋　魯士⿸尸孚父簠

下層：齊縈姬之𡤝盤（珍）　邾叔止伯鐘

第五櫃上層：取慮子匜　⿳𦥑口皿子叔黑匠簠

下層：滕侯耆戈　滕侯昊戈　淳于公戟（兩件）　郚季故公簋

蔡公子壺（珍）

第六櫃上層：陳侯鼎（珍）　陳子匜（珍）

下層：杞伯敏亡鼎　杞伯敏亡簋（？）　杞伯敏亡匜

第七櫃上層：邗王是埜戈（珍）　秦子戈（珍）　余□逐兒鐘（珍）　郤王子旃鐘（珍）

下層：者減鐘（珍）　者沪鐘（珍）　王子嬰次鐘（珍）　其次句鑃（珍）

第八櫃　龍耳蟠螭紋方壺　帶紋方甗
第九櫃　輝縣三鎛
第十櫃　蟠虺紋鼎　楚王畬肯鼎（珍）
第十一櫃　鼉魚蟠螭紋方盤　螭梁卣
第十二櫃　錯紅銅鳥獸紋壺　錯紅銅狩獵紋壺　錯金豆　錯金鳥篆殘鼎蓋（珍）　錯金銀嵌松石錦紋奩（珍）
第十三櫃上層：鄲孝子鼎（珍）　梁上官鼎　君子鬲（珍）
　下層：右内酒壺（珍）　三環有流壺（珍）　卷城嵌銅扁壺（珍）　瓠壺（珍）
第十四櫃上層：鋪首（兩個）　□環（兩個）　太府盞（珍）　匜
　下層：楚王畬肯簠　鑄客簠　鑄客缶
第十五櫃上層：甘丹上庫戈　胡下帶勾戟　五年龔令戟　䍨戟　郾王職鋸　廿三年戈　成陽右庫戟　寺工戟
　下層：鳥篆越王諸稽於睗劍　越錯銀奇字劍　三年相邦劍　錦紋矛　獸面紋矛　郾王職矛　櫟陽矛　商鞅鐓　錯銀雲紋鐓　錯銀心紋鐓　錯金距末　錯銀弩機　錯銀弩飾　右攻君機牙　八年邦右庫弩牙　右旦矢鏃（兩個）　帶鋌矢鏃　長鋌矢鏃
第十六櫃上層：空首布：東周　邵文　安成　盧氏　武　濟川
　圓足布：梁尚□尚寽　□一釿　离石　閔
　方足布：盧氏　甫反　梁半斤　高都　長子　藺
　尖：晉陽　郛　平匋　⿱林材坐圻
　刀：閔　明　白人　甘丹
　齊去化　齊之法化　節墨之去化（兩）
　蟻：巽（兩）　夅朱（一個）　塗金銅呈爰（一個）
　塗色金銅貝（五個）
圓□：垣　襄陰　共　長垣一釿　賁六化　重一兩十六朱

罍：苦鋥罍　辛[illegible]罍　少甘罍

下層：斤（四個）　方孔斤（兩用）　鑿（三個）　錐（一個）

削（一個）　刻刀（兩個）

方鋬小鋤　圓鋬小鋤（斤式）　[illegible]鋤

芟（？[illegible]　一個）　鐮（兩個）　有鋬鐮

王命傳（虎）　王命傳（龍）　鷹符（複）　辟大夫虎符（複）

鳥獸紋尺　尺　環梳（六個）　又四個

第十八櫃上層：錯金帶鉤（五個）　嵌松石帶鉤（五個）　鎏銀鳳紋鉤

獸形小鉤　魚紋小鉤　獸面紋小鉤（兩個）

下層：龍紋鏡（上兩）　龍鳳紋鏡（下兩）　又（上一）　海獸紋鏡（下）　磬紋鏡（上）　四山羽紋鏡（下）　八

弧龍紋鏡　七弧回紋鏡

第十九櫃上層：人面紋匕首（珍）　龍紋戈（珍）　柳葉形匕首（北方）心形矛　龍紋劍（兩個）　寬刃劍

下層：回紋寬刃戈　乳丁鉞　璧紋有孔戈　龍紋有耳戈（北方）　有鋬斧（三個）　有鋬戈　淳于

整理説明：

此文係唐先生撰寫的青銅器館陳列方案的附件，專記各陳列場所陳列櫃中的具體展品和陳列櫃的置放地點。

（劉雲）

附件二：吴院長提的檢查青銅器館陳列草案原則

（唐蘭抄自吴院長記録本）

一、聯繫奴隸制時代社會歷史發展。

奴隸制社會是第一個階級社會，剥削奴隸勞動的的社會，但這是社會發展必須經歷的歷史階段。恩格斯説：「没有奴隸社會就没有現代的社會。」（宣傳歷史唯物主義）

二、歌頌奴隸們創造歷史，勞動創造的力量。

毛主席講：「讓人民知道自己的歷史創造的力量，是重要的。」青銅文化不但可以看到自己的歷史，有力地駁斥反馬克思主義的「中國没有經過奴隸制社會」的謬論，還可以看到奴隸制時期奴隸們的創造力量。

三、宣傳我國悠久的古代文化。

青銅時代留下豐富的文化遺産，提高民族自信。毛主席講「中國應對世界做出更大的貢獻」，我們要鼓舞起來。

整理説明：

這是吴仲超院長在一九七五年對故宫青銅器館陳列提出的原則意見。

（劉雲）

附件三：關於青銅器館陳列的一些想法

一、從社會發展史的觀點來看青銅器的發展

從辯證唯物主義和歷史唯物主義來看青銅器的發展，是青銅工具的發展在人類進入奴隸制社會時佔有重要的位置（見《聯共黨史》第四章）。勞動創造世界，工具是人的手臂的延長，青銅工具比石工具，骨、角、蚌等工具性能好（硬度高，不易破壞，鋒利等），又可以大批鑄造，用壞了還可以改鑄。對於勞動人民有好處，主要像搞大規模水利等，使生產很快得到發展。另一方面，原始社會末期，貧富分化已經劇烈，氏族酋長通過氏族間的交换，獲得金屬原料，所做工具本來是公有的，但往往爲酋長們所佔有。尤其是氏族之間的爭端而引起戰爭，或者爲了保衛自己的財産糧食，青銅兵器是很重要的。但青銅兵器也是氏族公有的，而酋長們有權使用，所以酋長們的權利就大起來了。由於戰爭規模越來越大，氏族之間互相消滅，在戰爭中開始總是盡量消滅敵人的肉體，生俘的除了作家庭奴隸之外也都殺掉，但後來知道這種俘虜還可以利用來搞生産，於是就收容了大批生産奴隸。而氏族酋長就成爲這大批奴隸的主人，就逐漸形成奴隸制國家。因此，在奴隸制國家建成時，在農業和手工業分工時，手工業中的金屬工業是首先成爲獨立部門的。青銅工具的兵器的出現，使得奴隸制社會形成了，這很像由於蒸汽機的發現，而出現資本主義社會。

在奴隸制國家裏，青銅工具兵器是集中掌握在奴隸主統治者手裏的。他們佔有奴隸也佔有生産工具，使得生産力有所發展。青銅生産工具，對於生産奴隸來説，開始時是喜歡的，因爲它們主要是鏟子，比起木製的耒耜來説好多了，減輕了體力勞動和對於新工具的愛好等，但是奴隸主們卻怕他們損壞或遺失，甚至於作爲武器用來反抗奴隸主，所以只有當使用時暫時發給奴隸使用，而且監視很嚴，用完了就要集中，所以在遺址發掘中，當時的主要生産工具（如鏟子等），反倒很少。

到奴隸制經濟上升以後，奴隸主們在嚴酷剥削與壓迫奴隸之後，獲得了大量的財富，他們才有餘力來製造青銅的生活用品。尤其是奴隸制社會是從原始氏族社會發展來的，氏族制的宗法觀念基本上是原封不動保留下來的，奴隸主貴族爲了祭祀祖宗而製造了精美的青銅彝器，比一般生活用品特別華麗，因此這一部分手工業有了巨大發展。許多奴隸主之間誇多鬥富，工藝方面也有了很大發展。開始時還只供祭祀用，製造以後，代代相傳。但後來奴隸制經濟繁榮，奴隸主們積累鉅量財富，就用青銅祭器代替陶器來殉葬，舊的埋在墳墓裏就另造新的。這樣銅的消耗量就很大。我國從漢以後就不斷發現地下古銅器，每個時代不斷銷毀，但目前尚存在的和新發現的估計總在十萬件以上，有的重千百斤，平均每件幾市斤，就有幾十萬市斤，已經銷毀的不知有多少，還存在地下的又不知有多少，其數量是驚人的。金屬原料不足，就銷毀工具兵器來改鑄，這種現像一直到春秋戰國時代還存在。青銅工具兵器本就掌握在奴隸主貴族手裏，他們要銷毀是很容易的。因此有些工具就仍舊用石器骨角器蚌器等，尤其像鐮刀之類的工具，就只用石製的了。青銅本是貴重金屬，可以用來發展生產，但現在大量地埋到地下，甚至於銷毀工具兵器，這就阻礙了生產力的發展。

西周時期，銅已作爲交換貨幣之一，銅的用處增加了，但北方的銅已經消耗殆盡，昭王伐楚就是爲的掠奪金屬，穆王時戎獻戎百車，將近數萬斤。東周初曾國和晉國都到淮夷邊境繁湯去交換金屬，這時產金的地點主要是長江南部了。西周末年，除了彝器之外，已經大量製造生活用具，樂器成組，食器也是成套的盤匜等。

春秋時代個體農民需要青銅農具很多，生產力進一步發展，北方的銅很缺乏，因此青銅彝器已經作爲寶物來收藏贈送。但另一方面，貴族們鑄造銅器的數量更大了，媵器、行器、弄器等更大量發展。

青銅專用貨幣開始發展，又增加了銅的需要量，而貨幣就是採用工具農具的形式。

然後發展到戰國時代，生產工具向鐵器轉移，貨幣和青銅兵器數量很大，祭器形式趨向薄胎和簡單形式，但工藝品增加了，鏡鑒帶鉤符印。

從春秋時期起，社會制度變了，青銅器的發展方向也就變化了。漢代基本上和戰國相似，但已可用漆器瓷器來代替銅器，一直到六朝以後，銅的用途又多了佛像雕塑一類。青瓷發展，銅器就更少用了。

從青銅器的發展裏所反映的階級鬥爭：

⑴ 原始社會用青銅工具發展生産力，青銅兵器用在射獵，用在保衛氏族利益。

⑵ 奴隸制社會青銅工具仍然發展生産，但青銅彝器的發展阻礙了生産力的發展（儘管青銅工藝方面提高了）。青銅兵器……

整理説明：

這是作者爲籌備故宫青銅器館陳列所寫的陳列宗旨，未寫完。

（劉雲）

原稿樣張一

青铜器馆陈列草案

前部 第一室 帝宫 商和西周部分（一）

~~商周（二）~~

前言（西暖阁前墙面）

劳动创造世界

1. 说明青铜器的出现在人类社会发展史上的巨大进步。劳动人民创造青铜器所作的艰苦斗争。

2. 我国青铜工艺的特点。

(1) 我国青铜器的悠久历史。

(2) 我国古代灿烂的青铜器，在世界古代文明史上是罕见的，是我国劳动人民智慧创造。

(3) 我国青铜器铭刻是我国极其重要的历史文献。

3. 我国人民应以有这些珍贵遗产而自豪。

~~商周部分（二）~~

~~商周部分（四）~~

一、青铜的冶炼和青铜器的铸造

说明 主要说明奴隶创造历史。奴隶们在采玉的时候发现金属矿石。发明了冶炼方法，进一步发明了青铜器的铸造方法，使得科学发展，生产发展，人类文明有了巨大进步。

① 陈列实物 铜矿石（①②③三个柜子，在西暖阁内）

陶埚（将军盔） 陶范 约十件左右

冶铜

说明 (一) 冶金技术的发明与发展

(二) 青铜工具和兵器的铸造

辅助资料 (一) 商代青铜器冶铸场所的照片

(二) 青铜饼照片

(三) 青铜工具和兵器的铸造方法示意图(包括工具范的照片)

二、由石(骨角蚌等)制[illegible]过渡到青铜制的工具和兵器

(2) 陈列实物 青铜工(农)具

斧斤 约七八件 凿约两三件(还有錾、[illegible]等)

大刀(模) 小刀 削 (锯片?)

钁(模)两件 铲

镰 句镰 其它

说明 (一) 使用金属工具比石或骨角等器的优越性(引用恩格斯斯大林等的话语)

(二) 青铜工具的形式发展(如有銎的工具,即所谓袋形等)

辅助资料 (一) 石(骨角蚌)工具与青铜工具对照图 (二) 青铜农具的照片

(三) 青铜工具使用方法示意图

(四) 古文字象形与工具器形对照图

(3) 陈列实物 青铜兵器

戈 直内戈 曲内戈 有銎戈 宽内戈

斧钺 瞿

原稿樣張二

附件四：故宫銅器圖録説明（重寫時銘文應全照原器排列）

一　烹飪器及食器類

甲　鬲属

父辛鬲

父辛

銘二字。（商器。通耳高十五・二公分。口徑十三・九公分。最大腹圍四十二・七公分。重市稱二十五兩八錢。）

父辛者以日名爲人鬼之稱也。見於卜辭及金文者，祖、妣、父、母、公、姑、兄、子，均可以是爲稱。其習蓋始於夏代，夏有胤甲、帝孔甲、履癸，商之先公先妣當夏世者有上甲、報乙、報丙、報丁、主壬、主癸、妣庚、妣甲，均其證也。《史記・殷本紀》索隱》曰：「皇甫謐云：『微字上甲，其母以甲日生故也。商家生子，以日爲名，蓋自微始。』譙周以爲『死稱廟主曰甲也』。」近董作賓則謂以死日爲名（見《甲骨文斷代研究例》）。今按，此三説皆非也。上甲名微，大乙名湯，各有本名，甲乙非名也。卜辭金文於婦稱其姓，無以日名者，婦人以姓爲名也。而母妣則反之。明其子若孫，祭之之時，始以日爲稱也。王國維曰：「殷之祭先，率以其所名之日祭之，祭名甲者用甲日，祭名乙者用乙日，此卜辭之通例也。」其説近是，第倒因爲果。余謂甲乙之稱，蓋起于祭之日，以甲日祭微，稱曰上甲，乙日祭湯稱曰大乙，故商周之際，金文往往稱日，如祖日乙、父日癸之類，而史喜鼎云：「史喜作朕文考翟祭，氒日惟乙。」更明指其爲祭日也。蓋自西周中葉而謚法興，以祭日爲稱之例遂廢，後世學者遂莫能言之矣。

康侯鬲

康侯

銘二字。周成王時器。西清

康侯者，衛康叔封也。康叔舊封於康，曰康侯。《易》曰「晉，康侯以錫馬蕃庶」是也。傳世有康侯丰鼎，亦清内府舊藏器，而頒於國子監者，丰即封字，疑與此鬲爲同時所出也。近世所出又有斧二，一並作「康侯」二字，蓋均一人所作。

奠白筍父鬲

奠（鄭）白（伯）筍（筍）父乍（作）弔（叔）姬隮（尊）鬲，其蓳（萬）年子=孫=永寶用。

銘十九字，約春秋時器。

伯筍父所作器甚多，本録有白筍父鼎，舊時著録者尚有溓白筍父甗及白筍父盨。甗文[illegible]字，《攈古録》釋鄭，昔人以爲疑，據此鬲作奠，則釋鄭不誤也。蓋鄭字金文多作奠，或加⋮⋮，象水形，繁文耳。筍字從旬聲，與《説文》小異。弔姬即叔姬，凡仲叔之叔，卜辭金文俱以弔字爲之。蓋本無專字，古借弔字，秦漢以後借叔字，各以聲近也。前人誤認[illegible]爲即叔字，或且以弔爲叔之譌字，諸説紛紜，並失之。伯、仲、叔、季，周制也，伯蓋商制之大兄，仲者中兄，叔皆兄，而季則其最少之弟也。伯、仲、季，當各一人，其餘皆叔。然商人於大兄中兄似不固定，其最長者死，可以次長者代之，故大兄不止一人，周制或異。武王蓋其伯，周公爲仲，故管蔡以下皆叔，聃季爲季也。

蟠夔鬲

蟠夔方鬲

素鬲

乙　鼎屬

[illegible]鼎

[illegible]

銘一字，商器。

𠨷當從卪臾聲。按貴字作貿，從貝臾聲，臾蓋僓之古文，《説文》：「僓，媚也。一曰長皃。」

□册鼎

吅册

銘二字，商或周初器。《寧壽鑑古》（卷　）著録。

㚸婦鼎一

㚸婦

銘三字，商器。《西清古鑑》（卷三第）著録。

同銘者四器，此二鼎外，有一鑑，亦清内府舊藏，（《西清古鑑》著録，今歸）一盤見阮氏《款識》（卷二　原誤倒置）殆皆同時所出也。㚸字象引弓注矢之形，朱駿聲謂即𢼸字，是也。蓋後世歧为二字，㚸字形不誤，而專用于借語，𢼸字猶存本義，而字形譌也。婦字作，實二形之所由出。字未詳。

㚸婦鼎二

㚸婦

銘三字，商器。《西清古鑑》（卷三第　）著録。

亞覤鼎

亞覤

銘二字，商器。《寧壽鑑古》（卷一第卅二葉）著録。

覤字象人手持酒尊，下有㪚湑酒之形，金文習見。舊不識。今按，當讀爲酗。《微子》：「我用沈酗于酒。」《無逸》：「酗于酒德哉。」《説文》有酌字，無酗字。按亞覃父辛鼎作，省人形，而亞覤父丁鼎、亞覤父辛鼎等等，㪚形變作，是古必有作者，後人釋爲酗字耳。又作季𣪕作，其形與字近似，蓋後人誤釋爲酌字也。然則覤本湑酒之意，後世爲酗爲酌，引申爲酗酒之義，而於其本義則别借湑、莤等字以爲之矣。亞覤者，亞其爵名，覤其氏族之名也。

亞覤方鼎

亞醜

銘二字，商器。《西清古鑑》（卷四第十八葉）著録。

兪且丁鼎

兪且丁

銘三字，商器。

兪作，象人荷朋貝形，或從人，蓋倗之古文也。兪者氏族之名，兪且丁謂兪作祖丁之祭器也。

（再父乙鼎、亞醜父乙鼎應補此）

乇父丁鼎

乇父丁

銘三字，商器。《寧壽鑑古》（卷一第三葉）著録。

豙父丁鼎

豙父丁

銘三字，商器。《寧壽鑑古》（卷一第二葉）著録。

旱父丁方鼎

旱父丁

銘三字，商器。《西清古鑑》（一卷九葉）著録。

旱字舊誤釋爲尊形，今據覃字偏旁，定爲旱字。

父己鼎

父己

銘三字，商器。

卣銘同，見後。字舊不識，今按此「鼎」之異文也。作者，其旁兩點，本象環耳或附耳之形，作，作，書者有時

誤離之，如□之爲□也。趩亥鼎鼎字作□，邾討鼎鼎字作□，變□爲□者，猶變□爲□也，故知□亦鼎字矣。

串父辛鼎

串父辛

銘三字，商器。

□字舊不識，今按即串字也，《説文》無串字，誤脱之耳。《詩·皇矣》云：「串夷載路。」《爾雅·釋詁》：「串，習也。」《荀子·大略》：「惡民之串以無分得也。」《通俗文》：「串，門串也。」是古有串字也。《説文》患字從心上貫吅，吅亦聲。此因無串字，故迂謬其説，其實患自當從心串聲也。患字古文作□，所從當是□，象貫貝之形，爲貫之古文，此作□，象貫玉璧寶貨之類，本爲一字之異形。後世假借盾形之□或串字爲貫通字，横之作毌，又造從貝毌聲之貫字，而□□兩形遂廢，然串字猶存於俗間，錢串之名至今有之。

□父爻鼎

□父爻（癸）

銘三字，商器。

□字下一器作□，以燮字金文作□證之，知爻之變爲芠也。然則□若□字當即《説文》之覢，覢字段玉裁改爲䙺，從羑聲（按干羊本一字之變，近出楚王酓忎鼎忎字從干，可證）。芠及羑同從羊聲，從目與見古亦無別也（猶視或作眎）。

□父爻鼎

□父爻（癸）

銘三字，商器。《西清續鑑甲編》（二卷二十葉）著録。

奄父爻鼎

奄父爻（癸）

銘三字，商器。《西清續鑑甲編》（一卷三葉）著録。

奄爲氏族之稱，金文習見，舊誤釋爲子孫，郭沫若釋爲天黿，亦非也。

（此二器應補乇父丁鼎上）

再父乙鼎

再父乙

銘三字，商器。

再字作[illegible]，或作[illegible]，舊誤釋作舉，以冓字推之，知爲再字。

亞醜父乙鼎

亞醜父乙

銘四字，商器。《西清古鑑》（一卷五葉）著録。

[illegible]鼎

[illegible]（韋）乍（作）父丁彝，[illegible]。

銘六字，商器。《西清古鑑》（三卷三一葉）著録。

[illegible]舊誤釋爲「析子孫」三字，今據卜辭有𢍰字，知實一字也。象人捧子形，疑當讀如翼。

曆鼎

亞俞　　曆乍（作）且（祖）

己彝

銘七字，商器。《西清續鑑甲編》（一卷一葉）著録。

[illegible]字商代金文習見，昔人所未識，今謂即俞字，周以後金文俞字作[illegible]可證也。

木工册鼎

乍（作）匕（妣）戊㝃（𩰫）

木工册

銘七字，商器。《寧壽鑑古》（一卷三八葉）著録，只有木工册三字，誤題爲立戈鼎。

孔廟藏一鼎，見各家著録，銘同，彼爲乾隆時所頒内府器，與此鼎殆同時所出也。

弜鼎

弜（泓）乍（作）文

父丁⿱𦥑火（鬻）

臤⿱𣝣貝（鑊）

銘八字，商器。《窓齋集古録》《殷文存》並著録。

弜亦作⿰巜弜，當即泓字，古以⋮象水火之水，與以〰〰等字象山水之水，本不相混，後世篆書盡以〰代之，而隸書偏旁盡作氵，即⋮形也。弓與弘形聲並近，故毛公鼎囩讀若弘。⿰氵弓即泓字，猶鞃或作⿰革弓矣。臤⿱𣝣貝者氏族之名，或作⿱𣝣貝臤，傳世别有兕觵銘曰：「中子𡗜弜乍文父丁隮彝。⿱𣝣貝臤。」（《續殷文存》下六九）蓋一人所作也。

亞牧方鼎

乍（作）父辛寶𢍜（尊）

彝亞⿱牛攴（牧）

銘八字，商或周初器。《西清古鑑》（四卷十二葉）著録。

亞牧爲氏族之名，牧字牛在上，攴在下，佔兩字之地位，舊皆誤謂二字。《西清古鑑》（四卷十一葉）父乙鼎正作亞牧，《鄴中片羽》有觶銘曰亞微，可證其爲一字也。

乃孫鼎

乃孫乍（作）且（祖）己宗

寶⿱丷粥⿱𦥑火（鬻）匚完

銘十一字，商或周初器。

匚完疑氏族之名。

小臣缶鼎

王易(錫)小臣缶(缶)湡
賫(積)五年缶(缶)用
乍(作)亯大子乙家
祀隮。 冀父乙。

銘二十二字，商器。

王易小臣缶湡責五年，責當讀爲積，湡地之積也。 積者禾穀之聚，《詩·良耜》云「積之栗栗」是也。《左僖三十三年》傳云「居則具一日之積」，注「芻米禾薪」，然則積本可以年月計之，周世器銘之錫積，乃往往以鍰計矣。 用作亯大子乙家祀隮，大子而可以祭日爲稱者，太子未得代立爲王而死，其後嗣稱之，可見商世男權已尊，故男子易名，及於兄子，而婦人則必尊爲母，乃以祭日名也。

□父方鼎

休王易(錫)□
父貝用乍(作)
氏(厥)寚隮彝

銘十二字，周初器。《西清古鑑》(三卷二十九葉)著録。

此銘《西清古鑑》所著録者凡三器，今僅存於故宫者獨此耳。□字未詳。「休王錫□父貝」者，與效父𣪘云「休王易效父吕三」略同。 休爲動詞，王錫貝者休異也，當云對揚王之休異，而云休王者，省其辭，故變名詞之休爲動詞耳。《召誥》曰「今休王不敢後，用顧畏于民喦」，與此同。 櫨妃𣪘云「櫨妃每䫀白屖父休，曰：『休白𡖊益卹櫨白室。』」，白者，白屖父也，休白猶休王，與上休字相應，亦動詞也。 周人每見此種文法，如云「魯天子之命」是也。 郭沫若氏謂休王即孝王，其説未是。 此鼎與效父𣪘之文字書法當在西周初葉，決不能在穆共以後也。 郭氏《兩周金文辭大系考釋》引余説「休是動詞」，以爲亦可通，而又據□卣「□啓進事旋徙事皇辟君休王自穀吏賫畢土方五十里，□弗敢點王休異」，讀爲「皇辟君休王」，而支持其即孝王之説。 然卣銘之文字書法亦在初周，決非孝王之世，其銘當讀「□啓進事旋徙事皇辟君」爲一句，「休王自穀吏賫畢土方五十里」爲一句，蓋王自穀使賫畢土方五十里而□休之，故下又云「□弗敢點王休休異」，此兩「休」字亦正相應也，然則休爲動詞無疑也。

皀方鼎一

皀乍(作)㲽中

寶障彝

銘七字,周初器。《寧壽鑑古》(一卷二七葉)著録。

皀方鼎二

皀乍(作)㲽中

寶障彝

銘七字,周初器。

向方鼎

向乍(作)氏(厥)

障彝

𩏽

銘六字,商末或周初器。《寧壽鑑古》(一卷三十葉)著録。

梠鼎

梠乍(作)

寶䵼

銘四字,周初器。

梠當讀作椇,《説文》作㮚。

才僎父鼎

才僎父

乍尊彝

銘六字，西周器。《西清續鑑甲編》（一卷廿三葉）著録。

大鼎

隹（唯）十又五年三月既霸
丁亥，王才（在）𩁹扆宮，大㠯氏（厥）友
守。王鄉（饗）醴，王乎譱（膳）大（夫）騣
召大㠯氏（厥）友入攼。王召徙（走）
馬雁令取誰（騅）䮔卅匹，易（錫）
大。大拜頶首，對䵼（揚）天子不（丕）
顯休，用乍（作）朕剌（烈）考己白（伯）盂鼎。
大其子子孫孫邁（萬）年永寶用。

銘八十字，西周中葉共王或懿王時器。《西清古鑑》（二卷十七葉）著録。

整理説明：

這是作者爲《故宫銅器圖録》寫的説明，裝訂一册，用三百六十字稿紙，毛筆書寫，共二十頁。僅寫完鬲、鼎兩類。寫作時間不詳。

（劉雲）

重写时铭文应照原样排列

故宮銅器圖錄

一 烹飪器類 及食器

甲 鬲屬

父辛

父辛鬲

銘二字。商器。通耳高十五·二公分。口徑十三·九公分。最大腹圍四十二·七公分。重市秤二十五兩八錢。

[redacted]以日名為人稱[redacted]父辛者，以日名為人庇之稱也。見於卜辭及金文者，祖、父、妣、母、兄、子、公、姑均可以是為稱。其習蓋始于夏代。[redacted]夏有帝孔甲、胤甲、履癸，商之先公有上甲、報乙、報丙、報丁、主壬、主癸，先妣當夏世者妣庚、妣甲，均是其證也。史記殷本紀索隱曰：「皇甫謐云：微字上甲，其母以甲日生故也。商家生子，以日為名，蓋自微始。譙周以為死稱廟主曰甲也。」近董作賓則謂以死日為名。見甲骨文斷代研究例。今按此三說皆非也。卜辭金文於婦稱其姓，無以日名者，婦亦以姓為名也。而母妣則[redacted]及之。[redacted]明其子若孫祭之之時，始以日為稱也。王國維曰：「殷之祭先，率以其所名之

上甲名微，大乙名履，雖有本名，甲乙非名也。

共廿页

《故宮博物院藏青銅器圖録》編纂要求

按器物分類編纂，每類分子目，每目分時代前後。每時代裏先列有銘的，後列無銘的。同時代而不同器形分別排列，如方鼎、扁足鼎等，殘器也編入。同類器物太多的可選録，如光素漢鼎無特徵的，以及光素劍等。

照片：以現在一寸照片爲基礎，最好改照二寸或三寸。即一般性的每頁兩件。

特殊銘文原大。

特殊花紋拓本原大。

整理說明：

此稿用鋼筆寫於一頁朱絲欄框信箋紙上，是唐先生對編輯《故宮銅器圖録》提出的具體要求。寫作時間不詳。

（劉雲）

肆 銘刻類

銘刻學提綱

一、銘刻學是歷史科學裏的一個支科，與考古學也有密切關係。古代金石銘刻是可靠的第一手資料，能夠補文獻記載的不足，或與文獻記載互相補充。它能給考古發現資料以直接的證明。有些銘刻本身就是一個文學作品。

二、青銅器銘刻是中國銘刻最古之一，由於研究青銅器銘刻需要辨別器的真僞，鑒定時代，通曉古文字與古代文法，所以比較難研究。

三、銘刻學的發展，有成書自劉原父的《先秦古器記》與歐陽《集古録》開始。

四、銘刻的歷史情況：商由簡而繁，周長篇，東周：春秋長短均有；戰國一般簡短。

五、銘刻内容：祭器、寶用器。功伐、命令、賞賜、契券、約章（子禾子釜、金簡、虎符傳）。年月、地點、目的、大事、命辭、造價。　金簡

六、研究銘刻要通文獻、歷史、曆法、地理、氏族。

七、郭沫若的《兩周金文辭大系》在貫串方面起作用。

八、研究銘刻的第一要點是對古文字的正確認識。如天黿、大黽、寧王、宜侯夨簋（虞虔）、過伯簋、王命傳、廿有再祀。文字已認識，但應該讀作什麽字，聲音訓詁、文法。宗周鐘（㝬）、晉公锥、秦公簋（「竈有三方」，《商頌・玄鳥》「肇域彼四海」）、趙孟疥壺（蔑曆）、曾姬無卹壺。歷史事件：伐楚荆，毛公鼎、函皇父、屬羌鐘。

一、青銅器不僅僅是彝器，工具、兵器、容器（烹煮、飲食、盛水、盛物、盛炭、盛冰、盛酒）、車馬建築飾、樂器、帶飾、鑑、燧、鉨、鉤、貨幣、玩具（鳩車之類）、用具（鳩杖、禁、枓、勺、匕）。
二、青銅器的產生：1. 由采石而發現金屬三品。2. 由有高温而懂得冶鍊。3. 由純銅進入青銅。4. 由製陶而進入鑄造。鎔爐、陶範。
三、青銅工具促進生產力。1. 做一塊石器刀斧需要的勞動與鑄造的比較。2. 斤可以作工具、兵器和農具，刀可以作工具、兵器、刑具和農具（鐮）＝戈。初（裁衣）。
四、奴隸社會與青銅、金屬工具的關係。早期重掠奪奴隸、工奴，晚期注重農業。殷代、西周有農具耜、錢、鎛（古貨幣），散鹿臺之錢（財）。
五、生産發展才能做容器，世界通例，由工具、兵器發展爲容器，容器本身是青銅技術的高度發展，中國青銅容器的發展是中國的器的特點。
六、青銅工農具傳世爲什麽稀少的問題。
七、青銅器起於氏族社會末期，夏銅器有没有方鼎的問題，爲什麽不見鄭州文化。
八、青銅器的衰頹，青銅器的下限，石器時代、銅器時代與鐵器時代，銅器的貴重（春秋），銅器的代用品（鐵器、漆器、竹木、石刻、青瓷），魏武帝。

一、青銅器的製作三個條件：① 資源的豐富。② 有熟鍊的勞動力和技術，技術的不斷革新。③ 綜合各種發明創造和藝術天才。
二、青銅器的製作，首先要解決冶鍊問題。① 由銅鑛石煉成銅塊即純銅（或雜有别種金屬）。② 兩種或三種金屬混合的問題。原始流液法。

三、孔雀石、將軍盔、大口罐、木炭、橐風箱。

四、執劑。① 古代憑經驗用這種原料與那種原料。② 西周末春秋初有了正確認識。曾伯霥簠「金導錫行」。《考工記》金有六齊，六分其金而錫居一（銅 83.33%，錫 16.67%）謂之鐘鼎之齊；五分其金而錫居一（銅 80%，錫 20%）謂之斧斤之齊；四分其金而錫居一（銅 75%，錫 25%）謂之戈戟之齊；叁分其金而錫居一（銅 66.7%，錫 33.3%）謂之大刃之齊(田器)；五分其金而錫居二［銅 80%（整理者按：應作 60%），錫 40%］謂之削殺矢之器；金錫半（銅與錫 50%）謂之鑒燧之器。《考工記》時代還没有鐵器。《考工記》是學者寫的，有根據，但不完全正確無訛。

陳夢家：六分 85.71%，14.29%，五分：83.33%，16.67%，四分：80%，20%，三分：75%，25%，五分二：71.43%，28.57%，金錫半：50%，50%。

容庚同，但説銅五錫一等錯誤。

張子高前同，金錫半 66.7%，33.3%。

戰國在兵器上有「執齊」的工名。

銅器化學分析結果的準確性與典型性。

原料有高下，鉛錫不分，原料雜，銅器改鑄問題，錫的氧化之類，事實上不一定按《考工記》。

五、火候。《考工記》：「凡鑄金之狀：金與錫黑濁之氣竭，黄白次之；黄白之氣竭，青白次之；青白之氣竭，青气次之，然後可鑄也。」

鉛錫愈多，溶度愈低。鐘鼎鉛錫少，接近一千二百度。

六、其次要解決鑄造問題。單範（型？）、對範（型？）、内外範（型？）。由陶器到銅器（陶鑄之於昆吾）。鬲鼎不是鬲，鬲起源特别遲。有没有第一模、母模的問題。商朝印鉨用以印在範上。安陽兩件，一壺下半，一方彝中段，有畫而未刻，用模翻範需加工，直接刻範比用模複製精。傳世的器多非一範，故知大多不用模，只憑工人技術。分期印板。

七、製範、分切、加榫、刻範、焙乾、加煙煤之類、複合、塗泥、留孔、覆置、固定内範、灌銅、去範。

八、灌銅。① 防止達不到不均匀。② 防止破損、堵範。③ 防止氣泡、沙眼。

九、連續鑄造，大焊，錮漏。

十、磨鑢、加工（重雕刻等）。

十一、鍛擊。

十二、鑲嵌，赤銅、青銅、塗金。鑲玉，緑松石、貝殼、塗漆。

十三、鐵範、石範、銅範、蠟型問題。

一、舊分類法

二、《考古圖》主要舉器名分類，它的次序有意義。鼎鬲甗鬵（烹煮器）、敦簋簠鋪（食器）、彝卣尊壺罍（盛酒器）、爵觚斝（飲酒器）、豆鐙盉盦瓿（雜器）、盤匜盂（水器）、弩機戈削（兵器）、鐘磬錞（樂器）秦漢器獨立。

《博古圖》① 鼎鼒② 尊罍③ 彝舟④ 卣⑤ 瓶壺⑥ 爵⑦ 斝觚斗巵觶角⑧ 敦⑨ 簠簋豆鋪⑩ 甗錠⑪ 鬲鍑⑫ 盉⑬ 盦鐎斗瓿罌冰鑑冰斗⑭ 匜匜盤洗盆鋗杅⑮ 鐘⑯ 磬⑰ 錞⑱ 鐸鉦鐃戚⑲ 弩機鐓奩□硯滴托轅承轅輿輅飾表座刀筆林頭⑳ 鑑。

把烹煮器分開，把兵器歸入雜器是其缺點，但列入鑑類。

《嘯堂集古録》包括印章

《奇觚室吉金文述》包括貨布

薛尚功《鐘鼎彝器款識》把鐘移到前面，王國維《著録表》等沿襲。

容庚《殷周禮樂器考畧》（一九二七《燕京學報》）禮器、鼎鬲甗（烹煮）、簠簋盨盧盂盦（盛食）、豆（盛菹醢）、盤匜（盥洗）、鑑（盛冰）、壺罍罎盉卣爵觚角斝觥勺匕（酒器）、禁（陳酒器），樂器：鐘、句鑃、鐸。

《倫敦》（1）烹飪器及食器：鬲、甗、鼎、敦、簠、簋、豆等。

（2）容器、温器及飲器：罍、壺、卣、盉、角、爵、斝、觚、觶等等。

（3）尋常用器：盤、鑑、匜。

（4）樂器：鐘、鎛、鉦、鐃、鈴、鐸。

⑸兵器：戉、戈、矛、劍。

《商周彝器通攷》

⑴食器：甲　烹飪器：鼎鬲甗。

乙　盛器：簋簠盨敦豆盧。

丙　切肉器：俎

丁　取肉器：匕

⑵酒器　甲　煮酒器：爵角斝盉鐎

乙　盛酒器：尊觚觶方彝卣觥鳥獸尊壺罍缾鑐缶罏巵杯

丙　禁

丁　浥酒器：勺

⑶水器　甲　盛水器：盤匜鑑盂盆甄

乙　㪺水器：枓盌×

⑷雜器　瓿皿鑵鉌區行燈不知名器

⑸樂器　鉦句鑃鐸鈴鐘鈎錞于鼓

梅原　一九四〇《古銅器形態上之考古學的研究》十三類

⑴皿鉢類　盤毁豆簋簠

⑵寬(侈)口壺形類　尊觶觚

⑶窄口頸壺形類　罍彝壺鍾

⑷提梁壺形類　卣

⑸體積膨大壺形類　罍

⑹矩形容器類　彝　扁壺　瓠壺

⑺鬲鼎類　鬲　鼎

⑧有脚器類　角　爵　斝　盉（鬲鼎非有脚）

⑨注口器　兕　觥　匜（爵　匜鼎不注口）

⑩筒形球狀容器

⑪複合形器　甗　博山爐

⑫異形容器

⑬樂器

容庚《通論》部門類屬

一　食器部

Ⅰ　烹煮器門

（一）鼎類

①柱足鼎屬　②扁足鼎屬　③尖足鼎屬　④馬蹄鼎屬　⑤四足鼎屬

平蓋鼎、球蓋鼎、三犧或三片三環、附耳、圈耳、有流、分襠、有隔

（二）鬲類

（三）甗類

Ⅱ　盛食器門

（四）簋類　（五）簠類　（六）盨類　（七）敦類　（八）豆類　（九）盧類

Ⅲ　挹取器門

（十）匕類

Ⅳ　切肉器門

（十一）俎類

二　酒器部

V　煮酒器門

（十二）爵　（十三）角　（十四）斝　（十五）盉　（十六）鐎

VI　盛酒器門

（十七）尊　（十八）鳥獸尊　（十九）觥　（二十）方彝　（二一）卣　（廿二）罍　（廿三）壺　（廿四）瓶　（廿五）鑐

（廿六）缶　（廿七）罏　（廿八）卮　（廿九）皿　（卅）⿳一品一

VII　飲酒器門

（卅一）觚　（卅二）觶　（卅三）杯

VIII　挹注器門

（卅四）勺

IX　盛尊器門

（卅五）禁

三　水器部

X　盛水器門

（卅六）盤　（卅七）匜　（卅八）鑑　（卅九）盂　（四十）盆　（四十一）釜

XI　挹水器門

（四二）斗　（四三）盌　（四四）鉌

四　樂器部

（四五）鉦　（四六）鐘　（四七）鐸　（四八）鈴　（四九）錞于　（五十）鼓

容書最錯誤的：

嬰次盧　炭盆　食器　

獸紋匕  寶雞出土兩件　食器　挹取器　不喪匕啚

斗與勺　史勺實際是爐鏟

釜鉚量器入水器　鉊誤盌入水器

最大的錯誤在没有工具和兵器

銅器分類的原則

(1) 銅器分類是屬於古器物範圍(劉原父《古器物銘》)器物的作用首先是它的使用的意義，由人們使用的需要而産生器物，不是從形態出發而産生器物。所以器物分類應以使用爲主。

(2) 器物在使用的過程中形態有所發展：圓→方、無足→有足、圈足→三足四足、無流→有流、無柱→有柱、無環梁→有環梁，是應以歷史眼光來處理，不應作機械的分類【柱足　尖足　馬蹄足　扁足等　三角足　足中有隔　足間有門有底(鎘)　粗細　上粗下細　長短　甗　連的　分底　中間有隔底　三套的】，要著重它們的歷史發展，可以考察是從需要上的改進呢？還是受其他器物的影響呢？還是爲美觀呢？等等。

(3) 器物在使用過程中，使用的範圍可能起變化，同一類器物有幾種用途，如盤，有餴盤與頮盤，茶杯也可以喝酒，應從原始的處理。也可以從主要的用途來看，如鼎爲香爐，尊爲痰盂，觚觶爲花瓶，盉爲壺茶酒等，兕觥變爲匜，豆變爲鐙，應屬於這一類性質，也要根據歷史發展來處理。

(4) 器物使用只能考慮它的直接意義。如：工具、兵器、日常生活等等，而不應考慮其使用目的。如：祭祀、殉葬等等。因爲同樣一個鼎可以用爲生活用品、祭器、明器、媵器、行器、寶器、贈品、商品等等的目的，當然作爲祭器有時要好一些，但生活用品不一定不好，所以只考慮廟堂重器是玩古董的辦法是錯誤的(彝器)。

(5) 因此青銅器分類應該考慮全面，不應該只要彝器部分。

根據以上原則，我們的分類是：

（一）生産工具

①工用工具　斧　斤　鑽　鑿　錯　（斧斤）

②農用工具　鉏　钁　鏟　鐮　犁　等　（大刃）

③日用工具　刀　削　剪　等　（削）

（二）兵器

勾兵　戈　戟　鍨　附鐓　（木幹）

刺兵　矛　劍　匕首　附鐏　銅鞘

擊兵　斧鉞

矢鏃　弩機　決（距子）（鞘殺矢）

（三）生活用具

1. 烹煮器　鼎　鬲（鬶）甗　甑　釜　（鍑）　附（鼎）　俎　匕
2. 盛食器　簋　簠　盨（盂）？　敦　合　豆　鋪
3. 飲酒器　爵　斝（觴所謂角）　角　觚　觶（耑）　兕觥？　杯
4. 盛酒器　罍　鑐　壺　鍾　鈁　鉼　鈚　缶　⿰金詹　皿　區　附　匕？　斗　禁　自稱的

【尊】↗【鳥獸尊】　卣　方彝

5. 盛漿水器　盤　盂　鑑　盆　盦（容入盆）　洗？

温水注水器　盉　匜　鐎　壺？　畐（壺類）

6. 取涼温器　冰鑑　盧　鑪鏟　（熨斗）　爐染杯
7. 照影器　鑑　○
8. 取火器　燧
9. 照明器　燈　錠　○
10. 熏香器　熏爐或○香爐
11. 盛雜物器　奩　案　鎖　籥

12. 文房具　鎮　水注
13. 衛生具　唾盂　虎子
14. 玩具　博棊　鳩車　棋子

（6——14雜器）

（四）社會用具

1. 璽印
2. 符節傳
3. 貨幣　選（蟻鼻錢），貨，布，圓錢，鍰……
4. 度量衡　詔版　斗律所平
5. 樂器　鐃　鐘　鎛　鉦（句鑃）　鐸　鈴　錞于　鼓　西南銅鼓　磬　附鐘鉤
6. 裝飾用具　①車馬飾　②服飾　帶鉤　③雜飾　旗杆首　鳩杖首　帳鉤銅　建築裝飾　柱礎　鋪首（棺木上的）（青銅雕塑如非器物，不入此類。）

分類的基礎是器物定名，定名是以歷史爲基礎的，根據器物形狀、功用，結合歷史上通用的名稱。原則上名從主人，凡器物上有專名的，一律要用原名。當然，在一物多名的情況下，可以把類合併，如把「耑」附在「觶」下，把「鑐」放在罍下，把盨放在盆下，但不應把它們抹殺。凡器物上只有公名，無專名，或連公名也没見過的，如觚之類，姑仍舊名，還當詳考。

敦　毁　簋

彝　簋　《金文著録表》把方彝入簋，錯了

鐔　敦

匜之一部　犧尊

觴　杯

角　觴（爵的一類）

奩（高大的）　尊

勾兵　戈

分類是舉大綱，而定名則要具體分析，如魯侯角實是爵。

青銅器的造型與裝飾是屬於工藝美術史上的一個重要問題，這個問題似乎還沒有人研究過。

青銅器工藝，在中國工藝美術史上留下不可磨滅的影響，很多工藝品接受它的影響，瓷器、玉器、珐琅等，一直到現在。

① 青銅器造型的繼承：工具兵器大體上是從骨石器繼承來的，刀鏟斧斤矢……日常生活用具大都從匋器，鼎鬲甗瓶壺等，匡瑚簠簋盨之類出自竹木器，觚觶之類出自角器，鼓出自木器冒革，禁出自木器，磬出自石器，瓠壺及瓢形匜自匏器。只要是日常生活中出現過的器物，都可以用青銅來仿作，因此青銅器的造型十分豐富。

② 青銅器造型的發展及其特點：銅器造型上的新發展如圓形常變爲方，足形的多樣化，平底變蛋形底，分襠底（似是由鑄造技術上的發展），無鋬爲有鋬，直耳爲附出耳，直柱爲旁出柱，無梁爲有梁卣。戈胡的延長，俏皮，如爵：柱、足、尾、三足後要排。凡其他器所做不到的，如長足、刀形足、長喙，提梁等就是陶器也是做不到的。機械化，甗箄、卣鏈、鐙開闔、弩機、鑲嵌技術的利用。

③ 青銅器造型的美化與多樣化：青銅器由於質料與冶鍊技術，不是金黄閃目，就是像鏡子一樣，不像陶器那樣灰暗，青銅器乾浄。青銅器鑄造規則，青銅器形式變化多、裝飾多。

④ 青銅器裝飾的發展：如刀上的馬頭、羊頭等，背有鳥（鸞刀）或加鈴鐺。鼎足變爲龍狀，圓柱足上加獸面，鼎上一圈花紋，中間凸起扁□乳、鐘乳、飛脊、犧首、三羊尊、四羊尊、□□尊，或滿腹花紋，三層花。方鼎有整獸面等滿身花，簋耳的龍形鳥形等。卣整個鳥形，兕觥、兕爵的蓋，鳥尊、犧尊、象尊、鴟梟食人卣。文字圖案化，與文字與圖案的綜合。甗足象首，三犧三羊蓋雕塑。

瓠壺，舟簋，羊、牛、鹿鼎，貉子卣。

春秋戰國：盉、鐎壺、鳥鳧等。

立鶴壺、春秋戈飾、龍蛇交錯、車馬飾。

者婦方尊加飾。芮太子壺飾。

每一類器物根據其特點來創造相應的裝飾風格，印章、帶鉤與鏡子。鏡面與方彝面，鉞與戈胡。

1. 附加物雕塑化。2. 圖案加雕塑。3. 鏤空雕：如觚、鑪、鐘。4. 圖案加飾物：如鐘乳疙瘩。5. 整體雕塑化。

6. 鑲嵌、鎏塗。7. 書法圖案化。

⑤ 青銅器藝術發展的時間與地區

鄭州地區平底，安陽的深腹粗足鼎。滿身花紋器：商末西周初年方鼎，扁足，淺腹，附耳，鳥紋，從繁複到素樸。西周末期新風格帶紋、波浪紋、鱗甲紋、瓦紋等印板文。春秋戰國新風氣：秦風格，漢代風格。

地區：吴越、荆舒、商、巴族、三晉與北胡。帶鉤、劍。斯基泰與西南民族。

1. 青銅器花紋的研究的重要性：每一銅器上不一定有銘文，可是幾乎都有花紋，研究花紋的歷史發展，在青銅器發展史上，在工藝美術史上都有它的重要意義。對青銅器的定名，一般依靠銘刻，沒有銘刻時就得用花紋，所以爲了統一銅器的定名法則，也必須研究花紋。

2. 漢朝班固詩：「寶鼎現兮色紛紛，焕其炳兮被龍文。」是記述青銅器上花紋的最早記載。宋朝《考古圖》《博古圖》後才有花紋名稱，一直沿用到近代。有饕餮紋、夔紋、夔龍紋、夔鳳紋、蟠夔紋、蟠龍紋、蟠虺紋、蟠螭紋、盤雲紋、雲雷紋、雷紋、雲龍紋、雲螭紋、鳳紋、虯紋、鱗紋、山紋、篆帶旋紋等。近幾十年中新加的有渦紋、四瓣花紋、竊曲紋、幾何紋等名稱。

3. 容庚、梅原末治、高本漢等。

4. 名稱不確切，名稱不統一，混亂，應該確定名稱，規格化。

舉一些例子，最常見的饕餮紋：

：

《吕氏春秋·先識覽》「周鼎舉饕餮，有首無身，食人未遂，害及其身，以言報更也」，「周鼎著倕而齕其指，先王有以見大巧之不可爲也」。

「周鼎著象？爲其理之通也」，「周鼎有竊曲(窮曲)，狀甚長，上下皆曲，以見極之敗也」。「周鼎著鼠，令馬履之，爲其不陽也」。

叫饕餮不恰當的理由：①所謂有首無身，實際上都是有身的，有些饕餮紋下面有兩爪，有些有一個心，嬗嬴壺、白陶。②周鼎究竟怎麽一回事，爲什麽不見倕、竊曲與馬鼠？③銅器上除鼎之外都有這花紋，「食人未遂，反害其身」，取義何在？

所謂夔，也是錯誤的，實際是龍紋。夔，神魖也，如龍一足，《國語》上已經非之。夔即山魈，所謂夔紋是龍紋，所謂兩頭夔紋是，中字形虺紋。渦紋、四瓣花紋、幾何紋。

容庚原九七七種，《通論》分三類：幾何形紋樣、動物形紋樣、敘事畫紋樣。幾何形雲紋、雷紋、圓圈紋、渦紋、三角紋、方形紋、波紋、繩紋。

雲紋，一種回紋，一種對三角或勾紋、渦紋（四瓣花）、三角紋内含動物紋、方形紋、鱗紋。

① 花紋要分主次，弦紋、圓紋、方格紋、三角紋不是主要花紋。

② 花紋與造型裝飾與文字不能分割來看，從古文字來探討圖案。

③ 要窺測古人用圖案的意義。

④ 要懂得古人圖案技巧與發展變化，注重它的歷史變化。

古人基本上是寫實的，但逐漸有些浪漫主義。

所謂饕餮紋，實際是牛頭或羊頭的變化，所以後來就只做一個牛頭、羊頭、鹿頭、龜頭等。白陶是人面，獸面紋也不太變，因包括角耳等。

獸頭之外主要裝飾爲龍鳳，此外有象、馬、鹿、虎、犬等其他獸。鳥紋、梟紋、蟬、蠶、魚、龜、黽、貝、虯、虺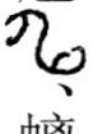、螭。

春秋以後才有植物紋、蓮花瓣。

對回紋的研究，方格乳丁的配合。

春秋戰國及漢，獨體畫、狩獵畫等，變形蛇紋等，蟠紋、蟄紋、細花。

整理說明：

該稿用三十行横格信箋紙書寫，共十三頁，末頁背面鋼筆標注：「這部分提綱夾在容庚著《殷周青銅器通論》書中。」紙質粗厚，緑灰帶黄。標題係編目者所加。這是一部未完稿，僅寫了銘刻學中青銅器銘刻的内容，寫作時間不詳。

（劉雲）

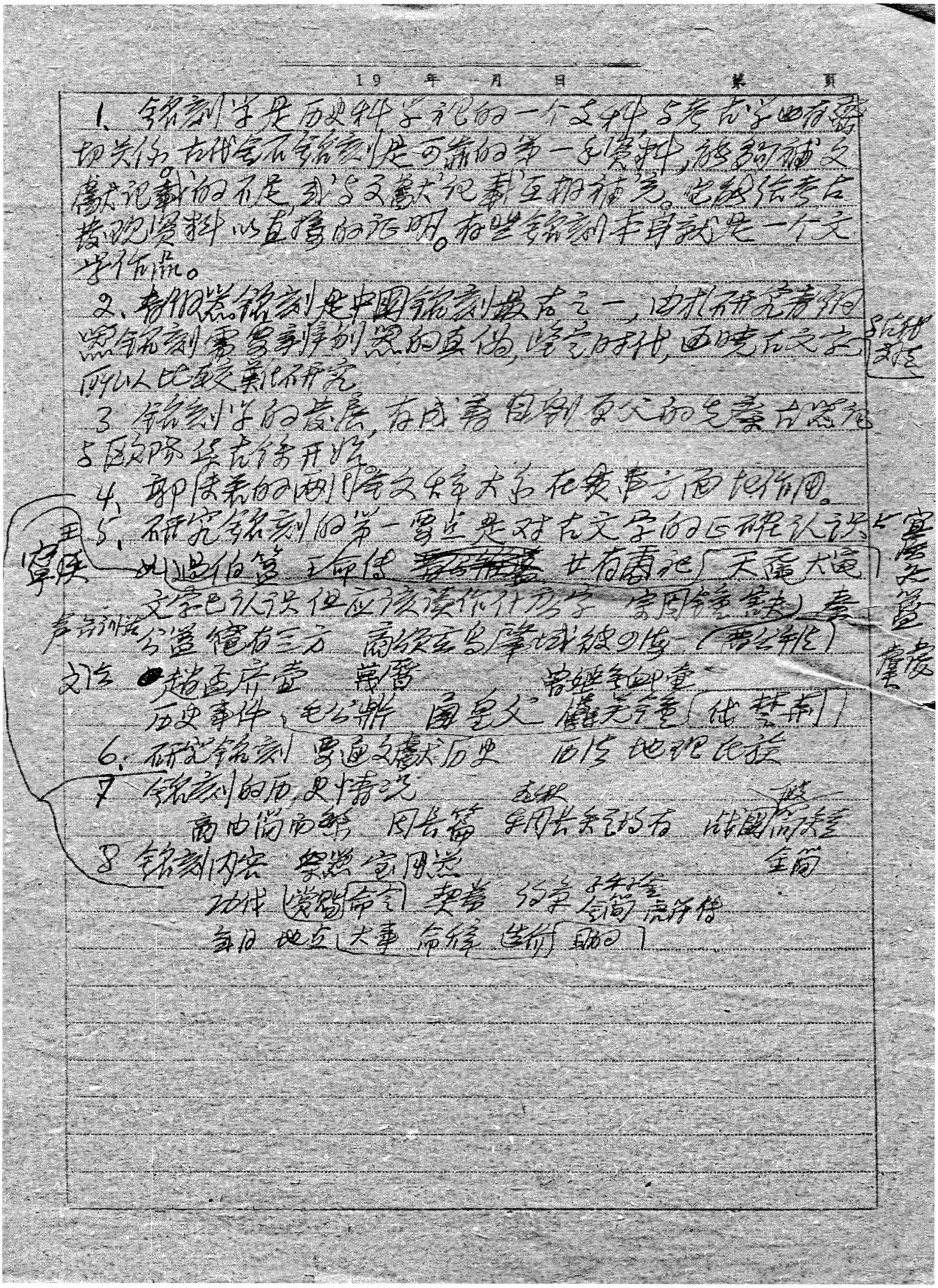

19　年　月　日　第　頁

1、铭刻学是历史科学范围的一个分科，与考古学也有密切关系。古代金石铭刻是可靠的第一手资料，能够补文献记载的不足，或与文献记载互相补充。它能给考古发现资料以直接的证明。有些铭刻本身就是一个文学作品。

2、青铜器铭刻是中国铭刻最古之一，由于研究青铜器铭刻需要辨别器的真伪，鉴定时代，通晓古文字，所以比较难于研究。

3. 铭刻学的发展，有成著自刘原父的先秦古器记与欧阳修集古录开始。

4. 郭沫若的两周金文辞大系在这方面起作用。

5. 研究铭刻的第一要点是对古文字的正确认识，如遹伯簋　王命伐　廿有再祀　天亡大簋　文字已认识但应该读作什么字　宗周钟　秦公簋　铭有三方　商鞅方量

6. 研究铭刻　要通文献历史　历法　地理

7 铭刻的历史情况　商也简而略　周长篇　宗周长条铭文有　战国简短

8 铭刻内容　祭器　宝用器

原稿樣張一

1、青铜器花纹的研究的重要性　每一铜器上不一定有铭文，但几乎都有花纹。研究花纹的历史发展，在青铜器发展史上，在工艺美术史上都有它的重要意义。对青铜器的定名一般依靠铭刻，没有铭刻时就得用花纹，所以为了进一步的定名断代也应该研究花纹。

2、汉章帝时班固诗　宝鼎现兮色纷缊，焕其炳兮被龙文，是记述青铜器上花纹的最早记载。宋朝时古图博古图经才有花纹名称，一直沿用到近代。有饕餮纹、夔纹、夔龙纹、夔凤纹、蟠夔纹、蟠龙纹、蟠虺纹、蟠螭纹、云纹（雷）、云雷纹、雷纹、云龙纹、云鸾纹、凤纹、蝉纹、鱼鳞纹、山纹、象纹、旋纹等。近几十年中新加的有涡纹、四瓣花纹、窃曲纹、几何纹等名称。

3、容庚　梅原末治等　高本汉

4、名称不确切　名称不统一　混乱　应该确定名称　规格化。

举一些例子　最常见的饕餮纹

另说见

吕氏春秋　周鼎著饕餮，有首无身，食人未咽，害及其身，以言报更也

周鼎著倕而龁其指，先王有以见大巧之不可为也

周鼎著象，为其理之通也

周鼎有窃曲（窃曲），状甚长，上下皆曲，以见极之败也。

周鼎著鼠，令马履之，为其不阳也。

叫饕餮不恰当的理由　①所谓有首无身，实际上都是有身的，有些饕餮纹下面有两爪，有些有一个的　如殷墟　白陶　②周鼎究竟怎么一回事，为什么不说像窃曲与鼠　③铜器上除鼎之外都有这花纹，古人未说及害其身取义何在。

所谓夔　也是错误的　实际是龙纹　夔神魖也如龙

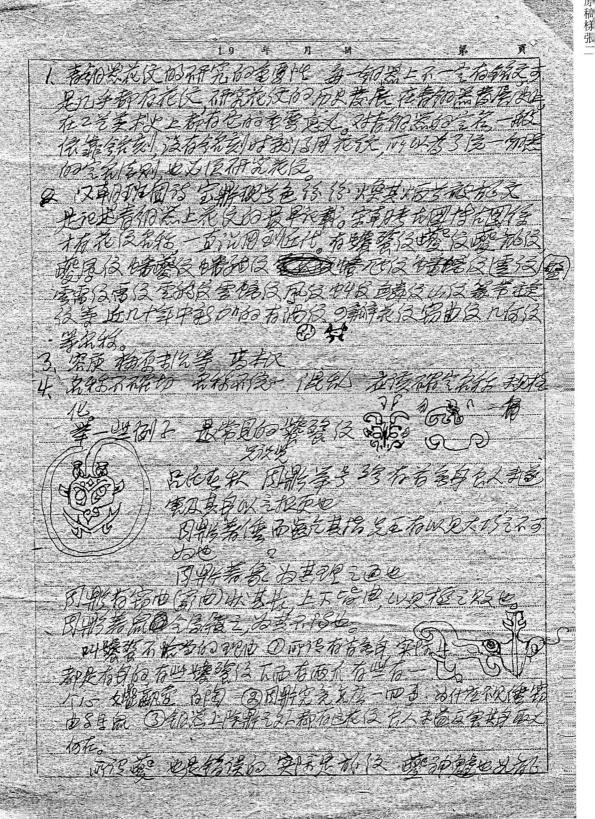

古代銘刻講義(一)

一　通論

1. 銘刻的重要性

(1) 什麼是銘刻：銘刻是古器物上、古建築上或崖石上遺留下來的古代的文字記載。

(2) 什麼是銘刻學：古代銘刻文字往往跟現代文字不同，是不容易認識的，要研究古代銘刻，第一要對這些古文字要有正確的認識，其次有些銘刻裏的記載是不容易理解的，所以還得研究古代的文法脩辭，以及一切有關的歷史地理等知識。總之，銘刻學是綜合一切古代文獻上已有的知識來研究每一種銘刻的科學。

(3) 銘刻在考古學和歷史上的價值：考古學家發掘了某些古代遺址或墓葬，雖然可以知道它們的大概的時代，但如果要更精確地知道它們的時代，與它們和當時的歷史文化的一切關係，還得依賴所得到的銘刻的研究。

歷史學家從書本上得到的材料，有很多是靠不住的，有的本就是以訛傳訛，有的是有意隱蔽和竄改，有的是後來隨便加上的，但有些重要的材料，在書本上又是找不到的，因此，銘刻裏的材料是歷史學家最珍貴的材料。

(4) 在其他科學上的價值：例如在古代文字和古代語音的研究上，在古代文學史的研究上等，銘刻也可以貢獻很多寶貴的材料。

2. 銘刻的物質類別、工具、格式與流傳

(1) 銘刻的物質類别：在龜版或牛胛骨上的銘刻，一般稱爲甲骨文、卜辭或殷契等；在銅器上的銘刻，一般稱爲金文、銅器文字、鐘鼎文字等；在石上的銘刻，總稱石刻，可以細分爲碑、誌、造像等。銘刻中以金石兩類爲最多，所以也稱爲金石文字。在東周時用竹簡或繒帛來寫書籍、文件，稱爲竹帛。最近長沙出土物中，有一塊戰國時代的帛書。漢代一般用木簡，近代在西北曾有大批發現。紙是漢末始發明的，用紙寫的墨蹟，最早在魏晉之間。

(2) 銘刻的工具：商代就有用筆寫的銘辭，但甲骨的絶大部分是用刀刻的。銅器大都是寫好了刻范，再用冶鑄的方法翻出來的。刻成的或鑄成的鉩印，又可以印在陶器上面。刻鑄出來的銘文，可以有陰文、陽文（在鉩印裏或稱白文、朱文），也有一半陰文一半陽文的。銘文裏還可用金銀或緑松石等去鑲嵌。

(3) 銘刻的格式：甲骨文字裏銘刻文字可以左行右行或平列，但在整塊甲骨上各個辭是對稱的。銅器銘刻大抵有一定的部位，例如：鼎銘大都在口内，爵銘大都在鋬内等。有些銅器銘文整個是反的，也有文字是倒的，都是做范時的錯誤，但也有故意使正行和倒行相間的。有些銘辭在鑄成後不清楚，因而補刻了一些文字或一些筆劃。有些銘辭鑄成後因爲要加别的附件，如鋬等，以致把文字淹没了。有些銅器在原作者的銘刻外，後來人又加上了新的銘刻。

(4) 銘刻的流傳：古代銘刻本來不能廣泛流行，一直到發明紙以後，纔有石經的拓本，唐以後摹拓的方法盛行，纔有人專門搜集金石拓本，纔有把拓本再翻刻的碑帖。因此有些古器物早已損壞或毁滅，但拓本還被保存下來，如宋拓本的石鼓文和詛楚文之類。在另一方面，唐以後木刻盛行，代替了石刻，就産生了書籍的版本。

3. 古今字體

(1) 字體的區别：大體上可分爲篆隸真行草五大類，其中最古的、最復雜的、最難認識的是篆書和古文字一類。因爲一般把篆書跟古文字分開，篆書以前是古文字，以後是近代文字，而把篆書單指小篆——秦始皇以後的小篆，其實篆書和古文字是同一系統的。

(2) 古文字：普通分爲甲骨文字、銅器文字等，戰國以後還有貨幣文字、鉩印文字、陶器文字、石刻文字等，還有一種鳥蟲書。戰國時代的文字有地域性，漢朝人把戰國末年的魯國文字稱爲古文，一般也稱爲六國古文。

(3) 近代文字：漢以後石刻主要用隸書，篆書碑很少，只有在碑額裏大家都用篆書。銅器、印章、瓦當大都是篆書。漢代的草書，普通稱爲章草。

魏晉以後隸書在變爲楷書，或真書，也出現了行書，章草變爲草書和狂草。

漢末在篆書裏出現了一種懸針篆，隸書裏出現了飛白。六朝時有很多雜體，但大都不常用。

(4) 少數民族文字和外國文字：在朝鮮、日本等國有許多銘刻是用一般的中國文字寫的，但在中國國境内，有些銘刻是用少數民族的文字和外國文字寫的。戰國時代四川成都一帶出土的銅兵器上的銘刻，我們没有法子讀懂，大概是蜀民族的文字。在石刻裏面唐代的吐蕃會盟碑是用唐古特（藏族）文字來對照的。居庸關有元代刻經，是用蒙古、畏吾兒、女真、漢文和印度的梵文五種文字對照着寫的。女真文還有宴台國書碑等。西夏文有感通塔碑等，還有一些零星的銅器。近年發現的遼陵石刻中有契丹文。

石刻中的外國文字，除梵文以外，像唐代的景教流行中國碑還附有敘利亞文。

(5) 假的銘刻：近代作假銅器以及在銅器上、在甲骨上刻假銘刻是很多的。假的石刻也很多，很著名的夏禹岣嶁碑就是假的。所謂王獻之寫的保母磚也是假的。還有許多人專造假的拓本，例如石鼓文在明朝就有人作假，説有完全的唐代拓本。此外，把新的拓本假造成舊的拓本也是常見的。

整理説明：

此稿係手寫油印件，小字細密，幾無空行，僅一頁。文中敘及「最近長沙出土物中，有一塊戰國時代的帛書」，該戰國楚帛書盜掘於二十世紀三、四十年代，故知此稿大概撰於上世紀四十年代以後，是古代銘刻學的課堂講義，惜僅保存下來此《通論》一章。

（李冬鴿）

讀漢以後金石記

入滇以來，長日無事。卜辭、器銘三巨箱託百利轉輸者不知其猶在天津乎？在途次乎？抑在香港乎？行篋所攜幸有漢以後金石書籍，乃分門讀之。雖不完不備，以茲遣日或賢博弈乎。廿八年六月九日，立厂甫記。

客中書少，惟有《集古録》黄本、《金石録》、《金石萃編》、《金石存》、《校碑隨筆》、《蒿里遺文》等書，他日更補正之。（秦以前銅器不與，石鼓及諸秦刻石不與，岣嶁、比干銅槃、季札墓不録）。碑刻比次時代，其餘則否。

一、金文録

二、碑刻篆文録

三、碑刻隸書録

四、磚瓦録

一 金文録

前漢谷口銅甬銘　始元四年

《集古録尾》一、廿　《金石録》十二

歐陽云：「後銘云『容十斗重四十斤』，原父以今權量校之，容三斗重十五斤。」是宋權量比之漢大約三倍矣。

前漢林華觀行鐙銘　五鳳二年

前漢蓮勺宮銅博山爐下槃銘　五鳳二年

《集古跋尾》一、廿

前漢雁足鐙銘　黄龍元年　銘三十字篆書

《集古跋尾》一、廿一有銘

秦度量銘

《集古跋尾》一、十五

秦權銘

《金石録》十二(有石權有銅鐶)

汾陰侯鼎銘

《金石録》十二

銅釜銘　(長信賜館陶家)

《金石録》十二

武安侯器銘

《金石録》十二

周陽家鍾銘

《金石録》十二(銘曰：畔邑家今周陽家金鍾容十斗重二十八斤第四十)

上林供官銅鼎銘

《金石録》十二

平周金銅鉦銘

《金石録》十二(平周金銅正重十六斤八兩。背文云平定五年受圜陰)

律管銘　始建國元年正月癸酉朔日制

《金石録》十二

漢廩丘宮鐙銘　甘露三年　（得于澶淵）

《金石録》十三

漢尚方鏡銘　三十四字

《金石存》一、十

漢鏡銘　十四字

《金石存》一、十　彐内青冋古四光

雙魚洗銘　三字

《金石存》一、十一　（宜侯王）

苦宮銅凫喙燭鐙　始元二年

《隸篇再續・金石目》（苦宮銅凫喙燭鐙重一斤九兩徑五寸始元二年刻）

元延銅鈁　元延二年　二十九字

《隸篇再續・金石目》（銅鈁容六斗元延二年併工長……）

候騎鉦　新　地皇二年　四十一字

《隸篇再續・金石目》

雁足鐙　建昭三年　槃下四十五字　槃側十五字　底側三字　王昶藏

《金石萃編》五、四

大泉五十範　未知銅範乎？土範或石範乎？

《萃編》五、八

建武錢範　建武□□年三月丙申　二十六、七字　葉東卿藏

《隸篇·金石目》

陽泉使者金熏爐　□□五年□□十三年

《隸篇續·金石目》

永元雁足鐙　永元二年

《隸篇續·金石目》

漢巴官鐵量銘　永平七年

《金石録》十、二

慮俿銅尺　建初六年八月十五　孔尚任在江都得　十四字

《萃編》五、十七

永初洗文　永初元年造五字

《萃編》六、一

尚浴府金行燭盤

《隸篇續·金石目》

丙午鉤　陳壽卿藏

《隸篇續·金石目》

奉山宫行鐙　同上

同上

大泉五十範　「日萬泉」三字　陳壽卿藏

同上

家宦鐘　□□十二年　吴子苾藏拓本

《隸篇再續・金石目》

大宧鐘　□□十五年　今元年　吳子苾藏拓

《隸篇再續・金石目》

大吉壺

《隸篇再續・金石目》

周仲鏡銘　翟氏藏

《隸篇・金石目》

千万鉤　翟氏藏

《隸篇・金石目》

雜古器

《地券徵存》《蒿里》第四卷及補遺。鎮墓鉛券　《蒿》補遺十五。黄腸木石　《蒿里》六、二補遺十三。墓中鎮石　同

六、三　補遺十五。）

玉璽文

《金石録》十三、五

建武殘玉　「建武三年」四字　汪喜孫藏

《隸篇續・金石目》

漢四時嘉至磬　（篆）　存上股十一字

羅《金石文字跋尾》二、三

漢州輔墓石獸膊字　（篆？隸？）　永壽元年　「天禄辟邪」四字

《金石録》十五、四

漢宗資墓石獸膊天禄辟邪字

《集古跋尾》三、廿四　《金石録》十八、八

土圭刻字　延熹七年五月　草隸三行　首行四字　二三行各五字　光緒十三年直隸定州出土　歸長白託活洛氏

《隨筆・補遺》二

石羊題字　永和五年九月　四行

《蒿里》六、二

二　碑刻篆文録

周穆王刻石　「吉日癸巳」字　《集古跋尾》一、八　《金石録》十三、四

大風歌碑　《金石存》三、一

羣臣上壽刻石　文帝後元元年趙廿二年　直隸永平十一、十七　《書道》二、一八

祝其卿墳壇石刻　居攝二年二月　四行十二字

上谷府卿墳壇石刻　居攝二年二月　四行十三字　在曲阜孔廟　《金石録》十四、二　《萃編》五、九　《書道》二、二六

祀三公山碑　元初四年　乾隆甲午關西王□得于元氏城外野坡　十行一百九十七字　《萃編》六、一　《隸篇・金石目》《求真》十一、六

太僕袁敞殘碑　元初四年四月　存十行　《蒿里》一、一

嵩嶽太室石闕銘額　元初五年　九字存六字　詳隸書

嵩嶽少室石闕銘並額（未全）　延光二年　少室東邢家鋪西三里許　額六字　二十三行，行四字，三行無字，據黃易

全拓本尚有二十餘行　《金石存》三、四　《萃編》六、十一　《隨筆》十捴爲嵩山三闕銘　《求真》十一、六　羅《金石文字·跋》尾二、四　《書道》二、三七(不全)　羅云：有𨲠字甚奇。

開母廟石闕銘(不全)　延光二年　題名十一行，行七字，第四行六字　銘二十四行，行十二字　登封縣北十里崇福觀　《萃編》六、十五　《金石存》三、二　《隨筆》十捴爲嵩山三闕銘　《求真》十一、七　《書道》二、六二(不全)　二、四—五　有照片

北海相景君銘額　漢安二年　十二字　詳本碑下

孔君碣額　永壽元年　「孔君之碑」四字　詳本碑下

郎中鄭固碑額　延熹元年　八字　詳本碑下

泰山都尉孔宙碑額及碑陰額　延熹七年　共十四字　詳本碑下

西嶽華山廟碑　延熹八年　六字　詳本碑下

沛相楊統碑額　建寧元年　「漢故沛相楊君之碑」八字　詳本碑

高陽令楊著碑額　又　「漢故高陽令楊君之碑」九字　詳本碑

郭泰碑額　建寧二年　篆書陰文六字　詳本碑

漢北海淳于長夏承碑額　建寧三年　九字「漢北海淳于長夏君碑」　詳本碑

陳德碑額　建寧四年　「漢故陳君之碑」六字

惠安西表　建寧四年六月　與西狹頌在一處　詳本碑　《書道》及碑額均有

孔彪碑額　建寧四年七月　「漢故博陵太守孔府君碑」十字　詳本碑

楊震碑額　建寧末　「漢故太尉楊公神道之碑」十字　詳本碑

楊馥碑額　延熹二年　「漢故繁陽令楊君之碑」九字　詳本碑

婁壽碑額　熹平三年正月　「玄儒婁先生碑」六字　詳本碑

韓仁銘額　熹平四年　九字　詳本碑

尹宙碑額　熹平六年　「從銘」二字　詳本碑

後漢秦君碑首　熹平中　「漢故南陽太守秦君之碑」　《集古跋尾》三、十一

魏元丕碑額　光和四年　詳本碑

白石神君碑額　光和六年　《金石録》十九、六　五字　詳本碑

鄭季宣碑陰額　中平二年　詳本碑

漢王君殘碑（疑）　中平二年　額六字「漢故王君之碑」　銘殘缺，存字不及四十　《金石存》三、五

張遷碑額　中平三年　漢故穀城長蕩陰令張君表頌　詳本碑

琅邪相墓誌殘字　存「邪相劉」三字　尹竹年於光緒丁酉，向劉氏後人名瑩者訪得之，重樹於墓　據《隸釋・劉衡碑》有「兄瑯邪相」語，定爲劉衡之兄　雪堂《金石文字跋》尾二、六　《隨筆》四一

漢魯王墓石人胸前題字　舊在曲阜城外魯共王墓前　一四字爲「府門之卒」一十字「漢故樂安太守麃君亭長」　乾隆甲寅，移城内瞿相國　《萃編》十九、一　《金石存》三、五　《嵩里》六、二　《書道》二、二六八

樊敏碑額　建安十年　篆額十二字　《隨筆》卅八

漢逢府君墓石柱篆文　「漢故博士趙傅逢府君神道」十一字　《金石録》十九、三

仙人唐公房碑額　「仙人唐君之碑」六字　詳本碑

昌陽巖刻石　「昌陽巖巖道高」六字　在山東文登　《隨筆》四一

蘭臺令史等字殘碑　存九行，可辨者二十二字，歸長白托活洛氏　光緒十六年山東青州出土　《隨筆》四二

汝南周府君碑　「故汝南周府君」六字，陰文　山東曲阜　方以爲非漢　《隨筆》四九　「上庸長」条下

孫大壽碑　陰文四字　在河南洛陽　《隨筆》四九　同上

梧臺里石社碑（此是篆否？）《隨筆》四九　同上

大風歌　（？）　四行　《萃編》廿一、卅三

議郎殘碑　存「十月丁酉卒」字　篆書　《嵩里》一上、二

三　碑刻隸書録

漢鄭三益闕銘　建元元年　《金石録》目第三十七（趙云：武帝建元元年，自劉聰後屢以建元紀年。　此銘字畫非晉以後人書）

楊量買山記　地節二年　廿七字　石出蜀中，吴興錢安父得之，攜歸藏於家。（《隸篇》）　《隸篇・金石目》（原作地節買山石刻）　《書道》二、廿

魯孝王石刻　五鳳二年魯卅四年六月四日　十三字三行　山東曲阜　金明昌二年出土，見高德裔題記　《萃編》五、一　《金石存》三、一作「漢五鳳磚」，誤　《隸篇・金石目》　《校碑隨筆》六　《書道》二、別刷一

朱博殘碑　（左元異二刻應在此）　河平□年　存十行，約四十字　光緒元年山東青州之東武故城出土，爲諸城尹彭壽所得　《校碑隨筆》六　《書道》二、廿二

麃孝禹碑　河平三年八月　二行十五字　同治庚午，揚州宮本昂、宮昱、任城劉恩瀛訪得此碑于平邑（平邑在直隸南樂東北）。　歸南海李氏　（《書道》注「山東歷城」，未知何據）　《校碑隨筆》七　《書道》二、廿四

孟琁殘碑　（此碑《書道》所載不全，當覓拓本）　無年月（羅振玉考爲河平四年，有跋見《金石文字跋尾》二、一。）　十五行，行存二十一字　在雲南昭通府南十里白泥井馬氏舍傍　光緒廿七年九月出土，今藏城内鳳池書院　《校碑隨筆》四十九　《蒿里遺文》一　《書道》二、三十（不全）

萊子候刻石　始建國天鳳三年二月十三日　七行三十五字　嘉慶廿二年滕縣顔逢甲得於鄒縣南臥虎山，移置孟廟　《隸篇・金石目》《書道》二、廿八

三老諱字忌日記　（不全）建武廿八年五月　四列，列四五六行，行六—九字不等　咸豐壬子出土，歸餘姚周氏　《校碑隨筆》七　羅《金石文字跋》尾二、三　《書道》二、三四（不全）

漢會稽東部都尉路君闕銘　永平八年　《金石録》十四、三

鄐君開通褒斜道石刻　（不全）　永平九年四月　據宋晏袤釋文共百五十九字　今本存十六行，一百二十餘字，至「八百」字止　陝西褒城宋紹熙甲寅帥章德茂始得此　《萃編》五、十二　《隸篇・金石目》　《隨筆》八　《求真》九、一誤作「開石門道碑」　《書道》二、三六（不全）　《金石録》十四、三

昆弟六人買山記　建初元年　上二字，下五行，行四字　會稽跳山摩崖　《隸篇・金石目》稱「跳山造冢石刻」　《隨筆》稱「大吉山買地摩崖」　《蒿里》六、一稱「昆弟買冢地刻石」　《書道》二、四二（縮小）

司馬長元石門　建初六年十月　近年發現於文登西三十里顧頭村　二石，每石一行　右十三字，左九字　《隨筆》八

樂浪枯蟬平山君碑　元和二年　七行，約八十字，可讀五十八字　朝鮮平安南道龍岡郡東約二里乙洞古城　大正二年九月，今村博士發現　《書道》二、一又二、一七

漢南武陽功曹闕銘　元和二年　沂州

漢南武陽功曹墓闕銘　章和元年　《金石録目》一、三第四十二、四十三　《金石録》十四、三

漢章和石記　章和二年　《金石録目》一、三第四十四

永元石刻　永元八年二月十日　嘉慶廿一年魚台馬邦玉得殘石於鳧山前寨里井闌邊，移置家塾。次年厥弟邦舉又訪得石之後半於井北人家，約存五十四字　《隸篇・金石目》

漢王稚子二石闕銘　元興元年？　新都縣北十二里　漢故先靈一闕十六字，今没水中　雒陽令一闕十五字，存八字　《集古録跋尾》二、八後漢人闕銘之一　《金石録》十四、三　《萃編》五、廿二據舊拓本有二闕　《隸篇・金石目》王

稚子左闕　《隸篇續・金石目》王稚子右闕　《蒿里》六、一　《隨筆》九

陽三老石堂記

延平元年　上題「陽三老」三字，下三行約七十餘字。　光緒十四五年間山東曲阜出土，後歸孔氏，再歸長白托活洛氏　《隨筆》九

永初畫像戴父母卒日記

永初七年六月　一行四十六字　上虞羅氏　《隨筆》十

漢謁者景君表

元初元年

漢謁者景君碑陰

《金石録》十四、三—四

子遊殘碑（未全）

元初二年　有二石，一石十二行，存八十餘字。嘉慶三年徐方子宣訪得於豐樂鎮西門君祠内，移置安陽縣孔廟戟門下，近已被盗去；別一石亦十二行，近出安陽，羅振玉《金石文字跋尾》云：「行存九字，藏青縣姚氏。」　《萃編》十九、十七下截一石　《隨筆》四五下截一石　《隸篇・金石目》下截一石　羅《跋尾》二、四　《蒿里》一、一　《書道》二、四三詳後　按《書道》所載爲剪裱本，前六頁即上截之十二行，惟字有剪截，第七頁乃正直殘碑所混入者，第八頁乃下載第三至第七行，作釋文者乃不知此碑有兩石也。

今就《書道》所載上截合《萃編》寫録如下，其有不備，俟得善本。

賢良方正魏郡鄴。允字子遊於傳載—
□中葉有陵相重遭。奚之難抉危翊放文—
至莒郡太守荆州牧。載不隕以傳于—　（允祖在漢時有爲莒郡太守荆州牧者）
行篤言忠否則獨善。琴石書不倦是—
仕就職瘠馬羸車直。事人犯而弗欺—
佐州戊戌詒壽以有。寇廣延術士永初—
將公徵應時屢旋不。□惠可不之間是—
元初二年六月卯卒。庶閔悼遠近同忘載—
□古人不貪榮爵之。而貴不朽之名故勒斯—

考明守是保亢謀聖。𢿌我漢道厥𢿌伊何消——

昔乃顯祖節義高明。在聖漢有莒有荆君——(有莒有荆前人解誤)

□乃表世亡英彦國。□□□名——

漢剡合景君闕銘　元初四年　《金石録》十四、四

嵩嶽太室石闕銘　(不全)　元初五年四月(有篆額)　《萃編》云：二十八行，行九字，第三行十字。《隨筆》云：二十七行，行九字。未知孰是　河南登封　崇禎時錢謙益始見拓本　《萃編》六、六　《金石存》六、一　《隸篇·金石目》《隨筆》十揔在三闕銘下　《求真》九、二　《書道》五四(後署)

太室石闕潁川太守等題名　延光四年　《隨筆》謂黄易全拓本約四十六行，行十二字　《隨筆》十揔在三闕銘下　《求真》九、二

嵩山少室東闕題名　無年月姑列此　四行，行六字　《金石存》六、三　《隸篇·金石目》《隨筆》十一

延光「殘碑」？　延光四年六月三十日　五行　康熙六十年辛丑在超然臺故地出土，下作鋭角形，乾隆卅九年移嵌諸城縣内堂東垣。　《萃編》六、廿四　《隸篇·金石目》《隨筆》十一　《書道》六六

漢窆室銘　永建元年五月　《金石録目》一、三第四十九　《萃編》十一、七作禹陵窆石題字

漢麟鳳讚並記銘　永建元年七月　録於華山碑後，蓋誤「永建」爲「永康」也　《金石録》十四、四

孝堂山石室畫象題字及題名　題字無年月，當在永建四年前　題名一爲永建四年，一爲永康元年　在肥城縣　《萃編》七、一　《隸篇·金石目》

漢國三老袁君碑　永建六年　《集古録目》一、一　《跋尾》一、廿二作袁良碑　《金石録》十四、五

陽嘉殘碑　陽嘉二年　光緒初年山東曲阜出土，歸海豐吴氏　光緒十八年壬辰毁于火　《隨筆》十三　《書道》二、六八　碑陽下稍缺

延年石室題字　陽嘉四年三月　有人近年川中勘礦得之山洞中，輦至京師，歸倫貝子。　三行，行四字　《隨筆》十三

羅《金石文字跋尾》二、五

漢西嶽石闕銘　（此與古闕合否？）　永和元年五月癸丑朔六日戊午　《金石録》十四、六

敦煌太守裴岑紀功碑　永和二年　六行，行十字　在新疆巴里坤西五十里石人子，雍正七年岳鍾琪移置將軍府，十三年移置關廟　乾隆廿二年平定伊犁，裘「文達」公按行其地得拓本歸，遂顯於世　《萃編》七、十一　《隸篇・金石目》《隨筆》十四　《求真》九、二　《書道》二、七十　一全本縮小，一不全本

漢張平子碑　史云永和四年卒　二本　一在南陽，天聖中趙玹知南陽縣事治縣署毀馬臺，得一石龕於廳事之壁，至「凡百君子」而止。謝景初得其半於向城之野，自「凡百君子」以上則亡。二本相補，其文復完，而闕其最後四字。　《集古録》一、二三　《金石録》十四、六目又有漢張平子後碑、漢張平子殘碑，《録》謂殘碑即後段

沙南侯獲碑　永和五年六月十五日　甘肅宜禾煥綵溝大道旁　《隸篇續・金石目》　《書道》二、七四　一全本縮小，一部分不全

逍遥山石室題字　漢安元年四月十八日　四川簡州　《萃編》七、一四作仙集留題　《隸篇・金石目》作仙集題字《書道》二、七六作逍遥山會仙友題字

北海相景君銘　（不全　無碑陰）　漢安二年八月　有篆額另見　有碑陰　《集古録》一、二四　《金石録》十四、七有碑陰　《萃編》七、十五有碑陰　《金石存》六、四有碑陰　《隸篇・金石目》有陰　《隨筆》十五　《蒿里》一、一　《求真》九、三　《書道》二、八二有篆額，銘不全，無碑陰　羅《金石文字跋尾》二、五

莒州漢安三年刻石　四面　光緒初年山東莒州出土　《隨筆》十四

文叔陽食堂畫象題字　建康元年八月十九　道光十三年魚臺馬星垣得於魚臺之凫陽山，近歸長白托活洛家　六行《隸篇續・金石目》　《隨筆》十六

三公山神碑　《隸篇》攷爲本初元年　有碑陰，碑陰有額　在元氏吴子苾始訪得之　《隸篇再續・金石目》

敦煌長史武班碑　有額　《隸篇》有陰，誤，陰只「武氏碑」三字，楷書。　建和元年二月廿三日　二十行　在嘉祥紫

雲山　《集古跋尾》二、八　《金石録》十四、七　《萃編》八、一　《隸篇・金石目》　《蒿里》一、一　《求真》九、九

武氏石闕銘　建和元年三月四日　四行　在嘉祥紫雲山　《金石録》十四、八　《萃編》八、八　《隸篇・金石目》　《隨筆》十六　《求真》九、九

漢費亭侯曹騰碑　建和元年七月廿二日（按此乃遣騰之詔書之日，非立碑之日也）　《集古跋尾》二、九　《金石録》十四、八

司隸校尉楊孟文頌（未全）　建和二年　有額　廿二行　在褒城　《集古跋尾》二、九稱「楊厥碑」，誤　《金石録》十四、九稱「楊厥開石門頌」，誤　《萃編》八、十　《隸篇・金石目》　《求真》九、一　《書道》二、八八（中畧）

漢吴郡丞武開明碑　建和二年十一月　《金石録》十四、九

漢張公廟碑　和平元年　在黎陽　《集古跋尾》二、十　《集古目》一、一　《金石録目》一、四　第六十四

漢祝長嚴訢碑　和平元年　政和中下邳縣民耕地得之　《金石録》十四、十

漢從事武梁碑　元嘉元年　碑在濟之任城　《金石録》十四、十

漢平都侯相蔣君碑　元嘉二年　《金石録》十四、十一

魯相乙瑛請置孔子廟百石卒史碑　元嘉三年即永興元年　曲阜孔廟　《集古跋尾》二、十　《集古目》一、五　《金石録》十五、二　《萃編》八、十八　《隸篇・金石目》（作孔龢碑）　《金石存》六、十　《求真》九、三　《隨筆》十六　《書道》二、一百全拓縮小，原大不全

宛令李孟初神祠碑　永興二年六月河南安陽　《萃編》八、廿九　《隸篇・金石目》　《隨筆》十七　《求真》九、六　《書道》二、一零八不全

孔謙碣　永興二年七月　八行，行十字　曲阜孔廟　《集古跋尾》二、十一作孔德讓碑　《集古目》一、四　《金石録目》一、四（第六十九）　《萃編》九、一　《金石存》六、十二　《隸篇・金石目》　《求真》九、六　《蒿里》一上、一　《書道》二、一一零全本縮小，原大不全

孔君碣（縮小） 永壽元年 八行，行十五字，篆額別見 曲阜孔廟 《金石録》十五、三 《萃編》九、三 《隸篇・金石目》《蒿里》一上、一 《書道》二、二七二整本縮小

李壽刻石（不全） 永壽元年 在褒城縣石門（《隸篇》云：近歲帖估始有鬻此本者） 《隸篇・金石目》 《書道》二、一二二不全

魯相韓勑造孔廟禮器碑 永壽二年 碑陽十六行，行三十二字 陰三列，各十七行 左側三列，各四行；右側四列，各四行 曲阜孔廟 《集古跋尾》二、十一 《集古目》一、四 《金石録》十五、三 《萃編》九、四 《隸篇・金石目》《金石存》六、十三 《求真》九、四 《隨筆》十七 《書道》二、一一四 整本縮小，原大不全

漢吉成侯州輔碑 永壽元年十二月 有陰 《金石録》十五、四碑及碑陰分兩則

漢韓府君孔子廟碑 永壽三年七月 有陰 《金石録目》一、四第七十七、第七十八

郎中鄭固碑（未全） 延熹元年四月廿四日 有篆額，別見 十五行，行二十九字（《隨筆》作二十七字） 此碑宋世已著録。清初拓本只上段十七八字。雍正六年李鷗得殘石於濟寧學泮池中，存二十二字。乾隆四十三年鷗子東琪將此碑升高（《隨筆》作「定海藍嘉瑄掘出之」），復得中段在濟寧州學。 《集古跋尾》二、十五 《金石録》十五、五 《萃編》十、一 《金石存》六、廿一 《隸篇・金石目》 《隨筆》十九 《求真》九、七 《蒿里》一、一 雪堂《金石文字跋尾》二、五 《書道》二、一二零不全

龜兹左將軍劉平國摩崖 永壽四年八月，即延熹元年 八行，又別三行 在新疆阿克蘇屬賽木里東北二百里 光緒五年夏間發現 《隨筆》十八 《書道》二、一二二縮小

漢中常侍樊安碑 延熹元年八月（此據《金石録》。《集古録》作「永壽四年四月」，一作「二月」） 《集古跋尾》二、十二 《金石録目》一、五

漢議郎元賓碑（後文宗俱碑當改列此） 延熹二年二月 《金石録》十五、六

漢司空宗俱碑 俱靈帝時爲司空，延熹二年卒 當補列前 《金石録》十八、九 《金石録目》一、十一第一百九十九漢

司空宗俱碑，第二百漢宗俱碑陰

漢孫叔敖碑　延熹三年五月　有碑陰　《集古跋尾》二、十三　《金石録目》一、五第八十三，第八十四　《金石録》十五、六只有碑陰

漢丹陽太守郭旻碑　延熹元年十月戊戌卒，三載禮闋，刻石勒銘當爲「延熹三、四年」，趙列「元年」非也。　《金石録》十五、五

漢封丘令王元賞碑　延熹四年五月　有陰　《集古跋尾》二、十五　《集古目》一、二　《金石録》十五、六

漢翼州刺史王純碑　延熹四年八月　有陰　《金石録》十五、七

漢河東地界石記　延熹四年　《金石録目》一、五第八十九

倉頡廟碑　（未全）　延熹五年正月　二十四行　碑陰二列，每列二十四行　碑右側四列，每列六行　碑左側三列，第一列六行，第二五行，第三四行。　（額旁題字別見）　在泉縣東北五十里之史官村　《集古跋尾》二、六原第八百六十一，原稱碑陰題名凡二，此乃其後者，蓋碑左側也（或兼碑陰）。　《集古跋尾》二、十四原稱後漢朔方太守碑陰，碑右側也。　《金石録》十六、十二只碑文，原謂「熹平六年立」，蓋誤，據額旁題字也。　又十五、八稱「倉頡廟人名」，當亦其碑左側　《萃編》十、十　《金石存》六、廿三漢倉頡廟碑側題字　《隸篇・金石目》　《隨筆》廿　《求真》九、十二　《書道》二、一二四未全　雪堂《金石文字跋尾》二、五

漢成皋令任伯嗣碑　延熹五年？　大觀初獲此碑，寘于汜水輦運司廨舍壁間。　有陰　《金石録》十五、八

桐柏淮源廟碑　元吴炳重書刻本　延熹六年正月　十五行，行卅三字　在濟源縣　《集古跋尾》二、十七　《金石録目》一、五第九十三　《萃編》十、十九　《隸篇・金石目》　《隨筆》二十

漢平與令薛君碑　延熹六年二月　《金石録》十五、九

臨爲父通作封記　延熹六年　十六行　在山東鄒縣馬槽村　宣統元年，蕭應椿掘出之，歸金石保存所　《隨筆・補遺》一　《蒿里》六、一

漢山陽太守祝睦碑　延熹七年八月　《集古云》：「睦有二碑，皆在南京虞城縣。」　《集古跋尾》二、十七　《金石録目》一、五第九十五

漢祝睦後碑　《集古跋尾》二、十八　《金石録目》一、五第九十六

泰山都尉孔宙碑　延熹七年十月（《金石録》作「十月」，洪作「七月」，待攷）　十五行，行二十八字　陰共三列，每列二十一行　並有篆額別見　今在曲阜孔廟　《集古跋尾》二、十三並碑陰有二跋　《金石録》十五、九　《萃編》十一、一　《金石存》七、一　《隷篇・金石目》　《隨筆》廿一　《求真》九、五　《蒿里》一、一　《書道》二、一二八全拓縮小，原大不全　雪堂《金石文字跋尾》二、六

元氏封龍山頌（不全，當訪全本）　延熹七年　十五行，行廿六字　在直隷元氏　《隨筆》廿　《求真》九、十五　《書道》二、一三五，不全

西嶽華山廟碑（四明本有闕文）　延熹八年四月廿九日　二十二行，行三十八字　篆額別見　舊在華陰縣西嶽廟中，嘉靖卅四年地震碑毀　《集古跋尾》二、十四　《金石録》十五、九　《萃編》十一、十五　《金石存》七、七　《隷篇・金石目》用長垣本　《隨筆》廿一　《求真》九、七　《書道》二別刷三縮印四明本，別刷四長垣本，不全

漢老子銘　延熹八年　苦縣　《集古跋尾》二、十八　《金石録》十五、十

後漢田君碑　《集古》云：「延熹年間。」　在沂州　《集古跋尾》二、十六

後漢堯祠祈雨碑　延熹十年二月（即永康元年）有陰　《集古跋尾》二、十八無陰　《金石録目》一、六第一百一第一百二

漢荆州刺史度尚碑　永康元年　《金石録》十五、十

漢車騎將軍馮緄碑　永康元年十二月　《金石録》十六、二

執金吾丞武榮碑（未全）　無年月，當在建寧元年　十行，行三十一字　隷額十字　在濟寧州學　《集古跋尾》二、四　《金石録目》二、一第二百十五　《萃編》十二、一　《金石存》七、九　《隷篇・金石目》　《隨筆》廿二　《求真》九、九

《蒿里》一、一　《書道》二、一四零不全

沛相楊統碑（有舊拓？）　建寧元年三月　《集古録》「六月」，一作「五月」　篆題別見　石已毀　《集古跋尾》（兩篇）二、一又三、八題後漢楊公碑陰題名　《金石録》十六、五（有陰詳十八、九高陽令陽君碑陰）　《萃編》十二、七無陰　《求真》九、十二

竹邑侯相張壽碑（不全）　建寧元年五月　明人載爲碑趺，今僅存上截在城武縣孔廟。　隸額　十六行　《集古跋尾》三、一　《金石録目》一、六第一百七　《萃編》十二、十一　《金石存》七、十　《隸篇・金石目》　《隨筆》廿二　《求真》九、九　《蒿里》一、一　《書道》二、一五零不全

衛尉卿衡方碑（無陰）建寧元年九月十七　廿三行，行卅六字　隸額十字　在汶上縣　碑陰漫漶，只辨二列。嘉慶四年黄易洗石拓之。《隸篇》據路榮光拓　《集古跋尾》一、廿五誤爲「建寧二年」，《金石録》十六、五目誤爲「建寧三年」　《萃編》十二、十五　《金石存》七、十二　《隸篇・金石目》有陰　《隨筆》廿三有陰　《求真》九、十　《蒿里》一、一　《書道》二、一四四整幅縮小無陰，原大不全。

高陽令楊著碑（有舊拓？）　建寧元年十月　篆額別見　石已毀　有陰　《集古跋尾》三、六元第一百十一，又元第二十一後漢楊君碑陰題名　《金石録目》一、六第一百十五、第一百十六　《金石録》十八、九陰　《萃編》十二、廿二無陰

《隸篇續・金石目》陳壽卿得拓本　《求真》九、十二

漢廣漢縣令王君神道　建寧元年十月　《金石録》十六、三

漢冀州從事張表碑　建寧元年十二月（此依《金石録》，《集古録》作「三月」）　《集古跋尾》三、一　《金石録目》一、六

《求真》九、九

漢堵陽長謁者劉君碑　建寧元年　金石録目一、六

郭泰碑　建寧二年正月乙亥　在介休縣已亡佚　明有嘉靖時縣令刻本、王正己刻本，又有傅山、鄭簠書刻本　乾隆七年，如皋姜任脩摹本十二行，行四十字（云「從寒山趙氏拓本摹得」），有額篆書陰文六字（未見）　清本山東濟寧得一石，

十六行，行三十二字，「泰」作「太」存州學，據王文敏謂後面爲武氏殘畫象　吴大澂摹刻本與此同　《萃編》十二、廿七　《隨筆》廿五　《求真》十一

漢史晨謁孔子冢碑　建寧二年　（《金石録》列「建寧元年四月」，今依祀孔子奏銘列是年）　《金石録》十六、三　《金石録目》一、六第一百六

魯相史晨祀孔廟奏銘　建寧二年三月　十七行，行三十六字　陰爲饗孔廟後碑，十四行，行三十六字　在曲阜孔廟　《集古跋尾》三、二　《金石録目》一、六第一百五及一百十一　《萃編》十三、一　《金石存》七、十九　《隸篇・金石目》　《隨筆》廿三　《求真》九、五　《書道》二、一五六全拓縮小，原大不全

漢金鄉守長侯君碑　建寧二年四月　《集古跋尾》三、二　《金石録》十六、四

孝廉柳敏碑　建寧二年十月　《金石録》十六、四　《萃編》十三、廿　《金石存》七、十九　《隸篇續・金石目》　《求真》九、十九

淳于長夏承碑　（不全　有宋拓本，又有雙鈎本）　建寧三年六月　十四行，行廿七字　據《隸釋》有篆額　（趙云在今洺州，元祐間因治河堤得於土壤中）　原石已毁　唐曜重刻本十三行，行三十字，在永年縣紫山書院　《金石録》十六、五　《萃編》十三、廿三　《金石存》八、一　《隸篇・金石目》　《隨筆》廿六　《求真》九、十四　《蒿里》一、一　《書道》二、一六六不全

漢郎中馬君碑　建寧三年十二月　《金石録》十六、六

陳德碑　建寧四年三月　據金石圖在沂州東南數十里田間，褚峻跡（編者按：「跡」應改爲「訪」字）得之，雍正六年後亡所在　陽存十行，行五字，篆額六字。陰存十一行，行五字，隸額「故門下吏人名」六字　《萃編》十三、三五　《金石存》八、三　《隸篇再續・金石目》　《隨筆》廿七　《求真》九、十五

漢慎令劉君碑　建寧四年五月　《集古》云：「在今南京下邑。」　《集古跋尾》三、三　《金石録》一、七第一百十九

李翕西狹頌　（不全）　建寧四年六月十三日　在五瑞圖後　二十行，行二十字，後題名十二行　別有「惠安西袁」四

篆　摩崖在甘肅成縣　據曾子固説，當有兩刻，今但見此本　《金石録》十六、六　《萃編》十四、一　《金石存》八、七　《隸篇·金石目》　《求真》九、十六　《書道》二、一七四不全

李翕黽池五瑞圖　即前頌之前　圖中題字六處，圖後題字二行，題名三行　《金石録目》一、七第一百廿一誤以爲李翕碑陰　《萃編》十四、八　《金石存》八、七與頌合　《隸篇·金石目》分題字題名爲二　《隨筆》卅

沇州刺史楊叔恭殘碑　（不全）　建寧四年七月六日　存十二行，約七八十字　碑陰二列，可辨者十餘字。碑側四行二十餘字　舊在鉅野昌邑。聚土人置之屋隅。嘉慶廿一年，魚臺馬邦玉移至家塾，後歸長白托活洛氏　《隸篇·金石目》　《隨筆》廿九　《蒿里》一、一　《書道》二、一七二不全

博陵太守孔彪碑　建寧四年七月辛未（十三日）　十八行，行四十五字　碑陰十三行　額十字篆書别見　在曲阜孔廟　《集古跋尾》三、三　《金石録》十六、六　《金石録目》一、七第一百廿二，第一百廿三陰　《萃編》十四、九　《金石存》八、四　《隸篇·金石目》　《隨筆》廿七　《求真》九、六　《蒿里》一、一　《書道》二、一五二不全有，全拓縮小

漢北軍中候郭君碑　建寧四年九月　《集古跋尾》三、四　《金石録目》一、七第一百廿四

李翕析里橋郙閣頌　（不全）　建寧五年二月　摩崖十九行（或云二十行）行廿七字　宋時後尚有題名五行，未見　額爲「析里橋郙閣頌」六隸字，未見　在陝西畧陽　此碑有二，一爲漢刻，一爲紹定三年田克仁重刻本，明申如塤又就宋刻加深　《集古跋尾》三、四　《金石録目》一、七第一百廿五　《萃編》十四、廿二　《金石存》八、十二　《隸篇·金石目》　《隨筆》卅　《求真》九、十六　《書道》二、一八二未全

漢仲君碑　建寧五年四月　《金石録目》一、七第一百廿六

漢東海相桓君海廟碑　熹平元年四月　《金石録》云「在海州」　《金石録》十五、三

成陽靈臺碑　（有宋拓）　建寧五年五月　《集古跋尾》三、五（作「堯母碑」）　《金石録》十六、七　《金石録目》一、七第一百廿七漢成陽靈臺碑，第一百廿八漢靈臺碑陰　《隸篇續·金石目》

太尉楊震碑　（有舊拓）　無歲月，當在建寧末　石已亡，《萃編》據拓本録，《求真》以爲牛運震僞　篆額十字　《集古跋

尾》二、四有陰　《金石録目》二、一第二百一漢太尉楊震碑、第二百二漢楊震碑陰　《萃編》十五、一無陰　《隸篇續・金石目》《求真》九、十三

漢廷尉仲定碑　熹平元年七月上旬　《金石録》十六、八

漢故民吴仲山碑　熹平元年十二月上旬　《金石録》十六、九

繁陽令楊馥碑（有舊拓）熹平二年三月己丑（《金石録》、《隸釋》作「三年」）　篆額九字　石已亡　《集古跋尾》三、六，又三、七碑陰元第四百八十一　《金石録目》一、七第一百卅五漢繁陽令楊君碑、第一百卅六漢繁陽令楊君碑陰　《萃編》十五、八　《求真》九、十三

司隸校尉楊淮表紀（不全）熹平二年二月廿二日　摩崖七行，行二十五六字　在陝西褒城　紹興中此碑方出，歐、趙皆未見之　《萃編》十一、五　《隸篇・金石目》《隨筆》三十一　《求真》九、二　《書道》二、一八六不全

司隸校尉魯峻碑（不全　此有石室畫象今亡）熹平二年四月　隸額「漢故司隸校尉忠惠父魯君碑」十七行，行卅二字　陰二列，每列廿一人　在濟寧州學（《隸篇》誤以他碑陰爲此碑陰）《集古跋尾》三、九無陰　《金石録》十二、九無陰　《萃編》十五、十二　《金石存》八、十三　《隸篇・金石目》《隨筆》卅一　《求真》九、十六　《蒿里》一、一　《書道》二、一九一不全

熹平殘碑（當爲「君國殘碑」，以有府君君國字也）熹平二年十一月乙未　存八行七十餘字　曲阜孔廟　《萃編》十五、廿五　《隸篇・金石目》《隨筆》卅二　《蒿里》一、一　《書道》二、一八九全拓縮小，原大不全

婁壽碑（有舊拓）熹平三年正月　乾德縣圖經載此碑，歐陽脩按圖求碑，見此碑在穀城縣界中壽墓側。此碑還縣立於敕書樓下　《集古跋尾》三、九　《金石録目》一、七第一百卅二　《隸篇・金石目》《求真》九、九　《金石存》八十七

武都太守耿勳碑（不全）熹平三年四月廿日　二十二行，行二十二字　漢隸字原云乾道間方出　在甘肅成縣後人重鑿有誤字　《萃編》十五、廿六　《隸篇・金石目》《隨筆》卅二　《求真》九、十八　《書道》二、一九四不全

漢桂陽太守周憬頌　熹平三年五月　《集古》云：「在樂昌縣西一百一十八里武溪上，石早亡佚。」　存真云有唐太和三年重刻本　《集古跋尾》三、十凡三篇　《金石録》十六、九有陰　《存真》九、卅一

石經殘字（另詳）　熹平四年　《集古録目》　《金石録》十六、八　《萃編》十六、一　《隸篇・金石目》　《隨筆》三二

堂谿典嵩高山請雨銘　熹平四年　十七行，行五字　在登封開母廟石闕　《金石録》十六、十一　《隸篇・金石目》　《金石存》六、二　《隨筆》十一　《求真》九、二　雪堂《金石文字跋尾》丙二、六

聞憙長韓仁銘（不全）　熹平四年十一月廿二日　八行，行十九字　篆額九字　在滎陽縣署　金正元大中出土　《萃編》十七、一　《金石存》八、十九　《隸篇・金石目》　《隨筆》卅四　《求真》九、十七　《書道》二、一九八不全

漢帝堯碑　熹平四年十二月　在濟陰　《集古跋尾》三、十二作「堯祠碑」　《金石録》十六、十二　又《目》一、八一百十一堯廟碑、一百四十二堯廟碑陰

豫州從事尹宙碑　熹平六年四月　十四行，行廿七字　額存二字篆書　元皇慶三年阿八赤重立，明時於鄢陵地中得之　在河南鄢陵孔廟　《萃編》十七、五　《金石存》八、廿　《隸篇・金石目》　《隨筆》卅四　《求真》九十七　《蒿里》一、一　《書道》二、二零二有全拓縮本，原大不全

漢斥彰長斷碑　熹平六年十月九日　在華陰　《金石録》十六、十二

漢梁相費汎碑　趙云：「無建立年月，録于其子堂邑令碑前。」　《集古跋尾》二、三　《金石録》十七、一

漢堂邑令費鳳碑　熹平六年無射之月　有陰　《集古跋尾》一、廿三只有陰　《金石録》十七、三

倉頡廟碑額題字　熹平六年　詳本碑

漢郎中王君碑　光和元年正月　《集古跋尾》三、十二　《金石録目》一、八第一百四十八

漢太尉陳球碑　光和元年　有兩碑皆在下邳，其一殘缺有碑陰　《集古跋尾》三、十三所録者殘闕之，一碑亦無碑陰　《金石録》十七、四　又《目》一、八第一百四十九漢太尉陳球碑、第一百五十漢陳球後碑、第一百五十一漢陳球碑陰

漢樊毅西嶽碑　光和二年正月　《集古跋尾》三、十三原名樊毅華嶽廟碑　《金石録》十七、五

漢太尉郭禧碑　光和二年五月　有陰　《金石録》十七、四

漢郭禧後碑　有陰　《金石録》十七、五　又《目》一、八第一百五十五漢郭禧後碑、第一百五十六漢郭禧後碑陰

漢脩西嶽廟復民賦碑　光和二年十二月庚午朔十三日壬午　《集古跋尾》三、十四　《金石録目》一、八原稱「西嶽碑」

漢樊毅華嶽碑　光和二年十月　《集古跋尾》三、十四　《金石録》十七、四

漢劉尋禹廟碑　光和二年十二月丙子朔十九日甲子　在龍門禹廟　《金石録》十七、六

漢冀州從事郭君碑　光和三年十月　《金石録》十七、六

劉梁殘碑　（□本未見）　二石一存六行，一存五行　碑側一行　在安陽西門君祠大門左右　後移孔廟　辛酉三月十五，安陽金石志攷爲光和四年　本名「劉君殘碑」，翁方綱攷爲「劉梁」　《萃編》十九、十九　《隸篇・金石目》　《隨筆》四十四　《蒿里》一上、二

三公山碑　光和四年四月二日甲子　河北元氏　有額四字、題六字　《集古跋尾》三、十五誤爲「北嶽碑」　《金石録》十七、七　《隸篇再續・金石目》　《書道》二零九全碑縮小，原大不全

漢逢童子碑　光和四年四月五日丁卯　趙云：「舊在濰州昌邑縣，近歲移置郡中，有陰。」　《金石録》十七、七

漢殽阬君神祠碑　光和四年六月　歐陽云「在鄭縣」　《集古跋尾》三、十六（無陰）　《金石録》十七、七

漢無極山神廟碑　光和四年八月　《集古跋尾》三、十五　《金石録》十七、八

漢楊州刺史敬（仲）使君碑　光和四年閏九（？十）月　趙云「在河東平陽」　《集古跋尾》三、十七有二跋：一爲敬仲碑，一爲無名碑　《金石録》十七、九

校官潘乾碑　（不全）　光和四年十月廿一在江蘇溧水　《隸釋》云：「紹興十三年，溧水尉喻仲遠得之固城湖中。」隸額陰文「校官之碑」四字　十六行，行二十七字後題名三列，年月一行　《萃編》十七、十一　《隸篇・金石目》　《金石存》九、一　《隨筆》三五　《求真》九、十七　《書道》二、二一二不全

漢藁長蔡湛頌　光和四年十二月　《集古》云「在鎮府」　有陰　《集古跋尾》三、十八無陰　《金石録》十七、九

漢安平相孫根碑　光和四年十二月　《金石録目》一、九第一百七十漢安平相孫根碑、第一百七十一漢孫根碑陰

涼州刺史魏元丕碑　（有宋拓）　光和四年　《金石録》十七、十　《隸篇續・金石目》　《求真》九、十一

漢碭孔（耽）君神祠碑　光和五年六月　《金石録》十七、十一

漢成陽令唐（扶）君頌　光和六年六月　在濮州雷澤　有陰　《集古跋尾》三、十八無陰　《金石録》十八、二

白石神君碑　（無陰）　光和六年　直隸元氏　十六行，行三十五字　陰三列：上四行，中十二行，下十一行　篆額五字別見　《金石録》十八、二（無陰）　《萃編》十七、廿二無陰　《金石存》九、三　《隸篇・金石目》　《隨筆》三五　《求真》九、十八　《書道》二、二一四全拓縮小，原大不全，無陰

幽州刺史朱龜碑　（有宋拓）　光和六年　《集古》云：「碑在今亳州界中，余守亳州，徙碑置州學中。」　有陰　《集古跋尾》三、十八無陰　《金石録》十八、三　《隸篇・金石目》無陰

漢司隸從事郭究碑　中平元年三月　《集古跋尾》三、十九　《金石録目》一、十第一百七十九

漢都鄉正街彈碑　中平二年正月　在汝州界故昆陽城中　《金石録》十八、四

漢太尉劉寬碑　中平二年二月　有陰　兩碑皆在洛陽上東門外官道旁　《集古跋尾》三、二十　《金石録》十八、四　《金石録目》一、十第一百八十一漢太尉劉寬碑、第一百八十二劉寬碑陰

漢劉寬後碑　有陰　唐咸亨中，碑仆于野，裔孫爽重立　《集古跋尾》三、二十只碑陰　《金石録》十八、四只碑陰　《金石録目》一、十第一百八十三漢劉寬後碑、第一百八十四漢劉寬後碑陰

尉氏令鄭季宣碑　（不全）　中平二年四月辛亥　在濟寧州學　約十八行，有陰存二列，列二十行　《金石録》十八、四　《金石録目》第一百八十五、第一百八十六　《萃編》十七、三一　《金石存》九、十九　《隸篇・金石目》　《隨筆》三五　《求真》九、七　《蒿里》一、二　雪堂《金石文字跋尾》二、七　《書道》二、二三六不全

郃陽令曹全碑　（不全）　中平二年十月　陝西郃陽　二十行，行四十五字　陰五列，第一列一行，第二列二十六行，第三列八行，第四列十八行，第五列四行　萬曆初，郃陽縣舊城莘里村掘得此碑，今移置學宮　《萃編》十八、一　《金石存》九、八　《隸篇・金石目》　《隨筆》三六　《求真》九、十九　《書道》二、二二二不全

蕩陰令張遷表　（缺陰）　中平三年二月　十六行，行四十二字，第十四行空，末有一字　篆額十二字別見　陰三列，每列十二行　山東東平　《萃編》十八、十六　《金石存》九、十四　《隸篇・金石目》　《隨筆》三七　《求真》九、十八　《書道》二、二二六全本縮小，原大不全，無陰

漢趙相劉衡碑　中平四年四月　在齊州歷城縣界中古平陵城旁　《金石録》十八、五

漢小黄門譙敏碑　（有舊刻本）　中平四年七月　《集古跋尾》三、廿一　《金石録目》一、十第一百八十八　《隸篇・金石目》　《求真》九、二十

漢陳度碑　中平四年九月二十日乙丑　《金石録》十八、五

漢陳仲弓碑　中平五年　有陰　《金石録》十八、五

漢陳仲弓壇碑　《金石録》十八、六

豫州從事孔褒碑　當在靈帝末　十四行，行卅字　額十字　曲阜孔廟　雍正三年出於曲阜縣東周公廟側廢田中　《萃編》十四、十八　《金石存》七、五　《隸篇・金石目》　《隨筆》廿八　《求真》九、六　《蒿里》一、二　《書道》二、二四七

圉令趙君碑　（有舊拓）　初平元年十二月二十八日　石在南陽，已佚，有舊拓本　《金石録》十八、六　《隸篇續・金石目》　《求真》九、二十

漢周公禮殿記　初平五年九月　成都府學有漢時所建舊屋柱，皆正方上狹下闊，此記在柱上刻之　《集古跋尾》三、廿二作「文翁石柱記」　《金石録》十八、七

吹角壩摩崖　建安六年八月丁丑朔廿二日　初在四川綦江，鄭子尹徙至貴州　《書道》二、二三七縮小，原稱「建安六

年殘碑」

巴郡太守樊敏碑　（未全）　建安十年三月　宋時著録，清代佚。道光間重出土在四川盧山，或云是重刻　篆額另見　《金石録》十八、七　《隸篇續・金石目》　《隨筆》三十八　《蒿里》一上、二　《求真》九、十九　《書道》二、二三八不全

益州太守高頤碑　（未見）　建安十四年　有陰　《蒿里》一上、二碑及陰

益州太守武陰令高頤闕　有畫象　《金石録目》二、一第二百十二　《蒿》六、一

益州太守陰平都尉高貫光雙闕及額　（不全）　各二十四字，在四川雅安，額後發現　有畫象　《金石録目》二、一第二百十一漢高君墓闕銘，疑即此　《隨筆》四八只額　《蒿》六、一只闕　《書道》二、二四一只一闕

張桓侯破張郃銘　（疑）　建安二十年　在四川綏定府渠縣　《隸篇續・金石目》

漢綏民校尉熊喬碑　建安二十一年　有陰　《集古録跋尾》三、廿三無陰　《金石録》十八、八無陰　《金石録目》一、十第一百九十六漢熊君碑、第一百九十七漢熊君碑陰

豫州幽州刺史馮煥闕　馮緄父　《金石録》十八、九　《蒿里》六、一　《書道》二、二六五縮小

漢瑯邪相王君墓闕銘　《金石録目》二、一第二百六

漢浚儀令衡丘碑　趙云：「與衡方墓皆在今鄆州中。」《集古跋尾》三、一三稱「元節碑」　《金石録》十八、十

光禄勳劉曜碑　（不全）　宋時著録　歐云「在今鄆州界中」，清末重出土，同治庚午六月移至東平州學，已殘，可辨者三十二字　《集古跋尾》一、廿三　《金石録》十、十　《隨筆》四十　《書道》二、二六零不全

漢張侯殘碑　趙云「在今彭城古留城」，驗其字體，蓋東漢時　《金石録》十九、二

漢荊州從事苑鎮碑　《金石録》十九、二

漢趙相雎府君碑及闕　《金石録》十九、三

漢永樂少府賈君闕銘　《集古跋尾》二、八後漢人闕銘之一　《金石録》十九、三

漢車騎將軍闕銘　《金石録目》二、一第二百十七

漢酸棗令劉熊碑　（有舊拓）　趙云「在今酸棗縣」　今佚　陰存八行　《金石録目》第二百十八漢酸棗令劉熊碑、第二百十九漢劉熊碑陰　《集古跋尾》二、三作「俞鄉季子碑」　《金石録》十九、四　《隸篇・金石目》據翁本　《隨筆》廿七「夏承碑」条下　《求真》九、十七　《蒿里》一上、二碑陰　羅《金石文字跋尾》丙二、七

漢臨朐長仲（雄）君碑　金石録十九、四

漢頻陽令宍君殘碑　《金石録目》二、二第二百廿一

漢小黄令徵試博士墓闕　《金石録目》二、二第二百廿二

漢富春丞張君碑　《金石録目》二、二第二百廿三

漢蜀郡太守任君神道　《金石録》十九、五

漢蜀郡屬國都尉王君神道封陌　在南陽　《金石録》十九、五

漢陽都長徐君冢闕銘　《金石録目》二、二第二百廿六

漢司空殘碑　趙云：「政和乙未，得於洛陽天津桥之故基。」存四十五字　陰有題名百餘人　《金石録》十九、五　《金石録目》二、二第二百廿七漢司空殘碑、第二百廿八漢司空殘碑陰

漢益州太守楊宗墓闕銘　一行十四字　四川夾江　《金石録》十九、五　《隨筆》四九　《蒿》六、一

漢益州刺史薛君巴郡太守劉君碑　《金石録》十九、五

漢巴郡太守張訥功德叙　當在順帝永和元年丙子後　《金石録》十九、六

魯相謁孔廟碑　（未見）　碑陽存九行，碑陰亦存九行。　《金石録目》二、二第二三二　《萃編》十九、七無碑陰　《金石存》九、廿一無碑陰　《隸篇・金石目》　《隨筆》卅九

漢河南尹蘇府君碑額　（篆？隸？）　十字在許州道傍　無文詞　《金石録》十九、七

漢禹廟碑　字畫磨滅有陰　在龍門　《集古録跋尾》三、七只有陰曰「後漢」，碑陰題名　《金石録》十九、七碑及陰

漢司空掾陳君碑額　（篆？隸）　碑已殘缺不可辨，唯其首八大字尚完，在穎川陳太丘墓側　《金石録》十九、七

漢不其令董君闕銘　《金石録目》二、二第二百卅八

漢武氏石室畫象題字　（當在元嘉時，不全）　嘉祥縣武宅山　《金石録》十九、八　《萃編》卷二十武梁祠堂畫象題字，卷二十一左石室、前石室、石室祥瑞圖　《隸篇・金石目》武梁祠前石室、左石室、祥瑞圖　《隨筆》四五全篋　隸書一百八十九条　《書道》二、二六二不全

漢膠水縣王君廟門碑　《金石録目》二、三第二百四十四

戚伯著碑　《金石録》十九、八　《隨筆》九、廿一

漢殘碑　一至四《金石録目》二、三第二四六—至二四九　無説，故不知究爲何碑。

仙人唐公房碑　（不全）　十七行卅一字，在成固　額六字篆書別見　有陰漫漶，下列約十二行　《集古跋尾》二、七公房碑　《金石録目》二、三二百五十仙人唐君碑　《萃編》十九、三無陰　《隸篇・金石目》有陰　《隨筆》卅九　《求真》九、廿一　《書道》二、二六一不全

逢君殘碑　《金石録目》二、三

四皓神位刻石　《金石録》十九、八　《隸篇再續・金石目》作「四皓神坐神祚九」

相府小史夏堪碑　《金石録》十九、九

山陽府卒史司馬留碑　《金石録目》二、三第二五四

督郵班碑　《金石録目》二、三第二五五

首山復民碑　《金石録目》二、三第二五六

首山復户姓名　《金石録目》二、三第二五七

鍾君碑　《金石録目》二、三第二五八

郭輔碑　在襄州穀城縣境中　歐以爲漢，趙疑魏晉時人　《集古跋尾》二、二　《金石録》十九、九

景君石槨銘、《集古跋尾》一、廿六

碑陰題名　有錢、名五百四字，其人可見者，有濟陰定陶蔡顥子盛，山陽金鄉張諺季海，河南宛陵趙堂世萇，南陽南鄉鄧升升遠，濟陰成武周鳳季節。　又一引較詳　《集古跋尾》二、五第八百，二、六元無篇第

碑陰題名　有門生濟南東郡等字　《集古跋尾》二、六第八百卌一（二篇之一）

殘碑陰　姓名完者九人，曰王伯卿、趙仲方、賈元周、王景陽、賈元輔、宗石處、王仲宣、馬安石、王通國　《集古跋尾》三、八

殘碑　存三十二字　云「高字幼」　又云漢中興　《集古跋尾》三、廿三

殘碑（拓本）　俗稱竹葉碑，碑陽漫漶似有七行，碑陰存二列第一列十一行二列十行。　在曲阜孔廟　曲阜顔懋倫家掘地得之　《萃編》十九、十一　《金石存》九、廿二　《隸篇・金石目》　《隨筆》卌九

朱君長題字　原在兩城山下，黄昌移至濟寧州學　《萃編》十九、十五　《書道》二、二七零

殷比干墓題字（未見）　《萃編》十九、十五　《金石存》九、廿一　《隸篇續・金石目》　《蒿里》六、二

元孫等字殘碑（拓本未見）　存四行　棄置安陽西門君廟壖田間，後在孔廟　《萃編》十九、廿一　《隸篇・金石目》《隨筆》四十五作「遺孤等字殘碑」

正直等字殘碑（拓本未見）　存八行　舊埋棄安陽西門君祠外頽坊下，康熙中建坊毁爲柱石，今移置孔廟　《萃編》十九、廿二　《隸篇・金石目》　《隨筆》四十五

華嶽廟殘碑陰　二列，第一列存七行，二列四行　在華陰　《隸辨》以爲劉寬碑陰，俟攷　《萃編》十、卌四　《隸篇・金石目》　《隨筆》二十二作「華嶽廟武都太守殘碑陰」

周公輔成王畫象題字　三石　題字凡三簽　在嘉祥縣劉村　黄易得之汶上兩城山　《萃編》廿一、廿六　《隸篇再

續・金石目》題爲「劉邨洪福院畫象」，當即此

周王齋王畫象題字　二石共二簽　在嘉祥縣焦城村　《萃編》廿一、廿七

孔子見老子畫象題字　三簽在濟寧州學　黄易自嘉祥武宅山得之　《萃編》廿一、廿八　《隸篇・金石目》

白楊店畫象題字　二簽　《萃編》廿一、卅「孔子見老子畫象」条下　《隸篇・金石目》

四氏學畫象題字　一石有「周公」二字　《萃編》廿一、卅同上

隨家莊畫象題字　二字，有「大富」二字　《萃編》廿一、卅同上

白楊樹村畫象題字　《萃編》廿一、卅同上　《隸篇・金石目》

寶應孔子見老子畫象題字　二石，一有題字　在寶應射陽聚　《萃編》廿一、卅

朱長舒墓石室畫象題字　畫象共二十五幅，惟第十九幅有題字　在金鄉縣　《萃編》廿一、廿二　《隸篇再續・金石目》

元帝廟畫象殘字　《隸篇・金石目》

甘泉山石刻　石三段，阮元得於甘泉山之至山惠照寺，今嵌置楊州府學　江鄭堂以爲漢厲王胥冢中石，其時當在五鳳後四年　《萃編》五、卅　《隸篇續・金石目》

司農碑額　「司農公碑」四字　葉洵臣藏

魯君闕　「中年魯君魏公闕」七字　葉洵臣藏　《隸篇續・金石目》

漢征西大將軍楊瑾殘碑　存十餘字　不知何所據而定爲楊碑　《金石存》九、二十

楊君銘　陽存「尉楊君之銘」五字，陰存上列廿一行　在四川滎涇　咸豐中，杭州韓小亭泰華訪得拓之，後無拓者　《隨筆》四十　《蒿里》一、二

倉龍庚午等字殘碑　約十八行，可辨者七十三字　歸長白託活洛氏　《隨筆》四十二

履和純等字殘碑　存三行，前行半字五，後二行各六字，歸黄縣丁氏　《隨筆》四十三
毗上等字殘碑　存五行，前行半字，二次行無字，後三行各五字　歸黄縣丁氏　《隨筆》四十三
立朝等字殘碑　二石一四行，共十七字，又半字一　一五行共十四字，又半字七，似陰　歸黄縣丁氏　《隨筆》四四
貸用等字殘碑　存三行，行二字　歸濰縣陳氏　《隨筆》四四
畫象楚將等字題字　上層三行，下層六行　歸長白託活洛家　《隨筆》四六
畫象孔子何饋等字題字　上層四行，下層四行　在山東濟寧　《隨筆》四七
畫象門下小史等字題字　上層三行，下層二行　歸山東濰縣陳氏　《隨筆》四七
畫象周公等字題字　六行　近年山東泰安出土在濟寧　《隨筆》四七
畫象鉤駿四人等字題字　上層一行，中層二行，下層無字　歸長白託活洛氏　《隨筆》四七
畫象□亭長等字題字　上層無字，中下層各二行，甚漫漶　歸丹桂劉氏　《隨筆》四八
上庸長司馬孟臺神道殘字　宋時發見今存「上庸長」三字　在四川漢川南後張氏訪得　有畫象　《隨筆》四九　《蒿里》六、一
甘陵相□博殘碑　《蒿里》一上、二
□朝侯小子殘碑　在下截　碑陰，但存數字　《蒿里》一上、二　《書道》二、二五六不全
處士殘碑　存十二行，近出彰德　《蒿里》一、二
侍御史李業闕　《蒿里》六、一
謁者北屯司馬沈君闕　四川渠縣　《蒿里》六、一　《書道》二、二六四縮小
交阯都尉沈君闕　同上　《蒿里》六、一　《書道》二、二六四縮小
故左郎中鄧里亭侯沛國豐張盛墓題字　《蒿里》六、二

西河中陽光里左元異造萬年廬舍石刻　（應列前）　河平元年

西河左表字元異之墓石刻　並《蒿里・補遺》十三

「巳」字見鄐君開通褒斜道石刻，作「㔾」

「造」字見昆弟六人買山石刻，作「迮」

啓母石當是祀石遺風，後人誤謂啓生於石耳

闕或即示之遺耶　前於建安凡十八年

費鳳碑　熹平六年立，均五言韻語，見《集古録跋尾》一、廿四　張公廟碑　和平元年有七言歌　《集古跋尾》二、十

（嚴訢碑　和平元年　亦五言韻語　《金石録》十四、十）

禮器碑　鐘磬瑟鼓，雷洗觴觚，爵鹿柤梪，籩柉禁壺。《萃編》引　桂馥謂「鹿」爲「角」，或是謂「柉」爲柨，讀爲棜，非是。籩柉禁壺，以籩爲一器，棜禁爲一器，壺爲一器，不成文理。且棜禁爲士制，於孔廟非所施。端方以柉禁爲稱，亦同此誤。棜即棜禁，單稱爲棜，連稱爲棜禁，禁爲几可證，示即几也，蓋古以石几爲祭。

華山廟碑「玉」字作「王」　「廟」字不從舟而從刀

豈即禋祭耶　《洛誥》曰：「予以秬鬯二卣，曰明禋。」

史晨碑以「稷」爲「稷」　（）

西狹頌以「无」爲「无」（無）　

漢隸以「顆」爲「顯」，「漯」爲「濕」，蓋「累」爲「㬎」之誤，而「絲」得減爲「糸」之一例也。

楊淮表紀以「敊」爲「隸」，可證「权」即「隸」字，石當但釋「𣪊」也。「隸」或作「𥢑」、「𥣫」

漢脩西嶽廟復民賦碑　光和二年十二月庚午朔劉□□

禹廟碑　光和二年十二月丙子朔　二碑不合，待攷，疑西嶽廟碑有誤

父母生而稱考妣，見郭君碑。《金石録》十七、六　余疑「考」爲周人之稱，伯邑考者，豈非考名伯邑耶。　按：伯邑字

而考名耶

鄭季宣碑　「思」作「恖」

張納碑　《金石録》十九、六云「揚州寇賊陸梁作難」，趙明誠云「按漢史，自安順以來，揚州寇賊屢發，不知張君爲中丞督捕在何年也」，余按趙所引。碑又云「丙子璽書封都亭侯」，丙子當是順帝永和元年，前此爲章帝建初元年，後此爲獻帝建安元年，皆與揚州寇賊事不合。然則揚州寇賊當指陽嘉元年妖賊章河等事。前於永和凡四年　又按趙云「屢發」，分攷《通鑑》唯陽嘉元年有之，當更攷《後漢書》。

四　磚瓦録

（《磚志徵存》在《蒿里》第三卷上及《補遺》。又《徒役葬志》在《蒿》第三卷下。）

𣏟瓦？

《萃編》三、廿一（原名豐宫瓦當文）

衛瓦　一字

《萃編》四、十七（原名瓦當文四種）

蘭池宫當　四字

長生無極　四字

惟天降靈延元萬年天下康寧　十二字

《萃編》四　（原名瓦當文四種）

君子磚　景武間　二字

《隷篇・金石目》

漢陽朔磚　成帝陽朔四年

《金石録》十四、二

五鳳磚　五鳳二年十月廿二日　出杭州許珊林藏

《隸篇續·金石目》

上余磚　建和元年五月　吴晉齋藏

《隸篇再續·金石目》　原作上辛磚

延熹磚　延熹二年　錢塘韓小亭泰華藏

《隸篇續·金石目》

徐造磚　建興六年六月廿三日　出寧波吕堯仙藏

《隸篇續·金石目》

嵬氏瓦　嵬氏家金四字　吴江陸直之拓秦漢瓦當文字

《隸篇再續·金石目》

建武墓磚　建初四年　篆書陽文十三行，行二字　山東青州出土歸，方藥雨

《隨筆·補遺》一

整理説明：

該手稿毛筆書寫於「北京大學研究院文科研究所甲骨刻辭」用紙上，共計七十六頁。篇首云：「入滇以來，長日無事……行篋所携幸有漢以後金石書籍，乃分門讀之。……廿八年六月九日。」知此稿一九三九年寫於雲南昆明作者進入西南聯大旅次。

（施安昌）

特　貴　壹

不全

吹角壩摩崖　建安六年八月丁丑朔廿日　而在四川巴江郭子尹從三巴州

巴郡太守樊敏碑 [redacted] 建安十年三月上
書道二、二三七　縮小　建安六年殘碑
宋時若億伏道光　蜀郡　見
是在四川蘆山　武平縣刻
隸釋　金石目　隨筆　五十八　萬契一上
金石萃十八、七

益州太守高頤碑　建安十四年　有陰 [redacted]
二十求真九、九九　書道二、二三八　不全
萬契二上、二　碑及陰 [redacted]

張桓侯破張郃銘　拓　建安二十年　在四川宕渠
隸續　金石目

漢綏民校尉熊喬碑　建安二十一年　有陰
萃古錄跋尾三、廿三　有陰　金石萃十八、八　有陰
日一、十　第一百九十六　第一百九十七　碑陰　金石錄

益州太守武陰令高頤闕　萬六、一　金石續目二、一　第二百十二　有書一字

益州太守陰平都尉高貫光闕及額　各二十四字在四川雅安發現　有書一字
金石續目二、一第二百十一　萬六、一只闕　隨筆四八只錄　書道六、二四一只闕
高貫光闕錄此

文科研究所印行

56

不全

○

畫象鉤駁之人等字題字 上層一行中層二行下層兩字 歸長白托活洛氏

陶齋四七

畫象口亭長等字題字 上層兩字中下層各二行 甚漫漶 歸丹徒劉氏

陶齋四八

上庸長司馬孟臺神道殘字

陶齋四九

萃編六·一

存上庸長三字 在四川 宋時發見

渠川南皮時氏訪得

~~無年楊宗闕 陶齋四·五 一行四字 在四川渠縣~~

甘陵相口博殘碑

萃編一上二

口朝侯小子殘碑 存下截 碑陰但存數字

萃編一[illegible]上二

書道二、二五六 不全

汧陽刻石考

上篇　考釋之部
一　形制及名稱考
二　時代及作者考
三　存字考
附　北宋諸搨存字比較表
宋以來搨本保存字比較表
四　刻辭考
（一）刻辭序次　各家所列十石次序表
（二）刻辭考釋　各家異釋表
（三）刻辭韻讀
中篇　歷史之部
一　出土及流傳考
二　搨本及藏搨考
三　模本考
四　著述考
（一）專著
（二）論文或音釋

上篇　考釋之部

一　形制及名稱考

（一）形製考

秦雍邑刻石，凡十。石爲花崗岩。徑一尺餘，高二尺餘。石形上小下大，四周畧作方形，或正圓，頂微圓，底不甚平，〔一〕銘刻於側。舊誤稱石鼓。李賢注《後漢書·鄧騭傳》引「岐州石鼓銘」，竇蒙注《述書賦》雖改稱「獵碣」，然亦謂「並作鼓形」，則謂石形象鼓，自初發見時已然。〔二〕宋蘇軾作《鳳翔八觀》詩云「遂因鼙鼓思將帥，豈爲考擊煩矇瞍」，亦僅因鼓形發興耳。董逌《石鼓文辨》乃謂：「以形製考之，鼓也。三代之制，文德書於彝鼎，武事刻於鉦鼓，征伐之勳表於兵鉞，其制度可考。後世不知先王之典禮猶有存者，鑿山刻石，自是昭一時功績。唐世諸儒以石鼓爲無所據，至謂田獵之碣，蓋未知古自有制也。」〔三〕程大昌鬯其說，引後漢橋玄廟石鉦石鉞以及石鼓爲證。〔四〕鄭樵《石鼓考序》又以南粵銅鼓爲證。則皆確以爲鼓，宜吴東發謂爲不免於鑿矣。〔五〕元虞集親移十石於國子學，始云：「大抵石方刓而高，畧似鼓耳，不盡如鼓也。」〔六〕明郭宗昌亦云：「余曾手摩其文，與鼓形了不似。」清吴苑作《石鼓歌》亦云：「石形似鼓制非鼓。」〔七〕此皆出於目驗，足糾董、程、鄭三說之謬。而乾隆時重排石鼓文刻石，竟作今之鼓形，扁而上平，冒革施釘，刻銘於面。

（二）定名考

秦雍邑刻石，前人多誤稱爲「石鼓」，間有稱爲「獵碣」者。李賢注《後漢書·鄧騭傳》引「岐州石鼓銘」，足以證初唐已有「石鼓」之稱。〔八〕竇蒙注《述書賦》稱爲「獵碣」，其說當本諸蘇勗《敘記》。〔九〕然又謂「並作鼓形」，則亦與「石鼓」之稱相合。

蓋「石鼓」乃發見時流俗之稱，取其形畧似鼓而已。「獵碣」之名，則文士所立，以所記爲狩獵之事，而石爲圓形也。〔一〇〕後世「石鼓」之名盛行，而「獵碣」之稱，則不甚顯。

「石鼓」之名，雖頗盛行，然其制本非鼓，且不甚似鼓。前世學者惑於鼓名，不考其實，蘇軾作《鳳翔八觀》詩，親見此刻，猶云：「遂因鼛鼓思將帥，豈爲考擊煩矇瞍。」董逌謂「以其形制考之，鼓也」，因發「文德書於彝鼎，武事刻於鉦鼓，征伐之勳表於兵鉞」之説，而識唐世諸儒謂爲田獵之碣，爲未知古制。〔一一〕南渡後學人，難覩原石，更失其真，故鄭樵以南粵銅鼓爲例，程大昌以橋玄廟石鉦石鉞及石鼓爲證，〔一二〕俱以爲石真似鼓矣。元虞集移十石於國子學，始云：「大抵石方刓而高，畧似鼓耳，不盡如鼓也。」〔一三〕明郭宗昌駁鄭樵，以石爲鼓繇其土地之所出之説，又云：「今石鼓在太學聖廟戟門左右，……余曾手摩其文，與鼓形了不似。其堅類玉，故能久存。就石形之自然，少加琱琢，旋轉刻文，行字或七或六。少華山前石之堅潤者與此無異，想當時因有佳石，即刻置蒐所而已。……余既裝潢成，而題曰周歧陽石古文，斷以成王時物，而不以鼓名，足刊古今之謬。」〔一四〕蓋自此石發見，千餘百年，獨虞、郭之説，較得其實。郭氏持成王之説，雖未爲是，而其題岐陽石古文而不以鼓名，則殊有卓見。然四庫館臣譏之，謂爲乖僻。〔一五〕其後唯吴苑作《石鼓歌》云：「研搜故實更參考，名爲石鼓良乖宜。建康天發石三截，暨禹岣嶁堪旁推。石形似鼓制非鼓，徇跡忘本差毫釐。摩挲彷彿古人意，定作閱武岐陽碑。」與郭説相近。

二　時代及作者考

（一）

周

文王

成王　董逌《廣川書跋》、程大昌《雍録》、洪适、韓元吉、《雲谷雜記》、郭宗昌《金石史》、孫和斗《書學聖蒙》、毛先舒《匡林》、查嗣瑮《查浦輯聞》、諸九鼎《茹古録》、翁方綱《復初齋文集》、沈梧《石鼓文定本》

宣王（史籀）　蘇勗《敘記》、李嗣真《書後品》、張懷瓘《書斷》、韋應物詩、韓愈詩、李吉甫《元和郡縣志》、徐浩《古跡記》、竇蒙《述書賦注》。
唐人、王厚之、章樵、趙撝謙、楊慎

秦　任汝弼　鄭杓《衍極》
襄公——獻公　鞏豐、楊慎
襄公　郭沫若
文公　程錦莊、俞潛山、孫頤谷、震鈞、馬叙倫
穆公　馬衡
惠文王——始皇　鄭樵

漢　武億、張德容《金石聚》
北魏　俞正燮、成瓘、姚大榮
西魏　馬定國《焦氏筆乘》、《墨林快事》？萬斯同《羣書疑辨》
　莊述祖《石鼓然疑》、孫星衍、趙吉士《寄園寄所寄》〔一六〕
後周
　武帝　汪師韓、周耕厓、俞潛山
　静帝　汪上湖、姚大榮

泛信周時　《金石存》、《金石萃編》
泛疑非周時　歐陽修《集古録》、翟耆年《籀史》、黄穜《黄氏詩解》、熊朋來《天慵先生集》、孫何《碑解》、《宋文粹》、劉仁本
　《石鼓論》、顧炎武《金石文字記》、全祖望《鮚埼亭集》、《退庵題跋》、崔述
周秦之間　李蒓客

（二）

周宣王　竇蒙《述書賦注》、《元和郡縣志》、韋應物（文王）、韓愈、王厚之、章樵《古文苑注》、朱子、趙撝謙、楊慎

史籀　蘇勗《敘記》、李嗣真《書後品》、徐浩《古跡記》、張懷瓘《書斷》、《元和郡縣志》、韓愈、唐人、(歐陽)
周成王　董逌《廣川書跋》、程大昌《雍録》、郭宗昌《金石史》、孫和斗《羣學聖蒙》、毛先舒《匡林》、諸氏《茹古録》。
秦(惠文後始皇前)　鄭樵《衍極》
(獻公前襄公後)　鞏豐、《丹鉛録》(楊慎)
後周文帝　大統十一年　《姚氏殘語》引馬定國《中州集》《焦氏筆乘》?
→　《研北雜誌》、《西神脞説》
歐、翟《籀史》、《黄氏詩解》、孫何《碑解》、劉仁本、顧亭林

(三)

《潛研堂金石文跋尾》卷一　石鼓文

潘迪撰《音訓》……稱見存三百八十六字，今距至元己卯又四百二十餘年，文之存者僅二百五十四，點畫或不具。
古文籀文學者不能盡通……楊用脩任意增改，尤爲識者所憎。至如「君子員員……」

張淏《雲谷雜記》卷三(此書嘉定時作。張淏，紹興二十七年進士，紹定元年奉仕郎致仕)

岐陽石鼓初散于野，鄭餘慶始移置孔子廟中。韋應物、韓退之皆有詩，韋曰：「宣王之臣史籀作」；韓曰周綱陵遲四海沸……蹸嵯峨。」歐陽文忠公云：「應物以爲文王……直以爲宣王之鼓，且云自漢以來……史籀不能作也。」予謂石鼓經秦涉漢，其亦久矣，其間豈無好事者稱道之，歷時之久，書傳不存，後人不知耳。蘇勗《載記》云：「石鼓謂周宣王獵碣，共十鼓，其文則史籀大篆。」唐章懷太子注《後漢書》云：「今岐州石鼓銘，凡重言者皆爲二字。」以二書言之，則安知秦漢間無稱道之者。蘇勗貞觀中嘗爲吏部侍郎，在退之之先，退之以爲宣王之鼓，豈以勗所載爲據耶？歐陽公又云：「其文可見者四百六十五，磨滅不可識者過半。」予得唐人所録本，凡四百九十七字，其文皆可讀，比他本最爲詳備。所言大率皆漁獵事，其文有「天子永寧」，曰「維丙申」。既有天子之稱，則決非文王之詩也。近時韓氏元吉以左氏言「成有岐陽之蒐」，又以鼓爲成王時物，然左氏雖言成之蒐獵，刻石紀事初無明文，恐未可遽然便以爲成王時物也。又任汝弼云：「籀與古文書以刀，刀故鋭。秦篆書以漆，漆故刓。石鼓之文其端皆刓，以是知石鼓爲秦時也。」夫千載之刻，磨滅剥落之餘，幸有一二可讀，

亦僅存字體之髣髴爾，汝弼乃欲辨其刓鋭於筆畫之間，而斷爲秦人之作，非所……

武億《金石一跋》卷一

鼓文在陳倉已剥缺，今益復損滅，獨幸所存猶有可尋識者。案：其第四鼓文内，云「趍趍六馬，射之䟺迂」，於是砉然而解決爲漢人所製書。正義云《春秋公羊》説「天子駕六」。《毛詩》説「天子至大夫，皆駕四」。許慎案《王度記》云「天子駕六」（《公羊》疏引《王度記》今「天子駕六」者，自是漢法，與古異）。鄭玄以《周禮·校人》養馬乘四、一師四圉、四馬曰乘，《康王之誥》云「皆布乘黄朱」，以爲天子駕四。漢世天子駕六，如康成言，則鼓文果製于文宣，其時唯宣駕四馬。今此文乃云「趍趍六馬」，蓋與周制不倫。此殆漢人目騐漢制，因習而不察，脱手以見於文，亦有必然也（《路史》注《五子歌》言六馬，天子駕六久矣。此殆爲《僞尚書》所誤）。《大戴禮·子張問入官》六馬之離，必於四面之衢。子張周人也，其爲是言者，或當周既衰，踵事附益爲之，與當文宣盛時，無此制也。又《大戴禮》漢儒所輯，亦有當時竄入，恐不可爲據依。至如《晏子春秋》「梁邱據乘六馬」，《列子》「六馬可御」，《荀子》「伯牙鼓琴，而六馬仰秣」（《淮南子·説山》「伯牙鼓琴，駟馬仰秣」）。三子所爲書，皆在周之季世，方於六馬始侈言之，而陵夷至於强秦，乃益箸爲令，其見諸太史公者，《秦始皇紀》數以六爲紀，是其事也（《吕氏春秋·忠廉篇》吴王曰：「吾嘗以六馬逐之江上。」此亦有賓客當時所記，非吴已有此也）。漢興承秦之制，侵尋而不知所易。故今以此推校諸傳録記，如《漢書·萬石君傳》：「上問車中幾馬？慶以策數馬畢，舉手曰六馬。」《爰盎傳》：「今陛下騁六，飛馳不測。」《梁孝王傳》：「景帝使使持乘輿駟，迎梁王子于闕下。」臣瓚曰：「言駟，不駕六馬耳，天子副車駕四馬。」《王莽傳》：「駕坤六馬。」《白虎通》：「天子之馬六者，示有事于天地四方也。」《周遷輿服雜記》：「六駕，六馬也。」《續漢志》：「天子五路駕六馬。」《東京賦》：「六元虯之奕奕。」注：「六馬也，天子駕六馬。」《西京賦》：「天子駕彤彰六駿，駮其爲漢制可。」案：如此，今好事者乃假文王嘗興於岐，而傳又云「成有岐陽之蒐」，至託於此鼓，依倚而附爲之，其欲以眩疑後人，蓋心勞若斯。然不意六馬非制，自貽舛漏，益成也漢時虚造鄉壁不可知之書，類如是者最多，又豈可盡欺世與！

嚴可均《鐵橋漫稿》卷九

見存三百八十六字，余於嘉慶乙丑秋，親至鼓所，手自氈椎得三百十六字。以天一閣北宋搨本校之，僅存十之七而已。古文籀文見於鐘鼎彝器者甚多，石鼓殊不類，謂是周成王宣王時物，未敢附和。金馬定國以西魏大統十一年十月西狩岐陽，斷此鼓爲宇文周時物，按第九鼓有「曰隹丙申」句，以《魏史》推之，十月得有丙申，以「南北史」推之，十月不得有丙申，《續漢·郡國志》注「陳倉有石鼓山」，或即以石鼓得名，則宇文之説亦難盡信。昌黎詩云：「公從何處得紙本，毫髮盡備無差訛。」又云「年深豈免有缺畫」，知唐搨本有半蝕字，無全闕字。而宋釋諸家，皆不滿五百字，又多傅會之失，至楊慎僞造全文，尤無足辨。「丙申」下一字舊釋爲「旭」，余與孫淵如觀察識是「𥅀」，即「昫」字，非「旭」字。又「𨗨」即「吾」字，「𨗨」即「御」字，「䮝」亦「御」字，「鱮」即「鮞」字，「鯑」即「鮊」字，「旆」即「𠻻」字，「𦙶」即「胥」字，「𣳚」即《儀禮》「湇」字，並舊釋所未備。

汪口《述學·内篇》三《石鼓文證》

駁後周説，凡五證。

萬斯同《羣書疑辨》卷八《石鼓文辨》一、二

李莼客題云：「以石鼓爲宇文周時物，近儒多信之，雖博識如孫閲如亦從其説，而周耕厓又證其爲周武帝時。」俞潛山駁之，以爲有五疑，而據《史記》秦文公三年東獵汧渭事，謂此鼓是秦文公所作，在周平王八年，時籀文方盛行，故多用籀文，其曰天子者，皆祝平王之詞。孫頤谷深取之，汪容甫亦力駁馬定國之説，列有五證，要之石鼓謂必是宣王時物，因難遽斷，或據《左傳》有「岐陽之蒐」一語，更推尊之，以爲成王所爲，尤不足信。若真以爲宇文所作，又必無之理。故俞潛山謂漢以後籀文存者，僅《説文》中數字，宇文時何以得如許籀文，真破的之論。汪氏五證亦極確當，蓋出周秦之間無疑也。

萬氏《書詛楚文後》

石鼓出於唐初，猶曰晉愍之後，周静之前，其地不隸中國表章無人。

孫志祖《讀書脞録》卷七《石鼓》

金荏平馬子卿（定國）斷石鼓文爲宇文周氏物，近人多從其説，汪韓門有考，見文集中。周耕厓箸《避暑雜録》，以爲此鼓當作於周武帝時，辨證極詳。而其友人俞潛山（名思謙）駁之曰：「鼓文既刻於周保定元年辛巳，下距唐永徽顯慶不過百年，以百年以内之物，竟仞作千二百年以上之物，恐唐初諸公未必憒憒至此，可疑者一；秦漢以下碑銘皆書年月，三代時則無之，此文有日而無年月，以爲在秦後，可疑者二；關中至岐陽不過三百里，即以吉行日三十里計之，亦十日必到，何以丙申至丁巳越二十餘日，則日月終未盡符，可疑者三；柳可貫魚，花則亞若，皆春時景，十一月安得有此，可疑者四；宇文都長安，在汧岐之東，何以言駕言西歸，此可疑者五。前人以爲文、成、宣及始皇者，固未見確據，且其都皆在岐東，與西歸不合，馬氏以爲宇文，恐亦未見其必然也。《史記》秦文公三年，東獵汧渭之間，《水經注》亦引其文於汧水下，而盛言汧水之多魚，與鼓文言漁于汧水適合，疑此文出於秦文公也。文公三年爲周平王八年，時籀文方盛行，故文多籀文。而文公四年始遷都汧渭之間，其時尚居秦州西垂宮，故曰西歸，且其詩亦與《車鄰》《駟鐵》《小戎》諸篇相近。曰『天子永寧』『燕樂天子』『來嗣王始』等語，皆祝平王之詞，若北周時籀文之傳者，不過《說文》所載百十字而已，而石鼓籀文多在《說文》之外，又何據邪？」志祖案：此説甚辨，然則馬氏之説，雖不傳可矣。

全祖望《鮚埼亭集》卷三十七《宋搨石鼓跋》

范侍郎天一閣有石鼓文，乃北宋本，吴興沈仲説家物，而彭城錢達以薛氏釋音附之者也。錢氏篆文甚工，其後歸於雪松王孫，明中葉歸於吾鄉豐吏部，已而歸范氏。古香蒼然，蓋六百餘年矣，是未入燕京時之搨本也，范氏藏之亦二百餘年矣。予嘗過天一閣，幸獲展現，摩字不忍釋手，范氏子孫尚世寶之。

全祖望《鮚埼亭集》卷三《國子監石鼓賦》

序……獨孫漢公不取此鼓，而未有所以暢其辭。歐陽兖公則疑之，而又以唐人之故不決。南渡以後，鄭夾漈以其合于秦斤秦權，而以爲出於惠文王之後始皇之前。鞏仲至又以爲獻公之前襄公之後，但讀其詩亦不類秦音。馬霽堂以爲北周所造，則《研北雜志》又辨之，蓋莫能有所折衷也。楊用脩初亦謂其僞，以其文類小篆是已，乃其後反僞作。東坡本托言尚有完文，是則老而耄者歟。明末韓寄庵始力詆之，其作《石鼓歌》有曰：「古人制書法有六，形聲象意非徒然。及觀此鼓殊不爾，文繁意晦徒支駢。是皆秦皇漢武代，古籍焚滅成寒煙。謬書僞器旁午出，後人誤信何拘牽。」可謂獨掃一切。而顧亭林亦謂其詞淺近，不類二雅，有鋪張而無意味。萬季埜辨之尤力：「此可以確然知非三后之物，而予更有進者，古者天子諸侯有畋無漁，觀漁非可歌詠之事，此尤不攻而破者也。」萬氏主霽堂之説，予謂石鼓既僞，則亦不必深考其何人何代。

跋　宋張芸叟謂石鼓即《車攻》之詩，「我車既攻，我馬既同」，聖人所取也。「其魚隹何」以下，所不取也。胡致堂引之，是即歐公謂「夫子於詩或删其章，或删其句」之説。聖人固無此武斷，但即如所云，則《車攻》之詩，其餘又自何來？豈即十鼓中所剥落者是耶？則何以聖人所删者，今反多存。而其所取者，反多剥落耶？抑別取他詩以足之耶？是不必深辨也。

馮氏《石索》

試觀宇文石刻具在，如保定造象、大象摩厓之屬，文從報楷，詩復淺顯，與石鼓文有一字一畫相似否？

《陝西通志》第九十四本

録僞本（採集衆説，參以馬嵠田、馮少墟諸志）。

許孫荃《石鼓山詩》（卷九十六）

唐石鼓經咒，以石爲鼓而週刻，首勝經咒書，遒健有法，鼓下作石山，山上作天王鬼神以戴之，在醴泉縣趙村廣濟寺後。（《石墨鐫華》）

石鼓在褒城縣北四十五里龍江側，有石鼓形圍一丈，擊之有聲。（《康熙志》）

《畿輔志》第一百十七本卷一百三十八

都城廟學既燬，檝取舊樞密院地，復創立之，仍取岐陽石鼓列廡下。（《元史・王檝傳》）

崇禎十四年，重修太學成八日，車駕臨雍，廟學諸碑俱摹搨進覽，石鼓文殘闕，亦令察補進呈。（《三朝野史》）

乾隆五十五年，高宗純皇帝臨雍講學，見石鼓原刻，懼其歲久漫漶，爲立重闌以蔽風雨。（《金石萃編》）

以上石鼓流傳釋史。

以上石鼓形製。

以上北宋以來諸家所見石鼓字數。

以上主言文王時者（案語以《書》、《詩》爲文王，爲是據《韻語陽秋》）

以上言成王時者

以上主言宣王時者《繹史》、《來齋金石考》、《方輿紀要》、《金石索》、吴東發《石鼓讀》、吴東發《重搨宋本石鼓序》。

以上主言襄公時者　興傳石鼓文，獨程綿莊以爲秦文公物也。文公十六年敗西戎，以兵七百人東獵自西垂，營邑於汧渭之間，其風有《小戎》之詩。唐人言石鼓在陳倉野中，陳倉在漢屬右扶風，正文公所得陳寶之地。其文曰「公謂天子」，是文公爲諸侯之詞無疑，字近大篆，亦合史籀所作東周文字。（《隨園隨筆》）

以上主言秦惠文王始皇帝時者

以上主言西魏北周時者　《墨林快事》、《羣書疑辨》、《石鼓然疑》、吾鄉汪師韓太史篤信馬子卿之説以必是後周無疑，曰「武帝建德二年二月，謂皇太子贇西巡，太子于岐州獲白鹿以獻」。今考九鼓中稱鹿者四，有一章而兩言之者，内稱鰋鯉楊柳霝雨舫舟，皆春景非冬獵。（《隨園隨筆》）

以上泛信爲周時者　《金石存》、《金石萃編》阮元跋、陸氏《研北雜誌》辨非魏，王昶誤以爲證魏。

以上泛疑非周時者　全祖望《鮚埼亭集》、《退庵題跋》。

案：石鼓之爭紛不決，大要以周宣王與西魏宇文泰爲兩幟，主周宣王者以人重，主西魏宇文泰者以辨勝，兹裒集諸家之説以俟知者之考訂焉。

三　存字考

（一）泐損考

《古文苑》四九七字。

杜　陳倉石鼓久已訛。

韋詩　石如鼓形數止十，風雨缺訛苔蘚澁。

韓詩　年深豈免有缺畫。

《元和郡縣志》　雖歲久訛闕，然遺跡尚有可觀。

周氏《法書苑》　年代斯遠，字多訛闕。

《集古録》　其文可見者四百六十有三，磨滅不可識者過半。

梅詩　四百六十飛鳳凰。

薛氏　歲月深遠，剥泐殆盡。前人嘗以其可辨者刻之於石，以甲乙第其次，雖不成文然典型尚在。

《倦遊襍録》　古篆刻缺，可辨者幾希。

趙夔《東坡詩注》　石鼓十，其一無文，其九有文，可見者四百一十七字，可識者二百七十二字。

《資古紹志録》　歐陽《集古》所録，其文可見者四百六十有五，磨滅不可識者過半。今《資古》所録，其文可見者四百七十有四，磨滅不可識者十二三，蓋予先世所藏本，猶在《集古》之前也。

《雍録》　紹興辛亥，有以墨本見示者，建康秦丞相家藏本也。點畫糢糊，皆不可讀，而其觕可曉解者曰：「我車既攻，我馬既同。」此即東坡所謂「衆星錯落，僅名ㄐ者也」。鄭樵南劍本其成字而粗可讀者，比東坡又多，特不知鄭本所傳奚自耳。東坡自記其所覽曰：其詞云：「我車既攻，我馬既同。其魚維何，維鱮維鯉。何以貫之，維楊及柳。」此六句可讀，餘多不可通。此二十四字蓋東坡仕岐而於鼓上見之，其曰「何以貫之，維楊及柳」，而鄭本乃作「標」，蓋疑鄭本不真也。

《道園集古録》　石鼓十枚，其一已無字，其一但存數字，今漸磨滅。其一不知何代人鑿爲臼，而字卻稍完……然三十年來，摹搨者多，字畫比當時已多漫滅者。然移來時，已不能如薛尚功《鐘鼎款》文所載爲多矣。

《歸田類稿》　張養浩《石鼓詩》僅餘二百七十二，貞堅不墮刼火灰。

《學古編》　史籒石鼓文，薛尚功《法帖》所載，字完於真本多故不具。

《石鼓文音訓》　迪自爲諸生往來鼓旁，每撫玩弗忍去。距今才三十餘年，昔之所存者，今已磨滅數字，不知後今千百年所存又何如也。

《王忠文公集》　國朝既取中原，乃輦至京師，置國學廟門下，於是搨本日以廣，而字畫益漫漶不可辨矣。

《鐵網珊瑚》　趙跋。歐陽《集古》所録四百七十有五，胡世將《資古》所録，雖後出，可見者四百七十有四。吾衍氏比《資古》又加三字。余得宋時搨本，雖不能如《集古》《資古》吾氏所載，然比今世所有者極爲精好。

《金石紀聞》　謂吾氏僅得四百三十餘字。

《秦三石集》　當歐陽公爲《集古録》時，尚存四百五十六字。後二百二十八年，當元后至元己卯，國子司業潘迪爲《音訓》時，所存猶三百三十九字。當時已惜其剥落之甚，又後有七十有六年，至今永樂十二年甲午，則僅餘二百七十八字矣。就二百七十八字中，昏缺難辨字，或存半體，證以《音訓》而後可識者，又九十八字。蓋其歲月益深，則磨滅益甚，加以摹搨椎擊之多，其不能無損缺，亦理勢然也。

《金薤琳瑯》　予官禮部時，嘗命工搨之，字多漫滅，較之宋本僅十之二三而已。

楊升庵　石鼓今在太學，其文爲章十，總六百五十七言，可模索者僅三十餘字。

《帝京景物畧》

《周秦刻石釋音》

而師　右文十行，行七字，末行三字，成文，作重文者三，闕四十二。

遨水　右文十五行，行五字，末行四字，成文，作重文者七，闕二十一。

田車　右文十行，行七字，末行六字，成文，作重文者四，闕七。

鑾車　右文十行，行六字，末行五字，成文，作重文者九，闕七。

汧殹　右文九行，行七字，末行五字，成文，作重文者六，無闕字。

馬薦　右文五行，行五字，作重文者一，闕多，不成文。

乍邍　右文十一行，行五字，末行二字，成文，作重文者二，闕十。

避車　右文十一行，行六字，成文，作重文者十，闕一。

霝雨　右文十一行，行六字，成文，作重文者四，闕十三。

吴人　右文十行，行八字，末行二字，成文，作重文者五，闕三十五。

《金石萃編》　馬驌所見三百二十字，高士奇所見三百二十五字，牛運震所見三百二十二字，吴玉搢所見三百十餘字，張養浩詩則以爲僅餘二百七十二。惟都穆得見宋搨本，有四百二十二字，多寡亦不一也，鄞范氏天一閣所藏北宋搨本最爲完備，然亦止四百六十二字。

今就家藏現存搨本摹録，得二百八十三字，半泐者二十六字，參考宋搨暨諸家摹本補釋闕文，共得四百六十四字。

(二) 文字考

　避辵邋速遨遺邍辻迂迪迄逮迮逢

　牾午

　吾同口君品台可右如古苟

　五五

 既皀即

 无

 車

 工左

 馬㐷駐騹駗驐騣驕駕騋

 同凡

 孜女旻𡢁妻始母

 缶

 又尹叡㑋史㪅蒦及叓反㪅

 子孔章

 鼎鼎

 〇吕

 𪕮

 㫃斿旛旆旚

 麀鹿麋

 匕

 鹿

 木樸楊柳樂枼極㯻柞棫欆棔𣪠栺

 之

 求

 牸（？）特犆

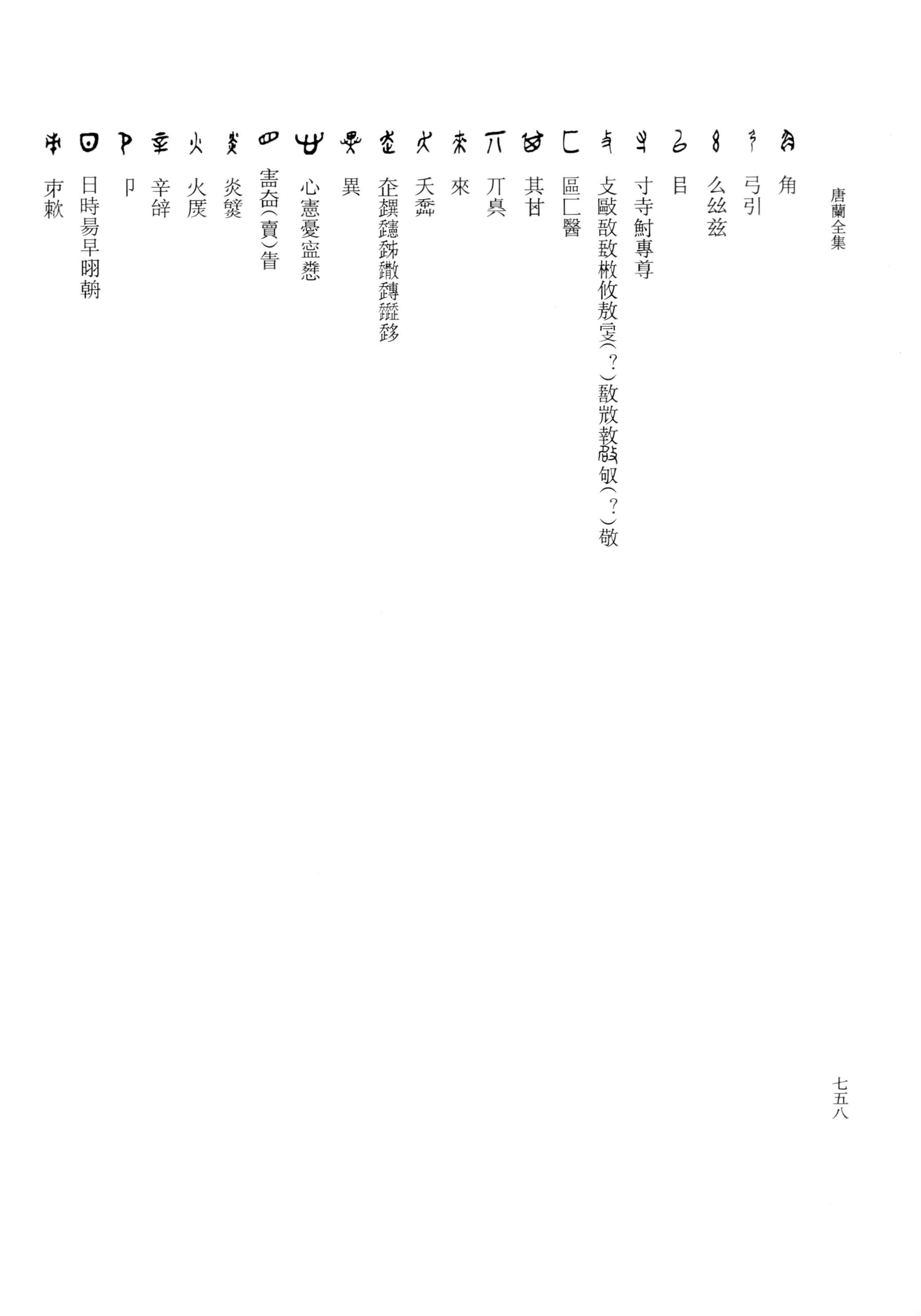

角

弓引

么丝兹

目

寸寺射專尃

攴毆敌致敊攸敖㲎（?）敨敳教啟叙（?）敬

區匚醫

其甘

丌眞

來

夭奔

企蹼躟趚躐䠣蹮

異

心憲憂寍懋

害畣（賣）眚

炎燮

火㶡

辛辥

卩

日時昜早昍朝

朿欶

大立亦昊天

欠次㳄

二亙亟

廾菐丞昇

丵

賣貝員賢

豕豧

肉肩散䜌多肝胃

虫蜀

罒丂

水洴汅淖淵漁澫汗涇湧渫濟涉洎溿湯湥滔瀞

开干

殳殹

丂

岯山

戶

卓

𣶒

魚鰻鯉鮮鮩鱄鮊鱮

土里汢坙杢

田圞畵

几 處 処
虎 𧆞
内 禽
萆 萬
小
朩 𣏟
巾 帥
白
帛 𢅬
竹 籃 簡 篙
皿 盜 盈 盩
氏 氐
羊
黄
丙 㔷
甫 尃
月 胡 閒
厂 厈
言 䜌 謂
糸 絲 𢇁

皀[illegible]兔

干

甶

隹雉萑

丂

畀畁

牙

東橐

卯

宀安宫寫宣寍寓

金鋈鑾

革勒

力虜加

門

ナ

彡參形

夗人允兇叟咎北代兄

采番

乚聿

阝阜隮陈陰陽除阪

片牓（？）

于

彔[illegible]

文備各[illegible]夆

戈戎或我或

止[illegible][illegible]出

舄

禾秀利黎

乃[illegible]（）

矢[illegible]

申

亞

衣

丮埶[illegible][illegible]

幸

而

刀勿[illegible]

卣[illegible][illegible]

匕眞

頁碩夏

百

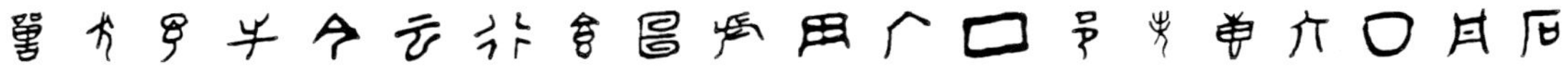

石

丹

▽厶四

六

叀戀

丯

邑鄺

口

廣虜

再虘

卢虐

同

食

行衍衛

云会

今

屶

予

犬獸猒獻

罾

單
臣
岀岡
靐雨霸
𣏟橆
云㐬
气
甬勇
亝齊
步
自
臼

茻蕣蕽蕫莾
艸
中
舟舫艘
方
平
壴嘉

永 羽 用 庚康 軼 飛翰 公 囲 害 夨吴 舛粦 夕 芀 黽 示祝 畚 韋 甲禺 丰 中 森

林
西
隶
突穴竈
炏
一
芔
西酉
八
乍
首
巨
𤔲𤕌
司
余
⺕㠯
𠬪𤔔爭受
象
爪爲舀
彳亍微⿰彳或後
卌

光　卪㔾　冈罟　凶　甾甫　鳥鳴　甹[illegible]　乘[illegible]　户　斤所　䰗　攵　豆　而　币　自師　臼　竟戴　戈　不

冊嗣
王
鷹
旨
卂
甘曾
青静
生
東東

約五百六十七字

附 北宋諸搨存字比較表

宋以來搨本保存字比較表

安甲	安丁	賓本	明本	清乾隆本	新搨本	雜記
						微泐作王

逜車

四 刻辭考

（一）刻辭序次　各家所列十石次序表

石鼓	古文苑/施宿	歷代鐘鼎彝器款識法帖	金薤琳琅	石鼓文研究		
吳人	十	十	十	十	十	五
逜水	九	二	二	五	一	二
馬薦	八	六	六	九	九	六
而師	七	一	一	三	八	一
乍遼	六	七	七	四	七	八
霝雨	五	九	九	二	六	七
鑾車	四	四	四	八	五	四
田車	三	三	三	七	四	三
汧殹	二	五	五	一	三	十
逜車	一	八	八	六	二	九

（二）各家異釋録

一

孫　洙	《古文苑》	孫
鄭　樵	《石鼓文考》	鄭
郭　氏		郭
薛　氏	《鐘鼎款識法帖》	薛
章　樵	《古文苑注》	章
都　穆	《金薤琳瑯》	都
趙師尹	《石鼓文考注》	
陶　滋	《石鼓文正誤》	陶
朱彝尊	《石鼓考》	
吴東發	《石鼓讀》	吴
張德容	《金石聚》	張德容
尹彭壽	《石鼓文滙》	尹
楊文昺	《周秦刻石釋音》	楊
王厚之	《石鼓音》	王
施　宿	《石鼓音》	施
潘　迪	《石鼓文音訓》	潘
楊　慎	《石鼓文音釋》	楊慎
朱茂皖	《獵碣考異》	
劉　凝	《石鼓文定本》	
張燕昌	《石鼓文釋存》	張

王　昶《金石萃編》	王昶
沈　梧《石鼓文定本》	沈
趙烈文《石鼓文纂釋》	趙
羅振玉《石鼓文考釋》	羅
郭沫若《石鼓文研究》	郭沫若
于省吾《雙劍誃吉金文選》	于
張政烺《石鼓文》	張政烺

二

《古文苑》	古文苑
△薛氏《鐘鼎款識法帖》(明崇禎朱謀垔刻本)	薛
△章樵《古文苑注》[一七]	章
△潘迪《石鼓文音訓》(搨本)	潘
董　逌《廣川書跋》	董
△陳氏《甲秀堂法帖》(與薛多同)	陳
吾　衍《周秦刻石釋音》	吾
趙古則　釋文(注：載《金薤琳琅》)	趙古則
陶　滋《石鼓文正誤》	陶
楊　慎《石鼓文集釋》	楊
趙宧光《石鼓文章句》	趙
劉　凝《石鼓文定本》	劉
朱彝尊《石鼓考》	朱
馬　驌《繹史》	馬

任兆麟《石鼓文集注》　任
張燕昌《石鼓文釋存》　張燕昌
吳東發《石鼓讀》　吳東發
王　昶《金石萃編》　王
吳玉搢《金石存》　吳玉搢
張德容《金石聚》　張
沈　梧
尹彭壽
趙烈文
羅振玉
吳廣霈
郭沫若
于省吾
張政烺《獵碣釋文》
强運開《石鼓釋文》
馬叙倫

（三）諸家摹録異同表（一八）

避車石

避　章云石本作勦誤

工　諸家並誤爲王

司　陳誤司

□ 薛陳誤作□

□ 陳誤□

□ 陳誤□

□

□ 薛誤□，陳同章云石本作□

□ 薛陳《古文苑》並脱重文

□ 薛誤作□。章云寺諸篆皆作時字。

□ 薛誤□。《古文苑》作孫。章云：「薛、鄭皆作孫字。施云：『以碑本考之，字雖磨滅，髣髴是時字耶？』」

□ 薛誤□

□ 薛作□。章引施云：「薛、鄭本皆有此字，碑磨滅不可辨」。

□ 薛誤□，釋籑。《古文苑》亦釋籑。

□ 薛陳並誤□。陳有重文。《古文苑》誤作趍。章云：「鄭作趍。」

大 薛誤□。釋首。《古文苑》作卤，章云：「薛作首，鄭云卤。」

□ 陳誤□。薛誤□。《古文苑》亦作既。

□ 陳作□誤。

□

□ 薛誤□。陳誤□。

□ 薛誤□。陳誤□。

汧殹石

丁筱農雙鉤本

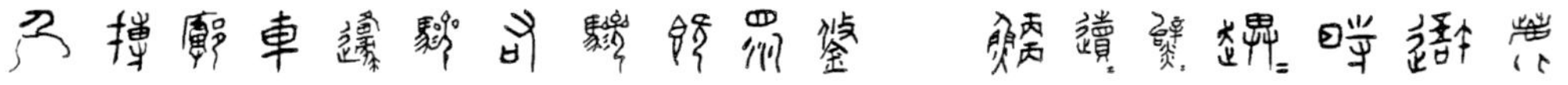

徐本

麀鹿速速
遊歐其特
又
其來趩趩
鋚勒馬
𠃌衆既簡
左驂旛
遊㠯隮於遼
宮車

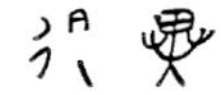

而師石

	安本	潘音
遊車		遺上有來字，今漫滅。
汧殹	濘	今唯濘字全磨滅。
霝雨	渫	皆磨滅不可辨，唯渫字今僅存其半。
	涉泊〓	（無）
	或陰或陽	「或」字下今闕「陰或」二字、「陽」字僅存其半。　餘安藏墨本尚有之。
	止	（無）
	又	吏　今僅存下數畫。
而師	弓	（無）
	馬薦	
	敚	余家舊本正微字存，今漸剥落矣。
	其（殘）	（無）
吳人	礻（祝）丌（其）	（無）

陶滋《石鼓文正誤》　楊慎《石鼓文》　嘉靖戊戌本　劉凝《石鼓文定本》　劉刊□□□款識　《繹史》　趙宧光《石鼓文章句》

（四）偽本校録

鼓甲

續　楊作

嘉靖本不誤

鼓乙

楊作斷
楊作工
楊作東（？）

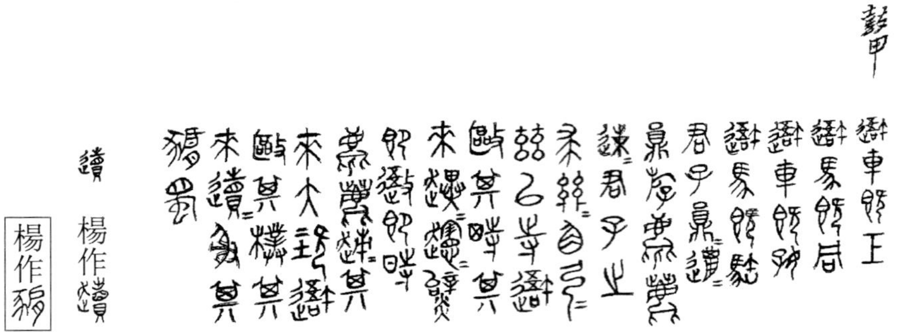

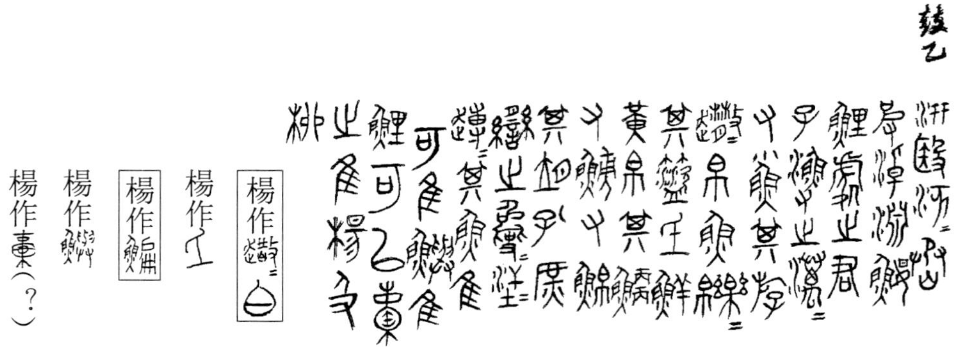

鼓丙

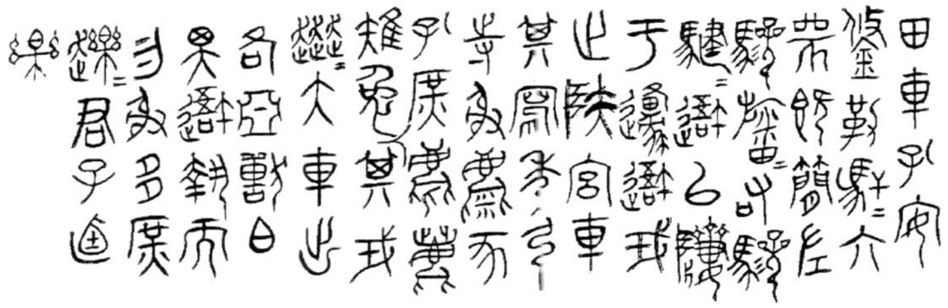

楊作騑騑

楊作邍

鼓丁

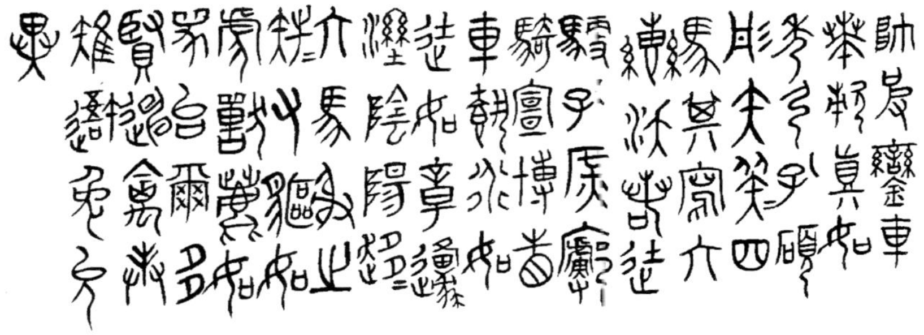

楊作[illegible]

楊作[illegible]

楊作邍

鼓戊

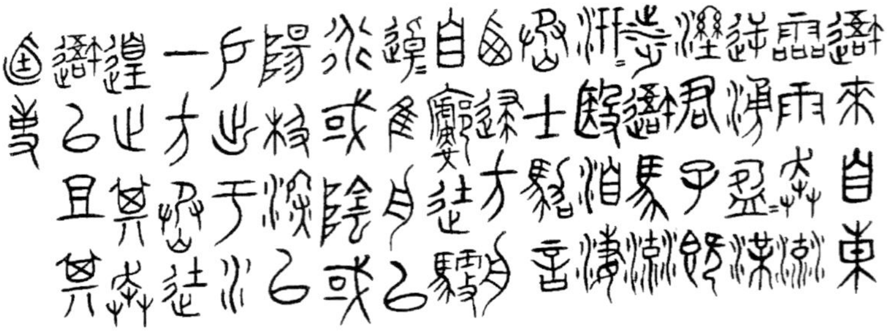

楊作囱
楊作鄘

鼓己

鼓庚

楊作眞
楊作[illegible]
楊作[illegible]
楊作[illegible]
楊作我

鼓辛

楊作[illegible]
楊作[illegible]
楊作我

鼓壬

楊作[illegible]

楊作[illegible]

鼓癸

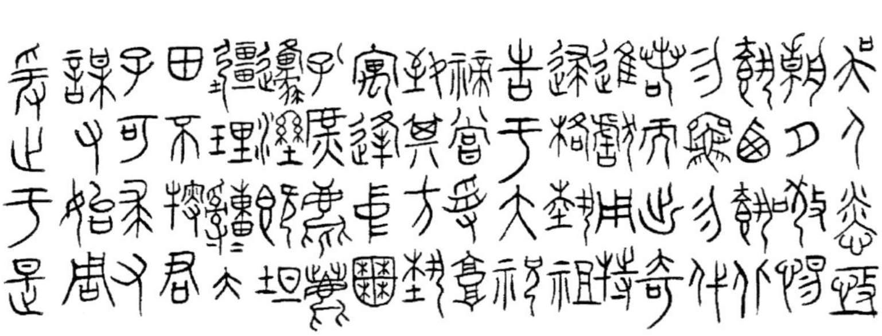

楊作[illegible] [illegible] [illegible]

楊作[illegible]

鹿 楊作[illegible]

楊作[illegible]

楊作[illegible]

（五）刻辭韻讀

薛氏《款識》《古文苑注》 潘音丙音釋

避車石

避（吾）車既工（攻），避（吾）馬既同。避（吾）車既孜（好），吾馬既駘（阜）。

避 薛釋我。

工 章云：「郭云：『籀文攻字。』眉山蘇氏《石鼓詩》亦作攻。」

駘 薛釋驅。章云：「鄭音賨，今作禡（？）。郭云：『恐是籀文駒字，駒北野良馬名。』」潘云：「駘從馬缶聲，疑與阜音義同。《詩·車攻》『田車既好，四牡孔阜』，説者謂阜，盛大也。」

君子鼎=（云）邋=（獵），鼎（云）斿（遊）。麀鹿速=，君子之求。

君子鼎=邋=鼎斿 邋，鄭釋獵。章云：「《説文》員音云，益也。邋，鄭通作獵字。員又音負，君子指從獵諸臣，員=，衆多而有禮義也。獵獵，旌旗搖動皃。員斿，當讀作員旒，旌上贅旒。《詩》『悠悠旆旌』。」

麀 陳釋鹿。

鹿 陳誤其。

速= 章云：「速速疾行皃。」潘云：「或曰鹿之足跡。」

牸=（騂）角弓=，兹㠯寺（持）。避（吾）毆（驅）其特，其來趩=。[illegible]=[illegible]=，即避（䢦）即時。

牸=

角 薛釋首。章云：「郭云：『恐當作鹵，鹵弓即庾弓也。』鄭作酋。《周禮》：『庾弓利射侯與弋。』」潘云：「今按，鼓文作卣。」

弓 薛釋及。

寺 薛作時。章云：「諸家皆作時字。」潘云：「諸家皆音時，然下文別有時字，或音侍。」

毆 陳釋毆，下同。

特 薛作[illegible]，釋孫。章云：「薛、鄭皆作孫字，施云：『以碑本考之，字雖磨滅，髣髴是時字耶？』」潘釋時。

趩＝　薛解釋趩。章云：「趩，醜亦反。《說文》：『行聲也，一曰不行貌。』」
⿺走憲＝　章云：「施云：『薛、鄭本皆有此字，碑磨滅不可辨。』」潘云：「⿺走憲音憲，其義未詳。或曰『⿺走憲，走意』。」
䉷＝　薛及《古文苑》作䉷。章云：「鄭云『今作䉷』，未詳音義。」潘云：「䉷作㚟，其義未詳。或曰『䉷，衆多也』。」
邀　薛釋我。章云：「鄭云：『邀今作敔，與禁禦之禦同』。施云：『舊音我疑非，與下我字不同』」。

麀鹿⿺走北＝，其來大次（佽）。遻（吾）敺（驅）其樸，其來⿺走賣＝，射其⿰豸肙蜀。

⿺走北＝　薛作⿺走夆。《古文苑》作趍。章云：「鄭作趍，直離反。」潘釋趍，云：「子亦反。」
大　薛作𠧪，釋首。《古文苑》作卤，章云：「鄭云卤，亦作逌，即卣字。」
次　薛作既。潘作即。
⿺走賣　潘云：「⿺走賣，徒鹿反，續也。」
⿰豸肙　《古文苑》釋⿰豸胥。潘釋⿰豸胥，云：「⿰豸胥或作⿰豸肙，或音豚。」
蜀　潘云：「蜀，恐犢字，蓋蜀有獨音。」

汧殹石

汧殹（也）沔＝，丞＝（蒸）皮（彼）淖（罩）淵。鰋鯉處之，君子漁之。

汧　章云：「王云：『汧音牽，水名，出扶風汧縣西北，入渭。』」
殹　薛釋也。章云：「王云：『殹即也字，見詛楚文及秦斤，下同。』郭云：『讀如緊，語助也。』」潘云：「鄭樵因此指爲秦物。今案：醫緊皆從殹，已見古書，非始於秦也。」
沔　章云：「沔，籀文作泛音。鄭云『沔讀作緜』，蓋沔字平聲以叶韻。」
丞　章云：「鄭云：『丞字見秦權。』郭云：『讀如烝進也。』《詩》：『南有嘉魚，烝然罩罩。』王肅云：『烝，衆也』。」
皮　《古文苑》作⿸尸又。章云：「王云：『籀文皮字。借作被音。文曰「烝被淖淵」，與《尚書》「導菏澤被孟豬」之被同義。』郭音『彼』。」
淖淵　章云：「淖淵，水之深處也。」
⿰魚妟鯉　章云：「⿰魚妟鯉，皆魚名。⿰魚妟鄭音鰋。」潘云：「⿰魚妟，鄭氏音鰋，鮎也。」

處　章云：「鄭讀作居，蓋取叶韻。」

漁　章云：「籀文魚字從寸，今省作魚。」

澫（濿）又⿱小魚（小魚），其斿（游）⿺走散=，帛（白）魚鱳=（皪），其籃氏鮮。

澫　《古文苑》作澫澫。章云：「鄭本云：『澫即漫，從萬，通作曼。漫漫水之瀰茫處也。』」

又　章云：「又通作有，籀文省，下同。見詛楚文。」

⿱小魚　薛及《古文苑》釋⿱小魚。章云：「⿱小魚今作鯊，魚名，所加反。」

斿　章云：「今作游，下同。」

⿺走散=　薛釋散。章云：「⿺走散即⿰足散字，相干反。」

帛　章云：「帛以帛從水，古文泊字，今省，水之淺處也。步各反，下同。」潘云：「帛即白字。」

鱳　薛釋鱳。章云：「鄭云：『鱳音洛。《集韻》云「白色也」。』薛作鱳字，《説文》：『鱳，盧各反，魚名。』按：鱳即皪字，音歷的皪，白。」潘云：「今按：鱳字音皪，白貌。』」

籃　薛釋益，陳釋盜。章云：「鄭云：『籃亦作菹，讀與俎豆之俎同。』施云：『按《説文》：「側余反，醢也。」』」

氏　章云：「氏，典禮反。」

帛魚鱳=其籃氏鮮　章云：「言泊中之魚皪皪然潔白，登之於俎，甚鮮也。」潘云：「言白魚皪皪然潔白，登之於俎豆，甚鮮也」。

黄帛其鰟，又（有）鱄又（有）⿰魚帛（鮊），其⿰丹月（液）孔庶。䜌（⿰舟䜌）之㬅=。⿰氵㞷=⿺走尃=。

黄帛　章云：「黄泊，水濁而淺處。」

鰟　薛釋騗。章云：「鄭云：『鰟即鯾字，卑連反。』郭云：『鰟即古卑字，從魚，從卑，步佳反，魚名。』」潘云：「或音鰟。」

鱄　章云：「鄭云：『今作鮒，音附。』郭云：『並呼反，今從鱄。』」

⿰魚帛　章云：「鄭作鮊，音白。」潘云：「今按叶韻音綿。」

⿰丹月　《古文苑》作「豆」。章云：「郭云：『⿰丹月今作肶，乞及反。』《博雅》：『臇謂之肶。』鄭作『豆』字。」潘云：「⿰丹月，施氏作豆。」

䌛　薛釋繇。《古文苑》作䍀，章云：「郭云：『籀文䌛字。』鄭云：『䍀，謨官反，施網也。』」

奐　薛釋奐，章云：「舊注丑若反，相如《大人賦》『休奐』，『奔走也』。」潘云：「或音使。」

汪　章云：「郭云：『籀文洋字。』鄭云：『音汗，今作澣。』」

趙　《古文苑》作趙。章云：「鄭作博。或云即逋字。」

其魚隹（唯）可，隹（唯）鱮隹（唯）鯉。可（何）吕（以）橐之，隹（唯）楊及柳。

隹　章云：「隹通作維。」

可　章云：「可通作何。」

橐　章云：「橐，《説文》符霄反。鄭云：『與摽同。』舊本音貫，眉山蘇氏《石鼓詩》作『何以貫之』。」潘云：「愚謂橐從缶從橐省聲也。包裹承籍之義，非謂穿之也。蘇氏詩作何以貫之，恐誤。」

田車石

田車孔安，鋚勒馬，□□既簡，左驂旛=，右驂騝，遊（吾）吕（以）隮于邍（原）。

田車　章云：「按《詩》注『輶車，田獵驅逆之車』，取其輕捷也。」

鋚　章云：「郭云：『大幺反，轡首銅也。《廣韻》音條，紖頭銅飾』。」

馬　薛及《古文苑》作馬。潘云：「今按馬字非全文，但偏旁從馬，闕左邊，當有重文，或作馯=。」

□□既簡　既上《古文苑》有「衆」字，潘有「遊衆」二字。

簡　章云：「選也。」

驂　章云：「《詩》『騧驪是驂』，注：『驂，兩騑也。』車駕四馬，在内兩馬謂之服，在外兩馬謂之騑。」

旛　章云：「郭云：『旛，妨圓反，旌旗總名。旛=，取其輕舉皃。』」

騝=　章云：「居言反，《爾雅》：『騝騚，馬黄脊。』或云紀偃反，取其壯健皃。」

遊　章云：「讀作我。」

隮　章云：「隮升也。」

邍　薛及《古文苑》釋原。章云：「邍，古原字，下同。」

⿺辶敔（吾）戎止陕，宫車其寫，秀弓寺（持）射，麋豕孔庶，麀鹿雉兎。

止　薛釋世。

陕　薛釋陕。章云：「鄭作阮。（？）潘云：『今作陸。』施云：『又疑爲跌字。』薛作陕。籀文。」

宫車　章云：「宫車，輂車也。《周禮》輂車用於宫中。」

寫　章云：「《方言》：『發稅舍車也。』舍音寫。《史記》：『秦每破諸侯，寫放其官室。』讀如卸。」

秀弓　章云：「秀與綉同。綉弓，戎弓也。《穀梁傳》：『弓綉質。』質，靶也。戎弓綉其質，示武中有文。」

宫車其寫，秀弓寺射　章云：「言田狩之時，宫車寫而不用，戎弓時施於射。」

麋豕孔庶，麀鹿雉兎　章云：「言所獲多品。」

其⿰山虜又（有）旃，其□⿲糸止糸。大□出各，亞□□昗。⿰礻□執而勿射。多庶⿺走樂=，君子卣（攸）樂。

⿰山虜　潘作邍

旃　章云：「鄭云：『今作紳。』」

⿰走走　章云：「鄭云：『今作奔。』或作走。」

亞　章云：「施云：『《汗簡》作亞，古孝經作惡，蓋古字通用。』」

昗　薛及《古文苑》均作。薛釋畀。章云：「鄭云：『疑即思字，碧落碑思作畀。』郭云：『恐是臭字，古老反，大白澤也，白澤獸名。』」

⿺走樂=　章云：「《説文》郎擊反，動也。郭云：『走也。』鄭云：『與轢同。』」潘云：「或云郎谷反。」

卣　章云：「郭、鄭云：『逌今作攸，所也。』按：《漢書·地理志》『酆水逌同』，《五行志》『彝倫逌敘』，皆古攸字。」

鑾車石

□□鑾車，⿱𤇾本（賁）欶真□，□（彤）弓孔碩，彤矢□=，四馬其寫，六轡驂□，迠（徒）馭孔庶，鄜□宣㙇。

鑾車　章云：「郭云：『人君乘車，四馬鑣，八鑾鈴，象鸞鳥聲，從鸞從金省。』按經史咸作鸞，《左傳》『錫鸞和鈴』、《詩》『八鸞瑲瑲』是也。《周禮》王乘玉輅以封。」

𡼄　章云：「施云：『《説文》呼骨反，疾也。』」

𡼄欶　薛作華敕，《古文苑》作𡼄敕。章云：「△△△△。鄭云：『即拜字。敕即策字。並見義云章。』」

欶　薛及《古文苑》作敕。潘云：「《説文》敕字即策字，或音速。」

□弓孔碩，彤矢□＝　章云：「按《詩》『彤弓彤矢』，天子以錫有功諸侯，《説文》侯之命，從《左傳》寧武子所言『彤弓一、彤矢百』是也。毛氏注：『彤弓，朱弓也。』孔氏以彤弓爲《周禮》之唐弓，大弓。」

碩　章云：「碩大也。或曰碩實也。筋角膠木各得其所，則弓體實。」

騺（驐）　章云：「鄭云：『五到反，讀若過。』」

辻　章云：「辻，諸家本皆作徒字。」

騪　薛釋𩣵。《古文苑》及潘作𩦠。章云：「鄭云：『今作馭。』」

鄜　薛釋廓。《古文苑》作「鄜」。潘作「鄜」。章云：「鄭云：『亦作鄠。』或云即廓字。」潘云：「薛、郭作廓。」廓原誤，廓依潘改。

宣　《古文苑》及潘並作宣。章云：「諸家本宣，今作宣。」潘云：「宣見詛楚文，今作宣。」

䢅　《古文苑》薛、潘並作搏。

眚（省）車𨌲（載）衍（行），□辻（徒）如章。𨗨溼陰陽。趍＝六馬射之㚇＝（𠈎）。

眚　薛釋首。章云：「鄭云：『即酋字，《詩》所謂『酋車鸞鑣』，田狩之車也。』」

𨌲　章云：「籀文載字。」

衍　薛釋道。章云：「今作道字。」

□徒如章　章云：「徒從也，徒從整布如文章然。」

𨗨溼　𨗨，薛釋原。章云：「𨗨古原字。溼，鄭云：『今作濕通作隰。』」

𨗨溼陰陽　章云：「原，高陸也。隰，卑濕也。其高低向背，皆有陰陽。《公劉詩》：『相彼陰陽，度其隰原。』」

趍＝　章云：「鄭云：『趍即趣字，七走反。《詩》蹶維趣馬。』」

㚇＝　薛釋疑。《古文苑》作𠈎。潘作𠈎。章云：「郭云：『𠈎，籀文族，古作𠈎，小異。』」鄭云：「𠈎與李商隱族字相近，疑即族字，借作鏃耳。」

趍=六馬，䠶之䢵=《古文苑》誤併下句迂字，作「趍=六馬，䠶之䢵迂」。章云：「六馬，天子所駕也。趣趣然調和諧習，射則矢鏃之發，舒徐不迫，言皆合禮，有一發五豝之意。」

迂□如虎，獸鹿如□，□□多賢，迪禽□□，遊（吾）蒦（獲）允異。

迂　薛釋迂。《古文苑》併入上句。章云：「迂，今作徐。」

如虎獸鹿　《古文苑》鹿作麀，以「如虎獸麀」爲句。章云：「麀字諸本皆作鹿。獸猶禽，謂搏取之也。四方有不順王命者，禽芟而獸獮之，如虎搏鹿，不勞餘力。上章有弓矢之錫，得專征伐。」

迪　章云：「鄭云：『迪，今作徇。』」

蒦　薛作兔，誤釋鹿。《古文苑》作兔。章云：「鄭本作兎。施云：『碑磨滅不可辨。』」

霝雨石

□□□，〓霝（零）雨。□〓（流）迄湧=，盈渫濟。君子即〓=（涉），馬□（汧）〓（流）。汧殹（也）洎=，萋=□□，舫舟西逮。

〓　薛作〓，釋天。《古文苑》作萋=。章云：「萋，七西反，亦作淒。《大田詩》：『有渰萋萋，興雨祁祁。』毛氏注：『萋萋，雲盛貌。』施本霝字上有天字。」

霝雨　霝，薛釋令。章云：「鄭云：『霝，亦作零，《東山詩》「零雨其濛」。』又《衛詩》：『靈雨既零。』毛氏注：『靈，善也。』」

〓　章云：「今省作流，下同，見《說文》。」

湧

盈　章云：「《說文》盈字，薛同。鄭作盈（?），止遥反。」

渫　薛釋渫。章云：「鄭云：『今作潗，私列反。』」

濟　薛釋滋，《古文苑》作〓。章云：「鄭云：『今作滋。』郭云『濕』。」潘作濟。

〓　章云：「施云：『即涉字，見義雲章。』」

馬□𣹟汧殹　殹薛釋也。章讀如此，云：「汧即前章所謂汧水，殹即也字，言君子將乘馬涉水而歸，汧水流泛，不可以涉。」

萋〓　薛及《古文苑》並作淒。章云：「鄭云：『今省作淒，亦作萋。』」

舫　章云：「舫，符望反，兩舟並也。」

西　薛釋思。章云：「鄭作西，云『見尹彝』。或作由。」

逮　薛釋歸。《古文苑》作逿。章云：「鄭云『即歸字』，或作遈。（？）」

□□自鄘，辻䮂（御）湯〓。隹（唯）舟㠯衍（行），或陰或陽。極深㠯戶，□于水一方。勿□□止，其奔其敱（禦），□□其叓。

鄘　薛釋廊。《古文苑》作廊。章云：「薛、郭作廓，籀文。鄭作郭。或作廊。」潘作廊。

辻　陳作選。

䮂　薛釋騬。《古文苑》作駿。章云：「駿即馭字，見前注。」

湯　章云：「湯音傷，湯湯，衆多皃。」

隹　章云：「隹、維通用。」

衍　薛釋道。章云：「籀文道字。」

徒䮂（至）或陽　章云：「前言乘馬以涉，水漲不可。次言並舟而歸，路或悠長。今徒馭衆多，當維繫其舟，遵道而行，水北爲陽，南爲陰，或從水之陽，或從水之陰，皆可歸也。」

极　薛釋枝。章云：「鄭云：『即楫字。』」

戶　薛釋户。章云：「施云：『薛、鄭本㠯下有户，碑文磨滅不可辨。』」

于水一方　章云：「足上文『或陰或陽』意也。」

敱　章云：「鄭云：『敱，今作禦。』」

叓　薛釋事。章云：「施云：『古文事字見《說文》。』」

乍邍石

□□□猷，乍（作）邍（原）乍（作）□，□＝□衟（道），追（徵）我嗣（司）□，□＝□除。帥皮（彼）阪□，□＝□䒱（草）。

乍　章云：「籀文乍與作通。」

邍　章云：「邍，古原字。」

衟　章云：「衟，即導字。」

追　薛釋徒。章云：「薛、郭作徒字，鄭作遄字。」

嗣　薛釋司。章云：「鄭云：『今作治字。』施云：『按《古文孝經》治字作𤔔，與此小異。』」

阪　薛釋序，《古文苑》作阼。章云：「音序，郭作阪。」

䒱　薛釋莽。章云：「郭云：『恐是芔，芔，草之相糾者，居虯反。』鄭本作䒱，云『今省文作莫』。或作草，未審孰是。」

爲卅里，□□□徵。彶＝（秩）逌（攸）罟，□□□㮚。柞棫其□，□＝□＝檖楮肅＝（祗）

卅　薛釋世。章云：「施云：『卅，三十也。文曰「爲三十里」，以三十爲卅。書家謂之會意，佛書謂之三合。《字書》：「卅，蘇合反。」非世字也。㔺即世字。』」

彶＝　薛作徵。《古文苑》釋徵。

徵彶＝　章云：「鄭云：『徵徵，未詳音義。』」

逌　薛釋酉。章云：「鄭云：『逌作攸。』」

罟　章云：「鄭云：『罟亦作罟，並音古。網，罟也。』」

㮚　薛釋栗。章云：「《尚書》栗作㮚，與此相類。《說文》省作㮚。」

柞棫　潘云：「柞棫皆木名。詩『柞棫其拔』。」

檖　薛釋槃，《古文苑》釋檖。章云：「鄭云：『檖亦作槃。』」潘釋檖，云：「或作㰃，疑古棪字。」

楮　薛釋格。章云：「《說文》讀作皓，方老反。」潘云：「楮音咎，又音舊。」

檖楮　潘云：「檖楮，皆木名。」

肅＝　薛釋庸。《古文苑》釋肅。章云：「鄭云：『肅，未詳音義。』或云遘字。」

鳴□□□，亞𥳑其雩，□=□=，□爲所斿。鼜□□□，盩衛（道）言尌（樹），□□□吾。

𥳑　薛釋茬。章云：「薛、郭作籀文若字。鄭作箬。」

雩　薛釋華。《古文苑》釋夸。章云：「鄭云：『華亦作雩，況于反。』」潘云：「又音夫。」

鼜　薛釋憂。章云：「鄭云：『今作夒。』」

盩　薛及《古文苑》釋籃。陳作盩。章云：「郭作籃，云：『籀文盩字，今省。』」

吾　薛作合。章云：「鄭云：『疑即盦字，音響。』施云：『碑本雖稍磨滅，上從五字尚可辨，非從合也。』」

而師石

□□□□□□□□□□而師。弓矢孔庶。□□□□□□以左驂。𠙵□滔=。是戠□□，□不具蒦。吁後□具

肝來□□尖具□□來樂天子來□嗣王始□古我來□

戠　《古文苑》作戠。章云：「薛鄭本皆闕而不音。施云：『按《說文》古熾字相類，下同。』」

蒦　《古文苑》釋奪。

吁　薛作徲。章云：「施云：『薛本有礋字，闕音，碑本磨滅不可辨。』」

肝　薛釋肝。鄭作肝，音吁。

尖　薛釋尖，《古文苑》釋矢。章云：「施云：『恐是小大二字，鐘鼎款識多此類。』鄭作矢字。」

馬薦石

□□□□天叿□皮（彼）□□□走𩥉=，馬薦𦳝=，莽=𢼸=，雉止心□其一□釦□□□□□□□□□□□之。

𩥉　章云：「鄭音劑。」

薦　薛釋薦。章云：「鄭云：『今省作薦。』」

𦳝=　薛作晳。《古文苑》同。

莽=　薛作𦬁，釋奔。章云：「鄭云：『即若字，古諸字從此。』」

𢼸　薛釋放，《古文苑》作微。章云：「施云：『𢼸，《說文》與微同，薛作放音非也。』」

㞢　薛及《古文苑》並釋立。

邀水石

邀(吾)水既瀞(清)，邀(吾)衜(道)既平，邀(吾)□既正，嘉尌(樹)鼎里。

嘉　《古文苑》釋喜。章云：「鄭云：『即喜字。』施云：『《説文》喜字如此寫。』」

鼎　章云：「籒文則字。」

天子永寍，日隹丙申。昱(翌)朝邀(吾)其用衜(道)，□馬既迧。

寍　章云：「寍與寧同。」

邀水(至)永寍　章云：「大意言水既疏導，氏可樹蓺，地可井界，天子之心爲之安寧。喜樹二字未必連屬」。

迧　《古文苑》作申。章云：「申重也」。

𢧵□康=，駕弁□□。左驂驁=，右□驐升。升□□□母不□□□□□輪霝□□□公謂大□，余及如□□，害不余及。

𢧵　《古文苑》作敕。章云：「敕，戒也。」

康=　《古文苑》作肅=。章云：「肅=，施本作康=。」

駕　薛釋駱。章云：「郭、鄭音駕，籒文。」

驁=　章云：「施云：『五到反，馬怒也。』」陳誤驐。

騋=　薛及《古文苑》作騋，陳釋驐。章云：「鄭音遨。」

𩡧　薛及《古文苑》作扯。章云：「扯石本作𣪠。施云：『《説文》識字與此相類，薛、郭、鄭本並作扯音。』郭云：『子一反，摘也。』鄭云：『疑即撻字，皆摹本誤之也。』」

母　薛及《古文苑》作女。章云：「女通作汝。」潘作如。

輪　章云：「郭云：『籒文翰從飛。』鄭音同。」

霝　薛作霝。《古文苑》作霧。章云：「郭云：『恐是籒文霾字。』鄭云：『即沴字。』」

大　薛及《古文苑》並誤作天。

余　陳作金。

如　潘云：「如，通作汝。」

害　薛及《古文苑》釋周。章云：「施云：『《説文》害字。』鄭云：『害，今省作周。』」潘作宭。

吴人石

吴（虞）人憖亟，朝夕敬□，䣓（載）西䣓（載）北，勿竈（掩）勿代（弋）。

吴　章云：「王云：『吴通作虞。』鄭序曰：『吴人曰亨社也，亨社必狩以獻鮮焉。汧水出於吴山，故漁於汧而狩於吴也。』施云：『其説恐未然。』吴山即吴嶽也。《漢·地理志》右扶風汧縣注：『吴山在西，古文以爲汧山……汧水出西北，入渭。』」潘引王、鄭兩説，云：「愚按：二説王爲優。」

憖　薛釋憐。章云：「憖亦作鄰。」潘云：「施氏云：『憖亦作憐。』」

亟　章云：「鄭云：『亟即亟字。』」

朝　薛釋朝。章云：「鄭云：『即朝字。』」

卤　章云：「卤即西字。鄭云：『見曾侯彝。』」

竈　薛及《古文苑》俱釋奄。章云：「鄭云：『見盉和鐘，通作掩。』」

代　薛釋伐。《古文苑》作伏。章云：「鄭作伏字。」

㞢而出□，□獻用□，□□□□，□□大祝。

㞢　薛釋之。章云：「鄭云：『㞢即咢字。』或云即畢字。碑已磨滅。」

獻　薛釋獻。章云：「鄭作狩字。」

□曾受其章，□□執遇逢。中圝孔□，麀鹿麌=。遊（吾）□其□，麀鹿麜=。大□□□□□求又

□□□□□是□□□□□□

章　薛釋高。章云：「按碧落碑高字同此。鄭云：『今作亨。』」潘釋亯。

執　薛釋㧊。章云：「《説文》執與藝同。鄭云：『亦作社，即社字。』」

寓　薛作寧。《古文苑》及潘均作寍。章云：「寍、寧同。」潘云：「或作厲。」

圝　章云：「籀文囿作圝，見《說文》。」潘云：「或云即田字。」

鹿　陳釋薦。

麌＝章云：「《韓奕詩》作『麀鹿噳＝』，愚甫反。毛氏曰：『噳＝然衆也。』」

〓　章云：「鄭云即曈字，見郙敦、庬敦。」

大　薛及《古文苑》俱誤天。

中篇　歷史之部

一　出土及流傳考

（一）發現考

雍邑刻石，唐以前未見箸録，唐人始盛稱之。竇蒙注《述書賦》云：「今見打本，吏部侍郎蘇勗《敘記》卷首。」〔一九〕勗爲貞觀時人，是唐初已有搨本流傳，則此石之被發現，至遲當在隋唐之際也。

石之所在，頗有異說。除李賢《後漢書》注但稱岐州，記述未詳外，〔二〇〕李嗣真《書後品》云：「史籀湮滅，陳倉籍甚。」〔二一〕杜甫詩云：「陳倉石鼓久已訛。」〔二二〕張懷瓘《書斷》云：「今在陳倉。」〔二三〕並以爲在陳倉，一也。韋應物詩云「周宣大獵兮岐之陽」，韓愈詩「蒐於岐陽騁雄俊」，並以爲在岐陽，二也。竇蒙注《述書賦》謂在「岐州雍城南」，李吉甫《元和郡縣圖志》謂在「天興縣南二十里許」。按唐初承隋置岐州雍縣，肅宗至德元年改岐州爲鳳翔郡，二年，於雍縣分置鳳翔縣，乾元元年改鳳翔郡爲府，代宗永泰元年廢鳳翔縣，改雍縣爲天興縣，〔二四〕則竇、李二說實同，三也。周越《古今法書苑》謂舊存岐山石鼓村，〔二五〕四也。

此四說，以事實言之均無甚大之背謬，惟記載紛歧，易致誤會。前世學者於出土地點，不甚留意，未有考覈之者。今按唐人言石之所在，莫詳於《述書賦》注及《元和志》，所謂雍或天興，乃今之鳳翔也。韋、韓之稱岐陽者，天興在岐山西南，相去僅六十里許，故岐州於西魏時爲岐陽郡。〔二六〕隋開皇二年於岐州城內置岐陽宮，〔二七〕是並天興可稱爲岐山之陽之證。

李嗣真等謂石在陳倉，陳倉即今之寶雞，在鳳翔之西南，與之接壤。《元和志》謂寶雞去天興九十里，《括地志》謂「故虢城在岐州陳倉縣東四十里」，[二八]按故虢城今爲寶雞縣屬之虢縣鎮，[二九]正當鳳翔之南而微西。然則此石發現在天興縣南二十里許，亦即故虢城北二十餘里，故虢城屬陳倉，故可稱爲天興，亦可稱爲陳倉也。至周越所謂岐山石鼓村者，岐山今當鳳翔之東。古岐山所治，與今不盡同。《括地志》云「平陽故城在岐州岐山縣西四十六里」，[三〇]按平陽故城今爲陽平鎮，屬寶雞縣，正當鳳翔之南而微東。《封氏見聞記》卷七石鼓條：「鄠西鼓山東北有石鼓，俗傳『石鼓鳴則兵起』，左思魏[三一]……四表。案：《説文》鉦似鈴，小者爲鐃。《周禮》以金鐃止鼓。然則鐘鼓雖同類，鉦乃以金爲之。直……齊滅，隋季又鳴，無何海内崩亂，近天寶末，石鼓復鳴，俄而幽燕俶擾記傳臨……晉武帝時，吴郡臨平湖岸崩，出一石鼓，扣之不鳴。張華云：取蜀郡桐木作魚形擊……年攻戰不息，是石鼓之鳴，咸非吉徵也。」（今本佚，見《唐語林》五）與虢縣鎮□□□□□□□□□□介於天興縣及岐山之間，周氏之稱岐山，與唐人盛稱陳倉者固無異也。

天興、陳倉、岐陽、岐山，此四説者雖似岐異，實乃同一事實，但各方面敘述不同而已。綜合觀之，則此石之被發見當在岐山之陽，天興縣之南境，與陳倉、岐山二縣接壤之處，無可疑也。

雖然此皆唐宋時人之説也，方其説之之時，此石猶在原野，故能鑿鑿有徵。及其一遷於鳳翔府學，再遷於汴，三遷於燕，經歷千載，岐陽故蹟，久已湮没，後人遂莫能知其地，而訛説亦因之興矣。

劉昭注《續漢書·郡國志》，於陳倉下引《三秦記》曰：「秦武公都雍，陳倉城是也。有石鼓山，將有兵，此山則鳴。」按此所謂石鼓山者，與雍邑刻石之或名石鼓，實無交涉。蓋《三秦記》所載，本多神話，如云「陳倉山上有石雞，與山雞不別，趙高燒山雞飛去，而石雞不去，晨鳴山頭，聲聞三十里，或云玉雞」之類，[三二]極難徵信。其所謂石鼓山，重在「將有兵，此山則鳴」之神話。按吴地之硯石山一名石鼓山，[三三]據云「鼓鳴則兵起」，[三四]又鄴城西之鼓山，云「鼓自鳴即有兵」，[三五]又易縣東南之燕山，有石鼓云「鳴則有兵」，[三六]又天水冀縣之朱圉山，有石鼓云「不擊自鳴則兵起」，[三七]均與陳倉石鼓山之神話同，則山之所以稱爲石鼓，與雍邑刻石無關，本至易明也。

然因雍邑刻石之原發現地，久已湮没，而唐人往往稱爲陳倉石鼓，與陳倉石鼓山巧合，或者遂以爲即發現於此山。清順治《寶雞縣志》卷二云：「石鼓山，治東南十五里，山麓有石如鼓者十，周王鑿之，以紀中興，今在國學。」[三八]此説本無根據，蓋修志者見縣有石鼓山，遂以意牽合之耳。王昶《金石萃編》云：「劉昭《續漢書》……『陳倉有石鼓山』，而不言其時代。使石鼓果爲秦時所刻，不應漢時即以名山。劉昭去秦未遠，當有確證，亦不應闕疑不辨。且昭在周魏之前，何由先有石鼓山乎。」此説主旨則在攻擊此石爲秦刻及周魏時刻之説，其考證方法，雖至幼稚可笑，然後人頗多推崇之者。〔三九〕蓋學者每恨此石出於唐初爲太遲，自樂聞漢時即以石鼓名山之説，而不暇問其是非也。

按以此刻石爲出於今之石鼓山者，實未嘗精密察覈其地理也。辛氏《三秦記》之石鼓山，本由假想能鳴之石鼓而得名，與此刻石無涉，既如上述。今寶雞縣境之石鼓山，是否即辛氏所稱，姑不論。但以今石鼓山之所在而言之，此刻石亦不能出於其地。何則，今石鼓山位於渭南，假在其地，刻辭中當盛稱渭水，今不稱渭而稱汧，一不合也。韋、韓之詩並稱岐山之陽，假在渭南，不能得此稱，二不合也。唐宋人所謂天興，岐山之説，距離窵遠，三不合也。由此三不合，可知此山之説爲非是也。其所舉證物只此，無乃過於孤薄。然近賢猶有主此説者，謂石鼓山中尚有一石，與此刻石之形仿佛。此類石質，近馬衡氏屬人驗之，云是花岡巖。明郭宗昌《金石史》云：「少華山前石之堅潤者，與此無異，想當時因有佳石，即刻置蒐所而已。」則華山亦有之，本非某一處之特産。即云今鳳翔縣南無之，然未可以限之兩千年前。則此種證據，只能證明秦地尚有此類岩石之存在，若欲知此刻石發現之地點，仍當以考覈其地理爲先務也。

然則此刻石發現之地，今在何所耶？據清雍正《陝西通志》卷七十三引賈志云：「石鼓在鳳翔縣南二十里之石鼓原。」康熙《鳳翔縣志》卷一云：「石鼓原在城南二十里之石鼓鎮。」〔四〇〕按所謂石鼓鎮者，乾隆《縣志》即已不載，今無可考。而所謂石鼓原者，雍正《鳳翔縣志》卷九載署郡倅王又樸《追懷太學石鼓歌》有云「獨有南原四十里，石鼓雖去名未捐」，則以爲即南原。按南原之地極廣，乾隆《岐山縣志》卷一云：「積石原一名南原，在縣南十五里，南北當雍渭之間，西界汧水（原注：「即寶鷄底店。」），東界大横水（原注：「即武功川口。」）。蓋地在武功，扶風，岐山，鳳翔四縣之南，故號曰南原。」〔四一〕王詩謂「南原四十里」，殆僅指鳳翔境中之南原言之。然言「四十里」，則亦未能指實其地也。蓋清初人雖尚知石鼓原與石鼓鎮之名，其遺蹟已無考矣。

余按石鼓鎮故址，實當在今寶雞縣東境，而古天興縣南境也。清順治《寶雞縣志》卷二云：「石鼻寨，治東四十里，漢武侯所築，以拒郝昭，俗呼石鼻寨，即古天興縣。」又卷三云：「石鼓寺，治東三十五里，石鼻寨故城内，即古天興縣地。」康熙《志》並同。〔四二〕按天興之改名鳳翔，乃金時事，今云「古天興縣地」，而不云鳳翔，當是元明相傳舊説無疑。〔四三〕按《志》又云「底店鎮治東三十里」，《陝西通志》卷三十六云「寶鷄縣底店鋪迆北至鳳翔縣連村鋪二十里」。據乾隆《寶雞縣志・境圖》，石鼻寨在底店鋪之東北，位於汧河之東，則當介於連村鋪底店鋪之間，而號縣鎮之北也。其地古屬天興縣，其位置與唐宋人所言石刻發現之地符合，而又有石鼓寺，寺之取名，往往因所在之地，則其地當即石鼓原或石鼓鎮之故址，殆可無疑。蓋此石發現之故址，宋以後已由天興併入寶鷄境，故志鳳翔者雖知其名而無由指實其地，而志寶鷄者，以縣有石鼓山，不復注意此新併之地，因遂湮没不彰耳。

（二）流傳考

雍邑刻石自發現後，凡經四遷，宋仁宗時司馬池自發現處遷至鳳翔孔子廟，徽宗時自鳳翔遷至汴京，欽宗時自汴京遷至燕都，今又自燕都遷至滬上矣。

前人皆謂唐鄭餘慶首取此刻置於鳳翔孔子廟。今按此説誤也，此刻自唐初發見時，本散置於野，韓愈作《石鼓歌》，有云：

> 憶昔初蒙博士徵，其年始改稱元和，故人從軍在右輔，爲我量度掘臼科。濯冠沐浴告祭酒：如此至寶存豈多？氊苞席裹可立致，十鼓祇載數駱駝。薦諸太廟比郜鼎，光價豈止百倍過。聖恩若許留太學，諸生講解得切磋。觀經鴻都尚填咽，坐見舉國來奔波。剜苔剔蘚露節角，安置妥貼平不頗。大廈深簷與蓋覆，經歷久遠期無他。中朝大夫老於事，詎肯感激徒媕婀。牧童敲火牛礪角，誰復著手爲摩挲。日銷月鑠就埋没，六年西顧空吟哦。

蓋空有移置太學之議而未能行也。按宋張師正《倦遊雜録》云：「古之石刻存於今者，惟石鼓也。本露處於野，司馬池待制知鳳翔日，輦致於府學之門廡下，外以木欞護之。」〔四四〕《墨客揮犀》、黄朝英《湘素雜記》並同。又周越《古今法書苑》云：「舊存岐山石鼓村，今移置鳳翔府夫子廟。」〔四五〕考司馬池知鳳翔，在寶元、慶曆間，而周越以工書顯於天聖、慶曆間，〔四六〕周所謂「今移置」者，正司馬輦致之事。然則此石在宋初猶「露處於野」，鄭氏移置之説，實烏有也。〔四七〕考最初發鄭餘慶説者爲歐陽修，其《集古録跋尾》云：「在今鳳翔孔子廟中，鼓有十，先時散棄於野，鄭餘慶置於廟而亡其一，皇祐四年，向傳師求於民間得之，十鼓乃足。」按鄭氏至向，相去二百餘年，故蹟多泯，假徙自鄭氏，向氏突求得之，其自跋安得不言。若司馬池至向，則不過十數年耳，初置時誤取他石，因再訪求，與事爲合。足知歐説誤也。歐公雖與司馬同時，然考近常難於考古，後者載籍既多，可資參證，前者但憑記憶，易致舛譌，蓋歐公憶有一人曾知鳳翔者移置之，鄭餘慶於元和十三年爲鳳翔尹，正在韓愈作詩之後，因誤屬之耳。其後鄭樵作石鼓考但承歐説。及王厚之始取鄭餘慶、司馬池兩説糅合之，謂「鄭餘慶始遷之鳳翔孔子廟，經五代之亂，又復散失，本朝司馬池知鳳翔，復輦至於府學之門廡下而亡其一，皇祐四年向傳師搜訪而足之」。其云「五代之亂，又復散失」云云，乃想當然耳，更失歐氏之意。蓋此石自唐初至宋仁宗時只有一遷，歐公雖誤記司馬池爲鄭餘慶，然無再遷之説，其誤本甚易見，正緣王氏巧爲彌縫，遂至治襲訛誤，莫能諟正矣。〔四八〕

所謂向傳師求於民間，十鼓乃足者，張燕昌《石鼓文釋存補注》謂見天一閣北宋搨本後有傳師跋云：

舊得石鼓，其數有十，乃韓文公謌具載其事。傳師詳覽内第十鼓最小，其文亦不相類。遂尋訪於閭里，果獲一鼓。雖湮没既久，文形半壞，驗其書體，真得其跡。遂易而置之，其數方備。時皇祐四年七月日記。〔四九〕

自記甚詳，謂所得者是第十鼓。按宋人所傳此石次序，頗有異同，薛氏施氏陳氏並以吴人石爲第十，鄭氏以避水石爲第十，董氏以乍邍石爲第十，向氏所得，竟莫詳爲何石也。《梅聖俞集·雷逸老仿石鼓文見遺因呈祭酒吴公》作云：

傳至我朝一鼓亡，九鼓缺剥文失行。近人偶見安碓床，云鼓作臼刳中央。心喜遺篆猶在旁，以臼易臼庸何傷。以石補空恐舂粱，神物會合居一方。

章樵《古文苑》注於乍邍石下引施宿音云：

此鼓乃向傳師皇祐間所搜訪而得之者，每行僅存四字，自四字而上磨滅者，傳師磨去刻當時得之之由，故今所存者皆斷續不成文。

皆以向氏所得爲乍邍石。今乍邍石作臼形，宋時蓋「以石補空」，使與他石等，向氏跋語即刻其上，搨乍邍石時，或併向跋搨之，施氏但見搨本，遂以爲向氏磨去其上而自刻跋語矣。然向跋雖在乍邍石之上半，其所得則非即乍邍石，梅詩殆亦以跋語在臼之上半，故云耳。觀向自跋曾無一語及刳臼之説，僅云「文形半壞」，而乍邍石傳至今日，尚未壞一字，可知梅施之説非實也。〔五〇〕

自韓退之盛稱此石，謂宜薦太廟留太學，越兩百餘年，司馬池始取置府學，而梅聖俞詩云「我欲效韓非癡狂，載致出關無所障，至寶宜列孔子堂」，蓋猶以爲未足也。及徽宗時，蔡京爲政，遂取入汴，乃大觀二年也。〔五一〕洪适詩云「橐駞挽入大梁都」，與韓詩「十鼓祇載數駱駝」合，然宋世有駝坊，此或事實，非僅掇韓詩詞藻也。蔡以之置於辟雍之講堂，胡世將鄭昂並云嘗見之。〔五二〕辟雍廢，徙置禁中，宣和元年八月保和殿成，遂寘之殿旁之稽古閣。〔五三〕徽宗嘗詔以金填其文，以示貴重，且絶摹搨之患。〔五四〕然未幾遂有靖康之禍矣。

南渡後，此石蹤跡，宋人已不能明。洪适詩云「誰與扛石徙幽燕，兵車亂載包無氊」，亦僅知其北遷而已。王厚之乃謂「靖康之末，保和珍異北去，或傳濟河遇大風，重不可致者，皆棄之中流，今其存亡，特未可知」。然此實傳聞之誤也。元虞集云：

> 此鼓據傳聞徽宗時自京兆移置汴梁，貴重之，以黄金實其字。金人得汴梁，奇玩悉輦至燕京，移者初不知此鼓爲何物，但見其以金塗字，必貴物也，亦在北徙之列。置之王宣撫家。後爲大興府學。大德之末，集爲大都教授，得此鼓於泥土草萊之中，洗刷扶植，足十枚之數，後助教成均，言於時宰，得兵部差大車十乘，載之於今國子學大成門内左右壁下，各五枚，爲磚壇以承之，又爲疏櫺而扃鐍之，使可觀而不可近。

述北遷後至元初經過甚詳。謂「以金塗字」，可證後來王禕謂「宋嘗鑄金填其刻文，金人入汴，剔去其金棄去之」〔五五〕之説爲誤，今目覩此刻，實不能鑄金填也。然虞説亦未盡確，「元初，都城廟學燬于兵，王檝取舊樞密院復創立之，春秋率諸生行釋菜禮，仍取岐陽石鼓列廡下」，見《元史·王檝傳》。孫承澤《天府廣記》卷三國學條云：「元世祖至元六年以金樞密院立國子學。」又學宫條云：「二十四年，遷都北城，立國子學於城之東，乃以南城國子學爲大都路學。」然則大興府學即後大都路學，原爲樞密院，非王宣撫家也。疑金人北徙後，即置樞密院，直至王檝改爲學宫始顯耳。〔五六〕

虞所言大興府學即後所謂南城國子學，遺址當在今北平城西南，已不可考。其移置於今國子學，虞氏未言爲何年。

按周伯温《石鼓賦序》云：「皇上踐阼之始年，有詔置石鼓太學，遂列於宣聖廟之兩塾，尊之也。明年，余列國子生，撫玩之。」〔五七〕則當在至大四年辛亥，潘迪謂在皇慶癸丑，誤矣。〔五八〕

明初建都南京，時人都不知石之所在，吴但爲趙撝謙所藏搨本作跋，謂「今自變故以來，其存没未可知，而氈包輦運，金填檽護，固不可復得」。〔五九〕然石固無恙也。及永樂時，太宗來北京，臣下扈從，始得見之，具見《王文端公集》，及《素齋集》，後遂顯箸於世。

（三）發現及流傳考

⑴ 發現之時與地

雍邑刻石，唐以前未見箸録，唐人始盛稱之。考唐初李賢《後漢書》注，已徵引此銘，〔六〇〕又竇蒙注《述書賦》云：「今見打本，吏部侍郎蘇勗《敘記》卷首。」〔六一〕蘇勗爲貞觀時人，是唐初已有搨本流傳，然則此石之被發現，至遲當在隋唐之際也。

其石之所在地，李賢但稱爲岐州，記述未詳。竇蒙謂爲岐州雍城南，李吉甫《元和郡縣圖志》謂在天興縣二十里許。〔六二〕周越《古今法書苑》謂舊存岐山石鼓村，〔六三〕按雍縣於唐永泰元年改爲天興縣，是竇説與《元和志》同也。竇爲建中時人，其時岐州雍縣久改稱爲鳳翔府天興縣，竇作此，〔六四〕殆即本之蘇勗《敘記》耳。周説謂在岐山，按《元和志》，天興縣與岐山縣，並故雍縣地，岐山西至天興五十里，而岐山之平陽聚則遠在岐山西四十六里，正在天興之南與之接壤，〔六五〕則此石鼓村者或本屬天興而周氏誤記，於時改隸於岐山縣，皆未可必，要之與竇氏及《元和志》之説，非矛盾也。

其異於前説者，韋應物、韓愈之詩，皆指石在岐陽，而李嗣真《書後品》云「史籀湮滅，陳倉籍甚」，〔六六〕杜甫詩云「陳倉石鼓久已訛」，〔六七〕則皆以爲石在陳倉。按岐陽爲岐山之陽本是泛稱與前説亦非牴牾，若陳倉則在天興縣西南，石之所在，本位其東，傳聞偶誤，記憶或愆，遂以爲石在陳倉矣。

按天興於今爲鳳翔縣，岐山仍爲岐山縣，陳倉爲寶鷄縣，此三縣者，其位置適如一「品」字形，而據《元和志》所記則此石被發現處，正在三縣之間，則傳説之分屬於三縣，本無足怪。然此石之出近在畿輔，《元和志》撰述之時，既上承蘇勗之説，〔六八〕又易取目驗，故記地名及距離里數均較詳悉，且地理家言，分析當時之疆域，自較旁人爲精密。則言此石所在，自當以爲「天興縣南二十里許」爲最可信也。

然陳倉一説，易致誤會。劉昭注《續漢書·郡國志》，於陳倉下引《三秦記》曰：「秦武公都雍，陳倉城是也。有石鼓山，將有兵，此山則鳴。」清後世學者遂據此以爲陳倉石。

王昶《金石萃編》劉昭《續漢書·郡國志》注云：「陳倉有石鼓山而不言其時代，使石鼓果爲秦時所刻，不應漢時即以名山。」劉昭去秦未遠，當有確證，亦不應闕疑不辨，且昭在周魏之前，何由先有石鼓山乎。

平鎮，屬寶雞縣，正當鳳翔之南而微東，亦即號縣鎮之正東。然則此石之出，介於天興縣及岐山屬平陽故城之間，故周氏以石鼓村隸岐山，其情形與唐人言陳倉者正同。如上所述，則此天興、陳倉、岐陽、岐山四説，雖似歧異，細按之乃正一貫，即此石之被發現，當在岐山之陽，天興縣之南境，與陳倉、岐山二縣接壤之處也。

上所述者並唐宋人之説，距今已千數百年，故蹟久湮，故欲於今時指實其地，頗非易事。考清雍正《鳳翔縣志》卷一云：「石鼓原在城南二十里之石鼓鎮。」又卷九載署郡倅王又樸《追懷太學石鼓歌》云：「獨有南原四十里，石鼓雖去名未捐。」按石鼓鎮之名，乾隆《鳳翔縣志》不載，豈雍正修志時，尚知其地而乾隆時人已昧，抑乾隆時亦尚有之，而纂修者漏載耶？又豈雍正時亦無此地名，修志者乃治襲他書，或即本《元和志》之説以意爲之耶？俱不可知。然王又樸詩謂南原即石鼓原，則殊可徵信。

歐陽疑

趙《金石録》、王厚之、《庚谿詩話》、《東里集》

開皇三年於州城内置岐陽宮移岐州於今理。《元和志》

西魏岐陽郡，隋初郡廢，置岐州。煬帝初，州廢，置扶風郡，扶風郡治雍縣。《隨書·地理志》

鳳翔府扶風郡本岐州，至德元年更郡曰鳳翔。《唐書·地理志》

武德元年爲岐州，至德元年改爲鳳翔郡，乾元元年改鳳翔府。《元和志》

天興本雍縣，至德二載曰鳳翔，析置天興縣，寶應元年有鳳翔入天興。《唐書》

雍縣至德二載分置鳳翔，永泰元年廢，即雍縣爲天興縣。《元和志》

岐州，北周時《周書》保定五年幸岐州。

岐山郡，西魏岐州郡，開元皇三年郡廢。《隨書·地理志》
石鼓（劉敬叔《異志》、《地理志》）
石鼓山（《吴地記》硯石山條。《郡國志》石鼓山條）
《隨圖經》——燕山鼓山。

二　搨本及藏搨考

搨本考

○唐搨

蘇勗題記本
韋應物所見本
韓愈所見本

○宋搨

歐陽修所得本
胡世將所藏本
？施宿本
趙松雪藏本（後歸范欽即天一閣本）
趙撝謙藏本（後歸都穆）
安國藏前茅本
安國藏中權本

○金以後搨本

靈石楊氏本

安國本

　　本(有正)

〇明搨本

　　本(有正)

清搨本

近搨本

《寰宇貞石圖》

(一) 唐本

《鐘鼎篆韻》云：

唐時盛摹搨，始有以紙搨碑碣爲墨本者。東巡之石、偃師之槃、岐陽之鼓、延陵季子之墓，篆石泐而墨傳。

《書畫史》云：

自靖康土宇分裂之後，搨本絶不易得，好事者以銀一錠購其十紙。

《緣督廬日記抄·卷三》：

郎亭任少司成時，自往國學監搨石鼓，較國初搨者轉多數字，乃知此事搨手大有關係，不獨時代先後也。

蘇勗《敘記》本(佚)

竇蒙《述書賦注》云：

岐州雍城南有周宣王獵碣十枚，並作鼓形，上有篆文。今見打本，吏部侍郎蘇勗《敘記》卷首云：「世咸言筆跡存者李斯最古，不知史籀之跡，近在關中。」即其文也。

李《元和郡縣圖志》卷　云：

唐貞觀中吏部侍郎蘇勗記其事云：「虞褚歐陽，共稱古妙。[七〇]雖歲久訛闕，然遺跡尚有可觀，而歷代記地理志者不存紀録，尤可歎惜。」

蘭按：蘇勗《敘記》語，傳者僅此。吳曾《能改齋漫録》云：「況蘇勗載記亦言：『石鼓文謂之獵碣，共十鼓，其文則史籀大篆。』」吴氏所引實周氏《法書苑》之文，蓋誤記耳。

韋應物所見本（佚）

韋《蘇州集》卷　《石鼓歌》云：

……石如鼓形數止十，風雨缺訛苔蘚澁。今人濡紙脱其文，既擊既掃白黑分。忽開滿卷不可識，驚潛動蟄走云云。

韓愈所見本（佚）

《昌黎集》卷　《石鼓歌》云：

張生手持石鼓文，勸我試作石鼓歌。……公從何處得紙本，毫髮盡備無差訛。辭嚴義密讀難曉，字體不類隸與蝌。年深豈免有缺劃，快劍斫斷生蛟鼉。

（二）北宋搨本

歐陽修《集古録》本（佚）

歐陽修《集古録跋尾》卷　云：

右石鼓文，岐陽石鼓[七一]，初不見稱於前世，至唐人始盛稱之。而韋應物以爲周文王之鼓，至宣王刻詩。[七二]韓退之直以爲宣王之鼓。在今鳳翔孔子廟中，鼓有十，先時散棄於野，鄭餘慶置於廟而亡其一，皇祐四年，向傳師求於民間得之，「十鼓」乃足。其文可見者四百六十五，磨滅不可識者過半。予所集録文之古者，莫先於此。然其可疑者三四：今世所有漢桓靈時碑，往往尚在，其距今未及千載，大書深刻，而磨滅者十猶八九，此鼓按太史公年表，自宣王共和元年至今嘉祐八年，實千有九百一十四年，鼓文細而刻淺，理豈得存，此其可疑者一也。其字古而有法，其言與雅頌同文，而《詩》《書》所傳之外，三代文章真跡在者，惟此而已。然自漢以來，博古好奇之士，皆畧而不道，此其可疑者二也。隋氏藏書最多，其志所録秦始皇刻石，婆羅門外國書皆有，而獨無石鼓，遺近録遠，不宜如此，此其可疑者三也。前世傳記所載古遠奇怪之事，類多虛誕而難信，況傳記不載，不知韋、韓二君何據而知爲文宣之鼓也。隋唐古今書籍粗備，豈當時猶有所見，而今不之見耶？然退之好古不妄者，予姑取以爲信爾。至於字畫，亦非史籀不能作也。廬陵歐陽某記嘉祐八年六月十日書。

趙明誠《金石録》本（佚）

趙明誠《金石録》卷十三云：

歐陽文忠公謂今世所有漢桓靈時碑……往往而在，距今未及千載，大書深刻，而磨滅者十有八九。此鼓自宣王時至今，實千有九百餘年。鼓文細而刻淺，理豈得存，以此爲可疑。余觀秦以前碑刻如此鼓及詛楚文泰山秦篆，皆麄石，如今世以爲碓臼者。石性既堅頑難壞，又不堪他用，故能存至今。漢以後碑碣，石雖精好，然亦易剥缺，又往往爲人取作柱礎之類。蓋古人用意深遠，事事有理，類如此。況此文字畫奇古，決非周以後人所能到，文忠公亦以爲非史籀不能作，此論是也。

胡世將《資古紹志録》本（佚）

胡世將《資古紹志録》云：

右周宣王石鼓文，歐陽公《集古》所録，其文可見者四百六十有五，磨滅不可識者過半。今《資古》所録，其文可見者四百七十有四，磨滅不可識者十二三，蓋余先世所藏本，猶在《集古》之前也。歐陽公嘗疑此文初不見稱於前世，至唐人始盛稱之，而以韋、韓二君爲首。又謂隋氏藏書最多，其志所録秦始皇刻石，婆羅門外國書皆有，而獨無石鼓，遺近録遠，不宜如此。余按唐章懷太子賢注《漢書·鄧騭傳》遭元二之災，引岐陽石鼓文，凡重言者皆爲二字，然則唐人稱石鼓文，蓋有在韋、韓二君之前者。又賢生去隋纔五六十年之間，不應是時有此文而隋獨無有，特藏書志偶不及耳。國朝崇寧中蔡京作辟雍，取石鼓置講堂後，余嘗見之。辟雍廢，徙置禁中，而岐下有摹本，殊失古意，併録之，以見三代書蹤，非世摹寫所能及也。（《周秦刻石釋音》引）

葉石林本

見後施宿本下。

鄭昂本（佚）

《雍録》卷九云：

紹興壬子福唐鄭昂得洪慶善所遺石鼓墨本，即用退之石鼓詩韻次和謝之，其自跋云：「昂頁隸辟雍時，常徘徊鼓下，以舊本校之，字又差訛矣。寇難以來，不知何往。」

秦丞相家藏本（佚）

程大昌《雍録》卷九云：

紹興辛亥有以墨本見示者，建康秦丞相家藏本也。點畫模糊，皆不可讀，而其物可曉解者，曰：「避車既工，避馬既同。」此即東坡所謂衆星錯落僅名斗者也。……秦丞相家本有傳師自跋，乃云：「其第十鼓最小，其文亦不相類，尋訪得之，形半壞而書體是，遂易去小鼓，而寘其所得之鼓。」又不知何世何年，好事者悵其不足而創爲一鼓以補足之也。

李處權本（佚）

《朱子大全集》云：

唐貞觀中吏部侍郎蘇勗著論岐陽獵鼓引歐陽、虞、褚，並稱墨妙爲據。三君體法爲世楷式，賞好爲物軒輊在當時已爾。今其故跡僅存，隋珠和璧，不足喻其珍也。予避地來南方日，料檢行李，流徙之餘，岐鼓諸碑，偶無散落，爲之驚喜。書以示子孫。建炎己酉夾鍾五日洛人李處權巽伯。

王厚之本（佚）

王厚之《石鼓詛楚音》云：

……紹興己卯歲，予得此本於上庠，喜而不寐，手自裝治成帙，因取薛尚功、鄭樵二音，參校異同，並考覈字書而是正之，書於帙之後，其不知者姑兩存之，以俟博洽君子而質焉。

沈仲説本即范氏天一閣藏趙松雪本（佚）　張摹本（佚）　徐鉤張摹本（存）（參看摹本考）

全祖望《鮚埼亭集》卷三十七云：

范侍郎天一閣有石鼓文，乃北宋本，吴興沈仲説家物，而彭城錢達以薛氏釋音附之者也。錢氏篆文甚工。其後歸於松雪王孫，明中葉歸於吾鄉豐吏部，已而歸范氏。古香蒼然，蓋六百餘年矣，是未入燕京時之搨本也。范氏藏之，亦二百餘年矣。予嘗過天一閣，幸獲展觀，摩字不忍釋手。范氏子孫，尚世寶之。

張燕昌《石鼓文釋存補注》云：

天一閣北宋搨本後有傳師跋云：「舊傳石鼓其數有十，乃韓文公詞具載其事，傳師詳覽内第十鼓最小，其文亦不相類，遂尋訪於閭里，果獲一鼓。雖湮没既久，文形半壞，驗其書體，真得其跡，遂易而置之，其數方備。時皇祐四年七月日記。」凡七十八字，與程大昌《雍録》及都穆《金薤琳瑯》所載相同。

馮登府《石經閣金石跋文》云：

北宋石鼓文搨本，凡四百有三字，……燕昌曾在閣中累月摹此文，竹汀詹事亦曾見之，謂爲希世之寶也。今檢石鼓文似有前數十年脱本，跋與釋文本亦不見，何也？

何紹基《東洲草堂金石跋・卷三》跋吴平齋藏石鼓文舊搨本云：

恨昔年過天一閣觀北宋搨本，未及細記箸之耳。阮刻本頗經瘦銅諸君肊沾，未可據也。

蘭按：據馮説，則此搨早佚，而何氏猶及見之，何邪？趙之謙《劉熊碑跋》云：「天一閣所有，自咸豐辛酉賊據郡城，閣中碑帖，盡爲台州游氏取投山澗，爛以造紙，迨鄞人亦有聞而急求者，至則澗水已墨矣。」然則即此搨於彼時尚存閣中，亦已爲劫灰矣。

趙撝謙本（即都穆本，佚，釋文見《金薤琳瑯・卷一》）

趙氏跋云：

……前人音辨者多，皆有得失，或前後相遠者有之，或多寡不同者有之。歐陽《集古》所録可見者四百六十有五，胡世將《資古》所録，雖後出，可見者四百七十有四，吾衍氏比《資古》又加三字。余得宋時搨本雖不能如《集古》《資古》吾氏所載，然比今世所有者極爲精好。因裝潢成軸，每鼓後以釋文譜之，其闕文依吾氏，潘迪補以圍方，末書杜甫以下諸賢詩文，時一觀焉，則儼如對古人矣。（注：《鐵網珊瑚・卷一》引）

又吴但、張瀚、鄭真跋，唐志淳、顧文昭、盧原質三詩，馬士彪録周伯温賦，及各家題識語甚多，並見《鉄網珊瑚・卷一》，今畧。

都穆《金薤琳瑯・卷一》云：

右石鼓文宋代搨本，洪武中藏於餘姚儒者趙古則，後歸予家。……

又云：

鼓今在北京國子監即元之舊地，予官禮部時，嘗命工搨之，字多漫滅，較之宋本，僅十之二三而已。

安國藏前茅本　存(中華書局景印本)

安國藏中權本　存(藝苑真賞社景印本)

洪邁本

(三)金搨本

施宿所得北方本

施氏《石鼓音跋》云：

《石鼓詛楚音》，皆直寶文閣臨川王順伯所爲書也。……蓋自南渡以還，故家之藏，絶不多見。況摹有精粗，故亦艱得往本，參校同異。宿乘傳海濱，賓朋罕至，時尋翰墨，拂洗吏塵，以先後得於北方及石林葉氏本訂其筆意，粗得一二，乃畧仿古人入行，足成是書。……(《周秦刻石釋音》引)

氏又「互市得朝邢」，然則所謂「得於北方」者，乃由互市得來之金搨本也。引近本，即此。

(四)元搨本

潘迪家藏墨本(佚)

安國藏朱才甫手墨本　存藝苑真賞社景印本(原題宋搨周石鼓文)

安氏題記云：

石鼓相傳周宣王作，史籀書，爲千古篆法之祖。惜閱世既多，殘缺過半，所見墨本，無一鼓可卒讀者。正德辛巳春，遨遊燕北，林生白諗予癖古，來以中表朱氏舊藏篆帖見告。朱名志勳，家已中落，出睬所謂篆帖，此種赫然在焉。其遠祖才甫嗜古篆，曾手墨碧落等碑，是亦手澤之一。江陰徐子擴曾惠予二百年前墨本，紙墨尚遜。其辛鼓雖有石痕，字形難辨，此存全字二，半字一；乙鼓猶見完善；餘鼓存字亦較彼本爲多；與潘迪《音訓》符合，洵希有之本也。生白知予愛甚，代爲合會，捆載而歸，篋衍秘藏，迨逾十載。今夏曝書檢出，更番展覽，如逢故人。以華舜臣所贈近墨精本，並几校對，知雲月之蝕，日甚一日，乙癸二鼓，泐字更多。因舊裝大册，不便取攜，爰更易行款，重加潢治，並以華氏贈本及潘氏《音訓》各爲一册，合庋一龕，以資比證云爾。嘉靖癸巳八月五日桂坡老人記於天香堂中。

按安氏自謂與潘迪《音訓》符合，則是元搨本無疑。又此本原是整幅，今改剪褾，殊可惜也。

安國藏徐子擴贈本(未見)

詳上　　案

按安氏題記時爲嘉靖癸巳，此必爲正德嘉靖間搨本也。

(五) 明搨本

安國藏華舜臣贈本(未見)

詳上

按十鼓日漸剥蝕，據目所見嘉隆時上海顧從義搨本，《汧殹》章第一行「汧」字，及第二行「鰋」字並全，今已剥去。即數年前余家搨本，「鰋」下尚存餘石，今漸剥至下「鯉」字，侵及第三行之字矣。又《吴人》章第九行「是」字，顧全，今損。數十年中二鼓如是，過此竟未可以保其如今日也。

顧從義搨本(佚)

趙宧光《石鼓文章句發凡》云：

徐坊本(即寶熙本)，存有正書局景印本，又日本景印(舊題宋搨石鼓文)

徐氏題記云：

光緒丙申丁酉間，坊從黄縣王聖邨常玒，得此翦裱本宋搨石鼓文，福山王廉生祭酒詫爲希世之珍。戊戌夏，坊奉母還山，鼎彝圖籍，悉留都下。庚子之變，大半佚亡，此册其一也。歲丙午重官京朝，知此册爲吾友沈盦侍郎所得，命工連綴成巨册，復還十碣之舊，出以見示，驚詫歡忭，不翅良友之重逢也。謹記始末，以識墨緣。坊別有未翦卷子本石鼓文，先公以五十金得於廣西，天籟閣故物也。第二行「汧」，次行「鰋」，兩字已泐，餘與此本纖悉並同，惟搨工不及此本之精。然此本第四鼓第九鼓皆有翦時棄去之字，卷子本完好無闕，可寶也。惜亦於庚子失去，聞今爲丹徒劉氏所得，不可復見矣。附志於此，爲之憮然者久之。宣統辛亥八月臨清徐坊謹記。

羅振玉題記云：

此碣據以前鑒賞家謂第二鼓「氐鮮鱒又之」五字未泐者爲明搨，第四鼓「肯車𩠯衍」之「衍」字尚存者爲宋搨。振玉蘘得唐鷦安藏本，前有朱卧庵印，唐君署題作萬曆以前搨本，惟第二鼓五字不損，第四鼓之「𧗳」字，全不可見，可證舊説之匪誣。此爲沈盦侍郎所藏，不但五字不損，「𧗳」字完好，而第二鼓首行「汧」字，次行「鰋鯉」字，八行「以」字，第五鼓「吏」字之下半，均完善，又第十鼓用與𣪠字剥泐處，亦視明搨較少，爲宋搨無疑。蘘在南中見費西蠡藏本，「𧗳」字未泐，已歎爲希世之珍，今更得覩此氈墨至善之宋搨，眼福不淺矣。又有胡惟德、金城兩題記，今畧。

方若《校碑隨筆》云：

見一搨本第二鼓第一行「㲻」上「汧」字，第二行「處」之上「鰋鯉」二字皆完好，第四鼓第五行「𨌲車載道」之「道」作「𧗳」，亦未泐，意非宋搨亦元搨歟？

按此本《吴人》石九行「是」字已損，而「汧」字尚存，證以上引趙宧光之説當在明嘉隆㠯後，前人侈稱爲宋搨，良以未見真宋搨故耳。頃在廠肆見一墨本，與此存字全同。

徐坊藏天籟閣本（即劉鶚本，存，有正書局石印本）

詳上徐坊本徐氏題記

按此本整幅未剪，殊可貴。「汧鰋」二字俱損，與趙宧光之説合。爲項元汴天籟閣物，趙、項並萬曆時人，蓋萬曆時搨本也。後附鈐圖趙鎬所輯石鼓文，續編有鄭樵説九條，爲他書所未及。蓋已晚於前本，然整幅未剪，則可貴也。

（六）清搨本

梁章鉅藏本

費西蠡藏「𧗳」字未泐本（未見）

詳上徐坊本羅氏題記

按此本當更遲於前本，《汧㲻》石「㠯」字，殆已泐闕，獨《鑾車》石「𧗳」字尚存耳。此當是清順治、康熙間本，馬驌《繹史》所載正同，可證。羅氏謂「𧗳」字存者爲宋搨，實襲賞鑒家之誣説也。

唐鷦安藏氏鮮五字未損本（未見唐氏原題萬曆以前搨本）

詳上徐坊本羅氏題記

按氏鮮本前人多謂爲明搨，唐鷦安題爲萬曆以前搨本，其實非也。清乾隆時三百十字本尚存「氏鮮」五字，又張燕昌作《石鼓文釋存》，載當時所存之字，乃張氏手搨者，「氏鮮」五字未損，而較之順、康間已泐「衍」字，然則此當是乾隆時搨本無疑。唐氏去乾、嘉未遠，竟不能詳，亦可怪矣。蓋此石傳搨既廣，往往前後數年間便有損壞，帖賈以未損者矯稱明舊本，學者漫不經意，遂受其紿而終不悟耳。

陳簠齋藏氏鮮五字未損本（存）（今藏北平圖書館）

按此本亦整幅未剪。《鑾車》石「衍」字已損，然「衍」字泐處與「孔庶車」三字泐處尚未連，故「庶」字下半尚存。「𩚵」字卂旁、「衍」字彳旁尚較完。戎徒如章，「如」字右側未泐，八行「虎」字，九行「多」字，均多一二筆，「允」字上體尚較完。

（七）近搨本

《石鼓爲秦刻石考》附録本

《寰宇貞石圖》本

三　模本考

宋岐下刻本（薛氏本）

清張摹本（隨軒本）

阮摹本（伊，尹，姚，楊）

靈石楊氏本

以上仿原本

甲秀堂帖（汝帖？）

石硯本

以上縮摹本

雙鈎宋本

僞東坡雙鈎本

以上鈎本

（一）摹本或雙鈎本

甲、宋人摹本

宋岐下刻本

薛氏所據本

鄭氏所據本

附　汝帖本

乙、清人摹宋搨本

鄧石如雙鈎本

張燕昌摹本（附徐渭仁雙鈎本）

阮元摹本（附姚觀元摹本、伊秉綬摹本、盛昱摹本、楊守敬雙鈎本）

丁筱農雙鈎本

靈石楊氏本

丙、清人摹清搨本

何紹業摹本（附乾隆重編石鼓文本）

（二）縮摹本

宋　李揆摹本

陳氏甲秀堂小字本

明　顧從義石鼓硯

清　蔣和摹本

模本考

清人摹清本

金石聚鈎本

石鼓文滙

何紹業摹本

(二) 縮摹本及臨本

李撰摹本

宋甲秀堂

石鼓硯

石鼓考

國子監志

金石圖

繹史

金石萃編

金石索

石鼓文考釋

石鼓文研究

姚氏因宜堂帖

(三) 僞全文本

雙鈎本

石鼓文正誤本

石鼓文音釋本

胡正言縮摹石鼓文本

連江本
劉刻薛氏款識本
孫星衍刊本
一 宋人摹本　二 明清摹宋搨本　三 清摹清搨本　附僞本

摹本考

（甲）宋人摹本

（一）摹本或雙鈎本

岐下本（佚）

胡世將《資古紹志録》云：

國朝崇寧中蔡京作辟雍，取石鼓置講堂後，余嘗見之。辟雍廢，徙置禁中，而岐下有摹本，殊失古意，並録之，以見三代書蹤，非後世摹寫所能及也。（《周秦刻石釋音》引）

按施氏石鼓音於《遊車》石、《鑾車》石並引岐城石刻，即此本也。

薛氏法帖所據本（佚）　（薛氏本存）

薛尚功《法帖》卷十七云：

右岐陽十鼓，周宣王太史籀所書，歲月深遠，剥泐殆盡。前人嘗以其可辨者刻之於石，以甲乙第其次，雖不成文，然典型尚在，姑勒于此，與好事者共之。

吾衍《學古編》云：

史籀石鼓文，薛尚功法帖所載，字完於真本多，故不更具。

孫承澤《庚子銷夏記》卷四云：

余家有宋搨薛氏石鼓文，自跋云：「……薛帖予得之故内，精工之甚，恐後人並此不見矣。」

又云：

薛尚功帖載四百五十一字，今存三百二十五字，數雖少於薛帖，然道樸而饒逸韻，自是上古風格，薛刻不逮遠矣。殘璣斷璧，終得以真者爲寶也。

蘭按：《薛氏款識》手蹟本，有朱謀垔刻本，最可信。若孫星衍所得，號爲手蹟本，今經劉世珩刻行者，於此銘載七百餘字之全文，則明時人所竄入，孫氏誤信之，過矣。石刻法帖雖有傳本，今未之見，余恐學者疑孫星衍本與石刻有關，故録北海此跋，以資考證。

鄭樵所據本（佚）（鄭刻本佚）

鄭樵云：

十篇之書，先代已患其磨滅矣，故其文不備。樵既不見石鼓，又不得全文，其所傳者只如此，故即所傳之本，雖字字可考，但文不備，故有得而成辭者，有不得而成辭者焉。（《石鼓文續集》引）

施宿《石鼓音》云：

鄭樵乃以「猷作原作導遄我治除帥㚘陊莫爲世里」十六字爲成辭，蓋鄭所見乃遺文之摹刻者，不知其本未嘗相屬也。（《古文苑》引。又潘迪《石鼓文音訓》説同）

按鄭氏《石鼓文考・序》云：「甲言斂，乙丙丁戊己庚辛壬癸言狩，……十篇而次，成十日者，後人之次也。」可見鄭氏所據之本原有甲乙之目，其爲模刻本無疑。

（乙）清人摹宋搨本

鄧石如雙鈎本（未見）

方朔《枕經堂金石跋》卷二云：

予童時曾見吾鄉鄧完白山人油素雙鈎宋搨本於雲衫上人處，約有四百五六十字。

張燕昌摹本（原石佚，徐氏雙鈎本存）。

張氏自題云：

右四明范氏所藏北宋本，乾隆五十四年己酉正月，海鹽張燕昌重模上石。

附徐渭仁雙鈎本

徐渭仁《隨軒金石文字》云：

右海鹽張芑堂徵士手模范氏天一閣所藏趙松雪家北宋本石鼓文字，道光丁酉，余移置萬竹山房。己亥，防禦海疆，以斯地爲火藥局。

四　箸述考

石鼓文考三卷（宋　鄭樵）
石鼓音（宋　王厚之）
石鼓音（宋　施宿）
石鼓文音訓（元　潘迪）
岐陽石鼓
石鼓文正誤四卷（明　陶滋）
石鼓文音釋三卷（明　楊慎）
石鼓文章句一卷（明　趙宧光）
獵碣考異　卷（朱茂晥）
石鼓文考注　卷（趙師尹）
石鼓文定本二卷（清　劉凝）
石鼓文考一卷（清　李中馥　民國四年常贊春刊本）
石鼓文抄二卷（清　許容　乾隆時刻本）
石鼓考三卷（清　朱彝尊）
石鼓文抄四卷（清　楊世春）
石鼓文釋存一卷（清　張燕昌）

石鼓文集釋一卷（清　任兆麟）
石鼓讀（清　吴東發）
石鼓然疑　卷（清　莊述祖）
石鼓文定本（清　沈梧）
石鼓文滙（清　尹彭壽）
石鼓文纂釋一卷（清　趙烈文）
石鼓文考釋（近人　羅振玉）
石鼓爲秦刻石考一卷（近人　馬衡）
石鼓文考證（近人　吴廣霈）
石鼓文研究（近人　郭沫若）
石鼓文集注一卷（近人　强運開　民國三年强氏自印本）
重編石鼓一卷（同上，民國六年廣倉學會本）
石鼓文釋文二卷（同上，民國二十四商務印書館本）
石鼓文疏記　卷（近人　馬敘倫）
石鼓（近人　張政烺）

待考

郭氏石鼓釋文（宋　郭□，《石鼓文定本・辯證・敘記》，謂是郭忠恕，殆出臆測）
石鼓音義一卷（明　王萌）
石鼓文廣義一卷（明　李匡之）
石鼓文音訓考證（清　馮承輝）
石鼓文考一卷（清　鮑桂孫）
石鼓文辯證一卷（清　孫和斗）

石鼓文辨畧一卷(清　梅自馨)
石鼓文存一卷(清　華長卿)
石鼓疑字音義斠銓二卷(清　吴潯源)
石鼓文彙抄五卷(清　倪濤)
太學石鼓補考一卷(清　翟灝)
石鼓文録(清　馮龍官)
石鼓文考異(清　洪震煊)
石鼓彙考(清　劉德熿)
石鼓考(清　陳奕禧,附《香泉金石遺文録》後,見《清儀閣題跋》錫曾按語)
拜經樓石鼓考(清　吴騫)
石鼓文考(清　翁方綱,見《石鼓文跋後》)
石鼓文考二卷(清　萬斯同)
石鼓文集注一卷(清　震鈞)

辨誤

王肅石鼓音釋(見《石鼓文定本・辯證・敘記》)
蘇軾注石鼓文一卷
王應麟注石鼓文一卷

箸述考

石鼓文考三卷(宋　鄭樵)
石鼓音卷(宋　施宿)

周秦刻石釋音一卷（元　吾衍）
石鼓文音訓（元　潘迪）
石鼓文四卷（明　陶滋　又名石鼓文正誤）
石鼓文音釋三卷（明　楊慎）
獵碣考異（朱茂晥）
石鼓文定本（清　劉凝）
石鼓考三卷（清　朱彝尊）
石鼓文釋存一卷（清　張燕昌）
石鼓讀（清　吴東發）
石鼓然疑（清　莊述祖）
石鼓文定本（清　沈梧）
石鼓文集釋一卷（清　任兆麟）
石鼓文集注一卷（清　震鈞）
石鼓文滙（清　尹彭壽）
石鼓文纂釋一卷（清　趙烈文）
石鼓文考釋（近人　羅振玉）
石鼓爲秦刻石考一卷（近人　馬衡）
石鼓文研究（近人　郭沫若）
重編石鼓一卷（近人　强運開，見民六廣倉學會本）
石鼓釋文一卷（近人　强運開）
石鼓文集注一卷（民三　强氏自印本）
香泉金石遺文録（陳奕禧，附《石鼓考》，見《清儀閣題跋·陳香泉緑陰亭集手藁條》錫曾按語）

周秦刻石釋音（宋楊文昺）
郭氏（忠恕）石鼓釋文（見石鼓文定本）
（見黄立猷金石書目）
石鼓文考注（趙師尹）
石鼓文考一卷（明　李中馥常贊春刊本）
石鼓文抄二卷（清　許容　乾隆間刻本）
石鼓文考（清　翁方綱，見《石鼓文跋》後）
吴騫拜經樓石鼓考
王肅石鼓文音釋（見石鼓文定本）
注石鼓文一卷（蘇軾）
注石鼓文一卷（王應麟）
石鼓文考異（清　洪震煊）
石鼓彙考（清　劉德爌）
石鼓音義一卷（明　王萌）
石鼓文廣義一卷（明　李匡之）
金石箸述名家考畧（田士懿，有徵用書目，金石箸述名家考畧一卷，續金石箸述名家考畧一卷，再續金石箸述名家考畧一卷）
石鼓文音訓考證（馮承輝）
石鼓記（明　沈懋）
石鼓小記（明　蔣德璟）
石鼓文考二卷（清　萬斯同）
石鼓文彙抄五卷（清　倪濤）

太學石鼓補考一卷（瞿灝）
石鼓文録（清　馮龍官）
石鼓文考一卷（清　鮑桂孫）
金石名箸匯目（田士懿）
石鼓文辯證一卷（清　孫和斗）
石鼓文辨略一卷（清　梅自馨）
石鼓文存一卷（華長卿，見《考畧》）
石鼓疑字音義（清　吴潯源）

石鼓文考三卷

宋鄭樵（漁仲）撰

自序云：

石鼓十篇，大抵爲敂狩而作。甲言「敂」，乙丙丁戊己庚辛壬癸言「狩」，乙癸言「除道」，皆言爲畋狩而除道，戊言「策命諸臣」，己言「畣社」，而皆有事於丁言「畋狩也」，辛言「敂狩而歸也」，十篇而次成十日者，後人之次也。石鼓不見稱於前代，至唐始出於岐陽，先時散棄於野，鄭餘慶取置於鳳翔之夫子廟中堂而亡其一。皇祐四年向傳師求於民間而得之，十鼓於是乎足，信知神異之物，終自合耳。大觀中置之辟雍，後復取入保和殿，經靖康之變，未知其遷徙否？世言石鼓者，周宣王之所作，蓋本韓退之之歌也。韋應物又謂文王之鼓，至宣王而刻詩。不知二公之言，何所據見。然前代皆患其文難讀，樵今所得，除漫滅之外，字字可曉，但其文不備，故有得而成辭者，有不得而成辭者焉。然篆書之始，大概有三：皇、頡之後，始用古文；史籀之後，始用大篆；秦人之後，始用小篆。樵自《續汗簡》，考《古尚書》，纂分音之韻，作《象類》之書，其於古今文字，粗識變更。觀此十篇，皆是秦篆。秦篆者，小篆也，簡近而易曉，其間有可疑者，若以「也」爲「殹」，以「丞」爲「⿱丞山」之類是也。及考之銘器，「殹」見于秦斤，「⿱丞山」見于秦權，正如作越語者，豈不知其人生於越，作秦篆者，豈不知其人生於秦乎！秦篆本乎籀，籀本於古文，石鼓之書間用古文者，以篆書之所本也。秦人雖創小篆，實因古文籀書加減之，取成類耳。其不得而加減者，用舊文也。或曰：「石鼓固秦文也，知爲何代之文乎？」曰：「秦自惠文稱王，始皇稱帝，今其文有曰嗣王，有曰天子，天子可謂帝，亦可謂王，故知此則惠文之後，始皇之前所作也。」或曰：「文則爾也，石鼓何義乎？」曰：「古人制器猶作字也，必有取象，若尊、若彝、若爵之類是也，皆是作鳥獸形，而自其口注。其受大者則取諸畜獸，其受小者則取諸禽鳥。先儒不達理，於尊彝則妄造不適用之器而畫以鳥獸形，爵雖象爵而又不適用。宣和間所得地中之器爲多，故于古而鑄祭器，因以賜大臣，其製作不類於常祀之器，應知先儒之説，多虚文也。近陸氏所作禮象，庶幾于古乎！其於禮圖，固有間矣。款識之用，則亦如是，而取諸器物，商人之識多以盤，周人之識多以鼎，盤鼎雖適用之器，然爲銘識之盤鼎，不必適於用也，但象其器之形耳。石鼓之作，殆此類也。」嗚呼！鼎鬲遠矣。世變風移，石鼓者，其立碑之漸歟！然觀今中原人所得地中之物，多是盤鼎鐘鬲，南粤人所得於地中之物，多是銅鼓，其間有有文字者，有無文字者，然皆作鼓形，此由其風俗之所用也。南粤多銅錫，故其鼓以銅，岐周多美石，故其鼓以石，此又由其土地之所出也。或言楚蜀之地，中間亦有得銅鼓者，南粤與楚蜀，北連岐雍，豈其所習尚者多同歟？（《周秦刻石釋音》引）

陳振孫《直齋書録解題》卷三云：

《石鼓文考》三卷，鄭樵撰。其説以爲石鼓出於秦，其文有與秦斤、秦權合者。

《隨齋批注》云：樵以本文「丞」「殹」兩字，秦斤、秦權有之，遂以石鼓爲秦物，先文簡論而非之，其説甚博。〔七三〕

《雍録》卷九云：

……予之取古辭而敘辨石鼓也，非獨不曾見石鼓，亦復不見墨本，獨因鄭樵模寫其字之可曉者，而隨用其見以爲之辨。南劍州州學以鄭本鋟木，予既得板本，遂隨事而爲之辨。……鄭樵南劍本，其成字而粗可讀者，比東坡又多，特不知鄭本所傳奚自耳。

施宿《石鼓音》云：

……鄭樵乃以「猷作原作導遄我治除帥𠬝𨻶莫爲世里」十六字爲成辭，蓋鄭所見乃遺文之摹刻者，不知其本未嘗相屬也。（《古文苑》注引）

石鼓音

宋施宿撰

自跋云：

《石鼓詛楚音》皆直寶文閣臨川王公順伯所爲書也。公稽古成癖，至忘渴餓，石鼓考辨，尤爲精詣。蓋自南渡以還，故家之藏，絶不多見，況摹有精粗，故亦艱得往（佳？）本，參校同異。宿乘傳海濱，賓朋罕至，時尋翰墨，拂洗吏塵，以先後得于北方及石林葉氏本訂其筆意，粗得一二，乃畧訪古人入行，足成是書。如詛楚文，山谷先生、浮休張公皆嘗有釋，王氏尋訪未獲，比歲里居，得石林三文音釋頗備。又頃從互市得朝那，碑陰有畢造記徙置宋城縣治，是歲蓋紹興八年也。先一歲爲丁巳，金人既廢劉豫，至己未正月，嘗歸我河南陝西地，碑云「歲在敦牂」，則戊午歲也。其意亦不肯用虜年號，故爲此間歲月，皆並録之。異時中原掃清，猶可按圖問此石之在否也。嗚呼！自周至戰國，遺文見於金石者不過三數，祐陵悉萃之保和，寶護備至，至用金填鼓文，以絶摹搨，一旦戎狄亂華，四海横流，泯焉無復遺蹤，良可哀歎。此書之刻，使好古者相與讀之，猶足想絶學於千載。穆王吉日癸巳，諸家所記，皆言在趙州州廨，石林跋乃以政和五年歸内府矣。其説爲信，因附卷末，庶廣異聞。第石林諸跋，其間亦有譌舛，而無别本可證，不容臆決，姑俟知者正之。嘉定六年重五日吴興施宿書。（《周秦刻石釋音》引）

章樵《古文苑》注云：

周宣王狩於岐陽所刻石鼓文十篇，近世薛尚功、鄭樵各爲之音釋，王厚之考正而集録之，施宿又參以諸家之本，訂以石鼓籀文真刻，壽梓於淮東倉司，其辨證訓釋，蓋亦詳備。

吾衍《周秦刻石釋音》云：

首卷《石鼓音》大畧耆氏本同，次第用薛本次，王厚之序末云：「自蘇勗以下爲之説者，畧書於後。」

（注：案施宿《石鼓音》已佚，幸吾氏此文尚可考見也。其首卷音，及王厚之序，今詳見《古文苑注》及潘迪《音訓》所引。其蘇勗以下各家之説，則詳見於吾氏之書。計引蘇勗、李嗣真《書後品》、張懷瓘《書斷》、竇泉《述書賦》並注、徐浩《古跡记》、杜甫《贈李潮八分小篆诗》、韋應物《石鼓歌》、韓文公《石鼓歌》、周越《法書苑》、樂史《太平寰宇記》、歐陽修《集古録跋尾》、趙明誠《金石録跋尾》、蘇東坡《後石鼓考》、张師正《倦遊録》、《姚氏残语》、鄭樵《石鼓考序》、胡世

將《資古紹志録》、《石鼓音》，吉日癸巳刻，跋語凡十九條，即施氏原次，然則施書尚可存也。）

石鼓文音訓（石刻本）

元潘迪（恆山）箸

自跋云：

右石鼓文十，其辭類風雅，然多磨滅不可辨。世傳周宣王獵碣，初在陳倉野中，唐鄭餘慶始遷之鳳翔，宋大觀中徙開封，靖康末，金人取之以歸于燕，聖朝皇慶癸丑始置大成至聖文宣王廟門之左右，豈物之顯晦，自有時耶？鼓之所自，先儒辨證已詳，固不敢妄議。然其文曰「天子永寍」，則爲臣下祈祝之辭無疑。又曰「公謂天子」，則似是畿内諸侯，從王於狩，臣述其君語天子之言。吁！鼓之時世雖不可必，但其字畫高古，非秦漢以下所及，而習篆籀者不可不知也。迪自爲諸生，往來鼓旁，每撫玩弗忍去，距今纔三十餘年，昔之所存者，今已磨滅數字，不知後今千百年，所存又何如也。好古者可不爲之愛護哉！間嘗取鄭氏樵、施氏宿、薛氏尚功、王氏厚之等數子之説，考訂其音訓，刻諸石，俾習篆籀者有所稽云。至元己卯五月甲申，奉訓大夫國子司業潘迪書。

石鼓文正誤四卷〔七五〕

明陶滋（時雨）著

自序云：

周宣王石鼓文十，其義與《車攻》《吉日》之詩相類，而辭亦間有同者，故距今垂二千三百餘年，散而復合，晦而復明，意者神物護持，如韓昌黎之所言哉！不然，何歷年之遠若是也？宋薛氏尚功、鄭氏樵、施氏宿、王氏厚之，各爲訓釋，不能無議焉者，如以「時」作「時」，「矢」作「尖」，「霥」作「霧」，舛譌甚多，不可殫舉。然諸家皆爲摹本所誤，石鼓蓋未之見也。元潘氏迪取諸家説，重爲考訂，間亦以「坙」作「即」，「阪」作「阱」。夫迪親見之，猶混魯魚，矧諸家乎？滋躬詣鼓旁，詳加摩玩，文之漫剥者，猶隱然有跡可辨也。乃筆之以歸，沈潛其義，參考諸説，是者取之，誤者正之，其未詳者，不敢强爲之説。鼓之所自，諸家考辨已明，不復容喙。乃以王氏辨疑及古今歌詠附載於後，以見是鼓也，直爲周宣之物，好異者不煩譊譊云。正德戊寅秋九月望古絳陶滋時雨甫序。

又後序云：

滋以正德戊寅歲作《石鼓文正誤》，甫成編，以諫止南狩，觸罪坐斥橋門。一日，過寮友國博陸君俊卿家，見几上有舊書一册，取而閲之，乃東坡蘇子石鼓文摹本也。刻之者爲維楊歐氏本源，歐得之於甬東楊氏準，不知楊得之何人。滋幸天之未喪此文也，因假歸參校同異。滋藏舊本四百六十五字，蘇本六百十一字，九鼓篆籀皆完，惟一鼓僅存其半焉。惜薛尚功輩爲音釋時不獲見此。蓋文完則義足而字之辨也易，文闕則義晦而字之辨也難，矧石鼓之文，字畫奇古，句讀聱牙，顧復闕其文乎！然諸家音釋之誤，無足怪者，滋合舊編，重爲删定，摭諸家之説，並引經傳可爲證者載於下，將質諸博洽君子云。正德庚辰春三月七日汾亭子陶滋書。

又有嘉靖癸巳錢貢「書刻石鼓正誤後」。（今畧）

石鼓文音釋三卷

明楊慎（用修）箸

自序云：

石鼓今在太學，其文爲章十，總六百五十七言，可模索者僅三十餘字。鼓旁刻宋潘迪氏音訓一碑，二百年前物也。惜夫遺文墜字，無慮近百。載考唐人《古文苑》中，此文特軋卷首，裒録年歷，遠在音訓之先，然迪所遺墜者，此仍缺如也。薛尚功、鄭樵二家各有音釋，與《古文苑》所載，大抵相出入，文無補綴，義鮮發明。三家之外，見其全文者或寡矣。好古者以爲深慊。又迪所訓釋「君子員邋員斿」二句，牽合紕繆，重堪嗤鄙。原古人書字，下句之首，承上句之末，文同者，但作二點，更不複書，此易見耳。迪既誤讀爲「君子員員，邋邋員斿」，遂復臆釋云「員員，衆多貌；邋邋，旌旗摇動貌」，此豈特文法大戾，書例亦大昧矣。「君子員員」，成何訓詁，「邋邋員斿」，成何語言，不知妄作，乃所謂郢書燕説者也。一語若兹，餘奚取哉。慎昔受業於李文正先生，暇日語慎曰：「爾爲石鼓文矣乎？」慎則舉潘薛鄭三家者對。先生曰：「否，我猶及見東坡之本也。篆籀特全，音釋兼具，諸家斯下矣。然此本隻存，將恐久而遂失之也，當爲繼絶表微，手書上石。」又作歌一首，蓋丹書未竟而先生棄後學矣。去今又將六年，追惟耳言未墜，手跡莫續，天固愛寶，奈斯文何。敢以先生舊本，屬善書者録爲一卷，《音釋》一卷，《今文》一卷，韋應物、韓退之、蘇子瞻歌三首，唐愚士古詩一首，並先生歌一首，附之卷尾，藏之齋閣，以無忘先生之教云。正德辛巳秋七月，成都楊慎序。

又有正德辛巳，徐縉《書録石鼓文音釋後》（今略）

石鼓文

明趙宧光（凡夫）箸（整理者按：本頁僅此兩行，與上下頁合併）

獵碣考異（整理者按：本頁僅此一行，與上下頁合併）

石鼓文定本

清劉凝　箸（整理者按：本頁僅此兩行，與上下頁合併）

石鼓考三卷　（附《日下舊聞》後，即《舊聞》四十……十二卷）〔七六〕

清朱彝尊　箸（整理者按：本頁僅此兩行，與上下頁合併）

石鼓文定本

清沈梧（旭庭）箸〔七七〕

按辨證二卷，章句注疏十卷，石鼓文地名考一卷。（整理者按：本頁僅此兩行，與上下頁合併）

石鼓文釋存

清張燕昌　著（整理者按：本頁僅此兩行，與上頁合併）

石鼓讀七種

清吴東發（侃叔）著

序目云：

韓昌黎《石鼓歌》云「辭嚴義密讀難曉」，或遂疑昌黎不能讀，余謂辭嚴義密，誰則知云，能讀石鼓，莫如昌黎矣。其曰難曉，非不可曉也。自諸家釋文出而辭義反有不可曉者，復何嚴密之與有，是則文害辭者不少。余檮昧，不自揣，讀石鼓，積十載，循藩籬，涉奥窔，歎昌黎不余欺已。居平録其所見，删其宂，次第之爲七種：古文不傳，各隨所見以讀，吾誰然誰不然。古人制字，立象示意，至平易，協諸藝而協，其爲不然者亦鮮矣。作《釋文考異》第一。識其字宜得其辭與志，何以詩三百篇反覆流連而石鼓無是，讀之久而後知無字有字，斯無章有章也。詩號盤中，讀從中央，釋氏楞嚴，覆讀成章，亦其遺意。作《石鼓章句》第二。《孟子》曰：「誦其詩，讀其書，不知其人，可乎？」是以論其世也。作《石鼓辨》第三。德不孤，必有鄰，所同然者天也。耳目聽睹，亦自有真。作《石鼓鑑》第四。無徵不信，言弗詳不信。雖然，過詳則瀆聽。余特發其所及問焉耳。作《釋文考異或問》第五。齊魯韓詩，文字小異，儒者網羅，參求古誼。聿惟石鼓，鬼神呵護，三代石刻存者，止此而已。司馬拾遺，班固涵雅，皆未之遠。作《石鼓爾雅》第六。竹簡脱編，斷續可蹟。石鼓錯然，各自起訖，於何甲乙。事有後先，人有貴賤，其磨滅不完者，比之置閏焉，可矣。作《敘鼓》第七。

又《石鼓釋文考異》序云：

壬子春，張子芑堂燕昌貽余手搨石鼓文，愛其筆跡，時展之。其可識者，一鼓之中，或得二三句，或五六句，或七八句，皆出入風雅，愈愛之，以爲文雖摩滅不完，其連屬可見者猶多，苟皆通之，由辭以繹其志，於《車攻》《吉日》諸詩外，又得以窺見宣王中興之蹟，不尤重可愛耶。及得諸家釋文讀之，非唯無以見古人之志，且多不辭，知釋文不能無失。顧氏亭林疑其辭不類二雅，似也，而曾不議釋文之失，惑矣。間覽楊南仲、劉原父、章友直、薛尚功所釋鐘鼎文字，往往互異，而皆有失，與讀石鼓等。蓋古文之失其傳，久矣。……特傳摹有錯謬，亦讀者弗盡心焉耳。於是博求古器銘搨本，與石鼓文，悉張之壁間，夙夜休眠，摩挲省覽。……芑堂復寄贈所模天一閣北宋本，同郡張汝霖廷濟又寄示家藏舊搨本，爰參校寫其文，作《釋文考異》，用質海内通六書者論列焉。凡考定三十字，正三十有三字，補釋三字，增三字。乾隆甲寅春正月六日吴東發書。

又《石鼓文章句序》、《石鼓爾雅序》均畧。

《石鼓然疑》

昔人論石鼓者多矣，至金馬定國以字畫考之，云是宇文周時所造作，辨萬餘言，見元遺山《中州集》。余未見馬定國所辨之是非，然近時好古博雅之儒多從其説，余頗疑之，偶檢《後周書》，其事有與詩辭適合者，非僅西狩岐陽，辻以得鼓之地爲徵已也，姑識之，以備一説。

第一鼓曰：「遊車既工，遊馬既同。遊車既孜，遊馬既駘。」詞意複重，不過取協「駘」字耳。潘愜山讀駘爲阜，引《車攻》詩「田車既好，四牡孔阜」。較諸家讀爲長。按《周官·庾人》以阜馬注：「阜，盛壯也。」《説文》馬部無駘字，是古文小篆通作阜，而大篆獨有駘字也。作詩者既以「車攻」冠章首，又得史籀遺字，知阜當作駘，故即於此箸之，駸駸乎見議制考文之萌漸，斯可以意逆者與。

詩又云「遊毆其時」，又云「遊毆其樸」，卒章云「射其豜蜀」，合於《周易》三驅之旨。其文亦渾噩有三代之遺音，固非魏晉以後浮華倚麗之習所及。按蘇綽傳太祖往昆明池觀漁，問綽漢故君地，綽具以狀對。太祖大説，遂問天地造化之始，歷代興亡之跡，綽應對如流。太祖與綽並馬徐行，至池竟不設網罟而還。以證此詩或記田狩之事，陳古義以諷。又第三鼓曰「(闕一字)旲(闕一字)，執而勿射(闕一字)庶趮趮君子逌樂」，皆推言不好殺之仁，亦與綽昆明之相對應也。

第九鼓曰：「遊水既清，遊導既平，遊人既正，嘉樹則生，天子永寧。」蓋宇文泰敗高歡於渭南，西魏始振北周之業，亦基於此時。大統三年時，或詠其事也，《本紀》言太祖獻俘長安，還軍渭南，於是所徵諸州兵始至，乃於戰所準當時兵士人種樹一株，以旌武功。第六鼓亦言築道種樹之事，而此詩云「遊導既平」，又云「嘉樹則生」，前後相應，皆紀禦東魏來伐之事，不侈言武功，獨陳當時道平樹植，人物阜安，得二雅之遺意。其卒章云「公謂大(闕一字)余及如(闕二字)周不余(闕一字)」。蓋言公謂太史紀其事，意欲與周相比方。公即宇文泰也，諸家釋以爲公謂天子，則不辭甚矣。雖强臣擅國，君若綴旒，然天澤之分，固未改也，何遽顛倒若是哉？又考《本紀》，魏封泰爲安定公，西魏四帝皆泰所廢立，泰死，魏以岐陽地封泰子覺爲周公，遂行禪讓即閔帝業，是追尊泰爲文王。是詩曰天子、曰嗣王者，皆謂魏帝。曰公、曰君子者，皆謂周祖。

第九鼓曰：「避(闕一字)天(闕一字)霝雨奔流迄湧(釋皆作湧，款識本似滂字)盈渫濕，君子即涉，避馬流汧殹，汧殹泊泊，萋萋烝士，駋言西歸，方舟自廲，辻馭湯湯，隹舟以衍，或陰或陽，極深以户(闕一字)，于水一方，烝徒追止，其奔其邀(同禦)，且(同阻)其逌事」(今本已剥落，見《鐘鼎款識》《古文苑》《古詩記》)○詩四章、三章，章四句，一章五句。以○○文義求之，大概言霝雨之害，阻其所事。按《本紀》大統十六年夏五月，齊文宣廢其主而自立。秋七月，太祖率諸軍東伐。九月丁巳，車出長安時，連雨自秋及冬，諸軍馬驢多死，遂於宏農北造橋濟河，自蒲阪還，於是河南自洛陽，河北自平陽，以東遂入於齊矣……此詩蓋欲彌縫其事，以涂人耳目。章首作「避來自東」，東與流不協，蓋楊用修以意增補者，依韻讀之，「天」字下當爲「討」字，言己奉天討而伐齊，而雨自秋及冬，師出無功也。「君子即涉」，言造橋濟河，非懷安也。「避馬流汧殹，汧殹泊泊」，言水深馬病，不能涉也。「萋萋烝士，駕言西歸」，萋萋，整貌，言師退而還，能以衆整也，西歸則東伐可知矣。「方舟自廲」，言舍車騎而方舟也。字書無廲字，石鼓屢見，蓋大篆也，從邑從廣獻省聲，於古地名無考，當從闕疑。「辻馭湯湯，維舟以道，或陰或陽」。湯湯，水盛貌，言辻馭于水中牽舟，以識深淺，或在其北或在其南也。「極深以户」下詩紀有「出」字，與下「止」字不協，或是巳字借作戺切也。極汲通，言居民周舍皆水，於户切即可汲深也。「于水一方，烝徒追止」言見水邊遠處，辻衆有暫假息者，誠有勞苦之心也。「其奔其邀，阻其攸事」，言士衆皆奔走禦侮之材，自責不能克敵，阻其所事，非僅久雨之故也。

第十鼓曰：「吴人𢡟忮，朔夕敬(闕一字)，䵼西䵼北，勿寵勿伏。」(今本已蝕見《鐘鼎款識》《古文苑》)諸釋以夙爲朝，或以爲敕，以伏爲伐，皆誤。或釋吴爲吴嶽，或破字讀爲虞人，亦於義難通。按𢡟，《説文》作憐哀也從心粦聲忮《説文》作㥛，疾也，從心亟聲。一曰謹重貌。彼虞人，吴嶽之人，安所用其哀憐㥛疾哉？蓋南人皆都建業，爲吴都故地，故北人謂南人曰吴人。按《本紀》大統十六年，梁岳陽王詧遣其世子嶚爲質，湘東王繹遣其子方平來朝。魏廢帝元年，梁遣舍人魏彦來告嗣位於江陵，是爲元帝至恭帝元年，梁元帝遣使，請據舊圖以定疆界，又連結於齊，始與之絶。此詩所詠，蓋梁人遭侯景之亂，初附西魏之時，故爲之哀憐㥛疾，納其質子，受其朝貢，通使往來，無有奄伏，且以告於廟，而作是詩。

論曰：石鼓自唐至今千百有餘年，十鼓僅存其九，文多殘缺，釋之者又時有舛駁，苟好學深思，試爲之拾殘補脱，尋其辭旨，亦未嘗不可得而説也。抑視二雅之文，則褊矣。昌黎既云難曉，何所見而稱其辭嚴義密哉。《吉日》《車攻》言宣王能復文武之業，會諸侯，慎微接下，其所以致中興者，非僅畋獵云爾也。然必刻石以自紀，若後世之慮陵谷變遷，而爲久遠計者，何其陋與！蓋好名之習，盛於魏晉，往往托之於古，以永其傳，由是以降，漸染餘風，日滋枝葉。宇文泰以梟雄之材，得宏達之佐，假空名於西魏，伐鄴通梁，固有包舉宇内之概矣。及身未集，故命史臣作是詩，以明其志。又得史籀殘字，輯以成章，祕而藏之，以竢後人尚論其世，彼其君若臣，固好名之甚者哉。《元和郡縣圖志》云石鼓文在天興……尤可歎息。按石鼓至唐始出，元和中不及二百年，昌黎見其紙本，作石鼓歌，云「毫髮盡備無差訛」，宜非尋常所易得者。又云「年深豈免有缺劃」，則其初出土時，已非完本矣。蓋昜即蘇綽之曾孫，吾意彼必聞之家牒，知是詩作於何年，藏於何所，且知其欲託之史籀之跡，故取顯然有涉宇文時事者劃去之，使讀者無從章分句絶，辻重其字而畧其辭，遂梡後周之制，作與六藝同科。如昌黎所云者，是其缺劃，不猶愈於完本乎。張懷瓘《書斷》亦疑之於大篆之外别爲籀文，云其跡有石鼓文存焉，李斯小篆兼采其意，蓋以石鼓間雜小篆耳。開元中蘇氏方盛，言文章者悉宗之，依違其説，抑有由也。不然唐時大篆久失傳，昜既知爲宣王史臣所造，何不言諸朝，使博士讀之，以備逸詩可也，顧弟稱其字跡取重虞褚歐陽而已哉？是皆可疑者，記曰疑事無質作《石鼓然疑》。

爲魏太平真君所刻，曲爲駁辨，勉强附合，愚者多受其惑。想成某必不識古籀文筆法者，即秦漢祖刻石篆尚不及一，矧後代邪。（抄本僅重搨石鼓文及石鼓文音訓）

《周秦刻石釋音》原序（此實本楊文昺）

元吾衍　箸

自序云：

石鼓文前人音辨多矣，然皆以斷文連屬，曲取意義，其字有不可識者亦强爲之辭，質諸真刻，或前後相遠十餘字，何其陋耶！余舊藏甲秀堂小譜，圖畫鼓形，隨缺補字，以意想象，則「我車既攻」、「維楊及柳」之句，不止乎此。因取真刻置几上，列錢爲文，以求章句，參以薛氏《款識》及《古文苑》等書，隱度成章，因影得表其闕文，不敢以己意填補，依《穆天子傳》例，補以圍方，其有重文，亦注於右，不可識者闕音。惟鄭樵《音訓》，最爲乖誕，因削取不用。昔淳熙間楊文昺以詛楚、石鼓、泰山、嶧山碑作《周秦刻石釋音》，其瑯琊之碑，不類秦文，亦與收入，似未盡善，今皆删定，止存泰山、嶧山刻字，併二世詔文，正詛楚絆（縫）遝（遂）二字共成一卷，仍以周秦刻石爲題號云。至大戊申十二月，魯郡吾丘衍序。

司馬池，字和中，夏縣人，知鳳翔。（《陝西通志》五十二引《隆平集》）

鄭◇

石鼓在鳳翔縣南二十里之石鼓原。（《通志》七十三卷引《賈志》）

王處舟

呂世宣（成日間人）《愛吾廬題跋》

十鼓唯《薛氏鐘鼎款識》不蝕一字，餘如牛氏《金石圖》，存三百二十二字。姚氏因宜堂帖本，除重文外，存二百十六字，半泐者七十四字，茲所存者僅二百四十字。

蔣衡拙《存堂題跋》

余不解篆法，曩有拙存堂臨古帖三百六十種，以族弟星泉所模石鼓文冠諸蘭。

附有關雍邑刻石羣書及叢帖目〔七八〕

疑韓元吉僞託《古文苑》（卷一有釋文與鄭本畧同，疑即采鄭本。章樵注采施宿音甚詳）。

薛尚功　《鐘鼎款識》（卷十，有摹本及釋文）
董逌　《廣川書跋》（卷二，有釋文及石鼓文辨）
程大昌　《雍録》（有……）
吾衍　《周秦刻石釋音》（有釋文，其附録采自施宿音，又有吴志淳所附虞集《石鼓序畧》、《好古齋銘》、揭曼碩《贈吴王》一隸書行）。
都穆　《金薤琳琅》（卷一，有釋文及其題跋）
朱存理　《鉄網珊瑚》（卷一，有趙撝謙本題跋）
劉侗　《帝京景物畧》（卷一，有題跋及詩）
馬驌　《繹史》（卷　有摹本，據當時存字，又有釋文，係用僞本）
《日下舊聞考》
《國子監志》
牛運震　《金石圖》（乾隆八年，摹圖並附釋文，其《遊水》石首缺二行，餘亦多錯誤）。
雍正　《陜西通志》（卷九十四）
康熙　《鳳翔縣志》
《寶鷄縣志》
王昶　《金石萃編》卷一
馮晏海　《金石索》
李光暎　《觀妙齋藏金石考畧》
張德容　《金石聚》
吴玉搢　《金石存》
同治　《畿輔通志》（卷一百三十八）

《詁經精舍文集》

劉心源 《奇觚室樂石文述》

附 羣書及羣貼有關雍邑刻石目〔七九〕

書名	卷數	摹本	釋文	音訓	題跋	考證	藝文	附録
古文苑	卷一		有	有				
薛氏鐘鼎款識	卷	有	有					
廣川書跋			有			有石鼓文辨		
雍録								
周秦刻石釋音			有	有		有		

下篇 記載之部

一 藝文

藝文目

吴苑 《石鼓歌》

姚大榮 《石鼓歌》（《惜道味齋集》）

《石鼓記》（見《明文海》）

《石鼓小記》

吴騫《石鼓亭歌》爲芑堂明經作。（《拜經樓詩集》二）

二　故實

三　雜録

須查檢者

周越《法書苑》

雍縣改天興縣（何時）

《廣川書跋》卷二《石鼓文辨》，有釋文，缺《鑾車》石，次亦不同。

《國子監志》六十一卷第二十三册

至元八年，許衡授集賢大學士國子祭酒，即南城之舊樞密院設學。

《天府廣記》卷三　學宫條：元太宗六年，於金故都設國子學總教。元世祖中統二年，命諸路置學舍學校官，而大都路未設學，統於國子學。八年，立京師蒙古學。十三年，置大都路學署，曰提舉學校所，移周宣王石鼓於此。二十四年，遷都北城，立國子學於城之東，乃以南城國子學爲大都路學，復移石鼓於國子學。至泰定三年，重修而學制太備。泰定三年，馬祖常重修大興府學，孔子廟碑文……至元二十四年，既成，今都立國子學，位於國左，又曰故廟爲京學。

國學條：元世祖至元六年，以金樞密院立國子學。

《國子監志》十　志稱太祖平燕京，王檝請以金樞密院爲宣聖所謂南城國子學是也。

《世祖記》二十四年閏二月，設國子監。

檢書

天一閣本石鼓（見《夢碧》四、十六、十七，又當檢《鮚埼亭集》）

《法書要録》、《集古録》、《廣川書跋》、《能改齋漫録》、《資古紹志録》、《籀史》、《雍録》、《姚氏殘語》、《復齋碑録》、《鐵網珊瑚》、《升庵外集》、《金薤琳琅》、《庚子銷夏記》、《曝書亭集》、《鮚埼亭集》、《思古堂集》、《潛研堂金石跋尾》、《周秦刻石釋音》、《古文苑》。

《平津讀碑記》一、一　右石鼓文在國子監大成門左右，石鼓至唐始顯，《後漢書・鄧騭傳》李賢注：「今岐州石鼓銘，凡重言者皆爲『二』字。」宋人言石鼓，見於唐人箸録者，獨不及此注，何也？第一鼓「𩏂」字，《説文》「業」古文作𤇾，𩏂即業字。詩云「四牡業業」，與𩏂𩏂義合。第四鼓「𡚱」字，《説文》餴或從賁作饙，或從奔作𩞃。𡚱即奔字，鄭夾漈以爲「拜」字，非也。

𡚱字作奔，説極是。或因戊鼓有「奔」字以疑此條。愚謂甲鼓「避」字，與庚鼓「我」字，何妨並見，此即「𡚱」字與「奔」一字，而丁鼓、戊鼓並見之例也。（覃谿）

有關書籍

《古文苑》

薛氏《鐘鼎》

《金薤琳琅》

《金石萃編》

《金石索》

《金石圖》

《金石聚》

郭沫若

于思泊

模本

岐下摹本 ＼ 薛氏《款識》

甲秀堂本

汝帖

楊慎本　陶滋本　縮本石鼓文　胡正言

石硯本

張摹本 ＼ 隨軒

阮摹本 ／ 楊 ＼ 伊　何　尹

楊氏本？

已看書記

《法書要録》

《述書賦》

《鉄網珊瑚》（趙本題跋）

《寰宇貞石圖》（有近搨石鼓）

《望堂金石文字》（北宋本石鼓用阮刻本，有楊氏一跋可抄）

張德容《金石聚》（所輯甚多）

《天咫偶聞》

《日下舊聞考》（六八、六九、七十）
《金石古文》
《寫禮廎讀碑記》
《香南精舍金石契》
《金石學録》
《元和郡縣圖志》
孫洙　元豐間，累官翰林學士卒。
《雲谷雜記》辨石鼓，以石鼓爲秦，起於任汝弼。
石韞玉　《獨學廬稿初稿》　有石鼓文辨
汪中　《述學》　駁宇文周時説。
《讀書脞録》　秦文公時
《詁經精舍文集》
石鼓有靈石楊氏整幅本，曾上木，徐考。
學古齋金石（《金石畧》鄭樵、《南豐跋尾》、《古刻叢抄》、《金石史》、《金石續録》、《庚子銷夏記》、《亭林文集》、《識小篇》）
《書小史》
《金石書目》
《金石名著》
《金石箸述名家》
《觀妙齋藏金石文字考畧》
《寶刻叢編》殘本
《雍録》

雍正　《鳳翔縣志》
《墨池編》
《書史會要》
《帝京景物畧》
《書苑》（《法書要録》、《翰墨志》、《書史》、《法帖刊誤》、《東觀餘論》、《書法鉤玄》、《寶章待訪録》）
（三十一册）《國子監志》七十九（成德《石鼓記》、李周望《石鼓音訓跋》、孫嶽頒《石鼓文抄序》、明楊士奇《石鼓文後》）
八十　陳廷敬《石鼓歌》、潘耒《石鼓歌》、吴苑《石鼓歌》、王原《石鼓歌》、張尚瑗《讀王令貽石鼓歌追和子瞻韻》、宋犖《石鼓歌用蘇子瞻原韻和王令貽張宏蘧》、沈德潛《石鼓歌》、又《太學石鼓賦》、王云廷《太學十詠・周宣石鼓》、李驤元《太學石鼓賦》、胡長齡《石鼓賦》、《石鼓後賦》、元周伯温《石鼓賦》、羅曾、李丙奎、揭傒斯《石鼓詩》、宋褧《送汪編修出知餘姚州賦得石鼓作》、馬臻《文廟石鼓詩》、吴師道《賦得石鼓送達兼善出守紹興作》、吴萊《石鼓詩》、顧文昭《石鼓詩》、盧元質《石鼓詩》
明唐之淳《石鼓詩》、程敏政《石鼓詩》、李東陽《石鼓歌》、何景明《觀石鼓歌》、王叔承《石鼓歌》、黄輝《石鼓歌》、焦竑《石鼓歌》、王家屏《石鼓歌》、朱國祚《石鼓歌》、郭天中《石鼓

建中四年
徐浩《古蹟記》（學津本《法書要録》三、廿四）
史籀石鼓文
又五、三　竇蒙注《述書賦》（與徐浩同時）
岐州雍城——即其文也
張懷瓘《書斷》籀文　其蹟有石鼓文存焉，蓋諷宣王畋獵之所作，今在陳倉　七、七
《鐵網珊瑚》（卷一）趙則古跋　吴但跋
（十七十八兩册）**《日下舊聞考》**六十八
增《春明夢餘録》、康熙《石鼓贊》、乾隆《石鼓歌》、《石鼓詩》、沈德潛《石鼓歌》

《天咫偶聞》四卷二、六九、七十葉，《石鼓文集注》　文公　《十篆齋題跋》？重刊十鼓次序。

卷二函海本

《金石古文》

《香南精舍金石契》此乾隆五十五年，先外祖劍峯公（諱哈當阿）官福建水師提督時賜本也。先祖官閩浙總督時，亦得有賜本。

《校碑隨筆》載字數（本前後），《庚子銷夏記》卷四。

《石墨鐫華》一、二

李嗣真箸**《書後品贊》**云：「史籀湮滅，陳倉籍甚。」

《韋續集》五十六種書體並序，內第十五大篆云「周宣王史史籀所作也，亦曰籀篆石鼓文」是也。見陳思**《書苑菁華》**

《封演聞見記》有石鼓一條。

《日下舊聞》采書目有趙氏師尹《石鼓文考注》、朱氏茂皖《獵碣考異》二書。《繹史》有石鼓文。

《元和郡縣圖志》卷第二：鳳翔府天興縣（本秦雍縣）。

《金石史》卷上：周岐陽石古文，岐陽石古文……而題曰：周岐陽石古文——足刊古今之謬。

趙吉士《寄園寄所》卷七

人情信遠而疑近，訛以傳訛，莫甚於石鼓。或以爲成王鼓，或以爲宣王鼓，或以爲文王鼓宣王刻，又或指以爲秦鼓，總由韋蘇州、韓吏部諸公好古過甚，爲古所誤。偶見石鼓古文，未及詳察，移近就遠，揣摩影響，後人見二公崇信，益加想像，認假成真。孰知其爲宇文周之鼓，其文出於蘇綽諸人之手，其字體亦摹古文而爲之者哉。今但以其文考之，則可見矣。自一章至十章，所述麀鹿雉兔鰋鯉，不一而足，要皆拾慧于《車攻》《吉日》諸篇而出者，此可見金人馬子卿之辨，當必信而有徵也。焦弱侯云據《北史·蘇綽傳》周文帝爲相，欲革文章浮華之弊，因魏文帝祭廟，羣臣畢至，乃令綽爲大誥奏行之，是後文筆皆依其體。西魏文帝十一年十月，嘗西狩岐山。其子武帝保定元年十一月丁巳，狩於岐陽。五年二月，行幸岐州。由此言之，則石鼓文爲宇文周所造無疑，文既倣書，則詩體倣《詩》亦無疑。觀太和元年正月考路寢，命羣臣賦古詩，亦其一證也。

錢泳《履園叢話》卷九

楊用修云：得李賓之家唐人搨本全文，恐是升庵僞造。今陽湖孫淵如觀察竟取楊本刻諸虎邱孫子祠，亦好奇之甚矣。

《金石録補》廿七

文人好異，多置辨詞，要之，其文與書總非晉魏以後所及。今在國子監文廟戟門左右守廟人索錢頗横，予典衣應之，同嘉定孫愷似侯大年吴江周惟彦摩挲甚久，嘆息而出。

又　廿六　誤以王厚之駁歐説爲黄長容。

《行素艸堂金石叢書》本　**《廣川書跋》**引《石鼓考》從《古文苑》《金石補録》廿五則以鑾車爲十，餘同別本。

《杭州揚州重摹天一閣北宋本石鼓文跋》（阮元，《揅經堂三集》三卷，《文選樓叢書》十一）

《重搨天一閣北宋石鼓文考》趙春沂

又　吴東發　三十二

又　嚴傑

乾隆《岐山縣志》卷一　積石原，一名南原，在縣南十五里，南北當在雍渭之間。西界汧水（即寶鷄底店），東界大横水（即武功川口），在境内者，西自史家凹，東至羅局鎮，約四十里。《水經注》渭水自合磻溪水，又東逕石原南，又東逕五丈原北，又東至郿縣。通考郿有積石原，諸葛亮屯五丈原，司馬懿使郭淮先據北原。《魏畧》與亮合于積石陽原而戰，亮不得進，還于五丈原。

《元和志》在郿縣西北二十五里。

《岐山志》按積石原舊志遺載今原下人及郿人猶名北原，又按縣東南羅局鎮，距郿縣十餘里，《元和志》所云二十五里，即今岐山境内也。渭水東逕石原即北原也。（《水經注》）蘭按：過汧水爲寶鷄界西平原也。

武功縣三時原（一名南原），在縣西南二十里，高五十丈，西入扶風界。（《元和志》）

麟遊縣有石鼓峽，石臼山。唐光啓三年，由令孫奉上發寶鷄，增禁兵守石鼻爲後拒。蘇軾曰：鳳翔寶鷄縣武城鎮，即俗所謂石鼻寨也。（《通鑑》胡注）

武功縣有三時原。(《陝西省志》第六册圖)

扶風縣　三時原在縣南二十里，東連武功界。(《雍勝畧》)今阡隴彌望，去古既遠，畧無遠跡。(《雍大記》)

又《石鼓釋文》用僞本

乾隆重修府志　十　高元《石鼓歌》三十二韻。

乾隆重修《鳳翔縣志》卷七　録石鼓文(用僞本)，又有明李延興石鼓歌。(畧節)

乾隆《寶鷄縣志》五　石鼓用楊升庵本，繪作鼓形，云：「鼓大經三尺餘，高三尺餘，惟甲鼓頂凹，餘皆平。」

卷一　石鼓山，治東南十五里，山麓有石如鼓者十，周宣王鑿之以紀中興，有史籀書，而山以此名。(許孫荃詩)

卷五　東石鼓寺，縣東三十五里，石鼻故城內。邑人楊純詩：「石鼻漢世舊原陵，貝葉今傳最上乘。壘建金湯垂相業，寺名石鼓志中興。殘碑還見蟲文字，殿古猶存入定僧。空相不生原石滅，同來方丈尚傳燈。」

石鼻城，縣東四十里，武侯築，以攻郝昭。即古天興縣，俗名石鼻寨。(宋蘇軾詩)

石鼓寺，縣東南石鼓山側。

陳倉故城，縣東二十里，有二城相連，上城秦文公築，下城魏將郝昭築。

陳倉縣，秦文公所築，因山爲名，有山下二城，上城文公築，下城是昭築。(《元和志》)

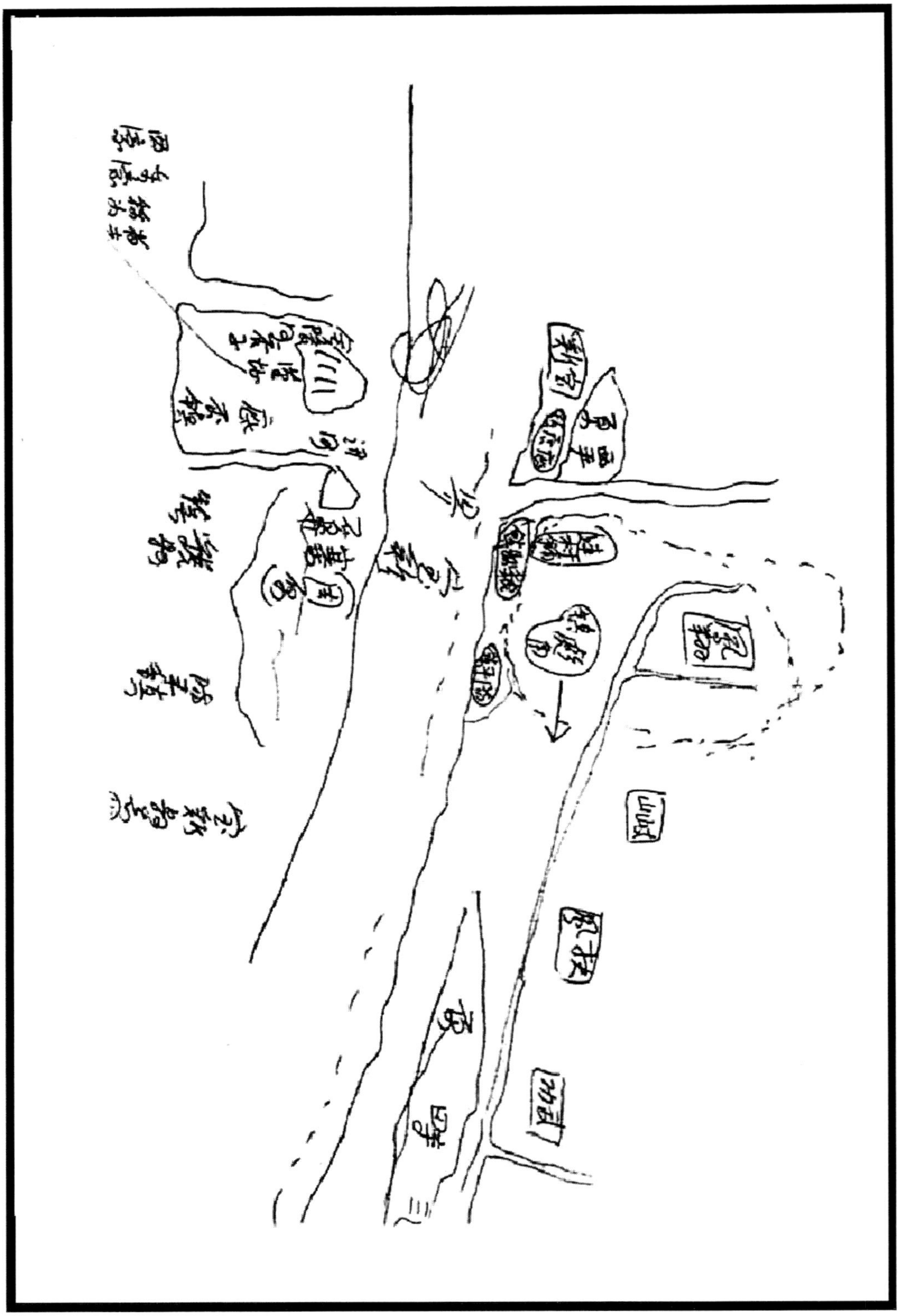

石鼓原，康熙《鳳翔縣志》卷一，與雍正志同。

西平原，城西南三十里。

石鼓用《古文苑》？或《音訓》本？「遺遺」下云：「趙本有此二字。」

（北平圖書館藏善本乙庫）

《石鼓文釋存》馮登府手題首頁云：張芑堂得天一閣北宋本，以贋本易之，歸而作此釋，不及吴氏東發之詳盡也。

又云：石鼓當屬嬴秦，鄭夾漈之言可信。

又云：天一閣北宋本，乃希世之珍，已被此公竊去，阮氏繙本，故爲異同，總無向傳師皇祐之跋，此本補釋中，論及其左證確矣。今閣中本卻有阮氏題字，屬其寶守，其欺誑甚矣。古來巧偷豪奪之事有之，莫甚於此事矣。范氏其何以對祖宗邪？今年范生多銑見阮公於京師，尚提及石鼓，多銑茫無以答也。

順治《寶鷄縣志》卷二　許莊詩

石鼓山，治東南十五里，山麓有石如鼓者十，周王鑿之以記中興，今在國學。

西平原，治東北十五里，周原霽零治東北。

石鼻寨，縣東四十里，漢武侯築以拒郝昭，俗乎石鼻寨，即古天興縣。

東坡詩：「平時戰國今無在，陌上征夫自不閑。北客初來試新險，蜀人從此送殘山。獨穿暗月朦朧裏，愁渡奔河草莽間。漸入西南風景變，道邊修竹水潺潺。」

號國城，治東六十里。

武城樓，治東三十里，陳守亮守鳳翔縣時建，今廢。

卷二　號縣鎮（治東五十里），陽平鎮（治東七十里），底店鎮（治東三十里）。

石鼓寺　治東三十五里，石鼻寨故城内，即古天興縣地，《康熙志》同。

康熙《寶鷄縣志》載石鼓，係僞本。

《陝西通志》卷三十六　寶鷄縣底店鋪迤北，至鳳翔縣連村鋪二十里。

《觀妙齋》（《朱子詩傳遺説》、《墨林快事》、《曝書亭集》、《韻語陽秋》、《趙古則跋》、《銷夏記》、《金石文字記》、《金薤琳

琅》、《莽州山人稿》、《石墨鐫華》、《升庵外集》、《金石文》

《寶刻叢編》卷一（《諸道石刻録》、《金石録》、《資古紹志録》、鄭樵《石鼓音序》、臨川王厚之、施宿《石鼓音》。）

《雍録》卷九　岐陽石鼓文一——七

雍正《鳳翔縣志》卷一（古跡：石鼓原，在城南二十里之石鼓鎮，石圓微長，其數有十，詳《藝文下》。三時原，城南二十里。《括地志》云：「秦襄公作西畤，文公作鄜畤，靈公作吴陽上畤。」又《封禪書》云：「秦文公作鄜畤，靈公作吴陽上畤，宣公作密下畤，蓋三畤皆在此，並此故名。」卷九、署郡倅王又樸《追懷太學石鼓歌》云：「及來岐陽周所建，文謨武烈誰與傳，獨有南原四十里，石鼓雖去名未捐。」）

《墨池編》（潛溪隱夫）十卷引《續書斷》（周越字子發，仕歷三門，發運判官，以司勳員外郎知國子監書學，遷主客郎中以卒……當天聖慶曆間，子發以書顯，學者翕然宗尚之，然終未有克成其業者也，嘗撰書苑，屢求之不能致，無以質疑云。）

《直齋書録解題》十四

（《古今法書苑》十卷，主客郎中臨淄周越撰，越與兄起皆有書名，起書未見越，書間有之，俗甚。）

《帝京景物畧》（都城東北艮隅……岐陽之記獵也以鼓，韓、韋、蘇、梅，揭傒斯、唐愚士、李東陽、何景明、王維楨、王家屏、沈一貫、劉應秋、鄧宗齡、董其昌、黄輝、方逢年、于奕正、郭天中。）

《拜經樓詩話》卷二，駁諸家「員員獵獵」之説，謂：「惟馬氏《繹史》謂員與古爰通，斿即游。『君子員員獵獵員斿』當爲『君子爰獵，爰獵爰遊』，句調始葉然。馬氏以員爲爰，非是。按：員即云也，《漢書・韋孟諫詩》顔籀注引《秦誓》『雖則員然』，周益公謂：『云乃員之省文。』」（詳《困學紀聞》）

《拜經樓詩集》卷三　吴騫《石鼓亭歌目》注：「亞箬」疑即「婀娜」。第五鼓有「極深以户」句，按户與扈古通，《春秋傳》「屈蕩户之」，《説文繫傳》作「屈蕩扈之」。

顧千里《思適齋集》十六卷　跋石鼓文「爲卅里」者，《小雅・六月》之「於卅里」也，《鄘》詩「作於楚宫」、「作於楚室」二「於」字，張載《魏都賦》注引作「爲」。或《毛詩》「於」，《三家詩》「爲」字歟？鄭注《聘禮記》云「於讀曰爲」，注《士冠禮》云「於猶爲也」，古於、爲通用。

鄭以來不知所在（整理者按：前文遺失）。

《**九朝編年備要**》宣和元年九月，燕蔡京保和新殿，京作記以進。畧曰：「保和殿三楹時落成於八月，而高竹叢檜已森陰蓊鬱，中楹置御榻，東西二間，列寶玩與古鼎彝玉芝，左挾閣曰妙有，右挾閣曰宣道。有稽古閣：邃古、尚古、鑑古、作古、訪古、博古、秘古諸閣。稽古閣有宣王石鼓。」（王禕云宣和殿，誤，詳後）

鄭樵《**石鼓考序**》大觀中置之辟雍，後復取入保和殿，經靖康之變，未知其遷徙否？

王厚之《**復齋碑録**》大觀中歸於京師，謂以金填其文，以示貴重，且絕摹搨之患。初致之辟廱，後移入保和殿。靖康之末，保和珍異北去，或傳濟河遇大風，重不可致者皆棄之中流。今其存亡，特未可知。

《**元史**》卷一五三《**因樹屋書影**》元初都城廟學燬于兵，王檝取舊樞密院復創立之，春秋率諸生行釋菜禮，仍取岐陽石鼓列廡下，石鼓迄今無恙，檝功也。

虞集《**道園學古録**》大都國子監文廟石鼓十枚，其一已無字，其一但存數字。今漸磨滅。其一不知何代人鑿爲臼，而字卻稍完。此鼓據傳聞，徽宗時自京兆移置汴梁，貴重之，以黄金實其字。金人得汴梁，奇玩悉輦致燕京，移者初不知此鼓爲何物，但見其以金塗字，必貴物也，亦在北徙之列，置之王宣撫家，後爲大興府學。大德之末集爲大都教授，得此鼓於泥土草萊之中，洗刷扶植，足十枚之數。後助教成均言於時宰，得兵部差大車十乘，載之於今國子學大成門内左右壁下，各五枚，爲磚壇以承之，又爲疏檽而扃鐍之，使可觀而不可近。然三十年來，摹搨者多，字畫比當時已多漫滅者。然移來時，已不能如薛尚功《鐘鼎款》文所載者多矣。大抵石方刓而高，畧似鼓耳，不盡如鼓也。

周伯温《**石鼓賦序**》皇上踐祚之始年，有謂置石鼓太學，遂列於宣聖廟之兩塾，尊之也。明年改元皇慶，余列國子生，撫玩之。

吾衍《**學古編**》真本在燕都舊城文廟。

《**吴文正公集**》余嘗至燕都孔廟草莽間，手撫遺蹟。

潘迪《**石鼓文音訓**》靖康末，金人取之以歸于燕。聖朝皇慶癸丑，始置大成至聖文宣王廟門之左右。

王禕《**王忠文公集**》宋東都時，嘗鑄金填其刻文，□□□□□，金人入汴，剔去其金，而棄去之。故自靖□□□□□□□，搨本絕不易得。□□□□□□□□□□□□，可知國朝既取中原，乃輦至京師，置國學廟門下，於是搨本日以廣，而字畫益漫漶不可辨矣。至正年義烏王禕。

吴但跋……自周宣王時逮今二千餘年，石鼓之顯晦每有關於世運之興衰，今自變故以來，其存没未可知，而氊包輦運，金填檽護，固不可復得……

《**王文端公集**》永樂十一年，予從太宗皇帝來北京，乃得見石鼓於太學門下。

《**素齋集**》石鼓文並音訓，在今北京國子監先聖廟門內，始余欲求之，而未知鼓之所在，永樂七年來北京，乃見之於此。欲摹搨其文，未暇及而歸。後四年，扈從再至，又明年始摹得之。

《**金石存**》卷一吴玉搢：右周石鼓文十章，前人論之詳矣。大抵謂爲秦惠文以後，及宇文周時物者，固是瞽説。而必指爲何王之世，何人之書，引證雖繁，亦無確據，又不必也。特以文詞字畫求之，信非先秦以上人，不能爲此文詞。雖不可盡通其存者，正與雅頌相類。不僅因《車攻》數語偶同今《詩》也，至字畫之工，亦有目者之所共見。不但漢以後人不能仿佛其一筆，即上蔡諸碑對之，亦頓分今古，豈可妄引不相關之載籍，肆其訾議事乎。

釋文多誤。第六鼓下附説：「謂兩家次序互異，施氏所謂第六鼓者，即傳師所謂第十鼓耳。」

《**校碑隨筆**》謂明搨、國初搨本，「氐鮮」五字未損。又謂明搨本、國初搨本之别在第四鼓第五行「輶車載道」之「載」字，如「載」字下右角尚存，即爲明搨本。若第八鼓尚存一「微」字，尤明搨之在前者也。予未之見，予見最舊明搨本，第二鼓四行，「黄帛」二字，五行其字，皆未爲石花所泐。及第九行「柳」字下有一小方，亦未泐落，其前行之半「目」字可見。此種搨本不可多得——近有石影本，即「黄帛」未損本也。——旋更見一搨本，第二鼓第一行「毆」上「汧」字，第二行「處之」上「鰋鯉」二字，皆完好。第四鼓第五行「輶車載道」之道作「衍」，亦未泐，意非宋搨，亦元搨歟？

《**來齋金石考畧**》卷上：余又藏有宋淳化間檇李李揆摹本，縮小鼓文，特爲精彩，共四百五十字。

元人乃能自秦移至燕都，懸隔三千里。

昔梁茝林中丞所藏僅乙鼓，「朔」上「其」字當完好，「柳」字當見右半，丁鼓「虎」字當露下半，謂是爲百餘年前舊搨。

（見《退庵題跋》）

傅以禮有《萬熹齋石刻跋》

張瀚跋趙古則本云：予爲鳳翔醝所官歷九載，數至岐下求石鼓之遺跡，竟不可得究。往往於鳳城士大夫家詢見殘墨本一、二幅，然亦贋非真也。

《王忠文公集》

《書學聖蒙》

萬斯同

《天咫偶聞》

《周秦刻石釋音》十萬→四十一册

《天放樓集》趙烈文

《庚子銷夏記》四　余家有宋搨薛氏石鼓文，自跋云……薛帖予得之故内精工之，甚恐後人並此不見矣。

按：孫氏又云：薛尚功帖載四百五十一字，今存三百二十五字，數雖少於薛帖，然遒樸而饒逸韻，自是上古風格，薛刻不逮遠矣。殘璣斷璧，終得以真者爲寶也。

又云：石鼓文據楊升庵慎……然陸文裕深謂：石鼓文經博洽之儒……固不若闕疑爲愈，今細讀十詩……絶不道及何也。

《東洲草堂金石跋》三跋　吴平齋藏石鼓文舊搨本。

乾隆年間多三字本，近已不可多得，此真明搨本，多出筆法無數，恨昔年過天一閣，觀北宋搨本，未及細記著之耳。阮刻本頗經瘦銅諸君肊沾，未可據也。

方朔《枕經堂金石跋》二　舊搨周宣王石鼓文跋，以文字筆畫證宣王説。

予童時，曾見吾鄉鄧完白山人油素雙鈎宋搨本於雲衫上人處，約有四百五十六字。

傅以禮《有萬熹齋石刻跋》跋中有近搨字數、年代。

李遇孫《金石學録》四（汪中條下）予以爲石鼓之指爲宣王時作，在唐人自有相承舊説，獨詩之有十序，後人臆説皆可廢也。

顧氏縮本石鼓文　　**清儀閣題跋**

元至元五年己卯，潘愜山司業迪《石鼓文音訓》謂舊墨本有某某字，四明范氏天一閣藏松雪齋本，於潘所謂舊有者具有，且有增多處。吾師阮儀徵公，嘉慶元年丁巳，重摹於石，所由定爲此宋本也。此明上海顧汝和縮臨於硯之搨，視潘所謂舊有者亦率有，則其所據本與范本雖未知孰先孰後，應亦無甚差異。迺或范有硯無，或范無硯有，范係割裂時有錯亂，此可據者爲割爲整，惜顧未識之也。當儀徵屬我家孝廉君文魚兄燕昌用油素書丹時，特據此以資排比。文兄藏揭不全，有數鼓未經勘合，故字數容有不符。夫殘字奇零不齊，文義既不可通，謂某字必在某處，上下必空幾字，以爲一定之本，斷無是理。後之人亦但可隨見存之字學之耳，此硯有内府之寶印，文或顧得舊硯而加刻，亦未可知。乾隆時，有人持至京師，曾到翁閣學覃溪先生石峯艸堂中，此本爲故友宜泉秋部樹培手揭所遺，安邑宋芝山葆淳云：「此硯後入天府，傳本絶少。」今案所縮之文，與新舊各本，有多有寡，有得有失，有顯然可知者，有俱不可知者，畧疏于左……

第三鼓第一行第七字當是「馮」字，阮作[glyph]，是；此作[glyph]，非。吴氏東發《石鼓讀》沿舊説作𢆉吾，甥徐籀莊明經同柏云：「馬字偏箸於右，則右不能有𢆉字位置。」

鐵函齋書跋

甲申秋，屬友人墨揭，不甚佳。未幾得一本於慈仁寺南廊，差勝前本。指爲文王時鼓，而刻詩於宣王時者，韋應物也。指爲成王時者，程大昌、董逌、孫和斗也。指爲宣王者，蘇勗、李嗣真、韓愈、張彦遠、竇□、竇□、徐浩、蘇軾、黄庭堅、黄長睿、都穆、朱存理、趙彦林、王世貞、林侗也。指爲秦時者，鄭樵也。指爲宇文周者，馬定國、温彦威、劉仁本、焦竑、顧炎武也。而余則以爲嚴正自然，渾淪元氣，實爲希世之寶，前後時代，可勿論也。

連江石鼓文，連江吴襄惠公文華得舊揭石鼓文於楊用修，用修得之李西涯，實蘇子瞻藏本也。康熙初，其後人吴子鈞屬冶城李登、陳延之、歐陽惟禮，篆而刻之木，連江令□繼生爲之作序。

再跋○○○○○　○○○○○七百二字楊傳、楊用修得之李賓之，賓之得之蘇長公，既入《陝西通志》，又刻木本以傳。朱竹垞以爲石鼓在唐時便已殘缺，焉得至明尚有完本，况第三鼓……且以郭注「惡獸白澤」入正文中，娓娓數百言，而又以長公詩中……爲證，則是本爲升庵僞作無疑矣。

蘇勗《敘記》卷首云「世咸關中」，即其文也。

卷二：「石鼓文在天興縣南二十里許，石形如

記周王畋獵之事，其文即史籀文之跡。唐貞觀中吏部侍郎蘇勗記其事云：『虞、褚、歐陽，共稱古妙。雖歲久訛闕，然遺跡尚有可觀。而歷代記地理志者不存紀録，尤可歎惜。』」（《太平寰宇記》畧同）

按志云天興縣本……

李嗣真書……

杜甫贈……

（注：石尚在也，至竇臮坦見模本而曰「石尋毀失」，則在鄭餘慶未嘗寘廟之前矣，韓退之……）

（注：高宗武后世）

《王忠文公集》卷十七　跋石鼓臨本。

《歸田類稿》卷十七

張養浩《石鼓詩》：「揭來庠序觀石鼓，玉立儼然三代器。」

《薛氏鐘鼎款識》

《古文苑》

章樵《古文苑注》

陳氏《甲秀堂法帖》

〔一〕　馬衡氏謂底平□，誤，蓋此石舊埋土中□□。

〔二〕　國山碑俗名國碑，與此刻形制畧同，自史能之咸淳《毗陵志》以下，亦俱云其形如鼓。

〔三〕　見《廣川書跋》卷二。

〔四〕　見《雍録》卷九。

〔五〕　見吳東發《石鼓辨》。

〔六〕見《周秦刻石釋音》。

〔七〕見（整理者按：稿本此處未著文）。

〔八〕《三秦記》陳倉石鼓山與此無涉，詳後《發見流傳考》。

〔九〕吴曾《能改齋漫録》引蘇勗《載記》云：云乃周越《法書苑》云誤。詳後《拓本考》。

〔十〕《説文》「碣特立之石」，封燕然山銘云「封神邱兮建隆碣」，《後漢書·竇憲傳》注「圓者謂之碣」。高似孫偉畧云「周宣王石鼓文，蘇勗謂之獵碣，獵碣二字甚生，蘇氏用此，必有所據抄」。任昉《述異記》崆峒山有堯碑禹碣亦用碣字。

〔一〇〕見《廣川書跋》卷二。

〔一二〕鄭説見《石鼓文考序》，程説見《雍録》卷。

〔一三〕見《道園集古録》。

〔一四〕見《金石史》卷一。

〔一五〕見《四庫全書總目提要》八十六卷，又沈梧《石鼓文定本》，謂郭氏「所見石鼓文殆非原刻，因辨石鼓之制，以爲惟鼓形，竟謂爲石古文，未免臆見好奇」。此真以不怪爲怪矣。

〔一六〕反對：《研北雜誌》、《西神脞説》、汪中《述學》、汪上湖。

〔一七〕須校《四部叢刻》本，及孫星衍？

〔一八〕此以異同爲主，不辨存泐。

〔一九〕（整理者按：稿本此處未著文）

〔二〇〕（整理者按：稿本此處未著文）

〔二一〕（整理者按：稿本此處未著文）

〔二二〕見《法書要録》卷三。

〔二三〕（整理者按：稿本此處未著文）

〔二四〕此建置年代據《元和郡縣圖志》，《唐書·地理志》與此微畧。

〔二五〕（整理者按：稿本此處未著文）。

〔二六〕見《通典》。

〔二七〕見《元和郡縣圖志》。

〔二八〕見《史記·秦本紀》正義。

〔二九〕（整理者按：稿本此處未著文）

〔三〇〕見《史記·秦本紀》正義。

〔三一〕《文選》六《魏都賦》注引《冀州圖》、劉邵《趙都賦》。

〔三二〕見《御覽》一六四卷岐州條引，又九一八卷雞條引，畧不同。

〔三三〕見《御覽》四十六卷引董監《吴地記》。

〔三五〕見《御覽》四十五引《冀州圖經》。

〔三六〕見《御覽》四十五引《隋圖經》。

〔三七〕見《御覽》五十引《十三州志》，《水經注》逢山（二十六巨洋水），湘东臨承縣（三十六湘水），朱園山、石鼓山（四十禹貢山水澤地所在），臨平《異苑》，四十漸江水。

〔三八〕康熙、乾隆志均同。

〔三九〕如李遇孫《金石學録》。

〔四〇〕雍正志同。

〔四一〕積石原又名北原，見《水經·渭水注》，則據渭水之北言之。

〔四二〕乾隆志卷五云「東石鼓寺，縣東南三十五里，原石鼻故城内。石鼓寺縣東南石鼓山側」。按石鼓山側之寺，當係後建，故舊志無之。稱東石鼓寺者，即以别新建云寺故也。

〔四三〕（整理者按：稿本此處未著文）

〔四四〕此書已亡？此據《周秦刻石釋音》所引。按《麈史》卷三謂《倦遊録》「乃襄漢間士人爲託名以行」。王銍跋范仲尹墓志，謂爲襄陽魏泰者所假名，未知確否？然終是北宋人所記也。

〔四五〕周越《古今法書苑》十卷，已佚，此據《周秦刻石釋音》。

〔四六〕見《續書斷》。

〔四七〕程大昌《雍録》卷九，據竇蒙注《述書賦》，石尋毁失，謂「毁失在鄭餘慶未嘗寘廟之前，乃鄭餘慶訪求得之」，其説至疏。元和初年，韓愈尚欲薦於大學，而可謂毁失邪？按今本《述書賦》注無此文，僅《周秦刻石釋音》所引「即其文也」下，有「石尋毁失，時見此本，传諸好事」三語，《釋音》本主諸施宿音，施宿蓋本諸鄭樵，程氏亦據鄭樵本所引耳。其實以注文各奔求之，不容有此三句，不知鄭樵本何以有此誤也。

〔四八〕洪适《盤洲集·石鼓詩》云：「先君辛苦朔方歸，文犀拱璧棄弗攜，一編十襲自鐍，更有司馬鳳翔碑。」似司馬池曾立一碑，今不可考。

〔四九〕此跋又見於程大昌《雍録》，引秦丞相家本，及都穆《金薤琳琅》，惟均節引。

〔五〇〕《野護編》謂「石鼓凡十，久棄陳倉野中，僅存其八，唐時鄭餘慶始從置鳳翔縣，至宋仁宗皇佑間，向傳師得其二，於是石鼓始完」，其説殊誤。

〔五一〕此據《周秦刻石釋音》所引胡世將《資古紹志録》則謂在崇寧中，劉侗《帝京景物畧》《寶刻類編》引《諸道石刻録》及鄭樵《石鼓考序》王厚之跋，並云大觀中。

〔五二〕見《資古紹志録》及《雍録》卷九。

〔五三〕見《九朝編年備要》蔡京所作《保和殿記》，又蔡絛《鐵圍山叢談》，鄭樵《石鼓考序》，王厚之《石鼓音跋》，並云取入保和殿，明王禕謂宣和殿乃誤。

〔五四〕見王厚之跋及施宿跋，王氏謂在大觀中。

〔五五〕見明《王忠文公集》卷十七，跋石鼓文臨本。

〔五六〕《天府廣記》卷三三云：十三年，置大都路學署。曰提舉學校所移宣王石鼓於此，二十四年遷都北城後，立國子學於□之東，乃以南城國子學爲大都路學，復移石鼓於國子學。

〔五七〕見《近光集》。

〔五八〕劉侗謂在大德十一年，乃誤讀虞氏文耳。

〔五九〕（整理者按：稿本此處未著文）。

〔六〇〕（整理者按：稿本此處未著文）。

〔六一〕（整理者按：稿本此處未著文）。

〔六二〕（整理者按：稿本此處未著文）。

〔六三〕見《六藝之一録》卷二十八。

〔六四〕（整理者按：稿本此處未著文）。

〔六五〕《史記・秦本紀》正義：「《帝王世紀》云『秦寧公都平陽』。按：岐山縣有陽平鄉，鄉内有平陽聚。」《括地志》云「平陽故城在岐州，岐山縣西四十六里」，然則當在天興東四里，而在南。

〔六六〕見《法書要録》卷三。

〔六七〕張懷瓘亦云在陳倉。

〔六八〕（整理者按：稿本此處未著文）。

〔六九〕所謂四十里者，謂原長四十里。

〔七〇〕《周秦刻石釋音》引作「妙墨」。

〔七一〕△《行素艸堂金石叢書》本。

〔七二〕（整理者按：稿本此處未著文）

〔七三〕提要云：未詳隨齋何許人。

〔七四〕案施宿《石鼓音》已佚，幸吾氏此文尚可考見也。其首卷音，及王厚之序，今詳見《古文苑注》，及潘迪《音訓》所引。其蘇勗以下各家之説，則詳見於吾氏之書。計引蘇勗、李嗣真《書後品》、張懷瓘《書斷》、竇臮《述書賦》並注、徐浩《古跡記》、杜甫《贈李潮八分小篆詩》、韋應物《石鼓歌》、韓文公《石鼓歌》、周越《法書苑》、樂史《太平寰宇記》、歐陽修《集古録跋尾》、趙明誠《金石録跋尾》、蘇東坡《後石鼓考》、張師正《倦遊録》、《姚氏殘語》、鄭樵《石鼓考序》、胡世將《資古紹志録》、《石鼓音》，吉日癸巳刻，跋語凡十九條，即施氏原次，然則施書尚可存也。

〔七五〕（整理者按：稿本此處未著文）。

〔七六〕（整理者按：稿本此處未著文）。

〔七七〕自署爲古華山農。

〔七八〕有摹本或音釋者録此，荃蕞諸家詩文題跋者録此。

〔七九〕凡单條不同入，凡单篇藝文同入。

整理説明：

本稿係一部未完稿，重在整理資料，論述尚未展開。全稿大部分用三百六十字稿紙書寫（不按格），共兩百零二頁，五萬餘字，原裝訂三册，每頁十二行，小字雙行書寫，有當頁批注。手稿字跡有毛筆工楷和鋼筆草寫兩種，顯然並非一時一地所作。

我們見到的文稿係散頁，原稿無全文通碼，且有缺頁和殘頁，全文大部無標點。手稿内有題名爲《汧陽刻石考》的提綱，但現存手稿缺失不全，無法與提綱全部對應。整理者現按提綱大致重新排定次序。原注語改爲尾注，雙行小字夾注改爲大字括注，稿紙框外文字用竪綫與正文分隔開。全文改繁體、用新式標點。

石鼓爲故宫藏品，作者一九三六年受馬衡先生之邀任故宫博物院專門委員。其時，石鼓曾從北京南遷至上海，後又由上海轉運至南京。手稿《著述考》記商務印書館一九三五年出版的馬敘倫《石鼓文疏記》，有「（石鼓）今又自燕都遷至滬上矣」句，知撰寫此稿時，作者已見過馬敘倫書，手稿可能撰写於一九三五年至一九三六年間。

（丁孟）

汧陽刻石考

上篇 [redacted]考釋之部

一 形製及名稱考

二 時代及作者攷

三 存字考

附 北宋諸拓存字比較表

宋以來諸拓存字比較表

四 刻辭考

一 刻辭序次

各家所列石次序表

二 刻辭考釋

各家異文比較表 考釋時代表

三 附刻辭韻讀

中篇 歷史之部

一 出土及流傳考

二 拓本及收藏考

三 摹本考

四 著述攷

一 [redacted]

二 論文或音釋

下篇 記載之部

一 藝文[redacted]

二 故實[redacted]

三 雜錄

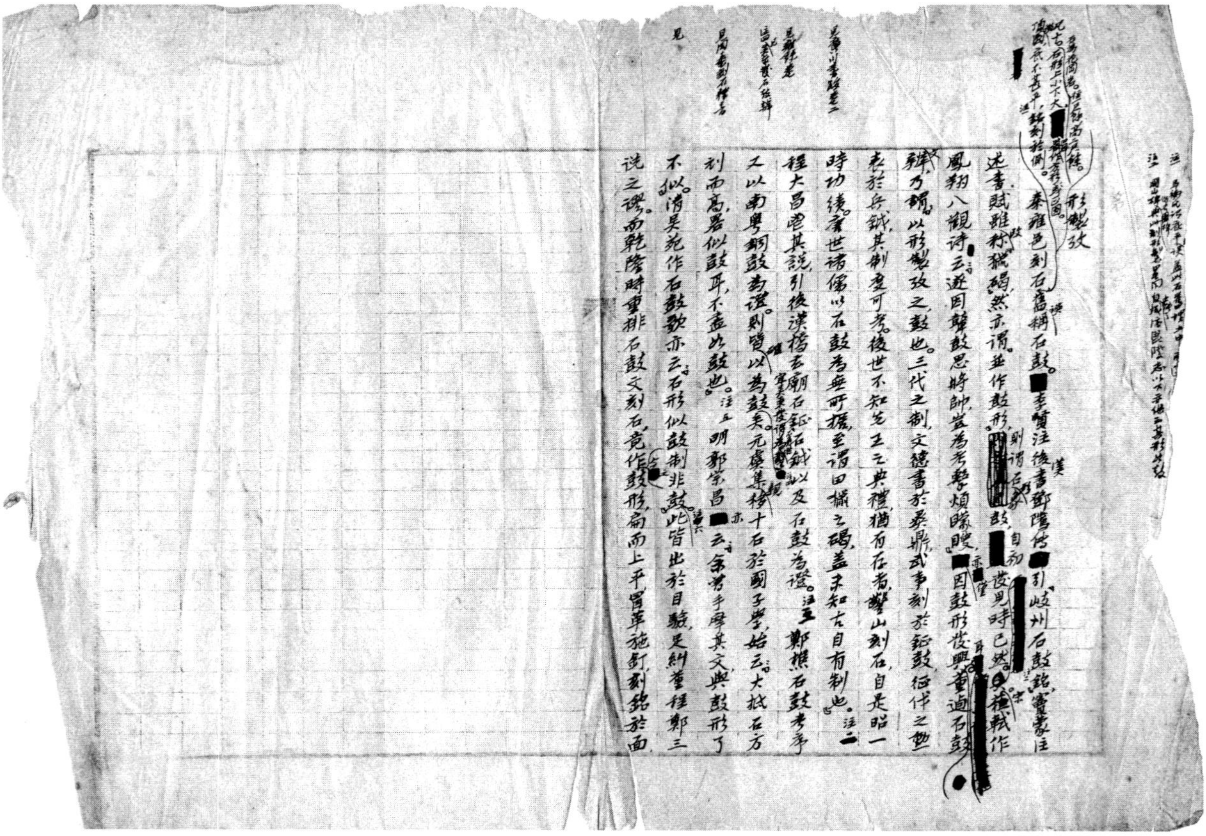

形製攷

秦雍邑刻石，舊稱石鼓。[redacted]李賢注後漢書鄧騭傳[redacted]引岐州石鼓銘，竇蒙注述書賦雖稱獵碣，然亦謂並作鼓形。[redacted]數，[redacted]發見時已然。[redacted]蘇軾作鳳翔八觀詩云：遊因韓鼓思將帥，豈為考擊煩矇瞍。[redacted]因鼓形發興，董逌石鼓銘乃謂以形製攷之，鼓也。三代之制，文德書於彝鼎，武事刻於鉦鼓，征伐之勳表於兵鉞，其制度可考。後世不知先王之典禮，猶有存者。嶧山刻石，自是昭一時功績。宋世諸儒以石鼓為無所據，至謂田獵之碣，蓋未知古自有制也。注二 程大昌申其說，引後漢搉古廟石鉦石鉞以及石鼓為證。注三 鄭樵石鼓考序又以南粵銅鼓為證，則皆以為鼓矣。元虞集移十石於國子學，始云：大抵石方刻而高，略似鼓耳，不盡如鼓也。注五 明鄭棠昌[redacted]云：余嘗手摩其文，與鼓形了不似。清吳苑作石鼓歌亦云：石形似鼓制非鼓。注六 此皆出於目驗，足糾董程鄭三說之謬。而乾隆時重排石鼓文刻石，竟作鼓形，扁而上平，冒革施釘，刻銘於面，

原稿様張二

伍 音韻類

一切經音義反切筆記

校過三卷

東公沖隆弓龍恭凶容鍾江支移皮吹奇猗雌知危彌脂夷飢梨私尸追誰隹龜之基兹慈衣韋於居余餘諸虞俱于朱珠榆胡孤巫枯奴都吾奚兮迷圭攜佳鞋皆恢魁囬迴瓌才災來真鄰仁人身珍巾旻旬遵均雲軍斤勤殷袁煩言昆屯魂奔根寒干安官丸盤姦顔鰥閑賢玄蠲田堅全泉然棉焉緣專員連延雕聊堯遥招驕交包高刀勞牢何多歌和戈麻花家加遐瓜張良楊羊方房堂當郎剛光庚行衡京耕莖宏情盈瓊成丁經陵綾繒恆登曾由牛求周流留尤鳩浮侯鈎溝林金針深南含耽藍甘廉占瞻鹽兼咸銜衫巖

東類

櫳 東力　筩 東徒

公類

虹 公胡　蒙 公莫

沖類

衷 沖知

隆類

嵩隆思

弓類

螽弓之　熊弓胡

龍類

傭攏勑

恭類　凶類

収恭巨　凶巨　凶恭許　臃凶於

容類　鍾類

從容足　毦茸容而　穜容充　蓉鍾庾

江類

瓨江下　膖江普　撞江徒

支類　移類移、匜同

匜支餘　眵支充　黐支勑　蚑支渠　觜貲移子　恀移時　廝移思

皮類

陂皮筆　麾皮呼　床皮忙

吹類

規吹九

奇類　猗類

猗奇一　羇奇居　覉猗居
雌類
疵雌才
知類
馳踟知直　𣟴知力
危類
爲危于　委危於
弥類
錍弥賓
脂類
夷脂羊
祁夷渠　滋夷子　資夷子　眉批：資似支脂亂
飢類
師飢所
梨類　私類
㡂梨父
梨私力
尸類

坻 尸直　胝 尸竹

追類

椎 追直　帷 追于

誰類

唯 誰弋

龜類

衰 龜所　帷 龜爲

之類

笞 之丑　怡 之翼　之弋　之以　之與　胵 之翼　蚩 之充　呞 之勑　之式　氂 釐 之力　麒 之渠　痍 之羊　熙 之虛

基類

旗 基極　嘻 基虛　期 基渠　嘻 基欣

兹類

慈類

祠 兹似　磁 兹徂　伺 兹滑（？）

衣類

晞 衣虛　璣 衣居　祈 衣巨

韋類

蜚 韋甫

於類

居

摴 於勑　儲 於直

盧 居力

余類

餘類

胆余千　蛆餘七　胆餘千　胆餘且　蛆餘子

諸類

與諸與

虞類

衢虞懼

俱類　巫類

踰俱庾　蒟俱側　鳧俱輔　氍俱渠　娱俱牛　扶俱附　巫俱武　污巫紆

于類

孚桴鈇于方　毹于山　氀于力　敷于匹　吁于許

朱類　珠類

喻諛朱以　姝珠充　濡朱而

榆類

趨榆且

胡類　孤類孤、辜、蛄同

洿污胡一　辜蛄胡古　鑪顱胡力　酤胡公　胡孤户　謩孤莫

枯類

觕枯才　應作古依琳

奴類

樗奴他

都類

攎都來

吾類

逋吾布

奚類　兮類

鷖黟奚烏　黟奚一　稽枅奚古　禔奚吐　低奚丁　栘奚是　齏奚子　傒奚口　倪奚五　澌奚斯　嘶奚先　黎奚力　醯奚呼　嘂奚蘇　隄奚都　鞞奚陛

迷類

鞞迷備　蜱迷布

圭類　攜類

奎圭傾

睽攜苦　奎攜口　珪攜古

佳類　鞋類佳、街同

簿？佳蒲　↑　簰　街鞋古

皆類

諧皆胡　儕皆士　豺皆仕

恢類　魁類恢、魁同

隈恢烏

瑰胡魁

囬類　迴類　瓌類

玫莫囬莫迴　瓌古囬古迴　雷力迴　恢苦迴　隈於迴　迴胡瓌

才類　災類才、裁同栽、災同

垓胲古才　栽作才　裁在災

來類

鞞裴蒲來　咳胡來　該古來　猜麁來

△真類　鄰類鄰、驎同

驎里真

娠書鄰　津子鄰

△仁類　人類　身類

晨食仁　繽匹仁　茵於人　甄之人　駰於身

珍類

紉女珍　晛下珍

巾類

嚚魚巾　榛仕巾　駰於巾

旻類

邠鄙旻甫貧悲貧

旬類　遵類旬、循同

倫旬力　屯旬才　循遵似

均類

純均時

雲云類　軍類雲、耘同

棼雲扶　芬雲敷　紛云敷

耘軍禹

斤類　勤類　殷類

齗斤牛　訢斤虛　釿斤魚　欣斤喜　斤勤居　昕殷虛

袁類　煩類蕃、煩同

蕃袁父　黿源袁魚　鴛袁於　蹯袁扶

鐇煩府　垣煩宇

言類

軒言居

昆類　屯類　肫類（？）　魂類

渾昆後　屯昆徒　髡昆口　温昆烏

惇屯都　敦肫都

昆魂孤

奔類

捫奔莫

根類

呑根土

寒類　干類

欄寒力干力　蟠寒蒲　竿寒古　瘢寒薄

安類

𣦼安在　冊安先

官類　丸類剜、豌同

剜官烏　摶官徒　完官胡

觀丸古　鑽丸子　豌丸一

盤類

縵盤莫（借音）

姦類　顏類姦、菅同

斑班姦補　删姦所　販姦匹　蘭姦力

菅顏賈顏古

鰥類

頑鰥吴鰥五

閑類

間古閑

賢類

咥烏賢 因賢

咽於賢

玄類

蠲類玄、眩同

蠲古玄

眩胡蠲

田類

堅類田、填同

吞他田

眠亡田

填徒堅

咥於堅

全類

泉類

蜎於全 一泉

然類

棉類棉、臱同

臱彌然

羶失然

編卑棉

焉類

乾渠焉

犍巨焉

緣類

專類專、塼同損、緣同

宣緣虛　塼緣脂

捐專以

員類

卷員奇

錢類　連類

連錢力

僁寋侃愆連去

延類

挻延尸　涎延詳

彫類　聊類彫、雕、寥、聊同　堯類刁、雕亦同寮、寥亦同

憀寥撩彫力　梟彫古

雕聊都

刁堯都　寮堯力　挑堯他　澆僥堯古

遥類　招類窯、遥同釗、招同

焦遥子　翹遥祇　釗遥指

窯招餘　漂招撫

驕類

妖驕於
交類 包類
胞交補 梢交所 勞交魯 枹交步 棓 鉋交蒲 哮交呼 脬交普
高類
嘲包竹 茅包亡
翺高五 撓高許 豪高胡
△刀類 勞類 牢類
鞀刀徒 號刀胡 牢刀盧 臊刀桑
臊勞桑 曹勞自 糟勞子
陶牢大
△何類 多類何、荷同
呵何於 蘆何力 醝何才 佗何徒 緐何薄 磋何麄 吔何土（應他此依琳） 磋何且
茤多賀 駝 陀多徒
歌類
儸歌力 峨歌五 嵯歌作 荷歌胡
和類 戈類戈、鍋同
鍋和古 窠和苦

睉戈子　戈似　螺戈力　矬戈才

麻類

巴麻百

花類

葩花普

家類　加類家、加、笳同　遐類

唬家呼

拏加女　哆加丑　（字林）

笳遐古

瓜類

窊瓜一 瓜烏　檛瓜竹

張類　良類

良張力

鴦良烏　創良楚　央良於

陽　楊類　羊類楊、羊同　章類

猖倡楊齒　莊陽俎

槍羊千　蘘羊而　儴羊尒　牆檣羊才

颺餘章

方類　房類方、坊同

芒　望亡方　茫無罔方方

坊甫房　肪府房

堂類　當類棠、堂、瑲、當同

瑲都堂

堂徒當

郎類

桁胡郎　唐　塘徒郎

剛類

亢胡剛

光類

萠莫光　惶　煌胡光

庚類　行類　衡類行、衡同

橕　撐紂庚　棖丈庚　行乎下庚庚

槍又行

榜蒲衡　敞丈大？衡

京類

盟京靡　猩京所

耕類

萌耕麥　牚耕敕（原作敕牚，依琳引）　罌耕於

莖類

鸚莖於　敞莖丈

宏類

儚宏霍

情類

圊情七

營類

熒營渠

盈類

嬰盈於

瓊類

縈瓊一

成類

罌成於

丁類

囧丁力　伶丁歷　僔丁匹　腥丁先

經類

亭經狄　汫經蒲

陵類　綾類　繒類

繒陵自　繒綾在　仍陵而

陵繒力

恆類　登類　曾類曾、橧同

登恆都　橧恆則

虋登徒　瞢登亡

緪曾公

由類

啾由子　⿰由隹由視

牛類　求類求、仇同　究與後鳩類同

仇牛渠　鵂牛許

嚘求於　究求居

周類　流類　侜、周、瘤、流同　留類

瘤鶹周力　旒周吕　⿰由隹周視　鼬周異　虯周渠　惆周勑

侜竹流　疇直流　除留
尤類　鳩類尤、郵同
呼匹尤
郵于鳩　桴扶鳩　（應三十四作「哉」，此從琳作「扶」）
浮類
矛莫浮
侯類　鉤類
矛鞪莫侯　㝹奴侯　婁𩓿樓力侯　兜都侯　涑桑侯
餱睺胡鉤
溝類
儒女溝　裒蒲溝
林類　金類
紝女林
痳淋霖力金　砧諸金
針類
淫婬以針
深類
紝如深

南類
惏啉南力　驂南蒼
含類　眈類晗、含同
嵐含力　探含他　眈含都
晗眈胡
藍類　甘類
甘藍古
䖘甘呼　淡甘徒
廉類　占類　瞻類占、瞻同　眉批：此二類可併乎？
籢廉且廉七　燂廉詳　炎廉于　彡廉先　沾霑廉致
爓占羊　譣險占力　讇占以　笘占赤　爓瞻余（此説文音）
鹽類
讇鹽是
兼類
恬兼徒（本徒廉，從琳）
咸類
諵喃喅咸女
銜類　衫類髟、衫同　巖類芟、衫同

攙銜叉　髟銜所

巖衫牛　監衫公

芟巖所　帆△巖扶

眉批：帆《廣韻》入凡

嚴類

整理説明：

本手稿用鋼筆書於毛紙，共十九頁，寫作時間不明。

作者取《一切經音義》部分平聲韵的反切下字，就其同者繫聯成組，再依《廣韵》韵目次第排列，是作者研究玄應《一切經音義》反切的草稿。

（孫順）

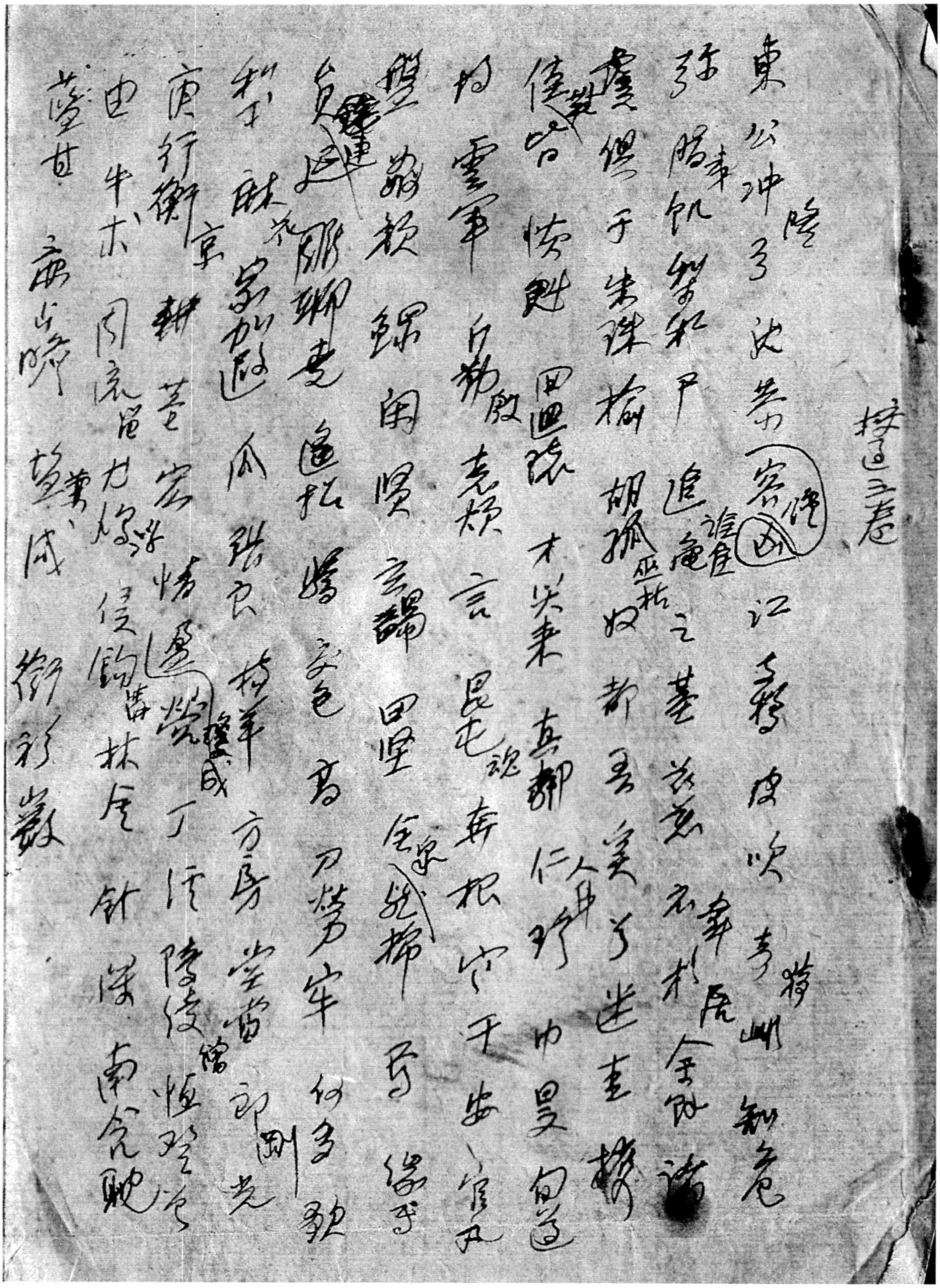

古音札記

說文

代　弋聲　徐鉉謂弋非聲，疑兼有忒音　　忒　弋聲

經　至聲　徐謂從桎省　　桎　至聲

配　己聲　徐謂從妃省　　妃　己聲　今按配從，妃從（巳）　眉批：妃字宜再考，是否即，抑作？

卦　圭聲　徐謂從挂省　　挂　圭聲

暵　𦰩聲　徐謂從漢省

⿱竹殿　殿聲　徐謂從臀省

隸　枲省　徐謂枲非聲　　枲　台聲　《詩》：「隸天之未陰雨」，今本作「迨」。

轘　睘聲　徐謂睘非聲，當從環省　　《詩》：「獨行睘睘」，《釋文》本作「煢」。

熇　高聲　徐謂高非聲，當從嗃省　　《說文》無嗃字

能　㠯聲　徐謂非聲　　古人讀能爲奴來切，漢諺：「欲得不能光祿茂才。」　今按能非形聲字

翬　軍聲　徐謂從揮省　　揮　軍聲　猶圻祈蘄沂之取斤聲，按君轉爲威

贛　竷省聲　徐謂非聲　　《詩》：「坎坎鼓我」，《說文》引作「竷竷」，坎空相轉，坎侯，空侯。贛爲竷之轉聲，猶風爲凡之轉聲。

兊　㕣聲　徐謂非聲　㕣轉爲兊，猶殄轉爲飻。

弼　𠧟聲　徐謂非聲　𠧟有三讀，一讀如誓，誓從折聲，弼從𠧟聲。

眵栘趍㝖移　多聲　徐云多與移聲不相近，蓋古有此音。　猶波皮聲，奇可聲，古音支歌不甚分。

虔　文聲　讀若矜　徐云文非聲，未詳　古音真文先仙互相出入

駮　爻聲　㕙　交聲　徐謂非聲　覺？本蕭宵肴豪入，釣從勺，鞄從包，翯從高，駮從交。

輅路　各聲　徐謂各非聲，當從路省　葯鐸爲虞模入聲，謨莫、個固、傅專、薄溥、路各。

𪚴　燋聲　讀若酋　徐謂燋側角切，聲不相近　燋從焦聲，猶猶摇聲近，倏條、繇宙、秋穮、茅矛、朝舟、彫周。

訴　厈省聲　徐謂非聲　當從㡿

上十二條俱見錢大昕《説文解字跋》

元　兀聲　徐鍇謂俗本有聲字，人妄加之　（見《十駕齋養新録》及《説文校議》，兀讀若夐，瓊或作琁，髡髨、軏軏，蚖虺）　王煦説：「堯亦當從兀聲。」——兀，五忽切　眉批：魏《横海將軍吕君碑》「民無虺蜴」，虺字從元。

整理説明：

該稿毛筆書寫，用朱絲欄框「文華閣」紙，每頁十行，大字單行，小字二或三行，裝訂一册，共三頁，作者自題封面「古音札記」。

因用文華閣紙書寫，估計時間可能在一九三三年受聘爲故宫專門委員之後。

錢大昕《説文解字跋》批評徐鉉不通《説文》「形聲相從之例」，指出其十二例錯誤。作者摘引錢文，並加以補充，然後自撰「元」字一例，蓋欲自一部始分析徐鍇之失。惜僅此一例，工作便止住。

（孫順）

妃字宜再考是否即妃抑作妃

說文

代 弋聲 徐鍇誤弋非聲 疑兼有弋忒音 忒 弋聲

絰 至聲 徐鍇從姪省 姪 至聲

配 己聲 徐鍇從妃省 妃 己聲 案配從己 妃從巳

卦 圭聲 徐鍇從挂省 挂 圭聲

嘆 𦰩聲 徐鍇從漢省

[illegible] 殿聲 徐鍇從殿省

隸 枲省 徐鍇枲非聲 枲 台聲 詩隸天之未陰雨 今本作迨

轘 睘聲 徐鍇睘非聲 當從環省 詩獨行睘睘 釋文本作煢

熇 高聲 徐鍇高非聲 當從嗃省 說文無嗃字

與李榮論切韻書

一 《切韻》音系若干問題

（一）繫聯反切十六公式

作者所謂繫聯反切十六公式，其中有七式是不必説的：

獨韻既與開合口殊趨，當然不會把韻弄到合口去的，這四個公式無必要。

脣音切任何字總是得脣音，也是不用説的。作者總算省了一個脣＋獨得脣的公式（如其嚴格式也應該有）。可是，脣＋脣得脣，＋開得脣，＋合得脣依然是無必要。

除去七式還剩九式：

獨＋脣　不定

獨＋開　開

獨＋合　合

開＋脣　不定

開＋開　開

開＋合　不定

合＋脣　合

合＋開　不定

合＋合　合

這樣就簡單多了，因爲凡開合的問題只出在有開合的韻裏，而且要在那些韻裏除去脣音的部分，所以獨韻和脣音是無問題的。就是這樣也還有問題，因爲獨＋開，實在是不定，並不完全得開。試看：

夐休正切，迥户鼎切　鎣乌定切

説穿了，獨韻脣音在作者都認爲是開口的，作者所以要把脣音也分出來（前人没做過），就因爲獨切脣，開切脣可得合口，例如：

獨切脣　號古伯切　宏户氓切

開切脣　敎下没切

加上了上面獨切開所得的合口，實際都是開切開等於合口。

作者覺得這個公式不妥，所以把脣音分出來，成立了獨切脣不定、開切脣不定兩個公式，分出一部分有困難的字，表面上總算没有開切開等於合（實際上還是有的），但是獨切開等於合呢？

作者在這裏盡力彌縫，他據朱翱《繫傳》反切來改「夐」爲翾正切，據《集韻》來改「迥」爲户茗切，「鎣」爲縈定切，由此得到：

合切開得合　翾正切　縈定切

獨切脣得合　户茗切

彌縫得固然很巧，公式也成立了。可是做學問的方法有問題，就是説太不謹嚴了。

（1）我們既然講《切韻》音系，或者是《廣韻》音系，就只應該用《切韻》、《廣韻》範圍裏的材料，除去校錯字以外，絶不能用朱翱音和《集韻》。

（2）要用朱翱或《集韻》就整個去用，整個去整理，不能單用幾條。

（3）歸納過去反切現象而成公式，是歷史的，所以對於一個系統裏的反切不能有所選擇。歷史不能倒過頭來跟我們的思想走。我們不能把反切中選擇對公式符合的才採用，不符合的掉换。如其我們一定要反切有規律，不如照《音韻闡微》式去擬一套。找材料而專找對自己學説有利的材料，不惜超越討論的範圍，來修正前人的歷史事實，這種方法是不科學的。

所以獨切開有時等於合是事實，我們不能因爲牠不合公式而把反切改過，實在只有修改公式。

還有開切合不定的説法，開切合照一般説是等於合，現在只因作者把一般認爲合口的騂紐改爲開口，才發生了這個問題。這裏我覺得要注意兩點：

⑴ 我承認「騂」本來應該是開口字。不過開合口有時動摇不定，可以混亂。例如模韻「姑」開口，「孤」合口，我們能把模分做兩類嗎？當然推一字的音史，我們應當説「孤」是合口，可是我們現在講獨韻和開合是依據《切韻》繫聯和《韻表》的，《切韻》反切繫聯和《韻表》既然都在合口，我們怎麽可以隨便去改（脣音在外）？要改就得一律改，要不改就得一律不改。我們可以説「騂」字本應是開口，不過《切韻》《韻表》已是合口了（其實開合混亂的例很多，現在方言中亦多此現象）。

⑵ 反切上字獨韻開口居多，以心母來説，《切韻》裏有「蘇先素索送息須相斯私思司胥辛桑悉」等十六字，可只有一個「雖」字是合口，這個字只有一見，在至韻，是跟着脂韻雖（綏）字來的，這種是《切韻》裏的特例，不是通用的反切上字，所以可以説，普通反切上字裏，心母就根本没有合口字。心母《切韻》裏有二十四個合口，除了「邃」字以外全是開切合，所以拿反切用開口上字來證明開切合等於開的説法，是不能成立的，因爲做反切的時候，像心母之類，還不大有合口上字，或者簡直没有。

所以這條公式是不必也不能成立的，講《切韻》或《韻表》的音系，騂紐究竟是合口，那末這條公式應該修正爲開加合等於合。

如其要有公式的話，應該修正爲：

獨＋脣　不定
獨＋開　不定
獨＋合　合
開＋脣　不定
開＋開　開

開＋合　合

合＋脣　合

合＋開　不定

合＋合　合

不過這樣一來，合口韻就没有問題了，獨韻，開口，合口，只有開合韻中的開口韻母有問題，把上面九個公式簡化一下，有問題的就只剩了兩個公式：

開加開　不定

合加開　不定

如其我們不用公式的話，就可以説⑴獨韻總是獨韻；⑵脣音總是脣音；⑶開合韻裏的合口韻總是合口；⑷開合韻裏的開口韻，在見系裏有些反切應該歸入合口韻，這種現象大抵出現於脣音字韻母前，此外《切韻》裏有兩個在來母前（縣，黄練反；往，王兩反），一個在見母前（位，洧冀反），還有青迴徑韻裏（螢，胡丁反；泂，古鼎反；迥，户鼎反；鎣，烏定反）在端定母前，勁韻（敻，休正反）更在照母字前。至於反切上字大抵用獨韻，間有開口，只有匣母、于母、曉母有合口化的傾向（曉母只有一個：洫，況逼反）。

這樣似乎可以包舉《切韻》裏的一切反切，就是説我們不用去改反切。所以我認爲太公式化機械化的整理，有時候是治丝而益棼之。

（二）「又音」和「i化聲母」

繫聯反切方面，作者似乎有一個大缺點，他把無數不同的反切竟看成是一個體系了。我相信陸法言《切韻》原本會有若干又音的，不過即使是《切三》，已經不是《切韻》的原本，（因爲《唐韻》所根據的本子有時確比《切三》早得多），所以現有《切三》的又音，就有許多是可疑的。加以陸法言以後每一個韻書，就有牠自己的系統，像《王韻》就狠可以表現出來，還有些是從别的古書裏抄來的音。所以從《切韻》到《廣韻》，假使單拿每一本韻書的紐韻來看，牠們也許各自表現了時代和地方性，假使連又音算上，或者更把《切韻》到《廣韻》混在一起來繫聯，那就是把魏晉以來直至宋初（魏文帝元二二〇年，真宗大中祥符元一〇〇八年）將近八百年的長時期以及江東河北各地的方言攪做一團，這是不合式的。（我們想想從一〇〇八年到現在一九四五年這九百多年變得怎樣。）

我想研究《切韻》聲類，必然要暫時放棄又音，即使是《切三》所有的又音也應該放棄，因爲每一個又音的來歷是太成問題了，正如作者所舉的「攤」字，從《玉篇》到《王韻》已有一個顯殊的變化，可見一字兩音或數音往往有時代的關係，或者也有方言的關係。總有這麽一天，我們要企圖去開墾這些園地，不過這是艱難的工作，有時候一個字就可以寫一篇論文。但就現在來説，又音總不應拿來做繫聯聲類的證據。拿嘉興話來説，「弓」字，在我小時（四十年前）還讀 tɕioŋ，目前全讀 koŋ了（「恭、共」等字四川人尚用 tɕ）（關於注音也許不狠準確，於論證無關）。「去」字在老官話（旗人即如此）説做 kə，現在却只有南京及雲南人如此，而北平變爲 tɕy 了。這可以説是歷史性的又音。「街」，吴語 ka，雲南 kei，北平 tɕie，「雞」，廣東 kai，别處大都是 tɕi，這是方言性的又音，我們能説 k 和 tɕ 是同一聲類嗎？

《切韻》裏有 j 化聲母是一件不可推翻的事實。狠簡單，就因爲牠見溪羣疑影曉匣之類都有兩套聲母。雖然有許多例外，需要個别解釋，但這些例外在整個音系裏，究竟是少數。承認牠有例外總比把兩套併成一套靠得住得多而又多。固然我們還不能太肯定《切韻》裏的三等聲母 j 化到怎樣的程度，是 kǐ 呢，c 呢，tɕ 呢？但總不會是 k。「許」字有兩音，hu 和 ɕy，我們由「滸」字來推想，牠本來是一個 hu→ho→hu，再古當然 ha→hɔ，由 hu→hju→ɕu→ɕy，這在語音學上總不會是狠錯誤吧（例如英文 human 讀 ɕumən 或 hjumən）。

一等加一等，三等加三等，一等加三等（三加一），公式固然簡單化了，事實不如是簡單。hu 可變爲 ɕu，ɕy 也未嘗不可變爲 hy（例如「王，雨方切」，只有王店之王如此，而吴語讀王與黄不分）。所以如其一定要這樣做，我們不能説一加三和三加一是不定，而只能説一等加三等＝三等，三等加一等＝一等，就是説聲母有例外時，得用韻母來決定牠的等，换句話來説，等本來就表示韻母，在同一等裏，一部分聲母的變化，與韻無關。所以，與其説聲母有一等、三等兩套，不如説是硬性 j 化兩套。

當然，這裏面的問題是很多的，「脝（二等），許庚反」，這個反語也許比較古，「許」還讀做「滸」，而「絢（後來所謂四等），許縣反」，也許早就是現在讀法了。「侐，火季反」、「顯，呼典反」、「血，呼決反」，現在的讀法都不對了，這種問題雖不是没有方法解決，可不是幾句話講得清楚的。我們只看清楚一點，就是這種j化現象是有時代和地方性的，在同時代同地方的語言系統裏，應該有一致性，在某些韻母上j化，某些韻母上不j化，所以假使在某些韻母裏j化就總是一紐的字完全j化，假如不這樣，便是例外，這種例外（當然别有原因）是絶對的少數，所以要根據在一韻裏對立與否來決定有没有兩套聲母是狠危險的：

可是對立的情形，也是可注意的。

栝韻　兼古念反　趝紀念反
齊韻　泥奴低反　臡人兮反
賄韻　瘣胡罪反　倄羽罪反
狎韻　霅杜甲反　渫丈甲反
馬韻　觰都下反　縿竹下反
梗韻　打德冷反　盯張梗反
海韻　採倉宰反　茝昌待反
　　　佸普乃反　啡匹愷反

根據都（端）陟（知）不同類，倉（清）昌（穿）不同類，徒（定）直（澄）不同類，我們應該説古居（見）不同類，奴（泥）汝（日）不同類，胡（匣）于（喻三）不同類，普匹（滂）不同類。這些現象是同樣的，就是在一、二、四（舊所謂四）等韻裏，發生了某種兩套聲母的對立，爲什麽只相信一個「打」與「盯」（「地緻」在三等韻，這是另外的問題，不能混爲一談，因爲那裏還有重韻的問題），而不用其餘呢？以「佸、啡」來説，從《切三》以下完全相同，我們從哪一點去決定「佸」字是後加呢？即使果是後加，《王韻》寫録在高宗時，《切三》大概差不多，就是唐高宗前後的人，把普匹分成對立的兩類，難道就不足據嗎，可是我們還要利用《廣韻》又音來繫聯？

只有陳蘭甫先生等的眼光，一個韻裏才只許一套聲母出現，不許對立。我們應該客觀些，無論晚到《廣韻》也好，《集韻》也好，只要牠排列出一個系統的韻紐，除去完全同一套（聲母韻母全同）的可以認爲例外或者錯誤外，總應該都給牠一個地位。爲什麼我們不可以讀佁 p'ai 而咍 p'jai 呢？《切韻》的增加與否，在考證歷史時有用，假使《切韻》沒有「佁」字，至多是《切韻》時代海韻當無兩類 p'，可是不能否認在《切韻》以後某一時期海韻有兩類 p'與 p'j 的對立，何況我們並沒有證據説「佁」字是增加呢？（這是蘭甫先生的拿手好戲，一到他所不能解決的問題，就把增加字了之，好像只要是增加字，一切都可不管。我想他的所謂增加字，有些像孫悟空所遇到的觀世音菩薩。）

齊韻裏「泥、臡」的問題，作者認爲是疑案之一，我以爲奴日對立和端知對立沒有兩樣。關於娘和日的問題，我認爲娘是 ɳ 而泥是 ȵ，這是另一問題且不談。齊韻有「臡、栘」，和海韻有「茝」，厚韻有「鯫，士垢反」是同樣的問題。這却非回到我所説四等本是一等不可。上面所説對立的現象，照我的説法，就全在一、二等，就是説在一、二等裏，有些韻紐有兩套聲母的對立，在三、四等（即一般所謂三等）裏不會有。「緻」字在《韻表》三等，「地」字四等，不是這一回事。（尤韻幽韻等有些重紐往往只是一類，如「遒即由反，啾子由反」從來「即子」不可分。

把齊韻當做四等，「臡、栘」二字當然是疑案。如其當做一等，「臡、栘」二字，就是一等裏的三等韻，我真不懂得這樣簡單不過的事情，爲什麼沒有人注意到。齊韻之有「臡、栘」和歌韻之有「鞾」，冬韻之有「恭、樅、蜙」完全一樣。

説到冬韻，「樅、蜙」二字正好補「宗、賨」的空闕（宗樅賨蜙），只有攻（古冬）恭（駒冬）是對立的，我認爲可能本來不是一、三等之分（攻 koŋ，恭 tɕioŋ）。略等於目前的嘉興話「恭、共」是 koŋ 而「龔」是 tɕioŋ。㮇韻「兼、趝」的問題也是一樣。賄韻「瘣、倄」的問題，正像吴語讀「王」有 uaŋ、yaŋ 兩個聲音一樣。

現在歸併起來説：（一）事實上，《切韻》有兩套聲母，我相信一般説法，硬性、軟化，應該是兩類，不是作者所稱爲一等、三等而是一類。（二）j 化説不可非，因爲方音顯然有 k'、c'、tɕ 等之別。（三）《切韻》有若干例外的對立，可證明「古居、普匹」等之不同類。（四）考求《切韻》音系應以小韻（即紐）爲準，不應隨意取捨，於有問題處加以增加字的頭銜。（五）考求韻書時代與每一字音出現之時代是一事，考求每一韻中可否有兩套聲母對立的聲韻相配現象另是一事，即使《切韻》中無此類現象，而在《切韻》以後始有兩套對立，我們仍可資以證明兩套聲母不同類。（六）絶對不能用又音繫聯，這是最不可靠的材料，端透定何嘗不可與知徹澄合併。

不用又音，單用小韻反語繫聯聲類，最麻煩者，《切韻》都類有都多兩系不繫聯，他類有他吐二系不繫聯，盧類有盧魯二系不繫聯，這是狠容易解釋的。「盧魯、都吐」模類，「多他」歌韻，作反切時歌模同韻，四聲劃分未顯，時有混淆，如「羽」之與「雨」耳。後世歌模分，四聲定，而聲母不如韻母易爲人注意修正，此六系適各自繫聯，遂似不相繫聯耳。

	平	上	去
	都多		
模歌	他		吐
	盧	魯	

這當然是假設，不過是最近情而且簡單的假設（伽，取噱之平聲，即是歌模同韻之證，麻韻即兼攝歌模），兩害相權取其輕，我們只有用這個説法，決不能用上下古今東西南北的又音來繫聯（因爲只有這個方法，才會把兩套聲母歸併起來）。

我們有一個原則，本字雖然不繫聯，而兩個同聲同韻的字各成一系的話，我們仍舊認爲繫聯，假如有雨系和羽系（兩系不繫聯），我們可以認爲一類。不過有時這個原則要放寬到不拘平上去，我們所做大胆的假定，只此而已。

二 往來信件

這兩封信請
您詳細讀（一字一字讀）後再復我，
即遲十天半月無妨。匆匆一
過目，牛頭不對馬嘴的
爭辯，於事無益。最後
請把原信璧還（因爲假如我將來要
編《雜文集》的話，這些來往的
信都想收進去）。

唐信一

李榮弟：

來函讀悉。學術没有爭辯討論是不會進步的。做學問的人第一要虚心，别人提的問題，未必見得全中竅要，可是只要有問題，總是要徹底剖析，這是一件於己有益的事情。咬緊牙齒，説自己永遠是對的，總不是學者應有的態度。

現在讓我們來討論一下這裏的爭點。四聲三調説，我是相當可以接受的，不過，這問題太大了，不像濁聲母不送氣説這樣簡捷，可以當時承認而已（也可以説，我應當是知之爲知之，不知爲不知）。

好了，把這點放開。並且我要説，如果您願意的話，可以把這篇論文换個題目，作爲專討論濁聲母遇流攝和四聲三調等問題，我相信這是一篇好論文，這幾十年來韻學中第一流的好論文。

關於《切韻》音系部分，也許還是一篇好論文，不過有許多基本觀點，我不能接受。我覺得您是在觀察，不是在整理，先有許多原則或系統，把許多材料來遷就這個原則和系統。

第一點最基本的就是增加字問題。陳蘭甫先生《切韻考》不失爲一部好書，可是最大的毛病，就是在他没有辦法的時候，就説是增加字，任意删削，常常會把一個重要的韻類删去，無論如何，這總是不可爲訓的。

我在《切韻》上化過相當長的校勘工夫。《切韻》中間有增加字，不成問題，因爲《切三》自己有時明白説過。不過，在《切三》没有説的時候，我們要説某一字是增增加字，總要經過精密的考證。

這裏條件甚多。舉例説：

（1）《切三》不説增加而别的本子（如《王韻》、《唐韻》）説過的。

（2）各本均不説增加而或有或無的（此點也不能確定是增加，因爲有時有一本會漏落）。

（3）次序在最末的（此點如與第二點同時發現，即有增加可能）。

（4）雖不在最末而自此以後各本紐韻參差者。因爲《切三》的字數，加上用《王韻》、《唐韻》考出來的補闕字數，總數和《封氏聞見記》所載總字數，《王韻》韻目下所記的總字數都相差不遠（就是殘卷的字數比例也相差不遠）。所以即使有增加，也不會多，經過這樣考證删去若干字，較原本不會狠遠（因爲每紐下有增加字，所以增加紐的尤少）。由於《王韻》、《唐韻》、《廣韻》所說到《切韻》的面貌，和《切三》完全符合，所以我們相信在《切三》中除去少數增加字，就是《切韻》的原來字數（當然完全復原，在目前是不可能的）。只有注文的字數增加的太多了，所以許多又音未必可靠。

因此，我要提出，說「佸、兼」等是增加字是絕對的錯誤。在消極方面，我們沒有牠們是增加字的證據。反之如「佸」字，《切韻》、《王韻》同有而且同在「在、欦」兩字之間；如「兼」字《王韻》、《唐韻》同有，在「傔」字之前（《王二》最末尚有「稴力店反」，《廣韻》同。《王一》、《唐韻》均無，則增加字無疑）。在這種情形下而可以說增加字，則整部《切韻》均可隨意提出增加字來了。蘭甫先生取「欦」以下（因此兩本均不在手邊，無從詳考）和「傔、稴」兩字而刪「佸、兼」兩字，卻硬說是韻末（不知從那裏來的韻末），這種英雄欺人的態度，我們應該去效法嗎？

我們要知道，反語不是機械的東西，牠是民間的東西演變來的，是不能講音理的，不能講公式的，等於古文字不能講公式一樣（這是說嚴式，寬式當然可能有的）。我們不能自己造一管尺去量牠，我們應該平心靜氣去整理材料，去發現牠們有什麼東西。

「佸、啡」對立，「趛、兼」對立等，我認爲是鐵一般的事實，不能無緣無故地說是增加字而取消牠們的資格。

第二點是跟着第一點來的。繫聯又音又是蘭甫先生的一樁重大錯誤。您已承認又音是不可深據的，但是還要利用。等於說我也知道這人是靠不住的，不過我還可以駕馭他，這是非失敗不可的。你說繫聯到對立爲止，但是您所謂不對立的，在《切韻》裏明明是對立的（而且對立的現象和端系一樣，就是都在一、二、四等，不在三等。您所舉「地、緻」是兩回事）。所以只好把妨礙論點的事實取消資格，說牠們是增加字，只要一句話，只有罪名沒有犯罪的證件，用來完成這一個論點。所以這兩點是相因的。

這是我反對您的最大理由，我相信這是基於事實的，絲毫沒有個人的私見。至於我的觀點，我的說法，我自己認爲還沒有完全成熟，所以也還不到發表時間，我壓根兒沒有想到要您承認或接受，不過偶然提到而已。我所謂歌模同韻，也許措辭不妥，不過古有歌部模部（即魚部）總有一時是混亂的，不然不會兩部的字混合爲麻韻的。再說即使我這種說法（本來是一個假設，沒有肯定）對「多、都」不繫聯的一點沒有用處，我想寧可讓「多、都」不繫聯，說是反語方法上的一種缺點，也就是不能公式化的一種缺點，犯不上爲這一點而去冒這麼一個大險——繫聯又音。

至於聲母變化要有嚴格的一定條件的話，我壓根兒就不相信。我總相信，這只是一個大概的趨勢，例外是很多的。

humen 變爲 hiu→ɕu，而 hum 不變，是有條件的，可是這是拼音文字呀！牠所受的影響，是我們看得見的。我們的文字就不然了。「未哩」的「未」，吴語可以讀成 mi，等到單單替「未」字寫一個反語時，我們就没有法子説凡爲 vi 一定要是 mi。我們只要看脂韻「惟、遺」同「以追切」，爲什麽「惟」是 uei 或 vi，而「遺」是 i；「眉、麋、薇」同「武悲切」，爲什麽「眉」mei，「麋」mi 而「薇」uei；「田、殄、電、姪」的條件（主要韻母）是一樣的，爲什麽「天、腆、瑱、鐵」的「鐵（他結反）」是 t'，「田、電」是 d，而「姪」字變爲 de（？）；「癸」爲什麽是 kuei，而「季（癸悸反）」爲什麽是 tɕi（廣西人還讀 kuei）？好了，我不過隨便想想而已，我的語音知識，不夠説明這些，不過我相信，《切韻》裏的字音不是一個人創造出來的有系統的東西，牠同樣地累積了幾千年的歷史，牠的參差不齊是應該的，牠太整齊了，我倒覺得可怕，因爲如其這樣，這便是某一個人腦筋裏的玄想，不會是實際的語音。

拿「地」字説吧，原則上牠和「緻」的條件是相等的。

日本吴音　雉 ʥi　地 ʥi
汕頭　tị　tị
福州　täị　taị

我們可以看出「地」和「雉」應當一樣，何以「地」是 d 而「雉」是 ȡ 呢？在《廣韻》裏「地」紐下只有一個字（有一個重文墬字），我們敢決然説「地」是一個例外，正和我們現在「癸」k、「季」tɕ 一樣，做韻書的人把實際語音寫下來就是「地徒四反」，做韻書的人決不會想到有一個規律，什麽韻裏（三等）一定寫什麽聲母的。

所以我主張聲母大致會跟韻母有一套的變化，不過例外是很多的，常常由於不知何從來的原因而起的單獨的變化，加多了我們的麻煩，也許這是方塊字的缺點，不過我們已經用了幾千年，也就無可奈何了。我相信這些，即使因我寫出這些來——連高本漢都不敢説的，爲天下萬世所笑，也是所不辭的。

您所説的方言裏的可靠對立，和不可靠對立，我不懂得您的論旨所在，牠的界説是怎樣的。僕吴人也，以吴語論：

(1) 依韻母走，見系和端系同樣有兩套（並不是見系跟韻母走而端系不跟韻母走）。

根 k 斤 tɕ
昆 k' 君 tɕ

孤 k 居 tɕ

枯 k' 墟 tɕ'

都 t 豬 ȶ

土 t' 褚 ȶ'

(2) 以一字論見系讀音和俗話有兩套：

二等

江 k 讀 tɕ(俗)

家 k 讀 tɕ

龔 k 讀 tɕ

北京話更 k 讀 tɕ

三等

鬼 kuei 讀 tɕy(俗)

龜 kuei 讀 tɕy

虧 k'uei 讀 tɕ'y

櫃 guei 讀 dʑy

馗 guei 讀 dʑy

也許您的意思是指目前方言裏在同一個韻母上對立吧？「打」和「盯」的關係，因爲「盯」字不習用，無從知道，「緻」和「地」似乎也不是一個韻母。緻 ʅ 地 i（如其説古代，端系在古代也只一類，您是承認的）。

假如您所指只是《廣韻》裏的同一韻（因爲您説聲類之分歧由於韻母之差異。任何語言音系必有規律。音系出現決無淩亂無章者，若依僕説法，則軟聲母硬聲母出現時對韻母講全無法度）。那末，我還不是全無證據，證據俯拾即是：

脂韻　　旨　　至

　　癸(居誄)　　季(癸悸)kuei　tɕi

葵(渠隹)　揆(葵癸)　悸(其季)

「季」在俗語裏有「四季」，「葵」有「向日葵」，應當不是文言白話之分，不知「規律」何在？狠有趣的是和「地」字同在脂韻同是四等(韻表裏的)。「季、悸」和「地」還同是去聲。

還有有趣的，同一古雙切下：

扛杠肛　吴語 kang　北平 kang　昆明 kang　扛北平有 k'ang

豇　吴語 kang　北平 tɕiaŋ　昆明 kaŋ

江　吴語　文言 tɕiaŋ　白話 kaŋ　北平 tɕiaŋ　昆明 tɕiaŋ

同一古項切下：

講　吴語　文言 tɕiaŋ　白話 kaŋ　官話 tɕiaŋ

港　吴語、官話 kaŋ

同一九容切：

恭供共　嘉興 kuŋ

龔　嘉興 tɕiuŋ

同一雨元切：

袁援垣園　汕頭 垣有 huan　嘉興 垣 uö□iö

在同一韻母下起了這種分化，又不知是何法度。這種情形是不是還有，因爲没工夫仔細讀《廣韻》，還不敢説。可是前天面談時您問我對立的證據，我竟會説不出，「睫在眼前常不見」，慚愧得狠。(不過我不曉得您所謂對立是不是有别的解釋？)

「任何語言音系必有規律」，這句話是不錯的。可是有時又是「凌雜無章」，「全無法度」。因爲我們的語言歷史太長，地域太廣，不可知的因素太多，刻板的看法，在我覺得是不可能的。我的方法是看出一個大概趨勢，可同時承認許多例外，誠然是没有法度，可就是我所看見的規律，我所看見的法度。

依照我的説法。一、四等（我全叫牠一等）是硬音，例外不多（談、敢、闞、盍四十四紐有四個例外，凡例外大抵在影母與精系，精系實非例外），二等硬音，j化並見，不過硬音居多（銜、檻、鑑、狎見系十四紐中有三個j化音），三等（我叫做三、四等）j化，例外最少（全部《切韻》不到三十個例外，大多是精系，可以不算例外）。總起來説，原則上一等（一般説一、四等）硬音，而三、四等j化（足下稱爲三等），而二等是介乎硬音、j化之間，硬音多，j化少。由《切韻》音系到近代音系，一部一等變爲四等時，見系全j化，其餘不變，二等開口見系字或讀硬音或讀j化，三、四等字在 u（合口）前，見系有變硬音之趨勢（您所謂介音和諧説，只有在精系中我可以承認，因爲反切不能嚴格分析，聲母實際只有一套）。

這就是我所看到的規律，雖然有些凌亂，或者凌亂「大箸」，可是還不至於「無章」，因爲我是根據事實的，把反切（小韻）繫聯起來，依照牠本身的分類，依照大多數讀法去讀每一個字，没有假定了什麼。也許有些反切根本是錯的，我不能負責，也許凌亂，我也不能負責。如其這個法子整個錯誤，那就是反語的錯誤。至多我是一個傻子而已。

不過我是相信反語的，「胝丁私反、地徒私反、打德冷反」，爲什麼恰恰巧巧和現代方言相合呢？其餘的小小不合，我想是應該有的。所以我總是信任反語，信任《切韻》。

至於擬音，在我對語音知識的淺薄，可以説無能爲力。只知道j化就夠了，j化到如何程度，實在不能決定。是 c 呢，是 tɕ 呢，在我是隨便的。依照一知半解的看法，似乎 tɕ 好些，那末只好分 tɕ' 和 tɕ 了。不過拿「去」字來説，k 和 c 在一套語言中的同時出現，似乎也並不是不可能的。「作、子」當然同是 ts（我没想到「作、子」和「居、去」有混亂的地方），精一等和精四等反切上大致是不能分的，與「古、居」無涉。

話説得太多，並且太遠了。持布鼓於雷門，未免笑話。轉回本題，我所反對你的，第一是考據方法，不在音理。關於增加字問題，您説「校勘一兩字無證據乃常見者」，我不懂得。在無關緊要時，您就删掉萬八千字，也是可以。現在這是證據所在，您不説明他何以是增加字，您的話不能成立，例如説：「陳蘭甫所删增加字常常删去一類，也不過『校勘一兩字無證據乃常見者而已。』」不過他總還有理由，雖然是不可靠的理由。《老子》裏有增加篇章，因爲《老子》是韻文，非用韻者全是增加（因爲删去不用韻者，《老子》便全是韻文）。等於《切韻》有增加字，因爲《切韻》音系見、幫等系無對立，對立者全是增加，因爲删去增加字，《切韻》四等音系便無對立。

您問我見系在方言中對立的證據，我是勉彊舉了些，不知對不對。現在我還是向您要增加字的證據，因爲這是最基本的。別的問題尚多，現在最好先不管。考據是有考有據。不然，空口説白話，嘴是兩面刀，要怎麽説都可以。繫聯又音據您説繫聯到對立爲止，那末只剩了對立一個問題了。

我承認這是一篇好論文，不過我不知道您是想懸諸國門一字千金呢，還是想公諸同好商量舊學呢？如其我的話您根本不以爲然，爲避免爭論起見，我還是請您只提出濁聲母遇流攝和四聲三調。

唐信二

李荣弟：

我狠高興您能接受我只提出一部分論文的意見，因爲這樣可以免除我若干困難。

關於見系在方言裏是否算對立，您没有答復，您似乎因爲「趁、兼」的問題，既不是《切三》所有，就可以不討論了。不過就是 p 系，現代方言裏也不是没有對立的。

現在讓我來歸納一下我們的論點吧！

（一）我説：「佰啡、趁兼」等問題中有没有增加字，要有校勘上的根據，從校勘方法上，我決定没有增加字。[《新撰字鏡》在此點上不能作證據，（一）時代太晚，幾與五代刊本韻書同系；（二）收《切韻》字不及三分之一。]

您説：没有證據。可是必有增加字，因爲文獻不足，無可奈何。

（二）我説：《切韻》時代可能在一二等韻有硬音、軟化對立的變例（如其要説理由，則也有可説的。如「佰」字之部，「啡」字微部）。在近代方言裏，k：「杠肛」，tɕ：「江」；k：「癸」，tɕ：「季」；p：「不」；f：「弗」等現象相當於「趁兼、佰啡」的現象，當然都是變例，如其是通例，就不用辯論了。

您説：《切韻》k、p 系不能有對立，因爲近代方言無此現象。

（三）我説：《切韻》裏 k 系、t 系、p 系都有兩套聲母（精系原不可分），在近代方言裏大多數依舊有硬音、軟化兩套。所以《切韻》裏一定也是硬音、軟化之分。所以「匹愷反」，我不想決定牠是否 pi「（軟化到怎樣，我不想確定牠們，至少在目前如此）。

您說：《切韻》裏有兩套聲母，可是只有 t 系是對立，k 系、p 系是不可能對立，因此您否認了 j 化說，因此您成立了您的「三十六聲類」。

我現在再說到「有考必有據」的話，因爲這是唯一的原則。

（A）我說：「佰啡、趁兼」中無增加字，（據）我校勘《切韻》的幾條原則（前函已詳）。

您說：有增加字，（據）無。因文獻不足！？（不過要注意「佰啡」是《切三》、《王韻》、《廣韻》同有的？）

（B）我說：k 系、p 系，《切韻》在一二等韻裏可能有硬音、軟化對立的變例。（據）近代方言裏也有此現象。

您說：《切韻》裏 k 系、p 系不能有對立。（據）「近代方言無此現象？！」（不知對「杠江、癸季、不弗」如何處理？）

（C）我說：《切韻》裏 k 系、t 系、p 系都有兩套聲母，一套是硬音，一套是 j 化。（據）⑴《切韻》裏 k、t、p 同樣有兩套聲母。⑵近代方言也有硬音、j 化的兩套，大部分趨勢和《切韻》相合（因爲我是承認有變例的）。

您說：《切韻》雖然有兩套，可只有 t 系可有兩套不同的音，k 系、p 系不可能有？！（據）⑴「我不知道您是什麼意思」；⑵「您說 k 系、p 系近代有軟化音，是跟韻母走的？！」「不知道在《廣韻》同一韻母的「杠江，不弗」，爲什麼聲母不都跟韻母走？」

再總結一下：

我校《切韻》根據《切一》、《二》、《三》、《王韻》、《唐韻》、《廣韻》等，我說「佰啡、趁兼」中無增加字，只根據了這些。我說《切韻》k 系、t 系、p 系都有兩類，只因爲《切韻》有兩類聲母，而現代方言裏同樣也有。我說 k 系、p 系同樣可有對立的變例，因爲現代方言也有。我没有創造了什麼奇蹟。

您呢？

您說：「佰啡、趁兼」有增加字，因爲您說《切韻》裏只有 t 系對立，k 系、p 系無對立。您說《切韻》裏 k 系、p 系無對立，因爲「佰啡、趁兼」有增加字。這是一個循環論證。

您說：《切韻》k、p、t 雖同樣有兩類聲母，但只有 t 系有兩類，因爲近代方音只有 t 系對立。您說近代方音只有 t 系對立，如「地緻」，那末「杠江、癸季、不弗」只好不算。或者可以說因爲《切韻》裏只有 t 系對立。又是一個循環論證。

好了，這樣相反的兩說，總有一個是對的，一個是錯的。只有在一個條件之下，一個人說「有考必有據，有是必有非」，一個人説「考不必據，沒有是非」。我狠希望有一天，我能發現我的説法是錯的，我深知道自己承認錯是要有勇氣的。

關於「許」字讀「滸」的問題，我不想討論下去了，因爲在目前是枝葉。

現在主要爭點只有一點，「佰啡、趝兼」的增加字問題。這一個問題影響到您的整個聲母系統，我知道您是在所必爭的。可是最要緊的還是事實。「佰」和「啡」偏偏是《切三》、《王韻》、《廣韻》都有的，而且不在韻末，這真是無可奈何的不如意的事情。您現在唯一的據點，是説近代方音只有 t 系對立的變例（總不是通例吧），沒有 k、p 系對立的變例，可惜方言現象也沒有支持您的説法。

現在我該申明一下我的態度。如其莘田先生在這裏，這種辯論大概不會發生。我對辯論不感多大的興趣，有工夫大可以自己寫些文章。現在，我負有審查的責任，然語音學我至今還是門外漢（所以關於四聲三調，我不想多説），校勘和考證的方法我總還懂得一些，在我發現了您的基本方法有錯誤時，我是負有告訴您的義務的（或者是好意，因爲也可以任意批一下，不必告訴您）。至於接受與否，完全是您的事。可是總不是在爭勝，因爲我老點，似乎無需爭此。我們的討論至今是平等的，至少我還沒有「以力服人」。

假如這些來往信件要發表的話，主要目的不在爭個人的是非，而在方法，我要指出講一套通例時，不要抹殺特例。一個特例如被漠視了，往往可以使整部學説全變做空中樓閣。在禪類裏分出俟類，不是也只有《切三》的特例嗎？特例當然常常只有一兩見，通例當然可以千百見，可是從客觀條件説，特例和通例是同樣重要的，通例任何人都會講，可是抹殺數特例所講的通例就未必全對，也許簡直聚九州四海之鐵鑄成了一個大錯。至於發表時的字句，當然一字不改，您請放心吧。如不放心，我可把前兩信謄底後把原函奉上。

又白，我狠可惜您關於漢魏六朝的用韻部分沒有寫出來，因爲那是曾經費了您很多的寶貴時光的，而且也是我所期待的一篇論文，因爲這是以前規定的題目。

「伐木許許」的沈重毛詩音承您檢出，謝謝。因手頭無《經典釋文》故也。至於您猜我指陳第《毛詩古音考》，我自己覺得尚不至如此沒出息。呼古反難道不是「滸」嗎？即使我不會查《經典釋文》，《集韻》總不是抄陳第吧？我真不懂您這種奇想是從那裏來的。

繫聯反切是要知道《切韻》音系，所以不能用又音。推一字的音史要受這個限制？難道不應到處找反切嗎？我不懂您研究的方法是那樣的。

要討論的太多了，擱信吧！

闡明方法尤重要的一點是「有考必有據」。《履齋示兒編》二十三引《遯齋閑覽》：「今世俗同誤者實唯『打』字，如『不』字本『方鳩切』，人皆以『逋骨反』呼之，遍檢諸韻，并無此音。」

補注第一頁

李信一

立厂師尊前敬稟者，拙稿承吾
師書面教誨，並耳提面命，實所銘感。然吾
師所論，實不敢接受，聲辨于左：東哲有言「當仁不讓」；西哲有言「吾愛吾師，吾尤愛真理」。願吾
師海涵矜宥。

生分反切爲四組十六類，不可增，不可減，再增若干類，于事實無補，減少若干類，便不清楚。如云一開頭即將唇說成開，知開＋開＝開，實爲不辭。此分析之有效性在于每一切語都可歸一類，只可歸一類。若此點出例外，則公式無效，否則不可移。

分析之過程與分析之結果不可混爲一談，尊意似混淆二者，一開頭就是結果，無法持論。以梵漢對音論侯模韻值，界線清楚，無可議者。

四聲三調說，休文以還，未窮所願。吾
師嫌證據未充，亦未能同
尊意。域外方言凡四：高麗、漢音、吳音、安南。前三者無字調，安南有字調即證明鄙說。非漢語借字中，龍州、傜歌

並符鄙說。漢語方言中，保存古音色彩較多者，皆支持鄙說，如廣州、閩語、吴語，未可以數目少爲證據未充，數目多，全是一系方言，根本無用。數目少、範圍廣，才有效。

j化說亦不能與吾
師同意。又讀來源複雜，信如尊論，此層亦曾函陳鄙說，無人可反對。若以爲根本不能利用又讀，則是因噎廢食，因火災而廢烹飪也。生之繫聯自有原則，繫聯至對立爲止。若以爲此乃將許多音系攪成一團，乃以進食爲自殺，烹飪爲放火，未敢認罪。若有流弊，則説法無效，否則，仍不可移。吾
師以爲不可推翻之事實，乃反切求介音和諧之現象，非聲類不同。若以介音和諧現象爲分類不同，則慧琳反切是分八類，吾
師將何以處之？就原則論，二者一回事，未可去彼取此也。吾
師以「許」本讀「滸」，此語大誤，同音字何以演變分歧，豈無條件？舉 human 讀 hju:mən、çu:mən 亦無補。尊說 hi→ç，不是每個 h 都可變 ç，Who(hu:)不讀 çu:。講音韻演變，要有條件，否則可能太多，多歧亡羊，持論者無法堅信，听者不能同意。

生認爲可靠對立，皆有方言爲證。生認爲不可靠對立而吾
師認爲未可輕校者，亦爲可靠對立，亦有方言爲證乎？

比較《切韻》音系與任何方言(已知全貌者數逾五十)比較，聲類之分歧乃由于韻母之差異。若云《切均》有十幾套對立，而後世無聞，豈非韻史上之怪事乎？吾
師以爲「古、居」等對立現象有少數例外，然此實致命之例外。無論中外，任何語言音系必有規律，音素出現決無凌亂無章者。若依吾
師說法，則軟聲母、硬聲母出現對韻母講全無法度。若將尊説列表，此點現象必大著。此毛病高本漢尚無，他以爲j化不j化跟着走，有規律，而吾
師之j化說乃無規律。吾
師說法走至極端有大病，「古居、作子、章」爲五不同聲類，不知如何構擬其不同？

生所校反切，吾
師以爲無證據者，數不逾十。此因文獻殘缺，非生之不能也。然吾
師之聲母軟硬説，其例外不可勝數，「子、七」常切一等，未知有良法美意以處之乎。兩害相權取其輕，吾
師之説未能接受。繫聯反切猶有可論者，就分布情形言，亦一方法，有些字多數見三等，少數見非三等，有些多數見
非三等，少數見三等，出現互補，故爲一類。
匣于可以《殘卷》繫聯，此結果與據互指又讀繫聯者完全相同。吾
師以歌模同韻説端是一類，不依反切正讀繫聯是二類，決不可通。歌模無同韻者，生敢斷言，自先秦迄隋之韻文，無
可明此説者，吾
師大誤。「雟、栘、茝」三字，吾
師説法與生異，生寫作 ȵeiˋ、ʑeiˋ、tɕ'aiˋ，未嘗以其爲硬聲母。
尊説寫出音標來，恐怕是一樣。等是標類用的，説齊是一等，與音系無涉。然齊不可説是一等，看生《均類聲類關係表》。端知對立，生以爲二類，未常以爲一類，所以吾
師列舉之對立中，有問題者僅有：

兼古念　趁紀念
瘣胡罪　倄羽罪
霅杜甲　渫丈甲　（生以爲定澄二類，此亦無害）
佰普乃　啡匹愷　吾

師力持「佰、啡」對立可靠，「普、匹」二類，不知何以處理普匹分配無規律現象，此種現象，任何語言中無之，而校勘一二字無證據乃常見者。陳蘭甫增加字説生不論，吾師説法亦過猶不及，以爲增加字都是音系中對立，除聲母韻母全同外。不知此聲母韻母何意？若以爲即反切上下字，則所有增加字皆是對立。
若以爲非反切上下字，則佰＝啡，聲韻全同，非對立也。
古代材料，必有殘佚兩可之處，自憑各人所見判斷，而取害輕者。吾

師所説，其害甚巨（音素分配毫無規律），未能接受，敬陳鄙説如上，乞

進而誨之。敬頌

多福

學生李榮謹上

十月卅一

《切均》以後對立與《切均》無涉，如今之p、f相對，p、f不同，與《切均》何涉！

李信二

立厂夫子大人函文：

日前辱手諭，教誨諄諄，實深銘感，奉讀再三備悉。

尊意《切韻》系統、等均圖表，事實具在，苟非聾瞽，無可爭者，可爭者爲對於事實之解釋，見仁見知，各不同耳。聲韻學所用術語，素無確切界説（此語略有病，術語界説之不同，即各家説法之所以岐異也）。辨論雙方略有誤會，更易增加説法之異點，生於

尊意偶有未敢苟同者，實坐此二因，謹略陳一二，備采擇焉。

「等」之一字，實難有公認之解釋，《切韻》韻類，就《切韻》反語上字觀之，實可分爲三類，黄季剛、高本漢均有見於是，無可爭者。

尊意命此三類曰：

甲一等，乙二等，丙三四等；

傳統等韻（以《韻鏡》、《七音略》爲準，下同）命之曰：

甲一等、四等（高本漢以此爲純四等），乙二等，丙二三四等；

生擬命之曰：

甲一等，四等，乙二等，丙三等（或二三等或三等、二三等兩類）。

傳統等均丙類三四等之辨，除重紐須另行解釋外，實坐等韻立法不善之故（以精照爲一行等）。非實有區別，宜以一類論，觀反切下字甚明。《廣均》重紐常限於脣音、牙音、喉音，凡有重紐字之聲類等均必獨佔一行，若干聲類共佔一行者必無重紐，二者配合，遂有《韻鏡》第十七圖，「彬、真」爲一行與「賓、津」對立之結果。「彬、賓」韻母必有不同，「真、津」韻母必同，未可涇渭交流，一概而論也。此種現象，自表面視之，斐然成章，而實無根據，生命傳統三四等爲三等即此故也。傳統等均甲丙二類同有四等，同列一行，實爲大病，手諭首段，力斥其非，實有同感。然甲類又可分爲二類，齊先等十八均與歌寒等必有不同，其不同又必可追溯至《切韻》之前，似亦無可爭者。

尊意以甲爲一類，同命之曰一等，不加區別；生意擬分立二名爲妥。乃命歌寒等曰一等，齊先等曰四等，此二名詞不包括任何對音值之看法（所謂一等洪大，二等次大，三四皆細，而四尤細，或其他看法）。若命歌寒曰子等，齊先曰丑等，或其他名稱均無不妥，然以傳統等均既立此二名，毋煩更張耳。下文所論請用擬定之名。

（尊定名詞自亦可用，然分別曰一等某類或一等歌寒等，稍嫌贅累）。就域外方言及並世方言觀之，四等十八均之元音（如有介音，包括介音）必相同。換言之，即僅有韻尾之差異，如添爲 xm，則先爲 xn，齊爲 xi，蕭爲 xu。每一四等均之內，除可能有之開合之别外，在《切韻》系統内必無其他區别，觀反切甚明，若干四等韻之來源不一，然至《切韻》時代必已混一，吾人若論其一即可例他。就方言論，四等字可有 ị 介音，解釋古代韻文（如《詩經》）及諧聲則須有 ị 介音，高本漢以爲：

散 ＊sân→sân 霰 ＊sian→sien

蘭 ＊lân→lân 練 lian→lien

其説頗爲通順，古籍「陳、田」通假，「齊」聲字、「次」聲字（如因齊之與因脅）通假，以高氏之説解釋之亦頗清通。

田 ＊dien→dien 陳 ＊di ĭen→ȡi ĭen

齊 ＊dz‘iəd→dz‘iei 次 ts‘i iəd→ts‘i（脅若即齊，則音與齊同）。

鄭氏箋《詩》曰古聲「填、寘、塵」同，亦可以高氏之説説之。

若觀先韻來源，則四等字似乎非有 ị 介音不可，高氏以爲：

寒(《詩經》)＊ân→(《切韻》)ân 子

↘寒部(《詩經》)ian→(《切韻》)ien 丑

先

↙真部(《詩經》)ien→(《切韻》)ien 寅

真(《詩經》)i̯□ ěn→(《切韻》)i̯□ ěn 卯

子卯必不同，子丑在《詩經》時代必相諧，寅卯亦然，丑寅在《詩經》時代必不同，在《切韻》時代必相同，若無 i 介音，吾人實無法解釋右列現象。

高氏之説，在系統上自持之有故，然 i 介音在高氏《切韻》系統中實無位置，以高氏定四等韻之元音爲 e，介音爲 i，e 必在 i 後，i 必在 e 前。若僅爲解釋方音現象，e 足矣，不必 ie 也。然論及《詩經》音系，則又非有 i 不可。此生所以暫持高氏原議也。生正有事於秦——隋韻史，並擬稍稍瀏覽梵漢對音資料，他日倘有寸進，自必專函禀告。

尊意所定四等韻韻值，與陸志韋君所持者略同，以爲實無 i 介音，此説可以解釋《切韻》及以下現象，病在不能解釋三百篇；高説便於後者，而不便於前者，可謂各有短長，此事實難兩全。吾人實無法假設先韻、寒類本有 i 介音，《切均》時代無之，唐宋以後又有之。非敢妄有軒輊，二害相權，取其輕者，高説似略勝一籌。生非墨守高説者，此點當非成見作梗，抗不受命也。總之齊先等韻，

尊意命爲一等，無 i 介音，生則命爲四等，有 i 介音。一四等之爭爲名，其實則在有無 i 介音。

上文略論一、四等既竟，請略陳「陰陽入」相配之末議。陰陽入之相配，就各種事實觀之，實無庸置疑。然竊疑此種現象，實止於兩京，魏晉以還，恐未必有。至於《切韻》則陽入相配，由韻目觀之可決，陰韻實無法與之相配，即可與之相配，與古代之相配亦決非一事，不得並論。《切韻》若干又讀，實古代陰陽入相配之迹，非陰陽入相配也。等韻圖表，入聲有兼承陰陽者，實作始《七音略》，《韻鏡》尚無之，此亦一旁證也。以此之故，敢於

尊定韻表稍持異議。

尊著《轉讀考》收羅例證，限於何時？自否直至《切韻》？若蒙

諭示，幸甚幸甚。又生所謂《均鏡》、《七音略》爲《切均》之表解，而等韻學説實爲表例者，以其盡括《廣均》聲類韻類，

配置容有未當，如上文所議者，然界畫了然，未嘗彊爲併合，足爲吾人考訂之助故也。

生末學膚受，豈敢與吾

師論難，然以水濟水，豈是學問？既蒙以發難釋疑獎勖，遂斗膽略陳管見，紕繆之處，敬俟誨正。天寒指僵，筆膴墨淡，行列參差，字畫不正，並請

宥原。生本名昌後，在學校用榮。近以彊鄰壓境，機鳴不已，繞室低眉，束手無策。擬名所居曰危樓，並爲別署，又告，肅此奉復。敬頌

多福

受業榮謹上　十二月七日

附件：

（一）「許」本讀「滸」

關於「許」本讀「滸」問題，另案辨理。

我説「許」本讀「滸」是有歷史證據的：

⑴ 諧聲：「許」諧午聲，「滸」諧許聲。總不見得「午、滸」應讀作「許」吧？當然也有證據，「水滸」讀「水許」，「滸墅關」讀「許墅關」或「滸野關」。

⑵ 異文：《詩》「伐木許許」，《後漢書・朱穆傳》、《顏氏家訓・書證篇》、《初學記・器物部》引作「滸」。

⑶ 讀音：

（甲）本證：手頭無《毛詩音》，惟《集韻》、《類篇》均有虎滸之音。憶《淮南子》亦有此音，是否高誘注亦待查（用韻在古韻裏同是魚部，無由考定，故不據爲證）。

（乙）旁證：《廣韻》模韻「烏，哀都切」下云「於，古作於戲，今作烏呼」，是「於」本讀「烏」（《說文》「烏於」同字），烏＝滸，於＝許。

(4) 通假：此甚重要，分四點論之。

(甲) 通「無、鄦」　金文「無」和「鄦」，後世爲許國。《説文》：「鄦，炎帝太嶽之允甫侯所封，讀若許。」

解釋：(A)「無」，隋唐尚讀 mo，今方音亦無介音。mo→ho 或 mu→hu，不應 mo→hjo，mu→hju；

(B)《廣韻》「模，莫胡切，橅墲篻無(南無出釋典)→呼荒烏切，幠膴」。

(乙) 通「所」

(一)《詩》「伐木許許」，《説文》：「所，伐木聲，《詩》曰伐木所所。」

(二)《墨子》「吾將惡許用之」，《漢·張良傳》「父去里所復還」，注：「里所，里許也。」《疏廣傳》「尚有幾所」，注：「所訓爲許。」謝玄暉詩「良辰竟何許」，注：「猶所也。」

解釋：「所」從户聲，vo→許(讀滸)xo，或 xo→vo，不應 vo→hjo(xjo)或 hjo→vo

(丙) 通「謣呼虖」

《淮南子·道應訓》：「今夫舉大木者，前呼『邪許』，後亦應之。」《吕氏春秋·淫辭》作「輿謣」。按：「謣」當爲「譁」之誤。《南史·曹景宗傳》「臘月於宅中使人作邪呼逐除」，《梁書》作「野虖」。

解釋：呼虖 xo ＝許(滸)xo

(丁) 通禦

《詩·下武》「昭兹來許」，《續漢書·祭祀志》引作「昭哉來禦」。

解釋：此可認爲「許 xjo，禦 ŋjo」，然古「禦」作「钔」，從「午」聲，《説文》從「卸」聲，是「禦」音亦當由 ŋa 與 ŋo 變來。關於「禦」的古音可别論。

(5) 方言中遺留之成語

(一) 邪許

吴語爲 ho(賣氣力人所呼)，平聲。

(二) 幾許

吴語爲 ho，可寫爲「幾化」。

(三) 何許＝何所

吴語「啥場化」(啥場所)ho

以上是我的根據。這大抵都是常識，略讀書的多知道的常識。尊謂「此語大誤」，誤在那裏？敬請指教。

您説「同音字何以演變分歧，豈無條件」，不知北京話「豇江和杠扛」、「講和港」，官話吴語「癸和季」，嘉興話「恭共和龔」，是何條件？同音字若無演變分歧，「虧」kiu，高麗爲何有 hiu 而「窺」没有。

您説「humen→hjumən，çumәәn 無補鄙説，hj→ç，不是每個 h 都可變 ç，who(hu¨　)不讀 çu¨　」。

我並没有説「呼虎滸 ho 或 hu」等字全變作 hjo 或 hju。在這一類裏，我只説了一個「許」字，《廣韻》「許」下只有一個重文「鄦」。這一點恐怕您完全不懂我的意思。

凡討論學問，總要多想，一人的智慧，不見得能壓倒一世，一手不能掩盡天下耳目，關起門來説我的學問最好，只是妄自矜大而已。我年輕時頗犯此病，至今思之，既慚且懼。所以關於此説，雖然自己覺得有證據，也還不敢十分自信。也許古人特意造一個「午」來代表「ŋo」，「許」字來代表「hjo」，而再造一個「滸」字來代表「ho」，也未可知。可惜我還没有找到證據，而且也想不出古人爲什麽要這樣辦，所以不敢作這樣想。您既説「鄙説大誤」，想必有極高明的見解，尚望詳細解釋(勿籠統)，切實批判(要有事實，勿託理論)，庶幾炳燭之明，聊勝抵死不聞大道也。

(二) 散記

……馮[貢]切與冬韻恭駒[冬]切同例

……等　這種例狠特殊

胝丁私切(反)　致陟利反　地徒四反　　　緻直利反　《切韻》今音相合　淅胝几反不合

雉(旨開三等)　地(至開四等)

日本吴音	dʑɪ	dʑi
汕頭	ti	ti
福州	täiⁿ	täi

注意「地」字只一個，等於是例外字。

個　（自己兒）kʌ　（自己）tɕi

□三合口

惟　以追切　遺　以追切

今音 uei　i

安南 vi　zi

吴語 vi

龜吴語俗音如居

馗吴語俗音如渠

櫃吴語俗音如具

鬼讀如舉

眉 mei（吴語俗音 mi）麋 mi 薇 uei、vi（吴語俗音 mi，尾巴味道未哩）

吴語（fei）肥皂 bi　肥肉 vi

痱子 bei

癸 kuei 居誄反＝季 tɕi 癸悸反（四季）

葵 kʻuei 渠隹反（向日葵）

悸　其季反

虧　去爲切　高麗 kiu　hiu　温州 tɕy　吴語均如此　唐詩「却笑喫虧隨煬帝」，一作「丘墟」。

古雙切

更　北京 kəŋ　tɕiŋ

豇　北京 tɕiaŋ　吴語 kaŋ　昆明 kaŋ

杠　北京 kaŋ　吴語 kaŋ　扛　北京 kaŋ　k'aŋ　肛 kaŋ

江　北京、昆明 tɕiŋ　吴語 tɕiŋ(俗音 kaŋ)

講　北平 tɕiŋ →巷 ɕiaŋ

港　北平 kaŋ

又忽略了一個眼前的證據，同一分物切：

北平　弗紱黻　fu　不(是)pu

這樣對立不知又是由於什麽條件（謝謝您的啓示，使我想起這些珍貴的變例，所以我説辯論總是有益的）。據説「不」字讀今音起於宋代，詳情忘了，反正是宋人筆記吧！（記得宋人定爲「逋骨切」，《切韻指掌圖》似乎已有，手頭無此書，千萬不要以爲由《康熙字典》來的。）過一天再查。其實就又音説，像「僕」字北平就有 pu、fu 兩音，「甫」字一般又讀 p 又讀 f，福州、汕頭 p'、f 有又音的很多。再就近代同韻來説：

北平　蓬 p'aŋ，逢 faŋ，旁 p'aŋ，防房 faŋ

吴語　蓬 boŋ，逢 voŋ，旁防 baŋ，房 vaŋ

吴語「不然」之「不」讀 fe，據我所知是《切韻》音的唯一遺跡，這又是片段的材料，使高本漢的研究爲多事了。

整理説明：

與李榮討論《切韻》手稿一包，四十三頁（有殘頁）。其内容分爲：一、《切韻》音系若干問題。二、往來信件。李榮《切韻音系・序》云：「本文初稿是一九四五年九月七日至十月二十七日在昆明寫定的。同年十一月九日至十九日鈔出全文的三分之一，作北京大學研究院文科所語學部的畢業論文，題目是《切韻音系中的幾個問題》。一九四六年二月三日口試通過……羅莘田師、唐立菴師、袁家驊師，他們三位是我在北京大學研究院的導師。」《唐信二》提到「現在，我負有審查的責任……」，推斷《〈切韻〉音系若干問題》應是唐先生對李先生論文的評審意見。《「又音」和「i 化聲母」》中有「我們想想，從一〇〇八到現在一九四五這九百多年變得怎樣」句，知此文撰於一九四五年。李先生十月三十一日回應唐先生評審意見，寫了《李信一》，隨後唐先生回復，寫了《唐信一》。從《李信二》和《唐信二》内容看，中間當另有來往信件，但未見保留。

《「許」本讀「滸」》有「尊謂『此語大誤』」句，引自《李信一》，推知當是《唐信一》的補充内容。《散記》在《唐信一》中都可找到對應文字，當是寫信過程中擬的草稿和補充材料，現並作《附録》列於《往來信件》文末。文中大小標題均爲整理者所加，並改以通用國際音標拟音，如ń改爲 ȵ，ź改爲 ʑ，音韻演變符號「V」用「→」代替等。原稿殘頁中的缺字，用「□」表示，缺字多則用「……」表示。

（鄭妞）

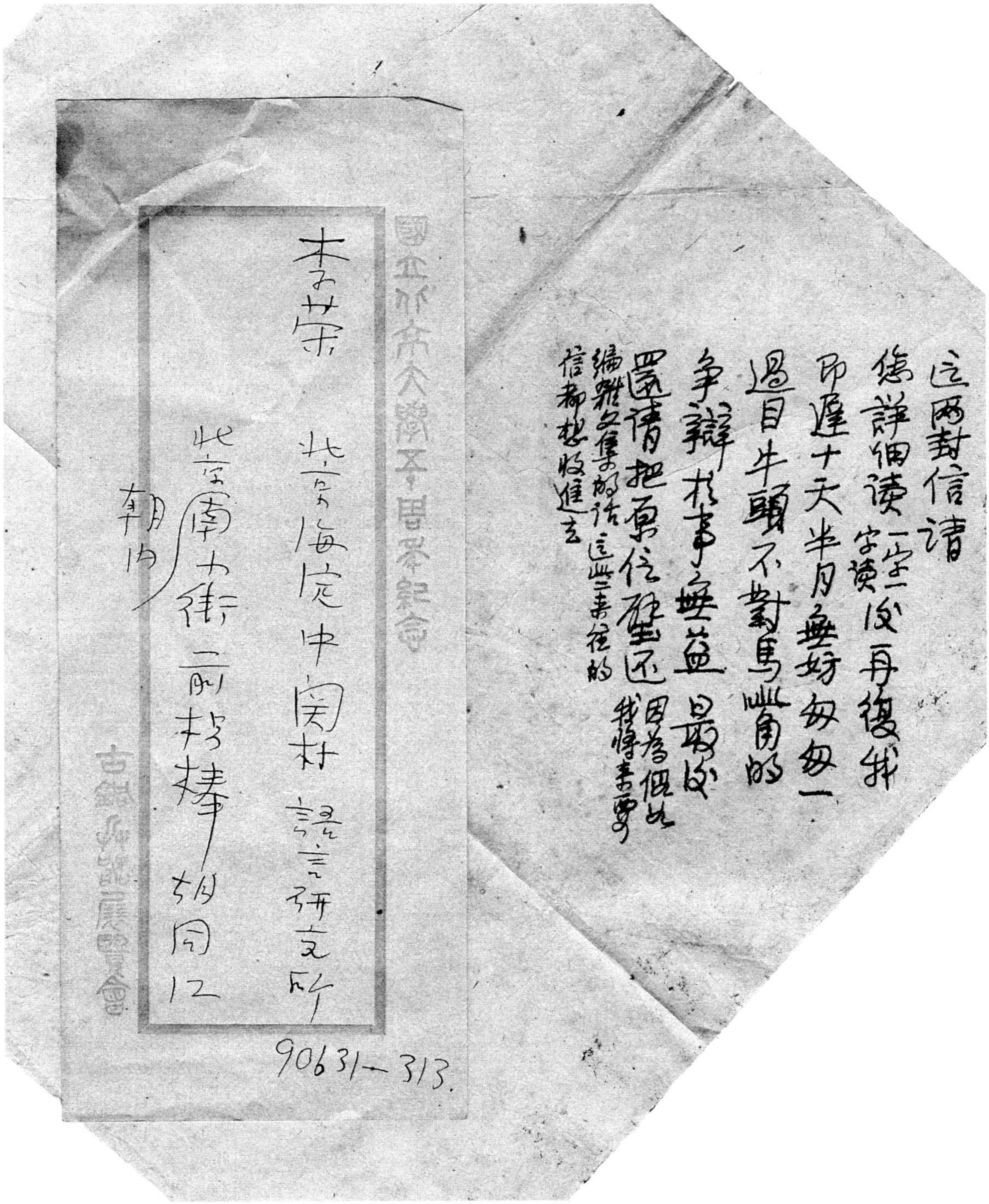

这两封信请
您详细读一遍後再復我
即遲十天半月無妨每每一
過目牛頭不對馬嘴的
争辯我看無益最好
還请把原信壁还 因彦但此
我将来要
編雜名集的话这些来往的
信都想收進去

李荣

北京海淀中关村语言研究所

北京南大街二前栓棒 句同12
朝内

國立北京大學卅周年紀念

古钱币说展卖会

90631-313.

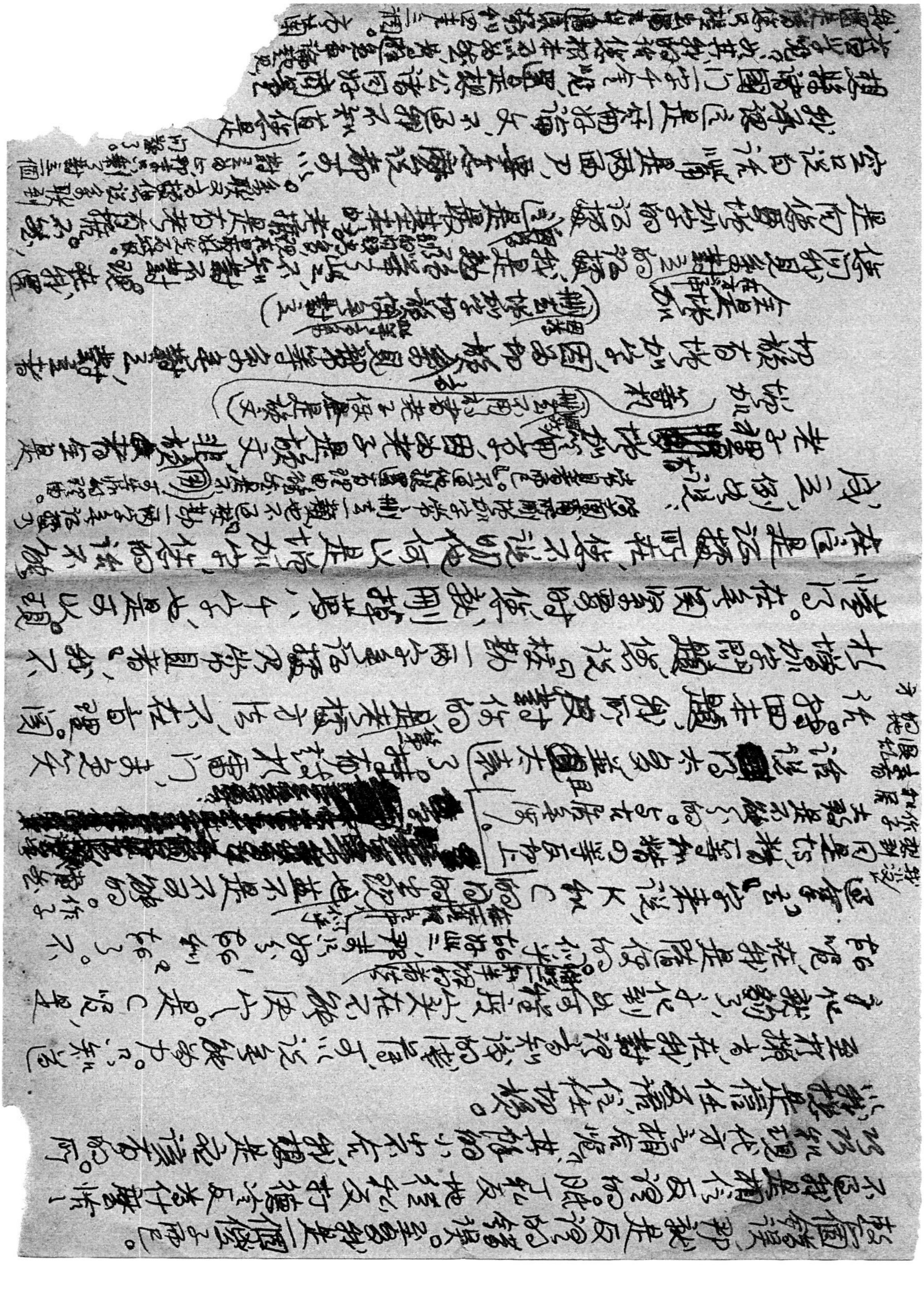

原稿樣張二

陸　文獻整理類

國策繫年

西周

（一）

嚴氏爲賊，而陽堅與焉。　（《東周》）

烈王二年、魏武侯廿二年、韓哀侯三年。

（二）

周共太子死（《史記》作「西周武公之共太子死」），有五庶子，皆愛之，而無適立也。司馬翦謂楚王曰：「何不封公子咎，而爲之請太子？」左成謂司馬翦曰：「周君不聽，是公之智困而交絶於周也。不如謂周君曰：『孰欲立也？微告翦，翦令楚王資之以地』……」（《東周》、《周本紀》）

謂齊王曰：「王何不以地齎周最以爲太子也。」齊王令司馬悍以賂進周最於周。左尚謂司馬悍曰：「周不聽，是公之智困而交絶於周也。公不如謂周君曰：『何欲置？令人微告悍，悍請令王進之以地。』」左尚以此得事。　（《西周》）

此兩策同。

公若欲爲太子，因令人謂相國御展子、廧夫空曰：……　（《東周》）

按「昭獻在陽翟」章有相國，則此似東周太子也。

司寇布爲周最謂周君曰：「君使人告齊王以周最不肯爲太子也，……」（《西周》）

（三）

秦令樗里疾以車百乘入周，周君迎之以卒，甚敬。楚王怒，……（《西周》、《樗里傳》）

傳與「甘茂攻韓，拔宜陽」同時，當在秦武王四年，周赧八年。

（四）

雍氏之役，韓徵甲與粟於周（《史記》作「東周」）。**周君患之，告蘇代。蘇代曰：「何患焉，代能爲君令韓不徵甲與粟於周，又能爲君得高都。」**（《西周》、《周本紀》）

按雍氏之役有二：一爲赧王三年，一爲赧十五年。《周本紀》置於「八年，秦攻宜陽」後，故鮑注以爲此十五年（此與《甘茂傳》索隱同）。今按《紀年》於赧三（即魏襄七、楚懷十七）書「楚景翠圍雍氏」，於赧十五（魏襄十九、楚懷廿九）書「楚入雍氏，楚人敗」，則此《策》之「楚卒不拔雍氏而去」者，實赧三年事，特《策》作「昭應」而《紀年》作「景翠」耳。《甘茂傳》：「楚懷王怨前秦敗楚於丹陽而韓不救，乃以兵圍韓雍氏。」索隱：「秦惠王二十六年（即後元十三年），楚圍雍氏，至昭王七年，又圍雍氏，韓求救於秦，是再圍也。劉氏云『此是前圍雍氏，當赧王之七年（蘭按：當是九年，此蓋依秦昭王元年説）』。《戰國策》及《紀年》與此並不同。」今按傳亦誤排此事於伐宜陽之後，昭王立時，故小司馬與劉氏皆不得其説。考《秦本紀》，「（秦惠王後）十三年，庶長章擊楚於丹陽，虜其將屈匄，斬首八萬；又攻楚漢中，取地六百里，置漢中郡。楚圍雍氏，秦使庶長疾助韓而東攻齊」，則楚圍雍氏即在秦敗屈匄於丹陽之同年，爲赧三年事明甚。《甘茂傳》特以赧五年爲武王元年，誤爲昭王耳。（《樗里疾傳》亦以惠文王末年、武王初立伐蒲不克事誤繫於昭王元年。）

《韓世家》繫「楚圍雍氏」於襄王十二年，「公子咎、公子蟣蝨爭爲太子」章下，集解引徐廣曰：「《秦本紀》……皆與《史記・年表》及《田完世家》符同。然則此卷所云『襄王十二年，韓咎從其計』以上，是楚後圍雍氏，赧王十五年事也。又説『楚圍雍氏』以下，是楚前圍雍氏，赧王之三年事。」按徐説甚是。

（五）

薛公以齊爲韓、魏攻楚，又與韓、魏攻秦，而藉兵乞食於西周。（《西周》、《孟嘗傳》）

《楚世家》：「（懷王）二十六年，齊、韓、魏爲楚負其從親而合於秦，三國共伐楚。楚使太子入質於秦而請救。秦乃遣客卿通將兵救楚，三國引兵去。二十七年，秦大夫有私與楚太子鬭，楚太子殺之而亡歸。二十八年，秦乃與齊、韓、魏共攻楚，殺楚將唐昧，取我重丘而去。」據此，則齊與韓、魏攻楚在懷二十六年（赧十二年），而《年表》及齊、韓、魏《世家》並不書，只書與秦共攻一事，蓋只書其結果耳。《年表》於魏哀廿一年、韓襄十四年、齊湣廿六年，有齊、韓、魏共擊秦事；於秦昭十一年，書「復與魏封陵」；韓襄十六年，書「與齊、魏擊秦，秦與我武遂和」。《田齊世家》：「（湣王）二十五年，……孟嘗君薛文入秦，即相秦。文亡去。二十六年，齊與韓魏共攻秦，至函谷軍焉。二十八年，秦與韓河外以和，兵罷。」《韓世家》：「十四年，與齊、魏王共擊秦，至函谷而軍焉。十六年，秦與我河外及武遂。」《魏世家》：「二十一年，與齊、韓共敗秦軍函谷。二十三年，秦復予我河外及封陵爲和。」均略同，惟《秦本紀》「（昭王）九年，孟嘗君薛文來相秦。……十年，……，薛文以金受免。……十一年，齊、韓、魏、趙、宋、中山五國共攻秦，至鹽氏而還。秦與韓、魏河北及封陵以和」爲異。今按孟嘗當以赧十七之冬亡歸齊，而《秦紀》後一年者，用周正耳。孟嘗歸，即謀伐秦，故各國均書於赧十七，唯《秦本紀》以受兵時始書，故在赧十九耳。

據上所析，此章當在赧十八、九時。

又按韓慶謂薛公曰：「君以齊爲韓、魏攻楚，九年，取宛、葉以北……」鮑注云：「『九』字誤，當云『六』或『五』。」今按《史》無孟嘗以齊爲韓、魏攻楚之事，唯《年表》云「（湣王廿三年，）與秦擊楚，使公子將，大有功」（時在宣王十九年）。此公子當即孟嘗矣。次年，秦使涇陽君來質，以求孟嘗君入齊，蓋先有共伐楚之一段因緣也。自赧十二年始伐楚至赧十九年罷攻秦之軍，首尾不過八年。則「九年，取宛、葉以北」必有誤字（或自赧十一年已始伐，則首尾九年矣，亦可通）。余意當爲十九年之誤，蓋以今攷之，《年表》所謂湣王廿三年，實是齊宣十九年也，則是年所謂「大有功」者，秦取重丘而齊取宛、葉以北也。

（六）

三國攻秦反 《西周》

此報十九、梁襄廿三事，鮑注謂「廿一年」，誤。

（七）

韓、魏易地，西周弗利。……楚王恐，因趙（兵）以止易也。 《西周》

《韓策》：「公仲爲韓、魏易地，公叔爭之而不聽。」（待攷。公仲、公叔爭權時。）

（八）

秦攻魏將犀武軍於伊闕，進兵而攻周。爲周最謂李兑…… 《西周》

犀武敗於伊闕，周君之魏求救，魏王以上黨之急辭之。 《西周》

犀武敗，周使周足之秦。 《西周》，「周足」疑即「周最」

《秦本紀》：「（昭王）十四年，左更白起攻韓、魏於伊闕，斬首二十四萬，虜公孫喜，拔五城。」《韓世家》：「釐王三年，使公孫喜率周、魏攻秦。秦敗我二十四萬，虜喜伊闕。」《魏世家》：「（昭王）三年，佐韓攻秦，秦將白起敗我軍伊闕二十四萬。」則此役周亦攻秦之一。故伊闕之敗，秦進兵而攻周，周乃一方説趙，欲令秦、魏復戰，一方求救於魏，一方又使人至秦也。此赧王廿二年。

「魏王以上黨之急辭之」者，慮秦人將分兵攻上黨也，鮑注謂有趙或韓兵，誤矣。

（九）

蘇厲謂周君曰：「敗韓、魏，殺犀武，攻趙取藺、離石、祁者，皆白起。是善用兵，又有天命也。今攻梁，梁必破，破則周

危，君不若止之。謂白起曰：『……今公又以秦兵出塞，過兩周，踐韓而以攻梁，一攻而不得，前功盡滅，公不若稱病不出也。』」（《西周》、《周本紀》）

《周本紀》作赧三十四年。按《年表》赧三十二年、魏昭王十三年，「秦拔我安城，兵至大梁而還」。《秦本紀》：「（昭王）二十四年，……秦取魏安城，至大梁，燕、趙救之，秦軍去。」《魏世家》：「（昭王）十三年，秦拔我安城。兵到大梁，去。」皆此事。則當在赧三十二，史公誤也。惟「取藺、離石、祁」應在廿二年後、卅二年前，不知時在何年耳（「拔趙……」據《趙策》又似在周赧四十年前。魏安釐王二年，秦亦軍大梁下，然是時白起已擊楚拔郢矣，故知當在其前也）。

（十）

楚兵在山南，吾得將爲楚王屬怒於周。（《西周》）

此似即赧八年楚救韓時事，詳後。或赧三年？

鮑注「楚王」爲頃襄，似即《楚世家》頃襄十八年，然彼乃「楚欲與齊、韓連和伐秦，因欲圖周」，與下章異。

楚請道於二周之間，以臨韓、魏，……蘇秦謂周君曰：「除道屬之於河……」（《西周》）

（十一）

秦召周君，周君難往。或爲周君謂魏（《史》作「韓」，非）**王……**（《西周》）

周君之秦。謂周最曰：「不如譽秦王之孝也……」（《西周》）

秦欲攻周，周最謂秦王曰：……（《西周》、《周本紀》）

此三章當記一事，皆伊闕之役後事。《史記》以屬於赧八年、赧四十五年，未見確據，殆誤。或謂「周君謂魏王曰：『秦召周君，將以使攻魏之南陽……』」與「周君之魏求救」一章合，「周君之秦，謂周最曰」一章與「犀武敗，周使周足之秦」章合。證以周最之年，殆亦以此時爲合。（《周本紀》赧五十八年一事中有「周聚收齊」語，亦常是誤報。）

《秦本紀》：「十七年，……東周君來朝。」在赧廿五年，「秦欲攻周」章蓋即「周足之秦」之事，三章均在赧廿五年。《史》

次四十五年，非。

（十二）

宮他謂周君曰：「……今君恃韓、魏而輕秦，國恐傷矣。君不如使周最陰合於趙以備秦，則不毁。」（《西周》）

此當在秦敗魏將犀武於伊闕，「進兵而攻周。爲周最謂李兑」之前。蓋有宮他之謀而後周最合趙，亦因此而韓、魏敗時周未傷也。然則當在廿二年之前。

東周

（一）

秦興師臨周而求九鼎，周君患之，以告顔率。顔率曰：「大王勿憂，臣請東借救於齊。」

姚氏考《春秋後語》，以爲周顯王、齊宣王。今按周顯王時當爲齊威王。《策》中有陳臣思，則似以威王時爲合。

（二）

秦攻宜陽，周君謂周累曰：「子以爲如何？」對曰：「宜陽必拔也。」君曰：「宜陽城方八里，材士十萬，粟支數年，公仲之軍二十萬，景翠以楚之衆臨山而救之，秦必無功。」

按《秦本紀》：「（武王三年）秋，使甘茂、庶長封伐宜陽。四年，拔宜陽，斬首六萬。涉河，城武遂。」《韓世家》、《甘茂傳》略同。時爲赧王七至八年、韓襄四—五年。

（三）

東周與西周戰，韓救西周，爲東周謂韓王……　（《周本紀》次赧八年後。）

東周與西周爭，西周欲和於楚、韓。齊明謂東周君……

按楚、韓之合當在赧王七、八年間（或在六年），此時楚懷王方受張儀之詐，而齊欲爲從長（《楚世家》作齊湣，今按實齊宣十二—十三），故懷王合齊以善韓（《楚世家》記此於懷二十），其使景翠救宜陽在懷廿二年。

東周欲爲稻，西周不下水，東周患之。蘇子謂東周君曰……

（四）

昭獻在陽翟，周君將令相國往……

楚圍雍氏時，甘茂與昭獻遇於境，見《韓策》，是赧三年時事。《韓策》又云「楚昭獻相韓，秦且攻韓」，則當是秦攻宜陽前事，當在赧王六—七年、楚懷王二十—廿一歟？

（五）

秦假道於周以伐韓……史黶謂周君……

此爲赧七年秦方攻宜陽時事。

《周本紀》：「（赧王）八年，秦攻宜陽，楚救之。而楚以周爲秦故，將伐之。蘇代爲周説楚王曰：『何以周爲秦之禍也？言周之爲秦甚於楚者，欲令周入秦也，故謂「周秦」也。周知其不可解，必入於秦，此爲秦取周之精者也。爲王計者，周於秦因善之，不於秦亦言善之，以疏之於秦。周絶於秦，必入於郢矣。』」（《國策》無。）

此乃八年楚救韓時事，可與本策相發明，蓋周假道而楚以周爲秦也。

（六）

楚攻雍氏，周粻秦、韓，楚王怒周，……

赧三年，與前雍氏之役一章同時〔一〕。

（七）

蘇厲爲周最謂蘇秦曰：「君不如令王聽最，以地合於魏、趙，故必怒合於齊，……」

當在赧廿一、二年，故有廿二年周最謂秦王事。

（八）

謂周最曰：「仇赫之相宋，將以觀秦之應趙、宋，敗三國。……」（仇赫蓋趙臣。）

赧十七年，齊、韓、魏攻秦。《秦本紀》言「齊、韓、魏、趙、宋、中山五國共攻秦」，於昭十一年，則赧十九年也。蓋其時趙、宋雖與三國合，而陰與秦連，此蓋十八、九年事與？

（九）

爲周最謂魏王曰：「秦知趙之難與齊戰也，將恐齊、趙之合也，必陰勁之。……」

依《世表》，赧廿五。今按，應當赧廿六？《趙世家》：「（趙惠文王）九年，趙梁將，與齊合軍攻韓，至魯關下，反。」按齊、趙本與國，赧二十年，齊當佐趙滅中山，至赧二十七年時，齊爲東帝，湣王問蘇秦（當是代）：「兩帝立，約伐趙，孰與伐宋之利也。」時齊、秦正合也。惠文王十一年，秦取梗陽。（《史・表》當赧廿七年，今按當廿八？）秦、趙當未合。及

〔一〕整理者按：「一章同時」四字蟲蛀，現根據殘存部分推測。

齊去帝而謀伐宋而秦怒，蘇代間齊、趙而齊與趙絶。於是「（惠文）十二年，趙梁將攻齊。十三年，韓徐爲將，攻齊。……十四年，相國樂毅將趙、秦、韓、魏、燕攻齊，取靈丘。……十五年，燕昭王來見。趙與韓、魏、秦共擊齊，齊王敗走，燕獨深入，取臨菑」。（《趙世家》蘇厲遺趙王書當在湣王未亡之前，《史》次在後，非。）則諸國伐齊，首發難者，趙也。此章當在齊、趙交絶之後，惠文十二、三年之時乎？（赧廿九、卅？）

謂周最曰：「魏王以國與先生，貴合於秦以伐齊。薛公故主，輕忘其薛，不顧其先君之丘墓，而公獨脩虚信爲茂行，明羣臣據故主，……」

按《史表》，赧二十一年「田甲劫王，相薛文走」。孟嘗之去齊相魏，當即在此後不久。《大事記》置相魏於赧廿九年，非也。《宋世家》云：「（宋王偃）四十七年（裴云《年表》四十三年），齊湣王與魏、楚伐宋，殺王偃。」是魏□[一]與齊合，周最蓋即合魏、齊之人。此章時與上相近。

趙取周之祭地，周君患之，告於鄭朝。

（十）

杜赫欲重景翠於周，謂周君曰：……

景翠於赧三年圍雍氏，今此《策》杜赫曰「今之窮士，不必且爲大人者」，則其事殆在顯王、慎靚王時。　似是周昭文君。

（十一）

三國隘秦（「三晉距秦」，《史》殆誤），**周令其相之秦，以秦之輕也，留其行。有人謂相國曰：「秦之輕重，未可知也。秦欲知三國之情，公不如遂見秦王曰：『請謂王聽東方之處。』秦必重公。是公重周，重周以取秦也。齊重故有周而已取**

[一] 整理者按：蟲蛀。

（「周聚以收」［《史》］）**齊，是周常不失重國之交也。」**（《史》有，《史》下有「秦信周，發兵攻三晉」，殆非。）

此當是赧十七—十九年，《史》次赧王五十八年，誤，或當作十八年邪？

宮他亡西周，之東周，盡輸西周之情於東周。

難考。當在「三國隘秦」後？

昭翦與東周惡，或謂昭翦曰：「爲公畫陰計。」

若謂即司馬翦，則當在西周武公立太子時。

（十二）

周最（此二字疑誤，下云「子因令周最居魏以共之」，則此非最之言也？）**謂呂禮曰：「子何不以秦攻齊？臣請令齊相子，……」**

此當在齊、秦稱帝。魏遣周最收齊之後，或人以此謀相呂禮而逐周最也。蓋赧廿九—卅年事。《秦本紀》昭王十九年「呂禮來自歸」，當有誤。昭十九，赧廿七也，或秦復遣之收齊邪？

（十三）

謂薛公曰（秦亡將呂禮相齊，欲困蘇代。代乃謂薛公。《史》）：**「周最於齊王也而逐之，聽祝弗，相呂禮者，欲取秦。……」**

按《史》誤，此章當是薛公說穰侯或爲薛公說穰侯，細玩文義自明，秦因之遂攻齊，當在赧廿九—卅年。（《孟嘗傳》置「齊滅宋」前，非。）

齊聽祝弗，外周最。謂齊王曰：……

同時，此士乃爲□……[三]

周相呂倉見客於周君。前相工師藉恐客之傷己也，……

周文君免工師藉，相呂倉，國人不説也。君有閔閔之心。謂周文君曰：……

此邵文君時事。

温人之周

（十四）

或爲周最謂金投曰：「秦以周最之齊疑天下，而又知趙之難于（通「與」）**齊人戰，……」**

周最謂金投曰：「公負令（『合』之誤）**秦與强齊戰。……」**

此周最初之齊未被逐時事，周與魏、趙善，欲使趙拒秦而不攻齊也，及齊欲連秦相呂禮而逐周最，秦遂連趙而攻齊矣。

赧廿九—卅。

（十五）

石行秦謂大梁造……

秦昭十五年白起爲大良造，赧廿三年也。（此疑赧廿五年東周君至秦前後事。）

〔三〕 整理者按：蟲蛀。

秦

（一）

衛（魏？）鞅亡魏入秦，孝公以爲相，封之於商。

澮之戰，公叔痤將，在顯七年（其死未知何時，豈即次年邪？）次年即孝公元年，衛鞅入秦當在元、二年（《秦本紀》在元年）。

孝公行之八年

《商鞅傳》索隱引作「十八年」，是也。孝公廿四年，用之十八年，則七年始用也。按七年秦孝公會魏王於杜平，蓋即衛鞅説魏王時。

（二）

蘇秦始將連横，説秦惠王曰：……

《史・表》，蘇秦説燕在赧卅五年，爲秦惠四年，則説秦在三年前矣。然考其説似在惠王、武王後（詳錢之《蘇秦攷》及《齊策》）。

（三）

秦惠王謂寒泉子曰：「蘇秦欺寡人，欲以一人之智反覆東山之君，從以欺秦。……寡人忿然含怒日久，吾欲使武安子起往喻意焉。」寒泉子曰：「不可。……請使客卿張儀。」

按秦惠王十年張儀相。（鮑注謂五年爲客卿，不知何據，待攷。）

（四）

楚、魏戰於陘山，魏許秦以上洛，以絶秦於楚。魏戰勝，楚敗於南陽。

周顯四十年、秦惠九年、梁惠後六年、楚威王卒之年（十一）。

（五）

楚使者景鯉在秦，從秦王與魏王遇於境。楚怒秦合，周最謂楚王……楚王因不罪景鯉而德周、秦。

楚王使景鯉如秦。客謂秦王曰：「景鯉，楚王（使景）所甚愛，……」

同上。此上章已有周最，殆以張儀與周文君善之故邪？

周最至赧卅一年尚存，去此已四十六年，假是時三十左右，至彼時已七十餘矣。

（六）

楚攻魏，張儀謂秦王曰：「不如與魏以勁之。……」王用儀言，取皮氏卒萬人、車百乘以與魏犀首，戰勝威王。魏兵罷弊，恐畏秦，果獻西河之外。

此事舊不能詳，余謂《六國表》秦惠王九年「渡河取汾陰、皮氏」，則此仍惠王九年也。時張儀已用事矣。《秦本紀》：「（惠王）五年，陰晉人犀首爲大良造。六年，魏納陰晉。」《本紀》又云：「七年，公子卬與魏戰，虜其將龍賈，斬首八萬。」《魏世家》：「（襄王）五年，秦敗我龍賈軍四萬五千於雕陰。」《世家》之襄王實梁惠之後元，爲秦惠王八年，則雕陰之役當在秦惠七、八年間。《六國表》書於秦惠五年，誤。《蘇秦傳》：「秦王使犀首攻魏，禽將龍賈，取魏之雕陰，且欲東兵。蘇秦恐秦兵之至趙也，……」乃激怒張儀，入之於秦，則張儀入秦蓋在秦惠八年，而犀首又相魏，犀首之相魏，挾戰勝之威也。此策在其後一年。秦惠五年爲顯三十六年，楚圍齊於徐州，齊魏方睦，度其後即伐魏，故魏亟與秦和，至秦惠九年始戰勝於陘山，西河之地盡秦有矣。（犀首乃人名，舊謂官名，攷非。）

（七）

田華之爲陳軫説秦惠王，……

「故驕張儀以五國」即指楚率五國共擊秦事，是此章蓋在秦惠後八年張儀自魏歸復相時事也（慎靚王四年）。按自魏歸相之前當有爲魏請成之事，此當在此時。將再去魏，故云「張儀故來辭」也。秦惠王稱王當在後元年，爲顯四十五年，故此策云「今秦自以爲王」。鮑注云「時亦未王，謂其欲之」，殊誤。

（八）

張儀又惡陳軫於秦王，……

陳軫去楚之秦。……

按陳軫説犀首時爲秦使於齊（見《魏策》；《史記》謂自楚之秦時，誤），則秦惠後七年前軫在秦也（據次章秦惠後七年亦陳軫用事）。上章當在秦惠後八年時，軫亦在秦，則軫之去楚當在張儀復相之後。即秦敗楚屈匄軫又使秦，所謂「去楚之秦」殆在此時，則爲秦惠後十三年矣（赧二年）。俟更詳考。

又按陳軫使齊時爲齊王説昭陽，在秦惠後二年，是後二年陳已在秦。

（九）

義渠君之魏，……

按五國攻秦在秦惠後七年，時張儀雖在魏而失相。主攻秦事者，犀首也。義渠君之魏當在此年前不久，故云「居無幾何」。《表》秦惠前十一年「義渠君爲臣」（《紀》云「縣義渠」），後十一年「侵義渠，得二十五城」（《紀》在十年）。所以侵義渠者，即此事之報復。《秦本紀》：「韓、趙、魏、燕、齊帥匈奴共攻秦。」則義渠即匈奴與？

（十）

司馬錯與張儀爭論於秦惠王前。……

此爲秦惠後九年之前張儀復相時事，時魏人已和，故儀主親魏善楚而伐韓也。《張儀傳》置初相以前，則誤以爲前九年，非也。

（十一）

齊助楚攻秦，取曲沃，其後秦欲伐齊。齊、楚之交善，惠王患之，謂張儀……

《秦本紀》：「（惠後）十一年，樗里疾攻魏焦，降之。」即魏哀王五年。《年表》魏哀王五年，「秦拔我曲沃，歸其人」。《魏世家》：「（哀王）五年，秦使樗里子伐取我曲沃，……」蓋焦、曲沃地相近，然則齊助楚攻秦取曲沃當在惠後十一年之後、十二年張儀相楚之前也。

「陳軫後見」，蓋時在楚。按軫去秦至楚當在秦惠後八—九年。

張儀說楚反秦殆均在惠後十二年。

楚舉兵伐秦，惠後十三年。「齊助楚攻秦」與下章「楚絶齊」，「齊」疑並當作「韓」，乃合。

（十二）

楚絶齊，齊舉兵伐楚。陳軫謂楚王曰：「王不如以地東解於齊，西講於秦。」楚王使陳軫之秦，秦王謂軫曰：「子秦人也，寡人與子故也。……」

按，此蓋在秦敗屈匄以前、楚王初使陳軫後又舉兵伐秦耳。秦惠十二—十三年。《陳軫傳》「楚齊」作「韓魏」，非。

（十三）

秦惠王死，公孫衍欲窮張儀。李讎謂公孫衍曰：「不如召甘茂於魏，召公孫顯於韓，起樗里子於國。……」

此當秦惠後十四年事，其後張儀遂去魏。

（十四）

張儀欲假秦兵以救魏。左成謂甘茂曰：「不如予之。……」

此在張儀去魏之前，《魏世家》哀王七年「攻齊」，《年表》哀王七年「擊齊，虜聲子於濮」事當秦惠後十三年、周赧三年。初，公孫衍敗於承匡，張儀乃借秦兵以勝齊。次年，公孫衍遂至秦武王處而張儀往相魏矣。（又按濮上之事因齊、宋圍煮棗而起，非承匡事也，前説誤。）

（十五）

張儀之殘樗里疾也，重而使之楚。因令楚王爲之請相於秦。

此蓋惠王方卒時事，李讎欲「起樗里疾於國」，儀則「重而使之楚」而殘之，故樗里疾、甘茂之相直至武王二年也。

（十六）

張儀欲以漢中與楚，……甘茂謂王曰……

《秦本紀》：「（惠王）十三年，庶長章擊楚於丹陽，虜其將屈匄，斬首八萬；又攻楚漢中，取地六百里，置漢中郡。」《楚世家》：「（懷王）十七年春，與秦戰丹陽，秦大敗我軍，斬甲士八萬，虜我大將軍屈、裨將軍逢侯丑等七十餘人，遂取漢中之郡。……十八年，秦使使約復與楚親，分漢中之半以和楚。楚王曰：『願得張儀，不願得地。』」據此《策》則分漢中之半乃張儀之謀，此惠王後十四年事。據此惠王末年甘茂已與張儀爭寵矣。（赧四年）

（十七）

爲魏謂魏冉曰：「公聞東方之語乎？」曰：「弗聞也。」曰：「辛、張陽、毋澤説魏王、薛公、公叔也，曰：……今公東而因言於楚，是令張儀之言爲禹，而務敗公之事也。……」

此是昭王六年□……魏〔四〕、齊合以攻楚，次年魏冉爲相矣。後有「秦取楚漢中」一章與此相應。鮑以中有「張儀」字，次之武王，非是（赧十四年）。

（十八）

醫扁鵲見秦武王

秦武王謂甘茂曰：「寡人欲車通三川，以闚周室，……」（《甘茂傳》）

秦武王三—四、赧七—八。

（十九）

宜陽之役，馮章謂秦王曰：「不拔宜陽，韓、楚乘吾弊，國必危矣！不如許楚漢中以懽之。……」

秦武四、赧八。

（二十）

甘茂攻宜陽，三鼓之而卒不上。……（《公孫衍》、《樗里疾》）（「衍」並當作「赫」、「奭」）

〔四〕整理者按：蟲蛀。

（二十一）

宜陽未得，秦死傷者衆，甘茂欲息兵。左成謂甘茂曰……（《公孫衍》、《樗里疾》）

秦武四。

（二十二）

宜陽之役，楚畔秦而合於韓。秦王懼。甘茂曰……

秦武三—四年。

（二十三）

宜陽之役，楊達謂公孫顯曰：「請爲公以五萬攻西周，……」

此初攻宜陽、楚亦未叛時事，當秦武三。

（二十四）

秦王謂甘茂曰：「楚客來使者多健，與寡人爭辭，寡人數窮焉，……」

疑秦惠後十三年後、赧三—四。

（二十五）

甘茂相秦。秦王愛公孫衍，與之間有所立，因自謂之曰：「寡人且相子。」……

在秦武二年甘茂相以後。

（二十六）

甘茂約秦、魏而攻楚。楚之相秦者屈蓋，爲楚和於秦，秦啓關而聽楚使。

此秦惠後十三年秦敗楚之屈匄後，屈匄即屈蓋，蓋被秦虜後即爲□□□……〔五〕 赧三—四。

（二十七）

謂秦王曰：「臣竊惑王之輕齊易楚，而卑畜韓也。……」

此欲説秦王收齊者。 秦武四（拔宜陽後）、赧八。

秦武實未至周，《甘茂傳》謂「至周，而卒於周」，非是。

「……梁君伐楚勝齊，制趙、韓之兵，驅十二諸侯以朝天子於孟津，後子死，身布冠而拘於秦。……」

（二十八）

秦王與中期爭論，不勝。秦王大怒，……「悍人也。中期適遇明君故也，……」

此當在昭王時，鮑次武王時，而於「秦昭王謂左右」一章注曰「武王時已出此人，至是四十四、五年矣」，非是。

（二十九）

甘茂亡秦，且之齊，出關遇蘇子。 （《甘茂傳》）

秦昭元年、赧九。

〔五〕 整理者按：蟲蛀。

（三十）

獻則謂公孫消曰：「公，大臣之尊者也，數伐有功。所以不爲相者，太后不善公也。辛戎者，太后之所親也。今亡於楚，在東周。……」

芈戎於昭王八年攻楚，此或在其邪？

（三十一）

三國攻秦，入函谷。秦王謂樓緩曰：「三國之兵深矣，寡人欲割河東而講。」

此當在秦昭十—十一年。樓緩以十年爲丞相，十一年免。

（三十二）

薛公爲魏謂魏冉曰：「文聞秦王欲以吕禮收齊，……」

此當在赧廿九年—卅年、秦昭廿一—廿二。

（三十三）

泠向謂秦王曰：「向欲以齊事王，使攻宋也。……」

此在赧廿九年、秦昭廿一齊滅宋後。

（三十四）

謂穰侯曰：「爲君慮封，若於除。宋罪重，齊怒……」

亦赧廿九時，齊伐宋時。

（三十五）

謂魏冉曰：「楚破秦（鮑、吴欲重一「秦」字，非）**，不能與齊縣衡矣。……」**

此當在赧□……六—七〔六〕時，秦、韓、魏、齊方合以擊楚也。《表》云昭七年「魏冉爲相」。

（三十六）

五國罷成睪，秦王欲爲成陽君求相韓、魏，……

《韓策》：「五國約而攻秦，楚王爲從長，不能傷秦，兵罷而留於成皋。」（按楚王爲從約長乃慎靚王三年事，《韓策》蓋誤混爲一。）《趙策》：「五國伐秦無功，罷於成皋。」均即此事。當在赧十九、秦昭十一時。秦既與魏封陵、與韓武遂以和，遂欲爲成陽求相韓、魏耳。

《趙策》「齊欲攻宋」章誤以「五國伐秦」置「齊欲攻宋，秦令起賈禁之」之後，鮑注乃以成皋之役爲秦昭十三年，非也。《魏策》云：「五國伐秦，無功而還。其後，齊欲伐宋，而秦之。」則《趙策》之誤顯然。

（三十七）

秦取楚漢中，再戰於藍田，大敗楚軍。韓、魏聞楚之困，乃南襲至鄧，楚王引歸。

秦惠後十三、赧三年。

後三國謀攻楚，恐秦之救也，或説薛公：「可發使告楚曰：……」

秦昭六年、赧十四年。

〔六〕整理者按：蟲蛀。

（三十八）

薛公入魏而出齊女。

此蓋田文由齊至魏時事，魏昭王二—三年間也。魏昭王初立，故韓春欲以齊、秦劫魏而立負芻也。時秦昭王十三—四年。昭王生十九年而立（《秦本紀》），時正三十餘歲，故韓春欲其取齊女爲妻也。按魏襄王（《史》作「哀王」）六年，「秦來立公子政爲太子」，其後太子嘗朝秦質楚，而昭王則名遬，或「政」當爲「整」也。是昭王在襄六年時當已長，即位時殆將四十許，齊女蓋其庶母也。

又按，田嬰亦稱薛公，封於魏惠末年，而此不能謂爲襄王初年者，彼時韓珉殆未用事也。至安釐王初年，則孟嘗亦□……〔七〕

（三十九）

謂魏冉曰：「和不成，兵必出。白起者，且復將。……」

此蓋秦昭十六年，魏冉復相時事。（見《穰侯傳》）十四年，白起爲左更，有伊闕之役。十五年，起爲大良造，攻魏，攻楚。而十六年則以左更錯爲將矣。蓋是時魏冉與白起不合。（此後閱十餘年白起始復相。）末云「公不若毋多，則疾封（本誤「到」，依姚正）」，則指封陶爲諸侯之事，《秦本紀》即在昭十六年。鮑注定爲二十一年，誤。

（四十）

陘山之事

據《穰侯傳》，當即華陽之役。秦昭三十四年、周赧四十二年。

〔七〕 整理者按：蟲蛀。

（四十一）

秦客卿造謂穰侯

《秦本紀》昭王三十六年，「客卿竈攻齊，取剛壽，予穰侯」。赧四十四年。

（四十二）

説秦王曰：「……先帝文王、莊王，王之身，三世而不接地於齊，……」

按文王爲孝文王，莊王爲莊襄王，則此秦王爲始皇也。

「……今王使成橋守事於韓，成橋以北入燕。……」

《始皇紀》：「八年，王弟長安君成蟜將軍擊趙，反，死屯留。」此在其前。按「三年，蒙驁攻韓，取十三城」當指此。

「……王又舉甲兵而攻魏，杜大梁之門，舉河内，拔燕、酸棗、虚、桃人，楚、燕之兵雲翔不敢校，……」

《始皇紀》：「三年，……十月，將軍蒙驁攻魏氏暢、有詭。……四年，拔暢、有詭。……五年，將軍驁攻魏，定酸棗、燕、虚、長平、雍丘、山陽城，皆拔之，取二十城。」《年表》魏景湣王三年，「秦拔我汲」，蓋即舉河内之事。當始皇七年。

「……王申息衆二年，然後復之，又取蒲、衍、首垣，以臨仁（信？但？）**、平兵，小黄、濟陽嬰城，而魏氏服矣。」**

《始皇紀》：「九年，……攻魏垣、蒲陽。〔八〕……楊端和攻衍氏。」

「王又割濮、磨之北屬之燕，斷齊、秦之要，絶楚、魏之脊。天下五合、六聚而不敢救也，……」

此始皇六年伐衛拔濮陽事。

「……今王中道而信韓、魏之善王也，……今王之攻楚，不亦失乎！……」

據此知此爲始皇十二年發四郡兵助魏擊楚時事。

〔八〕 整理者按：「年」至「陽」據《史記》補，原已蛀。

此策《史記·春申君傳》、《新序》、《後語》皆有之。自《史記》横添首尾，誤爲春申君説秦昭王，後人不復致疑，且以《策》中文王、莊王爲誤，不知《策》中事實均是始皇時也，始皇十二年，則楚幽王悍之三，春申君已死矣。

《周季編略》承舊誤，錢賓四謂此文至早乃始皇八年事，亦未詳考。

（四十三）

段産謂新城君……　（《韓策》）

段干越人謂新城君曰：「……今臣雖不肖，於秦亦萬分之一也，而相國見臣不釋塞者，是纆牽長也。」（《韓策》）

據此，則芈戎時爲韓相。

（四十四）

范子因王稽入秦，獻書昭王曰：……使人持車召之。

范雎至秦，王庭迎，范雎曰：「寡人宜以身受令久矣。今者義渠之事急，寡人日自請太后。今義渠之事已，寡人乃得以身受命。……」

《大事記》據《漢·匈奴傳》「秦昭王時，義渠戎王與宣太后亂，有二子」，宣后詐殺戎王於甘泉，遂起兵滅義渠。與此合。（《大事記》書滅義渠於赧四四、昭三六。）

……「……今反閉關而不敢窺兵於山東者，是穰侯爲國謀不忠，而大王之計有所失也。」……「大王越韓、魏而攻强齊，非計也。……」……

《史記》以范雎上書爲當穰侯欲越韓、魏而伐齊綱壽時，故定爲昭王三十六年。

《史記》於此文多增飾，如云「閉關十五年」，實無其事。自昭二十二年伊闕之戰至□……（廿二年）……[九]，廿九年擊

〔九〕整理者按：蟲蛀。

楚，卅四年擊魏，爲華陽之役，安得謂「閉關十五年」邪？

又按范雎之説當在既伐剛壽以後，是時秦方敗於閼與，顧乃越韓、魏而攻剛壽。其得之也。又以益穰侯之陶封，故曰「穰侯爲國謀不忠」。自昭三十四華陽之役後，惟有閼與、剛壽二役，故曰「閉關」也。下文范雎説秦王伐邢丘，《魏世家》及《年表》並於安釐王九年書「秦拔我懷」，懷即邢丘也。安釐王九年則秦昭三十九年也，是范之説當即在三十九年。（《秦本紀》四十一年「攻魏，取邢丘、懷」，蓋誤。《魏世家》安釐王十一年，「秦拔我郪丘」，《年表》作「廩邱」。《秦本紀》既誤爲「邢丘」，或注以「懷」字，既又以注文入正文耳。《范雎傳》：「卒聽范雎謀，使五大夫綰伐魏，拔懷。後二歲，拔邢丘。」則又不知懷即邢丘矣。）其説實立見施行者，然則「閉關十五年」或當作「閉關五年」與？

於是舉兵而攻邢丘，……

見上。當秦昭卅九年、周赧四十七年。

「舉兵而攻滎陽，則成睪之路不通；北斬太行之道則上黨之兵不下；一舉而攻宜陽，則其國斷而爲三。……」

《范雎傳》：「（昭）四十二年，東伐韓少曲、高平，拔之。」《秦本紀》：「（昭王）四十三年，武安君白起攻韓，拔九城，……」

《韓世家》：「（桓惠王）九年，秦拔我陘，城汾旁。」《年表》、《范雎傳》同此一事也。《秦本紀》：「四十四年，攻韓南郡，取之。」

《年表》作「南陽」，當是。《韓世家》：「（桓惠王）十年，秦擊我於太行。」《年表》同此又事也。則《策》所謂「斬太行之道」、「一舉而攻南陽」（《策》作「宜」，誤），並有之矣。《秦本紀》：「四十五年，五大夫賁攻韓，取十城。」《年表》同。《本紀》：「四十七年，秦攻韓上黨，上黨降趙。」《韓世家》即在桓惠王十年明此爲擊太行之効。《秦本紀》則以上黨降趙而引起長平之役，故書於後耳。《秦本紀》：「四十八年……，韓獻垣雍。秦軍分爲三軍。……司馬梗北定太原，盡有韓上黨。……五十一年，將軍摎攻韓，取陽城、負黍，斬首四萬。」《韓世家》、《年表》同。於是有西周合從，「出伊闕攻秦，令秦毋得通陽城」一事。而西周亡，至五十三年，《秦本紀》書「韓王入朝，魏委國聽令」，凡此皆由范雎之計也。然雎在五十二年王稽棄市後已謝病免相矣。（《史·蔡澤傳》謂澤「拜爲秦相，東收周室」，則其相即在五十二年。）及莊襄王元年，「使蒙驁伐韓，韓獻成皋、鞏」，《韓世家》：「（桓惠王）二十四年，秦拔我城皋、滎陽。」則范雎之言已全驗，而昭王亦卒二年矣。

「……昔者，齊人伐楚，戰勝，破軍殺將，再辟千里，膚寸之地無得者，豈齊不欲地哉，形弗能有也。諸侯見齊之罷露，君臣之不親，舉兵而伐之，主辱軍破，爲天下笑。……」

《范雎傳》「齊人」作「齊湣王」，「舉兵而伐之」以下作「興兵而伐齊，大破之。士辱兵頓，皆咎其王，曰：『誰爲此計者乎？』王曰：『文子爲之。』大臣作亂，文子出奔」。

（四十五）

范雎曰：「臣居山東，聞齊之内有田單，不聞其王。聞秦之有太后、穰侯、涇陽、華陽（《史》作「華陽、高陵、涇陽」），**不聞其有王也。……今太后擅行不顧，穰侯出使不報，涇陽、華陽擊斷無諱**（《史》作「華陽、涇陽等」，又此句下有「高陵進退不請」），**四貴備而國不危者，未之有也。……穰侯使者操王之重，決裂諸侯，剖符於天下，征敵伐國，莫敢不聽。戰勝攻取，則利歸於陶，國弊，御於諸侯，戰敗，則怨結於百姓，而禍歸社稷。……今秦，太后、穰侯用事，高陵、涇陽佐之**（《史》作「高陵、華陽、涇陽」），**……」秦王懼，於是乃廢太后，逐穰侯，出高陵，走涇陽於關外**（《史》作「逐穰侯、高陵、華陽、涇陽君於關外」）。

《范雎傳》以此爲昭四十一年，蓋近是。明年太后「以憂死」，而「穰侯出之陶」，四十五年「葉陽君悝出之國，未至而死」，皆其事也。

田單《史》作「田文」，非。鮑注云「文去齊至是已有二十餘年，不及近舍單，而遠論文也」，甚是。

《策》文前作「太后、穰侯、涇陽、華陽」，所謂「四貴」（下章以華陽、穰侯、太后爲「三貴」），後作「太后、穰侯、高陵、涇陽」，高陵即華陽也。《秦本紀》：「（昭王）六年，……涇陽君質於齊。……十六年，……封公子市宛，公子悝鄧，魏冉陶，爲諸侯。……二十一年，……涇陽君封宛。」然則涇陽君即公子市，《史》誤□……〔一〇〕故重出于《史記》索隱「涇陽君名市」，又謂「悝號高陵君，初封彭，昭襄王弟也」，不知何據，然似不誤。《秦本紀》：「（昭）四十五年，……葉陽君悝出之國，未至而死。」

〔一〇〕　整理者按：蟲蛀。

《集解》一云「華陽」，則高陵即華陽耳。《史記・范雎傳》於前增高陵，於後增華陽，次序多顛倒，又與「四貴」之説不合，皆誤也。《穰侯傳》末云：「范雎言宣太后專制，穰侯擅權於諸侯，涇陽君、高陵君之屬太侈。」亦只四人，明《雎傳》誤。《穰侯傳》云：「宣太后二弟：其異父長弟曰穰侯，姓魏氏，名冉；同父弟曰羋戎，爲華陽君。而昭王同母弟曰高陵君、涇陽君。」《范雎傳》亦云「穰侯，華陽君，昭王母宣太后之弟也，而涇陽君、高陵君皆昭王同母弟也」。今攷《秦本紀》：「（昭）八年，使將軍羋戎攻楚，取新市。」《韓策》於戎只稱「新城君」，則《史》以戎爲華陽君，誤，蓋即因此《策》前後之異，遂謂高陵、華陽爲二人，而以意謂華陽爲羋戎耳。（《史記》索隱於《穰侯傳》注高陵君「名顯」，涇陽君「名悝」，與《秦本紀》矛盾，疑誤，《大事記》亦以華陽、高陵爲一人，而以爲羋戎，亦誤。）

「……淖齒管齊之權，縮閔王之筋，縣之廟梁，宿昔而死。李兑用趙，減食主父，百日而餓死。……」

閔王卒在赧三十一年，主父卒在赧二十年。

（四十六）

應侯謂昭王曰：「……今秦國，華陽用之，穰侯用之，太后用之，王亦用之。……且今邑中自斗食以上，至尉、内史及王左右，有非相國之人者乎？……今太后使者分裂諸侯，而符布天下，操大國之勢，徵强兵，伐諸侯。戰勝攻取，利盡歸於陶；國之幣帛，竭入太后之家；境内之利，分移華陽。三貴竭國以自安，……」

據此，則涇陽君之勢不如華陽，故不及。而《秦本紀》亦不記「走涇陽君於關外」之事也。

當亦秦昭四十一、周赧四十九。

（四十七）

秦昭王謂左右曰：「今日韓、魏，孰與始强？」對曰：「弗如也。」王曰：「今之如耳、魏齊，孰與孟嘗、芒卯之賢？」對曰：「弗如也。」「……今以無能之如耳、魏齊，帥弱韓、魏以攻秦，……」

孟嘗之卒在齊襄初年，蓋在周赧三十六年前後？芒卯華陽之敗在周赧四十二年。

如耳、魏齊待詳攷。《范雎傳》：「先事魏中大夫須賈。須賈爲魏昭王使於齊，……既歸，心怒雎，……以告魏相。魏相，魏之諸公子，曰魏齊。」魏昭王末年當赧三十八年，則似赧三□……〔一一〕。《范雎傳》又言：「范雎既相秦，……魏聞秦且東伐韓、魏，魏使須賈於秦。……（范雎）曰：『爲我告魏王，急持魏齊頭來！不然者，我且屠大梁。』……魏齊恐，亡走趙，匿平原君所。……（昭王四十二年）秦昭王……乃詳爲好書遺平原君，……（平原君）入秦……昭王乃遺趙王書曰：『……魏齊在平原君之家。王使人疾持其頭來；……』趙孝成王乃發卒圍平原君家，急，魏齊夜亡出，見趙相虞卿。虞卿……乃解其相印，與魏齊亡，……乃復走大梁，欲因信陵君以走楚。信陵君聞之，……猶豫未肯見，曰：『虞卿何如人也？』時侯嬴在旁，曰：『人固未易知，知人亦未易也。……』信陵君大慚，駕如野迎之。魏齊聞信陵君之初難見之，怒而自剄。趙王聞之，卒取其頭予秦。秦昭王乃出平原君歸趙。」此文不知何本，疑是辨士誇大其辭，非事實也。（或采自《虞氏春秋》邪？）范雎以昭四十一年相秦，時秦雖拔魏廪邱，然未必能以屠大梁爲恐嚇，魏齊亦正不必恐而亡去也；若據《信陵傳》，則謂魏安釐王即位，「是時范雎亡魏相秦，以怨魏齊故，秦兵圍大梁，破魏華陽下軍，走芒卯」，實穰侯事，須賈説之而罷圍，見《魏策》；則魏齊於秦昭王四十一年亡趙之説爲僞，一也。秦昭王四十二年爲趙孝成王元年，平原君方爲相，未見入秦之事，且趙方有閼與之勝，而是年，趙賂齊求田單爲將（詳後），乃平原君之謀。其後秦拔趙三城，趙以長安君爲質于齊而齊師出，秦師退，則非十日之飲之時，此昭四二平原入秦，趙王圍平原君家爲僞，二也。平原君爲惠文王弟，於孝成王爲叔父，今乃以爲孝成王弟，其僞三也。《虞卿傳》，虞卿之封一城，在長平之役之後，則已在周赧五十六年，秦昭四十八年矣。《卿傳》又有魏合從之事，當在此一二年中；而侯嬴謂其「解相印，捐萬户侯」，則卿之歸信陵君已在秦昭五十以後，此時范雎已因鄭安平事而不得意矣，平原君正連楚、魏以抗秦，信陵君亦不在魏矣，又安得有「趙王聞之，卒取其頭予秦。秦昭王乃出平原君歸趙」之事？其僞四也。信陵君既見虞卿，又安肯使趙王能取魏齊頭以予秦，其僞五也。

又按《楚策》，虞卿説春申君以攻燕，吳注定爲考烈王三十四年，甚是，則秦昭四二、趙孝成元年也。夫入齊而將田單，欲以伐燕，皆平原君之謀，而虞卿當爲平原君使，足知平原入秦、虞卿棄相之皆妄矣。

〔一一〕 整理者按：蟲蛀。

據此《策》，則韓、魏復合以攻秦與如耳、魏齊之將當在芒卯華陽之敗後或當在趙奢閼與之役前。閼與之役本爲秦攻韓而趙救之。又秦昭王與范雎言，既曰「魏多變之國也，寡人不能親」〔一二〕，又曰「寡人欲收韓，不聽」，皆其證也。然則當在秦昭三十五—三十七。《魏世家》以置釐十一年，當秦昭四十一年，拔魏懷之後，非也。如謂秦索魏齊於趙在長平之役後或較近情。蓋《趙策》有「王入秦，秦留趙王而后許之媾」及「秦既解邯鄲之圍，而趙王入朝」之語，則乘趙王入朝而挾之，而虞卿罷相、侯嬴説信陵皆可通矣。

（四十八）

秦宣太后愛魏醜夫。太后病將死……

宣太后死於秦昭四十二年，此未必即時也。

（四十九）

秦攻韓，圍陘。范雎謂秦昭王曰：「……穰侯十攻魏而不得傷者，非秦强而魏强也，……王攻韓圍陘，以張儀爲言。張儀之力多，且削地而以自贖於王，幾割地而韓不盡；張儀之力少，則王逐張儀，而更與不如張儀者市。……」

秦拔陘在秦昭四十三年、韓桓惠九年，而言張儀者蓋誤韓桓惠王爲宣惠王也。《韓策》「秦攻陘」一章有陳軫，其誤亦同。

（五十）

應侯曰：「……今平原君自以賢，顯名於天下，然降其主父沙丘而臣之。……」

按平原君之顯明天下，當在邯鄲之圍後（秦昭五十—五十一）。范雎值不得意，故詆之耳。圍主父時平原君不過十餘

〔一二〕整理者按：蟲蛀。「變之國也，寡人不能親」九字據《策》補。

歲，此時當五十餘矣。平原君蓋嘗仕於公子成、李兑，《史記・六國表》於惠文元年，「以公子勝爲相」，則誤矣。平原君爲相殆當以孝成元年爲是。

（五十一）

天下之士，合從相聚於趙，而欲攻秦。秦相應侯曰：「王勿憂也，請令廢之。……」於是唐睢（齊、楚攻魏有唐睢，此豈另一人邪？）**載音樂，予之五十金，居武安，高會相與飲，……唐睢行，行至武安，散不能三千金，天下之士，大相與鬭矣。**

此當在長平之役後，蓋秦既伐魏、韓，今又破趙，趙遂連韓、魏、楚而爲從也。周赧五六。

《秦本紀》：「（昭四八年）十月，……王齕將伐趙武安、皮牢，拔之。……正月，兵罷，……」此在其後，故十月復攻邯鄲也。後「張儀説秦王」章於長平之役，亦云「拔武安」。

（五十二）

謂應侯曰：「君禽馬服乎？」曰：「然。」「又即圍邯鄲乎？」曰：「然。」「……因以爲武安功。」（亡《史記》。）

此在昭四八年正月前，詳《白起傳》。

應侯失韓之汝南。

（五十三）

昭王既息民繕兵，復欲伐趙。武安君曰：「不可。」……王曰：「寡人既以興師矣。」乃使五校大夫王陵將而伐趙。陵戰失利，亡五校。王欲使武安君，武安君稱疾不行。王乃使應侯往見武安君，責之曰：「楚，地方五千里，持戟百萬。君前率數萬之衆入楚，拔鄢、郢，焚其廟，東至竟陵，楚人震恐，東〔一三〕徙而不敢西向。韓、魏相率，興兵甚衆，君所將之不能半

〔一三〕整理者按：蟲蛀。「東至竟陵，楚人震恐，東」九字據《策》文補。

之，而與戰之於伊闕，大破二國之軍，流血漂鹵，斬首二十四萬。韓、魏以故稱東藩。……」武安君曰：「是時楚王恃其國大，……。伊闕之戰，韓孤顧魏，不欲先用其衆。……」王曰：「微白起，吾不能滅趙乎？」復益發軍，更使王齕代王陵伐趙。圍邯鄲八、九月，死傷者衆，而弗下。趙王出輕鋭以寇其後，秦數不利。……（中山策）末，蓋後人掇拾以附之耳。「（昭四十九年）十月，五大夫陵攻趙邯鄲。……正月，益發戰佐陵。陵戰不善，免，王齕代將。……」此蓋在五十年十月，於是遷起陰密。

伊闕昭十四，鄢郢昭廿九。

（五十四）

秦攻邯鄲，十七月不下。莊謂王稽曰：「君何不賜軍吏乎？」王稽不聽。軍吏窮，果惡王稽、杜摯以反。秦王大怒，而欲兼誅范睢。

秦自四十八年十月攻邯鄲，至五十年二月爲十七月。然疑十月爲七月之誤，蓋四十八年七月也。（秦以十月爲歲首，今云其十月而不云四十九年，故疑「七」之誤。）至五十年十二月虚數爲十八月，實際爲十七月。《秦本紀》書：「十二月，……齕攻邯鄲，不拔，去，還奔汾軍。」

（五十五）

秦攻趙，……「……臣有以知天下之不能爲從以逆秦也。臣以田單、如耳爲大過也。……夫慮收亡齊、罷楚、敝魏與不可知之趙，欲以窮秦折韓，臣以爲至愚也。……昔者，秦人下兵攻懷，服其人，三國從之。趙奢、鮑佞將，楚有四人起而從之。臨懷而不救，秦人去而不從。……是以三國之兵困，而趙奢、鮑佞之能也。故裂地以敗（當作「賂」）**於齊。田單將齊之良，以兵橫行於中十四年，終身不敢設兵以攻秦折韓也，而馳於封内，不識從之一成惡存也。」**

此秦昭四二，趙孝成元賂齊而請田單爲將、秦攻趙拔三城之時。（自齊襄五年田單殺燕騎劫至此十四年，昭三十九年秦拔魏懷。）

末云「於是秦王解兵不出於境，諸侯休，天下安，二十九年不相攻」，不知所謂。此或周赧五十八年圍邯鄲而秦兵解去事，亦趙孝成九年，自此二十九年而趙亡（自孝成九至廿一、悼襄九年、趙王遷八年，共廿九年）。惟邯鄲之事田單或已死矣。又疑爲此説以長平、邯鄲之役除外，則自孝成元年至悼襄八正廿九年。

（五十六）

張儀説秦王……「……趙當亡不亡，秦當霸不霸，天下固量秦之謀臣一矣。乃復悉（卒）以攻邯鄲，不能拔也，棄甲兵怒，戰慄而却，天下固量秦力二矣。軍乃引退，并於李下（《韓》作「孚下」），大王又并軍而致與戰，非能厚勝之也，又交罷却，天下固量秦力三矣。……」

此章《策》云張儀，固誤，《韓非子》以爲韓，亦非。當是蔡澤之辭。「天下陰燕陽魏，連荆固齊，收餘韓成從，將西南以與秦爲難」即《秦本紀》「西周君背秦，與諸侯約從，將天下鋭兵出伊闕攻秦，令秦毋得通陽城」之事也。其曰「臣昧死望見大王，言所以舉破天下之從，舉趙亡韓，臣荆、魏，親齊、燕，以成霸王之名，朝四鄰諸侯之道」，即下章及《蔡澤傳》所謂「昭王新説蔡澤計畫，遂拜爲秦相，東收周室」之事也。（王應麟《藝文志考證》引沙隨程氏，以爲范雎書，亦非。錢賓四《李斯韓非考》云「近人有疑爲蔡澤或澤之徒爲之者」，未知何人，其謂澤之徒亦非。）

《秦本紀》以西周君背秦、秦攻西周次昭五十一年，則蔡澤之相當在五十一年矣。《年表》於魏安釐二十一年書「韓、魏、楚救趙新中，秦兵罷」，蓋即此章。又交罷却之事，則蔡説當秦兵罷之後，而在收周室之前矣。《穰侯傳》集解引徐廣以王稽之誅爲五十二年，蓋非。王稽即以攻邯鄲不下而誅，當即在五十一年，王稽誅而范雎罷相，蔡澤説昭王當□……〔一四〕

（五十七）

蔡澤見逐於趙，……聞應侯任鄭安平、王稽，皆負重罪，……

〔一四〕整理者按：蟲蛀。

亦昭五十一年。

（五十八）

濮陽人呂不韋賈於邯鄲，見秦質子異人，……秦子異人質於趙，處於聊城。故往説之曰：「子傒有承國之業，又有母在中。今子無母於中……吾爲子使秦，必來請子。」乃説秦王后弟陽泉君曰：「……王之春秋高，一日山陵崩，太子用事，君危於累卵，而不壽於朝生。……」……王后乃請趙而歸之。趙未之遣，不韋説趙……趙乃遣之。……子楚立，以不韋爲相，……

按呂不韋説異人至立爲太子並在昭王五十六年秋以後，子楚之立在孝文元年十月辛丑，見《秦本紀》。

文信侯欲攻趙以廣河間，使剛成君蔡澤事燕三年，而燕太子質於秦。

此章恐多傳聞之誤，不韋以莊襄元年封文信侯，至始皇十年十月免，凡十二年。《史》未記燕太子質秦之時，以意度之，豈或在劇辛擊趙（始皇五年）前後邪？

「……今王齎臣五城以廣河間，請歸燕太子，與强趙攻弱燕。」趙王立割五城以廣河間，歸燕太子。趙攻燕，得上谷三十六縣，與秦什一。

今按此事在始皇十五年，云文信侯者誤。

按燕太子丹逃歸在始皇十五年、燕王喜廿三年，此文顯有誤。

（五十九）

秦王欲見頓弱……「……山東戰國有六，威不掩於山東，而掩於母，……」

《秦始皇本紀》「十年，……大梁人尉僚來，説秦王……」，尉僚疑即頓弱，僚、弱音同，尉其官名也。僚爲布衣而亢禮，弱義不參拜，而所説者皆爲散舍以破從，故知當爲一人也。

（六十）

或爲六國説秦王……「……昔者，趙氏亦嘗强矣。……舉左案齊，舉右案魏，厭案萬乘之國，二國，千乘之宋也。築剛平，衛無東野，芻牧薪採，莫敢闚東門。當是時，衛危於累卵，天下之士相從謀曰：『吾將還其委質，而朝於邯鄲之君乎！』於是天下有稱伐邯鄲者，莫不令朝行。……」

築剛平在趙敬侯四年、周安十九。

「魏伐邯鄲，因退爲逢澤之遇，乘夏車，稱夏王，朝爲天子（讀看於）。

伐邯鄲在梁惠十七（原十八），遇逢澤在梁惠廿八（原二十九）、周顯廿七。

「……齊太公聞之，舉兵伐魏，……身抱質執璧，請爲陳侯臣，天下乃釋梁。

此當是梁惠廿七至廿九、齊威十四至十六、周顯廿六至廿八。

「郢威王聞之，寢不寐，食不飽，帥天下百姓，以與申縛遇於泗水之上，而大敗申縛。趙人聞之至枝桑，燕人聞之至格道。格道〔一五〕**不通，平際絶。齊戰敗不勝，謀則不得，使陳毛釋劍掫，委南聽罪，西説趙**〔一六〕**，北説燕，內喻其百姓，而天下乃齊釋。**

此圍齊徐州事，在楚威七、齊威廿四、周顯廿六至廿八。

「於是夫積薄而爲厚，聚少而爲多，以同言郢威王於側紂之間。

「側」當讀爲「桀」，高注以「側紂」爲「側牖」，非。

「臣豈以郢威王爲政衰謀亂以至於此哉？郢爲强，臨天下諸侯，故天下樂伐之也！……」

此似指魏敗楚陘山事，在楚威十一年、周顯四十年。

總觀此章止於郢威王，似是秦惠文王後七年五國擊秦後事，鮑次始皇帝時，非也。此與「蘇秦説齊湣王」章相近。

〔一五〕整理者按：蟲蛀，「聞之至格道。格道」七字據《策》文補。

〔一六〕整理者按：蟲蛀，「陳毛釋劍掫，委南聽罪，西説趙」十二字據《策》文補。

（六十一）

四國爲一，將以攻秦。……韓非知之，曰：「賈以珍珠重寶，南使荆、吴（即越也），北使燕、代之間三年，四國之交未必合也，……」

燕、代合兵軍上谷在十九年。

案始皇二十三年擊荆，虜荆王，項燕立昌平君爲荆王。二十四年攻荆，昌平君死。「二十五年，……攻燕遼東，得燕王喜，還攻代，虜代王嘉。王翦遂定荆江南地，降越君」。而韓非已先死於十四年，則此章爲傳説之誤。

齊策

（一）

濮上之事，贅子死，章子走，盼子謂齊王曰：「不如易餘糧於宋，宋王必説，梁氏不敢過宋伐齊。……」

按《魏世家》哀王七年攻齊，《田齊世家》湣王十二年攻魏，《年表》於魏哀七年書「擊齊，虜聲子於濮」（《魏世家》徐廣引《表》作「贅子」，《表》作「聲」，誤。《史記志疑》以徐誤，非），即此事。實齊宣王之八年、魏襄王之七年、周赧之三年也。《紀年》於是年云「齊宋圍煮棗」，據《田齊世家》，則是秦救煮棗。（張儀之策）

此事僅見《年表》，故鮑注、吴補注均不詳。鮑寘威王，非也。

（二）

邯鄲之難，趙求救於齊。田侯召大臣而謀曰：「救趙孰與勿救？」鄒子曰：「不如勿救。」段干綸（《史》作「朋」，後譌作「萌」）**曰：「弗救，則我不利。」……乃起兵甲，軍於邯鄲之郊。段干綸曰：「……不如南攻襄陵以弊魏，……」……乃起兵南攻襄陵。七月，邯鄲拔。齊因承魏之弊，大破之桂陵。**（《田齊世家》威王二十六年）

魏圍邯鄲在趙成二十年（《史》廿一年），邯鄲降在廿一年（《史》廿二年）。《紀年》：「宋景鼓、衛公孫倉會齊師圍我襄陵，齊田期（一作「忌」）圍我東鄙，戰於桂陽（一作「陵」，是），我師敗逋。」均在梁惠十七（《史》十八年）、齊威四年（史廿六年）、周赧十六。

（三）

秦假道韓、魏以攻齊，齊威王使章子將而應之。……頃間，言「齊兵大勝，秦軍大敗」，於是秦王拜西藩之臣而謝於齊。

按黃式三置此於周顯廿一年，似非，以今攷之，周顯廿一爲齊威九年，時當田忌、田朌爲將也。匡章爲將大抵在齊宣時，伐燕在齊宣六年，濮上之事在齊宣八年，敗楚之唐昧當在齊宣十九（《六國表》齊湣廿三），即周赧十四，而《秦本紀》爲昭王八年，則湣王二（？）（《表》廿五，蓋誤）。由周赧十四上推顯廿一，已四十七年矣，恐章之爲將不應如是之久也。按梁惠後十年平邑之戰尚是田朌爲將，則是齊威之廿二年也，章子之將當在此時前後邪？

又按梁惠王三十六年會徐州、改元，時齊威廿三年，有章子與惠施之問答，章子云：「齊王之所以用兵而不休，攻擊人而不止者，其故何也？」似其時尚未將兵也。《秦本紀》惠文王後三年「韓、魏太子來朝。張儀相魏」，《魏策》云「張儀欲以魏合於秦、韓而攻齊、楚。惠施欲以魏合於齊、楚以案兵」，疑秦假道韓、魏以伐齊，當在此時，秦惠後三年，則齊威之三十五年也。（錢穆謂秦拔韓宜陽時，遊兵及於齊界，則以爲秦惠王前三年、齊威王廿二年，當在徐州相王之前，非也。）然則章之爲將不過二十餘年耳。

（四）

楚將伐齊，魯親之，齊王患之。張丐曰：「臣請令魯中立。」

（五）

成侯鄒忌爲齊相，田忌爲將，不相說。公孫閈（《史》作「閱」）謂鄒忌……乃說王而使田忌伐魏。田忌三戰三勝，鄒忌

以告公孫閈，公孫閈乃使人操十金而往卜於市，曰：「我田忌之人也，吾三戰而三勝，聲威天下，欲爲大事，亦吉否？」卜者出，因令人捕爲人卜者，亦驗其辭於王前。田忌遂走。

按此在馬陵之役後。按《紀年》梁惠王廿七年十二月，「齊田肦敗梁於馬陵」（一作「廿八年」）；廿九年五月，「齊田肦及宋人伐我東鄙，圍平陽」，是齊威王十四至十六年也。《史·田齊世家》以置桂陵之役後，閱九年而田忌出奔，非是。前章邯鄲之役，鄒子，主弗救者；而此馬陵之役乃鄒忌説王伐魏也。惟《田齊世家》又以鄒子主弗救，又誤以張丐爲田忌、田臣思爲孫子，皆非。「三戰三勝」當指馬陵、平陽之後，其一勝不可知也。

鄒忌成侯之封，不知當在何時。《史·表》周顯王十一年、齊威廿一年，「鄒忌以鼓琴見威王」，十二年、齊威廿二年，「封鄒忌爲成侯」。依今所考，則十三年方爲威王元年也，必不合矣。然邯鄲之難在威四年，則威王初年鄒忌已用事矣，封成侯則似在前後而在本年前。

《田齊世家》索隱：「《紀年》威王十四年，田肦伐梁，戰馬陵。《戰國策》云南梁之難，有張田（一本作「丐」字，是）對云『早救之』。此云鄒忌者，王劭云『此時鄒忌死已四年，又齊威此時未稱王，故《戰國策》謂之田侯。今此以田侯爲宣王，又横稱鄒忌，蓋此説皆誤耳』。」按《國策》以馬陵之役田忌之走由于鄒忌，而王劭云「此時鄒忌死已四年」，所難明也。或者王自説田忌之亡耳。《史·表》書「田忌襲齊不勝」於齊威三十五年，《世家》謂其「襲攻臨淄，求成侯，不勝而奔」，正在馬陵之役前四年。王或謂此時田忌亡已四年，後人見《史》謂「召田忌復故位」，下又云「使田忌、田嬰將」，而《戰國策》有張丐田臣思之對，謂田忌無可疑，遂臆改王説「田忌」爲鄒忌，又易「亡」爲「死」字耳。（錢穆謂「據宣王二年前四年死，則即威王之卒前一年」，又謂「王劭此謂實本宣王五年田忌云『不如伐燕』事而論，則鄒忌之死應在宣王即位元年，今《國》有『鄒忌事宣王』，則鄒忌卒年自當在宣王元年。」今按錢兩説均非，尤以後説爲附會。鄒忌事宣王即威王之誤耳。）《孟嘗傳》云：「田嬰者，齊威王少子而齊宣王庶弟也（按當爲桓公子、宣王庶弟）。田嬰自威王時任職用事，與成侯鄒忌及田忌將而救韓伐魏。成侯與田忌爭寵，成侯賣田忌。田忌懼，襲齊之邊邑，不勝，亡走。會威王卒，宣王立，知成侯賣田忌，乃復召田忌以爲將。宣王二年，田忌與孫臏、田嬰俱伐魏，敗之馬陵。」按傳文有矛盾，上云「與成侯鄒忌及田忌將而救韓伐魏。成侯與田忌爭寵，成侯賣田忌。田忌懼，襲齊之邊邑，不勝，亡走」云云，實皆即馬陵之役，蓋此役本爲救韓而伐魏，若桂陵之勝則爲救趙也。而下文復云「宣王二年」云云，則史公所據材料不同而誤也。余謂《史記》此傳所記宣王初年之事，實爲威王後元，此傳記宣王二年馬陵之役，索隱云「《紀年》當梁惠二十八，至三十一年改爲後元年」，索隱此文當云「《紀年》當梁惠王二十八年，爲齊威王十五年，至三十一年改爲後元年」。是齊威于三十一年改元也，則齊威之後元，周顯之四三年也，後二年即梁惠王之後十年。《紀年》有「齊田肦及邯鄲、韓舉戰于平邑，邯鄲之師敗逋，獲韓舉，取平邑、新城」之事，田肦常與田忌偕，則史公自誤以此役當馬陵之役耳。（馬陵之役當圍平陽，此則取平邑，亦足致誤。）傳又云：「宣王七年，……嬰與韓昭侯、魏惠王會齊宣王東阿南，盟而去。」按《紀年》，則此實梁惠之後元十一年，而齊威之後元三年也。又云：「明年，復與梁惠王會甄。是歲，梁惠王卒。」按《紀年》，則會鄄在梁惠後元十三年、齊威王之後五年。然梁惠後元十六年卒，則適當齊威後元七年之明歲，是史公誤以齊威後元當齊宣元之明證也。蓋史公既以梁惠於前元三十六年卒，又於梁惠前元誤移前一年，則適早十六年，故又以梁惠王卒於齊宣八年（實則應在齊威後七年之明歲）之標準，亦移前十六年，因而誤以平邑之役誤當馬陵，而阿、鄄之會反在徐州相王之前矣。然則《孟嘗傳》宣王二年馬陵之役當爲威王後二年平邑之役之誤，則傳文之矛盾可解矣。《紀年》於梁惠王後五年有「田公子居期伐邯鄲、圍平邑」之事，當威王廿七年，《史・表》伐趙在三年，較前二年，當威王廿五年，是《紀年》「五」或「三」之誤也。則在威王後二年以前，齊固已復用田忌矣。（錢穆謂宣王初復用，乃承《史》之僞）考徐州相王之次年，楚伐徐州，而欲逐嬰子，「張丑謂楚王曰：『王戰勝於徐州也，盼子不用也。盼子有功於國，百姓爲之用。嬰子不善，而用申縛。申縛者，大臣與百姓弗爲用，故王勝之也。今嬰子逐，盼子必用。復整其士卒以與王遇，必不便於王也。』楚王因弗逐。」此即威王廿四年，則廿五年用田忌伐趙，當即用盼子之先聲，則田忌當以十六年出走，廿五年復召，而史公誤爲廿六年有馬陵之役、卅五年出奔耳。

（六）

鄒忌脩八尺有餘，身體昳麗。……燕、趙、韓、魏聞之，皆朝於齊。

錢氏以此屬威王早年，余疑即「南梁之難」章「韓、魏之君因田嬰北面而朝齊侯」之異聞耳，則在齊威十六以後矣。

按《史・世家》「封以下邳，號曰成侯」，而《紀年》於梁惠王卅一年云「下邳遷于薛，改名徐州」，是爲齊威十八年。疑是時成侯已卒，故以其食邑遷於薛，至齊威廿五年，《紀年》見「田公子居思」，《田敬仲世家》索隱引《紀年》謂之「徐州子期」

者，殆是田忌後封徐州（「子」爲爵，猶田嬰曰「薛子嬰」）矣。

徐州相王在齊威廿三年，時已田嬰用事矣，可見成侯已死。

（七）

南梁之難，韓氏請救於齊。田侯召大臣而謀曰：「早救之，孰與晚救之便？」張丐對曰：「晚救之，韓且折而入於魏，不如早救之。」田臣思曰：「不可。……」韓自以專有齊國，五戰五不勝，東愬於齊。齊因起兵擊魏，大破之馬陵。魏破韓弱，韓、魏之君因田嬰北面而朝田侯。

南梁之難當在齊威十四年，馬陵在十四—十五年，韓魏朝田侯疑當在齊威十八年以後，蓋十八年前成侯方用事，今云「因田嬰」，殆成侯卒而田嬰爲相也。《孟嘗傳》：「宣王九年，田嬰相齊。齊宣王與魏襄王會徐州而相王也。楚威王聞之，怒田嬰。」此所謂宣九年即齊威廿三年也，然「嬰之相齊」或已在前。《史》疑因其顯顯於徐州之會而遂以爲此年耳。《魏策》於馬陵後事均由田嬰，足見成侯已卒。

（八）

田忌爲齊將，係梁太子申，禽龐涓。孫子謂田忌曰：「……若是，則齊君可正而成侯可走。不然，則將軍不得入於齊矣。」田忌不聽，果不入齊。

此當在齊威十六年邪？

（九）

田忌亡齊而之楚，鄒忌代之相。齊恐田忌欲以楚權復於齊。杜赫曰：「臣請爲留楚。」謂楚王曰：「……楚果封之於江南。

當與上章同時。

（十）

鄒忌事宣王，仕人衆，宣王不悦。晏首貴而仕人寡，王悦之。

此當是威王之誤。猶《史記》記威王與魏王之會，《韓詩外傳》以爲宣王也。威、宣二王多亂。鄒忌不應至宣王時尚在。

（十一）

楚威王戰勝於徐州，欲逐嬰子於齊，嬰子恐。張丑謂楚王曰：「王戰勝於徐州也，朌子不用也。朌子有功於國，百姓謂之用。嬰子不善，而用申縛。……」楚王因弗逐。

齊威廿四，周顯卅六年。

（十二）

權之難，齊、燕戰，秦使魏冉之趙，出兵助燕擊齊。薛公使魏處之趙，謂李向曰：「君助燕擊齊，……」

「權之難」又見《燕策》，彼有文公與噲子，而此有魏冉與薛公，則鮑以爲文公末年，是也。按燕文公廿九年適當楚圍徐州之歲，《秦策》所謂：「郢威王……大敗申縛。趙人聞之，至枝桑。燕人聞之，至格道。格道不通，平際絶。」則燕先發難者也。《燕策》

又云：「燕文公時，秦惠王以其女爲燕太子婦。文公卒，易王立，齊宣王因燕喪攻之（「宣」乃「威」之誤），取十城。武安君蘇秦爲燕説齊王，……」與此實一事。明年齊、魏伐趙，亦即徐州之役之報復，且趙又出兵救燕也。蓋齊、魏本約共伐楚；而楚伐徐州，魏師未出，故助齊伐趙乎？然則此役在齊威廿四年，時燕噲已長，故得與於國事，而文公未久即卒，故或謂其因燕喪而攻耳。此章云「秦使魏冉之趙」者，正因婚姻之故，可見文公末與易王初實只一事，《史·蘇秦傳》先叙：「齊、魏伐趙，趙王讓蘇秦。蘇秦恐，請使燕，必報齊。」而下云：「齊宣王因燕喪伐燕，取十城。易王謂蘇秦曰：『往日先生至燕，而先王資先生見趙，遂約六國從。今齊先伐趙，次至燕，以先生之故爲天下笑，……』」此必有誤。蓋齊既因燕喪而伐燕，則自在齊、魏伐趙之前一年，是先燕後趙明矣。蓋蘇秦自以伐趙後至燕，燕易王追叙前事，而史公誤爲伐趙在前耳。此齊威廿四，薛公尚未封薛，疑追稱耳。

（十三）

蘇秦爲趙合從，説齊宣王曰：……齊王曰：「寡人不敏，今主君以趙王之詔之，……」（「主君」謂「奉陽君」也）

此蓋爲奉陽君説齊湣王者。（「宣」字誤）當在趙惠文元年、齊湣王三年、周赧之十七年也。是年有齊、魏、漢等五國攻秦之事。（或説齊較早，故在宣王時，亦未可知。再考。）

按蘇秦説六國合從實當在此時。《孟子》，時有名者爲公孫衍、張儀，而無蘇秦，一證也。與武安子起同時（與惠王、張儀同時則有誤），二證也。代、厲皆其兄，而皆在此時，《周策》有「蘇厲爲周最謂蘇秦」，三證也。然則蘇秦之人當甚晚，而《史記》誤以爲與張儀並時，又有燕噲初年被殺之説，皆非是。當更詳考之。

其説燕謂「秦、趙五戰」，可見決非燕文侯時。

（十四）

淳于髡一日而見七人於宣王，王曰：「子來，……」

此宣王爲威王之誤。宣王時髡已爲老師，當稱「先生」，不得呼爲「子」矣。（徐州相王時，亦已稱「先生」矣。即威王亦恐在早年，若下章。）

（十五）

齊欲伐魏，淳于髡爲齊王曰：「……今齊、魏久相持，以頓其兵，弊其衆，臣恐强秦大楚承其後，有田父之功。」齊王懼，謝將休士也。

齊欲伐魏，魏使人謂淳于髡……入説齊王曰：「楚，齊之仇敵也。魏，齊之與國也。夫伐與國，使仇敵制其餘敝，名醜而實危，爲王弗取也。」齊王曰：「善。」乃不伐魏。

「齊欲伐魏」當在齊威廿四楚伐徐州後。齊、魏本相約攻楚，楚伐齊國而魏不救，故齊欲伐之耳。故髡云「楚，齊之仇敵也。魏，齊之與國也」。

《滑稽列傳》：「威王八年，楚大發兵加齊。齊王使淳于髡之趙請救……」「威王」乃「宣王」之誤，《史記》之宣王八年當即威王二十三年、周顯王三十五年徐州相王之歲。《説苑·尊賢》作「十三年」，則脱一「二十」字，當即指威王之二十三年也。徐州相王齊、魏定伐楚之謀，楚蓋即伐齊，至威王廿四年遇申縛於泗水，而勝負定耳。據《秦策》，燕、趙皆出兵，而齊西説趙北説燕，則淳于即以此時説趙者。錢穆《淳于髡考》謂此爲齊威十三年，又疑爲周顯二十三年，而以《紀年》楚伐徐州當之，不知楚伐徐州只有一次，《索隱》引越世系有脱誤，遂若早十餘年尚有一次，皆誤也。

（十六）

齊宣王見顏斶，……　（《春秋後語》作「王蠋」）

先生王斗造門而欲見齊宣王，……

似是一事之誤傳爲二者。

齊人見田駢曰：「聞先生高議，設爲不宧，而願爲役。」

管燕得罪齊王，謂其左右曰：「子孰而與我赴諸侯乎？」……田需對曰：……

田需或即魏相之田需邪？

（十七）

昭陽爲楚伐魏，覆軍殺將，得八城，移兵而攻齊。陳軫爲齊王使，見昭陽，……

此楚懷王六年，秦惠後二年，陳軫爲秦使齊、昭王敗魏襄陵時也。周顯四十六年，齊威後四年。

（十八）

秦攻趙，趙令樓緩以五城求講於秦，而與之伐齊。齊王恐，因使人以十城求講於秦。樓子恐，因以上黨二十四縣許秦王。趙足之齊，謂齊王……

按長平之役後趙曾割六城於秦以和，有樓緩，疑是此時，則齊王建之五年也。秦惠文王相樓緩似與此無涉。鮑置湣王時，誤。

（十九）

齊將封田嬰於薛，楚王聞之，大怒，將伐齊。齊王有輟志。公孫閈曰：「封之成與不，非在齊也，又將在楚。閈説楚王令其欲封公也，又甚於齊。」嬰子曰：「願委之於子。」

《紀年》：「（梁惠王後）十三年四月齊威王封田嬰于薛。」是齊威後元五年也（《史・表》在次年），時爲楚懷七年。

（二十）

靖郭君將城薛，客多以諫。靖郭君謂謁者「無爲客通」。……君曰：「善。」乃輟城薛。

按《紀年》梁惠後十三年四月封薛，「十月，齊城薛」。而此云「輟城薛」者，明非初封時事。按後章云「宣王立。靖郭君之交，大不善於宣王，辭而之薛」，推「將城薛」當在此時，故或人謂「君長……齊……，奚以薛爲？夫（通「無」）齊，雖隆薛之城到於天，猶之無益也」。

靖郭君謂齊王曰：「五官之計，不可不日聽也而數覽。」王曰：「説五而厭之。」令與靖郭君。

（二十一）

靖郭君善齊貌辨。……孟嘗君又竊以諫，……威王薨，宣王立。靖郭君之交，大不善於宣王，辭而之薛，……齊貌辨見宣王，……「……王之方爲太子之時，辨謂靖郭君……『……不若廢太子，更立衛姬嬰兒郊師。』……至於薛，昭陽請以數倍之地易薛，辨又曰：『必聽之。』……」

按此在齊威、宣時。宣元年則楚懷十年，在昭陽敗魏後四年。

（二十二）

秦伐魏，陳軫合三晉而東。謂齊王曰：……

吳師道説在周赧十六年，則楚懷三十年、齊湣二年也。俟更詳考。（陳軫於赧三年去楚之秦，豈此時尚在邪？）

（二十三）

韓、齊爲與國，張儀以秦、魏伐韓。齊王曰：「韓，吾與國也。秦伐之，吾將救之。」田臣思曰：「王之謀過矣，不如聽之。子噲與子之國，百姓不戴，諸侯弗與。秦伐韓，楚、趙必救，是天以燕賜我也。」王曰：「善。」乃許韓使者而還之。韓自以得交於齊，遂與秦戰，楚、趙果遽起兵而救韓。齊因起兵攻燕，三十日而舉燕。

此周赧元年、燕噲七年、齊宣六年，秦、魏伐韓，是岸門之役。次年而又趙莊之役。更次年而有丹陽之役。則楚、趙救韓所致也。

（二十四）

張儀爲秦連横……「……秦、趙戰於河漳之上，再戰而再勝秦；戰於番吾之下，再戰而再勝秦。四戰之後，趙亡卒數十萬，邯鄲僅存，雖有勝秦之名，而國破矣。……今秦、楚嫁子取婦，爲昆弟之國。韓獻宜陽，魏效河外，趙入朝黽池，割河

間以事秦。……」

前人不知此章時事。鮑以屬秦惠王後十四、秦湣十三；吴以爲湣二。蓋皆以爲真張儀之辭也。錢穆《蘇秦考》謂「入朝澠池在秦昭王時」，又謂儀説趙、齊、燕三國之辭又有趙割河間、齊獻魚鹽之地、燕獻恒山之尾五城之説，「全謝山《經史問答》辨之，以爲乃不知地理者之妄説。其實蘇、張之縱横，一切皆虚，不徒不知地理，實又不知當時列國强弱之情勢也」。今按秦説亦非。此策僅「張儀」二字誤耳。「秦、趙戰於河漳之上」乃始皇十四年、趙王遷三年，李牧破秦軍於宜安之事，「戰於番吾之下」乃始皇十五年、趙王遷四年秦攻番吾，李牧擊破秦軍事。則此章當在始皇十五年，與《秦策》「文信侯欲攻趙以廣河間」一章正合。故彼章云「請歸燕太子」，《史・表》固以是年「太子丹亡歸」也，唯彼章不當云文信耳。

《張儀傳》所載連横之辭，惟楚、韓爲可信，齊、燕則皆始皇十五年事，而《趙策》一章則頗可推，其云「西舉巴蜀，并漢中」，皆在儀前，而「東收兩周」、「西遷九鼎」則已秦昭王末年矣。其云「恃蘇秦之計」與「先王之時，奉陽君相」與他章之云蘇秦事合。而又言「渡河踰漳，據番吾」及「齊獻魚鹽之地」則又皆始皇時事。據《齊策》，是趙已入澠池、割河間，齊乃獻魚鹽之地，而《趙策》反以「獻魚鹽之地」在前。蓋參互處非一，顯係秦漢間策士所擬作者。史公誤信之，謂張儀由楚、韓歸報，「秦惠王封儀五邑，號曰武信君」，「使張儀東説齊湣王」，「西説趙王」，北之燕，其實皆無其事也。（下章言「齊王甚憎張儀」，則必無説齊王之事可知。）

按説魏、楚之辭均使蘇秦，亦似僞託。

（二十五）

張儀事秦惠王。惠王死，武王立。左右惡張儀，曰：「儀事先王不忠。」言未已，齊讓又至。張儀聞之，謂武王曰：「儀有愚計，願效之王。」「……今齊王甚憎張儀，儀之所在，必舉兵而伐之。故儀願乞不肖身而之梁，齊必舉兵而伐之。……」王曰：「善。」乃具革車三十乘，納之梁。齊果舉兵伐之。梁王大恐。張儀曰：「王勿患，請令罷齊兵。」乃使其舍人馮喜之楚，藉使之齊。齊、楚之事已畢，因謂齊王……

此周赧四—五、秦惠文後十四—秦武元年事。（齊宣九—十）

惠文後十三秦助魏攻齊，而有濮上之事情，此齊宣所以甚憎張儀也。

（二十六）

犀首以梁爲齊戰於承匡而不勝。張儀謂梁王不用臣言以危國。梁王因相儀，儀以秦、梁之齊合横親。犀首欲敗，謂衛君……衛君爲告儀，儀許諾，因與之參坐於衛君之前。犀首跪行，爲儀千秋之祝。明日張子行，犀首送之至於齊疆。齊王聞之，怒於儀，……遂不聽。

按犀首以秦惠五年爲秦大良造，八年爲秦敗魏龍賈，九年楚攻魏，秦用張儀策，與魏，而犀首戰勝於陘山，次年，張儀遂相秦，犀首殆在魏矣。秦惠後二年陳軫使齊過魏而求見犀首，因使犀首復相。秦惠後三年張儀免相於秦而相魏，則魏惠之後十三年也。及惠王十六年而死，大雪，羣臣欲更日，以語犀首，犀首未有之而請告惠公，似惠王末年仍是犀首爲相也。其後襄王初年蓋以田需爲相，惠子告以「必善左右」是也。犀首因召田文爲相而身相於韓。及田需死，昭魚「恐張儀、薛公、犀首有一人相魏者」，蘇代説梁王而曰「梁王，長主也」，此必非指梁惠言，而指梁襄無疑。梁王信蘇説而以太子爲相，則犀首仍相韓可知，故襄五年遂有岸門之役，而犀首（則並爲韓將）走，時惠文後十一年也。更三年而秦惠王卒，武王與犀首善，犀首因敗張儀，而張儀復相魏。

秦武王元年儀遂死於魏，而犀首復爲甘茂所逐，其後遂不見。至秦昭十四年伊闕之戰，公孫衍主割地講秦之事，與《趙策》「公孫衍説李兑」，則殆皆非犀首也。犀首以周顯卅六年爲大良造，至秦武二年甘茂爲相時已二十五年，張儀既死，衍殆已老廢矣。

按承匡之役當在梁襄元年，蓋自梁惠後十三年張儀免相相魏而犀首與韓公叔合而相魏，於是犀首立五王且約五國而攻齊、秦（五國之合不僅攻秦，見《楚策》），既而魏欲和秦，使惠施之楚，而楚、魏和於秦，犀首則與齊戰承匡而不勝。張儀因得爲相，而欲以秦、梁合齊，犀首又敗之。故魏襄次年，齊敗魏、趙（時韓已爲楚所間而離），而秦敗韓也，張儀約齊既不效，遂歸相秦，而田需繼相魏與？

（二十七）

楚王死，太子在齊質。蘇秦謂薛公曰：「君何不留楚太子以市其下東國？」薛公曰：「不可。我留太子，郢中立王，然則是我抱空質而行不義於天下也。」蘇秦曰：「不然。郢中立王，君因謂其新王曰：『與我下東國，吾爲王殺太子。不然，吾將與三國共立之。』然則下東國必可得也。」

按《策》文唯此爲實事。下云「蘇秦之事，可以請行」，故曰「可以爲蘇秦説薛公以善蘇秦」，將千字皆辨者設辭。吴師道以爲皆有事實，誤矣。

事當在懷王三十年、秦昭八年、齊湣二年，蓋因秦留懷王而誤傳已死耳。

齊王夫人死，有七孺子，皆近。薛公欲知王所欲立，……

（二十八）

孟嘗君將入秦，止者千數而弗聽。蘇秦欲止之，……孟嘗君乃止。

此秦昭八年，齊湣二年。《策》雖云止，實未止也。

（二十九）

孟嘗君在薛，荆人攻之。淳于髡爲齊使於荆，還反，過薛。孟嘗令人體貌而郊迎之。謂淳于髡曰：「荆人攻薛，夫子弗憂，」……「薛不量其力，而爲先王立清廟。……」

此必齊宣即位時事，淳于髡是時已爲老師矣。

孟嘗君奉夏侯章以四馬、百人之食，……

孟嘗君讌坐，謂三先生曰：……田瞀……勝股……

孟嘗君舍人有與君之夫人相愛者，……「……衛君與文布衣交，……」……齊、衛之交惡，衛君甚欲約天下之兵以

攻齊。

孟嘗君有舍人而弗悦，欲逐之。魯連謂孟嘗君曰：……

孟嘗君出行國，至楚，獻象牀。郢之登徒直使送之，不欲行。見孟嘗君門人公孫戍……

（三十）

齊人有馮煖者，……後朞年，齊王謂孟嘗君曰：「寡人不敢以先王之臣爲臣。」……西遊於梁，謂惠王曰：「齊放其大臣孟嘗君於諸侯，諸侯先迎之者，富而兵强。」於是，梁王虚上位，以故相爲上將軍，遣使者黄金千斤、車百乘，往聘孟嘗君。……梁使三反，孟嘗君固辭不往也。齊王聞之，君臣恐懼，……謝孟嘗君……馮煖誡孟嘗君曰：「願請先王之祭器，立宗廟於薛。」

按「寡人不敢以先王之臣爲臣」，實宣王對靖郭君語，此《策》誤記耳。時孟嘗固已用事而以好士聞矣。「西遊於梁」一節，則宣王即位於梁惠王後十五年，而孟嘗居薛，其後魏實有「召文子爲相而犀首相韓」事，孟嘗非不往也。至宗廟則薛固已立矣，此皆傳説之誤。

（三十一）

孟嘗君逐於齊而復反。譚拾子迎之於境，……

此亦宣王初年事，非湣王時出奔也。（《史》以爲湣王時兩次出奔，誤。）

（三十二）

蘇秦自燕之齊，見於華章南門。齊王曰：「嘻！子之來也。秦使魏冉致帝，子以爲何如？」……「……不如聽之以卒（「卒」爲「爲」之誤，草書相近）**秦，勿庸稱也，以爲天下。……」**

秦昭十九、齊湣十三（《史》卅六）。

（三十三）

蘇秦謂齊王曰：「齊、秦立爲兩帝，……」……「兩帝立，約伐趙，孰與伐宋之利也？」「……故臣願王明釋帝以就天下，倍約儐秦，勿使爭重，而王以其間舉宋。……」

此亦秦昭十九、齊湣十三年事。

（三十四）

蘇秦説齊閔王曰：「臣聞用兵而喜先天下者憂，約結而喜主怨者孤。……」

「……昔者趙氏襲衛，車舍人不休，傅衛國，城割平（疑當云「傅衛國，城剛平」）**，衛八門土而二門墮矣。……」**

趙敬侯四年，周安十九年。

「……衛君跣行，告遡於魏。魏王身被甲底劍，挑趙索戰。邯鄲之中騖，河、山之間亂。衛得是藉也，亦收餘甲而北面，殘剛平，墮中牟之郭。……」

「（趙敬侯）五年，齊、魏爲衛攻趙。」魏武十四年、齊康廿三年（田侯剡三年）。

「……趙氏懼，楚人救趙而伐魏，戰於州西，出梁門，軍舍林中，馬飲於大河。趙得是藉也，亦襲魏之河北，燒棘溝，隊黄城。……」

「（趙敬侯）六年，借兵於楚伐魏，取棘蒲。八年，拔魏黄城」。

「……昔者，齊之與韓、魏伐秦、楚也，戰非甚疾也，分地又非多韓、魏也，然而天下獨歸咎於齊者，何也？以其爲韓、魏主怨也。」

赧王十四年，秦、韓、魏、齊擊楚。十七年，齊、韓、魏擊秦。赧十七爲秦昭九年、齊湣三年，蓋楚懷入秦，齊挾太子而求地，及太子歸，立爲王，齊索地而秦救之，則秦、楚復合，故云「伐秦、楚」耳。

「且天下徧用兵矣，齊、燕戰而趙氏兼中山。」

趙惠文王四年，與齊、燕共滅中山。赧二十年。（詳後）

「秦、楚戰韓、魏不休，而宋、越專用其兵。……」

按《宋策》，宋「滅滕伐薛，取淮北之地」，當與滅中山時相近。《史記》謂「君偃十一年，自立爲王」，《表》在慎靚三年，則至赧二十滅中山時爲卅四年；《史》云「東敗齊，取五城；南敗楚，取地三百里；西敗魏軍，乃與齊、魏爲敵國」。（傳謂四十七年殺，《表》則四十三年。）

按張儀説楚懷王曰「嘗與吴人五戰三勝而亡之，陳卒盡矣」，范環對楚王相甘茂之問曰「惠王之明，武王之察，張儀之好譖，甘茂事之，取十官」，當在秦昭王時。而云「且王嘗用召滑於越而納句章。昧之難，越亂，故楚南察瀨胡而野江東」，《楚世家》昭睢云「王雖東取地於越，不足以刷恥」，當在秦昭初年。《紀年》魏襄王七年，「越王使公孫隅來獻……」，則楚懷十七年、周赧三年也。在張儀説楚王前則楚雖勝越，而越勢猶盛也。

「……昔吴王夫差以强大爲天下先，襲郢而棲越，身從諸侯之君，而卒身死國亡，爲天下戮……」

「……昔者萊、莒好謀，陳、蔡好詐，莒恃越而滅，蔡恃晉而亡，……」

「……昔者燕、齊戰於桓之曲，燕不勝，十萬之衆盡。胡人襲燕樓煩數縣，取其牛馬。」

按此即「權之難」也，在燕文公末年、易王初立、齊威王廿四年。權在滹沱水旁，夾水爲東垣，故曰「桓之曲」耳。舊注以爲齊、魯間地，又謂之噲時事，均非。

「……昔者中山悉起而迎燕、趙，南戰於長子，敗趙氏；北戰於中山，克燕軍，殺其將。……然而國遂亡，君臣於齊……」

上文云「齊、燕戰而趙氏兼中山」，《魏策》云「中山恃齊、魏以親趙，齊、魏伐楚而趙亡中山」，《趙策》蘇厲曰「楚人久伐而中山亡」，《燕策》「秦久伐韓，故中山亡」。

按《秦本紀》：「（昭王）八年，使將軍芈戎攻楚，取新市。齊使章子，魏使公孫喜，韓使暴鳶共攻楚方城，取唐眛。趙破中山，其君亡，竟死齊。」即此事。《秦本紀》昭王八年至十一年事，與《年表》均較後二年，故重丘事，《年表》在昭王六年，今依《秦本紀》，則是年爲周赧十六年、趙武靈王廿六年（《表》作廿七年）。《趙世家》：「二十年，王略……二十一年，攻中山。……二十三年，攻中山。……二十六年，復攻中山，攘地北至燕、代，西至雲中、九原。」與此不合。然則中山此時已亡，至周赧二十〔一七〕、惠文三年，「滅中山、遷其王於膚施」，特尾聲耳。《年表》於惠文四年書「齊、燕共滅中山」，疑爲此策所誤。

上云「齊、燕戰而趙亡中山」者，《燕策》蘇秦説王噲云「今夫齊王，長主也，而自用也。南攻楚五年，稸積散；西困秦三年，民憔瘁，士罷弊；北與燕戰，覆三軍，獲二將」，皆此時事。「攻楚」，重丘之役也；「困秦」，函谷之役也；唯此役史所闕。

「……昔者魏王擁土千里，带甲三十六萬，其强而拔邯鄲，西圍定陽，又從十二諸侯朝天子，以西謀秦。秦王恐之，寢不安席，食不甘味，令於境内，盡堞中爲戰具，竟爲守備，爲死士置將，以待魏氏。衛鞅謀於秦王曰：……衛鞅見魏王曰：『大王之功大矣，令行於天下矣！今大王之所從十二諸侯，非宋、衛也，則鄒、魯、陳、蔡，此固大王之所以鞭箠使也，不足以王天下。大王不若北取燕，東伐齊，則趙必從矣。西取秦，南伐楚，則韓必從矣。大王有伐齊、楚心，而從天下之志，則王業見矣。大王不如先行王服，然後圖齊、楚。』魏王説於衛鞅之言也，故身廣公宫，製丹衣，柱建九斿，從七星之旟。此天子之位也，而魏王處之。於是齊、楚怒，諸侯奔齊，齊人伐魏，殺其太子，覆其十萬之軍。魏王大恐，跣行，按兵於國，而東次於齊，然後天下乃舍之。當是時，秦王垂拱，受西河之外，而不以德魏王。……」

拔邯鄲在魏惠十七年，「西圍定陽」及衛鞅説時待考，馬陵之役在廿七—八年。

此文時代難定，未必湣王也，然其事止於趙並中山，而齊當未滅宋也。（與「或爲六國説秦王」章相近）

(三十五)

齊負郭之民有孤狐咺者，正議，閔王斮之檀衢，百姓不附。齊孫室子陳舉，直言，殺之東閭，宗族離心。

《呂覽·貴直》：「狐援説齊湣王……又斮之東閭……此觸子之所以去之也，達子之所以死之也。」以狐援斮東閭，小異。

司馬穰苴，執政者也，殺之，大臣不親。

〔一七〕 整理者按：應作「十九」。

以故燕舉兵，使昌國君將而擊之。齊使向子將而應之。齊軍破，向子以輿一乘亡。（「向」當爲「角」之誤，角即觸也。）

《呂覽·權勳》：「昌國君將五國之兵以攻齊，齊使觸子將，以迎天下之兵於濟上。齊王欲戰，使人赴觸子，恥而訾之曰：『不戰，必剗而類，掘若壟。』觸子苦之，欲齊軍之敗。於是以天下兵戰，戰合，擊金而却之，卒北，天下兵乘之，觸子因以一乘去，莫知其所，不聞其聲。」

達子收餘卒，復振，與燕戰，求所以償者，閔王不肯與，軍破走，王奔莒。

同上：「達子又率其餘卒，以軍於秦周，無以賞，使人請金於齊王。齊王怒曰：『若殘豎子之類，惡能給若金？』與燕人戰，大敗，達子死，齊王走莒。」

淖齒數之曰：「夫千乘、博昌之間，……」「……何得無誅乎？」於是殺閔王於鼓里。

太子乃解衣免服，逃太史之家爲溉園。君王后，太史后氏女，知其貴人，善事之。田單以即墨之城，破亡餘卒，破燕兵，紿騎劫，遂以復齊。遽迎太子於莒，立之以爲王。襄王即位，君王后以爲后，生齊王建。

此似誤。襄王蓋已先立。

（三十六）

王孫賈年十五，事閔王，王出走，失王之處。……王孫賈乃入市中，曰：「淖齒亂齊國，殺閔王，欲與我誅者袒右。」市人從者四百人，與之誅淖齒，刺而殺之。

（三十七）

燕攻齊，取七十餘城，唯莒、即墨不下。齊田單以即墨破燕，殺騎劫。

按此時襄王立於莒，而田單守即墨。《年表》，殺騎劫在襄五年。

初，燕將攻下聊城，人或讒之。燕將懼誅，遂保守聊城，不敢歸。田單攻之，歲餘，士卒多死，而聊城不下。魯連乃書，約之矢，以射城中，遺燕將曰：「……且楚攻南陽，魏攻平陸，齊無南面之心，以爲亡南陽之害，不若得濟北之利，故定計而

堅守之。今秦人下兵，魏不敢東面，横秦之勢合，則楚國之形危。且棄南陽，斷右壤，存濟北，計必爲之。今楚、魏交退，燕救不至，齊無天下之規，與聊城共據朞年之弊，即臣見公之不能得也。……彼燕國大亂，君臣過計，上下迷惑。栗腹以十萬之衆，五折於外，萬乘之國，被圍於趙，壤削主困，爲天下戮，公聞之乎？……」

《燕世家》：「今王喜四年，……趙使廉頗將，擊破栗腹於鄗。破卿秦（樂乘）於代。樂間奔趙。廉頗逐之五百餘里，圍其國。」則趙孝成王十四年也。《趙世家》：「（趙孝成王）十五年，……廉頗爲趙將，破殺栗腹，虜卿秦、樂間。十六年，廉頗圍燕。以樂乘爲武襄君。十七年，假相大將武襄君攻燕，圍其國。」則此書當在秦莊襄王元年時，即趙孝成王十七年、今王喜六年也。時秦滅東周，伐韓，取成皋、鞏，秦界至大梁，置三川郡。所謂「秦人下兵，魏不敢東面」也。蓋秦自昭五十二年取西周，五十三年伐魏取吴城後，不復東兵，故楚、魏、燕等合以攻齊，此蓋齊、秦爲與國之故也。（其書殆非魯連作，以義不帝秦之人，而肯以横秦爲説邪？然則《史記》正義魯連子詘田巴之議，殆亦僞託者與？云「楚軍南陽」、「聊城不去」，其是時事，而云「趙伐高唐」，則在齊襄十年。）

《韓非・有度》：「魏安釐王攻趙救燕，取地河東，攻盡陶、魏之地，加兵於齊，私平陸之都；攻韓拔管，勝於淇下；睢陽之事，荆軍老而走；蔡、召陵之事，荆軍破，……」與此相應。

（三十八）

燕攻齊，齊破，閔王奔莒，淖齒殺閔王。田單守即墨之城，破燕兵，復齊墟。襄王爲太子，徵。齊以破燕，田單之立疑，齊國之衆皆以田單爲自立也。襄王立，田單相之。過菑水，有老人涉菑而寒，出不能行，……單解裘而衣之。襄王惡之，……巖下有貫珠者，……

此襄王五年後事。

（三十九）

貂勃常惡田單，曰：「安平君，小人也。」……安平君曰：「敬聞命。」明日，任之於王。……「……燕人興師而襲齊墟，王走而之城陽之山中。安平君以惴惴之即墨，三里之城，五里之郭，敝卒七千，禽其司馬，而反千里之齊，……爲棧道木閣，而迎王與后於城陽山中，王乃得反，……」王乃殺九子而逐其家，益封安平君以夜邑萬户。

此亦襄五年後。

（四十）

田單將攻狄，往見魯仲子。……遂攻狄，三月而不克之也。……魯仲子曰：「將軍之在即墨，坐而織蕢，立則丈插，爲士卒倡曰：『可往矣，宗廟亡矣，亡日尚矣，歸於何黨矣！』當此之時，將軍有死之心，而士卒無生之氣，……當今將軍東有夜邑之奉，西有菑上之虞，黄金橫帶，而馳乎淄、澠之間，……」明日，乃厲氣循城，立於矢石之所，乃援枹鼓之，狄人乃下。

更在前章後。

（四十一）

孟嘗君爲從。公孫弘謂孟嘗君……公孫弘敬諾，以車十乘之秦。

鮑次襄王時，固誤。吴謂昭王九年，亦非。是時已相秦而歸，何尚須使人先觀乎？此或當秦昭初立，孟嘗曾有爲從之意乎？（或在入秦以前亦可）

魯仲連謂孟嘗君曰：「君好士也？……」

（四十二）

秦攻趙長平，齊、楚救之。秦計曰：「齊、楚救趙，親則將退兵；不親則且遂攻之。」趙無以食，請粟於齊，而齊不聽。

蘇秦謂齊王……

秦昭四十七年，趙孝成六，齊王建五。

（四十三）

或謂齊王曰：「周、韓西有强秦，東北有趙、魏。秦伐周、韓之西，趙、魏不伐，周、韓爲割，韓却周害也。及韓却周割之，趙、魏亦不免與秦爲患矣。今齊、秦伐趙、魏，則亦不果於趙、魏之應秦而伐周、韓。今齊入於秦而伐趙、魏，趙、魏亡之後，秦東面而伐齊，齊安得救天下乎？」

此蓋邯鄲之圍時事。周赧五八、秦昭五、齊王建八。

（四十四）

國子曰：「秦破馬服君之師，圍邯鄲。齊、魏亦佐秦伐邯鄲，齊取淄鼠，魏取伊氏。公子無忌爲天下循便計，殺晉鄙，率魏兵以救邯鄲之圍，使秦弗有，而失天下。是齊入於魏，而救邯鄲之功也。安邑者，魏之柱國也；晉陽者，趙之柱國也；鄢郢者，楚之柱國也。故三國欲與秦壤界，秦伐魏取安邑，伐趙取晉陽，伐楚取鄢郢矣。福三國之君，兼二周之地，舉韓氏，取其地，且天下之半。今又劫趙、魏，疏中國，封衛之東野，兼魏之河南，絶趙之東陽，則趙、魏亦危矣。趙、魏危，則非齊之利也。韓、魏、趙、楚之志，恐秦兼天下而臣其君，故專兵一志以逆秦。……」

拔晉陽在秦昭十六年。納安邑在秦昭二十一年。取鄢郢在秦昭二十八—九年。邯鄲之役在秦昭五十年。取西周在五十二年。取東周在莊襄元年。《秦本紀》：「（秦始皇）六年，韓、魏、趙、衛、楚共擊秦，取壽陵。秦出兵，五國兵罷。拔衛，迫東郡，其君角率其支屬徙居野王，阻其山以保魏之河内。」此策所云皆其事，則當在始皇六年、齊王建廿四年。

（四十五）

齊王使使者問趙威后。書未發，威后問使者……

按鮑注云：「惠文后，孝威太后。」是也。《趙世家》：「孝成王元年，……趙王新立，太后用事，……二年，惠文后卒。」《六國表》，元年爲齊襄王十九年，二年爲齊王建元年。此策「問王」而不「問太后」，必在襄王時（鮑次王建時，非）可知。則孝成王元年也。

「……於陵子仲尚存乎？……」

自宣王元年至此五十五年矣。

（四十六）

齊閔王之遇殺，其子法章變姓名，爲莒太史家庸夫。太史敫女，奇法章之狀貌，以爲非常人，憐而常竊衣食之，與私焉。莒中及齊亡臣相聚，求閔王子，欲立之，法章乃自言於莒，共立法章爲襄王。襄王立，以太史氏女爲王后，生子建。太史敫曰：……襄王卒，子建立爲齊王。君王后事秦謹，與諸侯信，以故建立四十有餘年不受兵。

王建立凡四十四年。

秦始皇嘗遣使者遺君王后玉連環，……及君王后病且卒，誡建曰：「羣臣之可用者某。」……君王后死後，后勝相齊，多受秦間金玉，使賓客入秦，皆爲變辭，勸王朝秦，不脩攻戰之備。

《田齊世家》，君王后卒於王建十六年、秦莊襄王元年，則不過五十餘人，似未當遽稱「老婦」。《策》云「君王后死後，后勝相齊」，「勸王朝秦」，而朝秦之事在王建廿八年、始皇十年，則《策》或實以君王后死於始皇時也。

（四十七）

齊王建入朝於秦，雍門司馬前……即墨大夫聞雍門司馬諫而聽之，則以爲可以爲謀，即入見齊王曰：……秦使陳馳誘齊王內之，約與五百里之地。齊王不聽即墨大夫而聽陳馳，遂入秦。處之共松柏之間，餓而死。先是，齊爲之歌曰：「松邪柏邪？住建共者客邪！」

始皇二十六年，王建四十四年。

整理説明：

《國策繫年》係作者自定書名，寫作年代不詳。手稿爲毛紙鋼筆書寫，裝訂兩册，共四十二頁，三萬三千餘字，無標點。第一册有蟲蛀，蛀孔透處，致多頁有殘。

該稿體例是先引一段《戰國策》原文（鮑本），然後結合各種史料，對其中涉及事件和人物的年代進行考辨。全稿未完，只寫成了西周、東周、秦、齊四策。

本次整理改全文爲繁體、竪排、新式標點，不同單元新加了數碼標記。因蟲蛀所缺之字以符號「□」「……」表示，並加「整理者按」。

（馮峰）

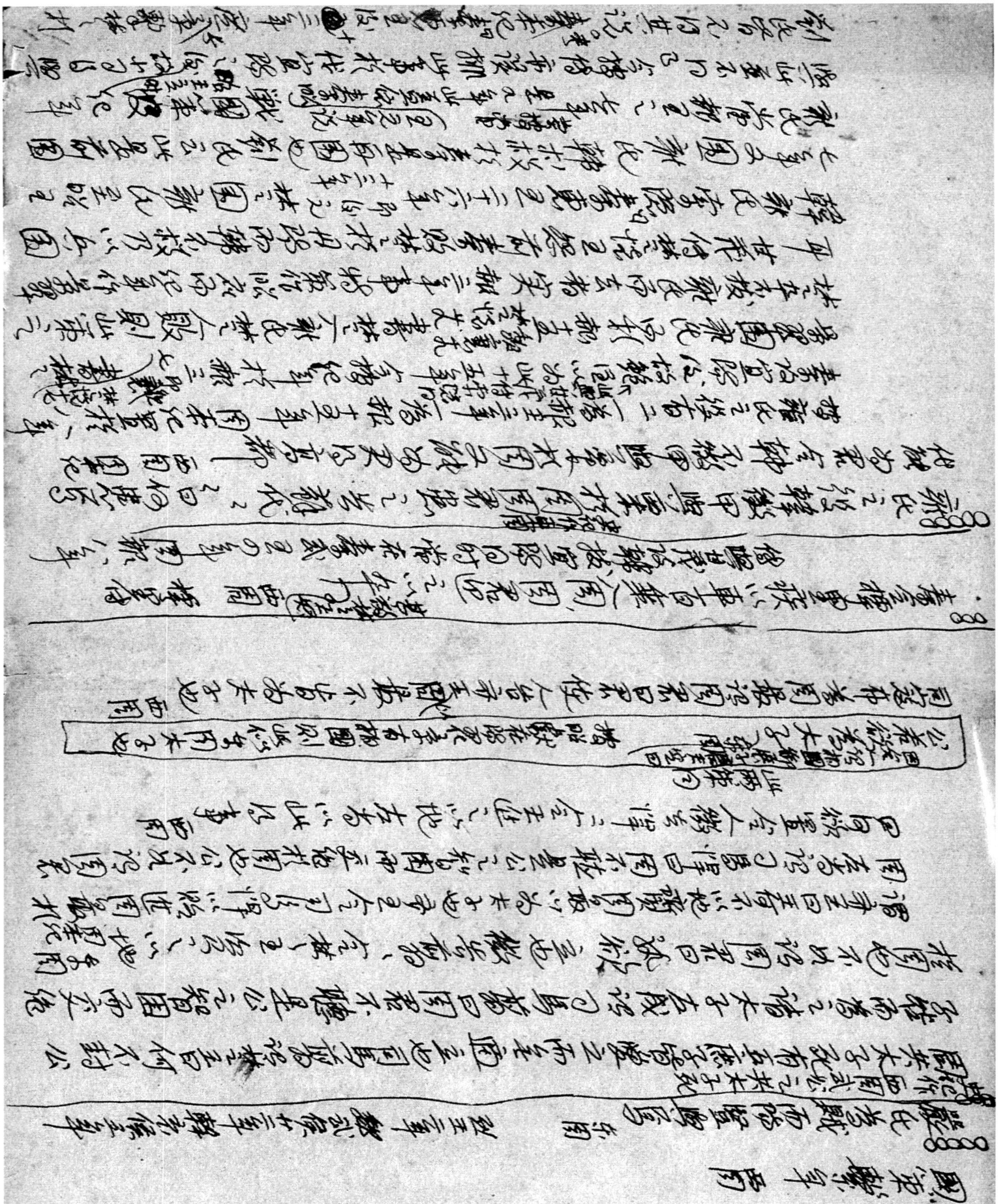

原稿樣張一

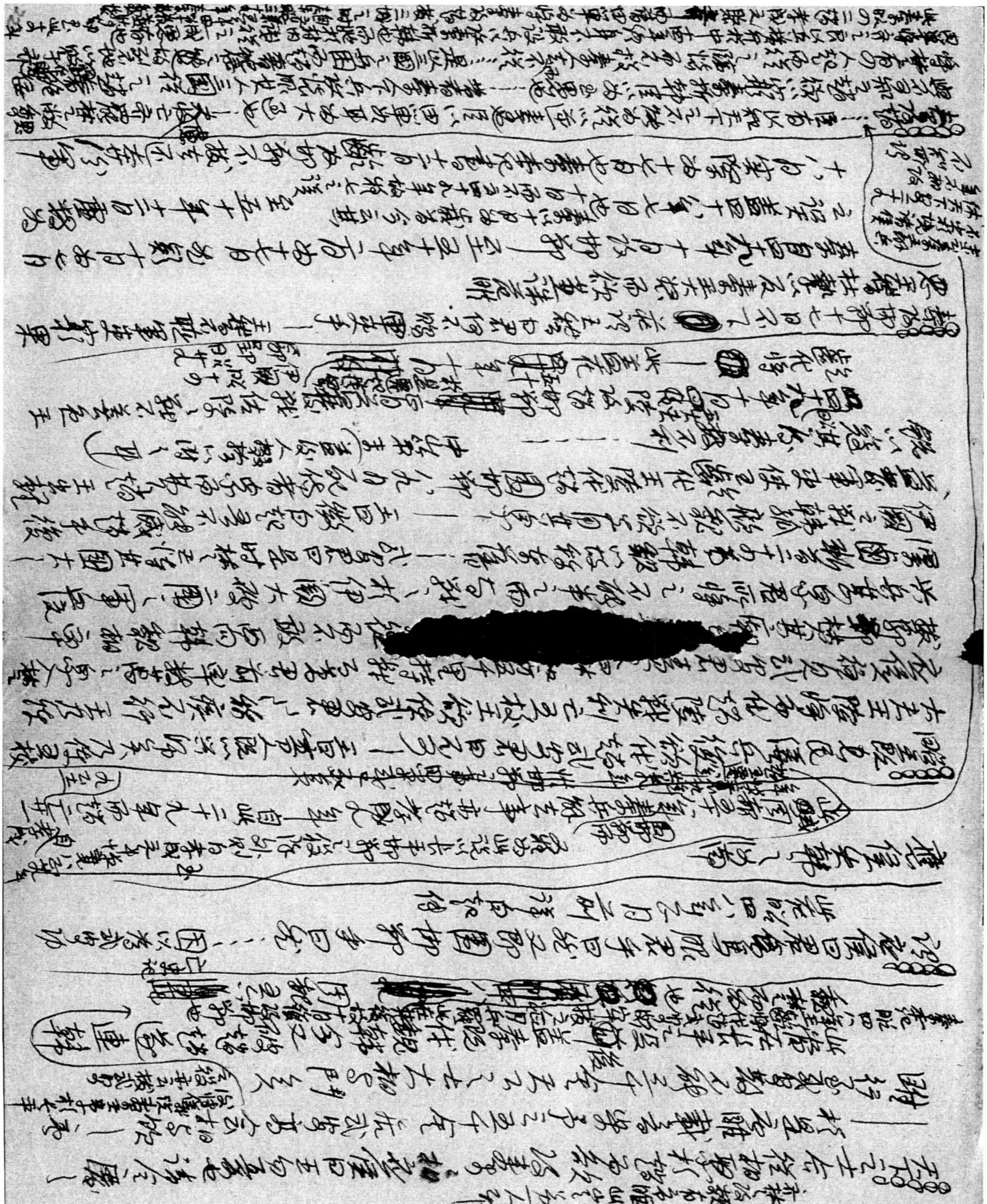

原稿様張二

竹書紀年戰國表

每日以《本紀》《世家》《列傳》《年表》校一卷，再校《編略》、雷、王兩書。廿四日校《趙世家》，卅日以《韓世家》校。

整理説明：

此爲作者寫在卷首的校書進度。

周	秦	晉	魏	韓	趙	楚	燕	齊	越	魯	
元王元年〔一〕	厲共公元年	定公三十六年			簡子四十二年 卒〔二〕。	惠王十三年 吴伐楚。	孝公十七年〔三〕	平公驁五年	句踐二十一〔四〕	哀公十九年	
二〔五〕	二	三十七 卒。			襄子元年	十四	十八	六	二十二 越圍吴。	二十	
三	三	出公錯元			二	十五	十九	七	二十三	二十一	
四	四	二			三	十六	二十	八	二十四 滅吴。	二十二	
五	五	三 知伯伐齊。			四	十七	二十一	九	二十五	二十三	蔡景侯卒。

續表

周	秦	晉	魏	韓	趙	楚	燕	齊	越	魯	
六	六 義渠來賂。繇諸乞援〔六〕。	四			五	十八	二十二	十	二十六	二十四	蔡聲侯元年。
七	七	五			六	十九	二十三	十一	二十七〔七〕	二十五	衛莊公奔宋。
八〔八〕	八	六 荀瑶城宅陽。竹			七	二十	二十四	十二 齊鄭伐衛。竹	二十八	二十六	〔九〕

〔一〕似當依《世本》等爲敬王四十四年。

按《左傳》哀十九年：「冬，叔青如京師，敬王崩故也。」則以是年爲敬王崩，敬王四十四年也。《左傳釋文》云：「《世本》亦爾。」正義及《史記集解》引《帝王世紀》亦同。又今本《紀年》亦同。杜預《春秋世族譜》：「敬王四十二年崩。敬王子元王十年，春秋之傳終矣。」則是年爲元王二年矣。《周本紀》亦作「四十二年崩」。然《左傳釋文》：「《史記・周本紀》及《十二諸侯年表》，敬王四十二年崩，子元王仁立。則敬王是魯哀十八年崩也。」「四十二」似是「四十三」之誤。

《左傳正義》：「案《世本》：『敬王崩，貞王介立，貞王崩，元王赤立。』宋忠注引《太史公書》云：『元王仁生貞王介，與《世本》不相應，不知誰是。』」又《釋文》云：「《世本》云『魯哀公二十年是定王介崩，子元王赤立』，則定王之崩年是魯哀公二十七年也。」《釋文》所引《世本》似有誤，當作「魯哀公二十七年貞定王介崩」（查《左傳釋文》，因此據正義本也）。然則《世本》以哀十九年爲敬王崩年，哀二十年爲定王元年，定王八年崩爲哀二十七年矣。

〔二〕《六國表》，簡子在位六十年，至定王十一年始卒。《左傳》哀二十年：「十一月，越圍吴，趙孟降于喪食。」注謂：「趙孟，襄子，時有父簡子之喪。」是趙簡子之卒當在哀十九年，越圍吴時已及朞，故襄子得降喪食也。《趙世家》：「定公三十七年卒，而簡子除三年之喪，期而已。是歲，越王句踐滅吴……晉出公十七年，簡子卒，太子無卹代立，是爲襄子。趙襄子元年，越圍吴。襄子降喪食，使楚隆問吴王。」前後舛錯，不知晉出公十八年安能有越圍吴之事邪？然則定公三十七年，簡子除三年之喪，即是襄子之誤耳。

〔三〕《六國表》作「獻公」。《燕世家》索隱：「王劭按《紀年》，簡公後次孝公無獻公。」

〔四〕句踐始見於魯定十四年。此年據《吴越春秋》十。

〔五〕據《世本》，則是年爲定王元年。

〔六〕「繇」疑「綿」之誤。

〔七〕《吴越春秋》廿七年薨。

〔八〕今本《竹書紀年》元王七年崩，即此年。

〔九〕據《左傳》哀廿六年，宋景公卒于十月辛巳；《六國表》卒于定王十八年；集解引「徐廣曰『案《左傳》景公死至此九十九年』」，上「九」字當是「凡」字之譌，索隱以爲徐誤，非也。

周	秦	晉	魏	韓	趙	楚	燕	齊	越	魯	
定王元年〔一〕（徐廣云：「癸酉，《左傳》盡此。」）	九	七			八	二十一	二十五	十三	二十九	二十七	衛悼公黔元年〔二〕。
二	十	八			九	二十二	二十六	十四	三十	二十八 哀公蔣卒〔三〕。*	
三	十一	九			十	二十三	二十七	十五	三十一	悼公元年	
四	十二	十			十一	二十四	二十八	十六	三十二 晉出公十年十一月於粵子句踐卒，是爲菼執〔四〕。竹	二	衛悼公四年，卒于越。竹
五	十三	十一 知伯伐鄭。			十二	二十五	二十九〔五〕	十七	子鹿郢立，元	三	
六	十四	十二 河絶于扈。竹			十三	二十六	三十	十八	二	四	鄭聲侯三十七年，卒〔六〕。*

〔一〕據《世本》，定王卒于魯哀廿七年，即此年也。據《本紀》及《六國表》集解引皇甫謐説，貞定王十年，元癸亥，崩壬申。則此爲貞定王八年。

然《六國表》集解引云「(元王)元年癸酉，二十八年庚子崩」。《本紀》集解引云「元王十一年癸未，三晉滅智伯，二十八年崩」。則又不合。蓋三晉滅知伯如在元王十一年，則此爲貞定王六年矣。俟更考。

〔二〕《左》哀二十六年傳云「立悼公」，當以是年爲元年也。《六國表》列於定十四年，非。

〔三〕《左傳》終於哀廿七年，又云「悼之四年，晉荀瑤帥師圍鄭」，則以爲哀公僅廿七年。然傳云：「秋八月甲戌，公如公孫有陘氏。因孫於邾，乃遂如越。國人施公孫有山氏。」未言哀公之卒，則《年表》繫魯哀公卒於定王二年、楚惠廿二年，當得之。《世家》云：「八月，哀公如陘氏，三桓攻公，公奔於衛，去如鄒，遂如越。國人迎哀公復歸，卒于有山氏。」前人遂誤據之謂《世家》爲二十七年。然哀公如陘氏已在八月，經三桓之攻而奔衛如鄒如越，更因國人之迎而歸而卒，則先西行之衛，又東歸至鄒，而再如越（越此時殆已徙瑯邪乎），又由越歸，其卒必不在本年可知也。然則《史・表》列哀公廿八年當別有據矣。續《左傳》者徒見傳終於廿七年，遂以明年爲悼元年起算，不知悼公之立當更在次年也。

〔四〕《外紀》書卒于明年。

〔五〕《六國表》以此年爲孝公元年，詳前。

〔六〕立於魯定九年，則卅八年。

周	秦	晉	魏	韓	趙	楚	燕	齊	越	魯	
七	十五	十三 知伯瑤城高梁。**竹**			十四	二十七	三十一	十九	三	五	鄭哀公元年*。
八	十六	十四			十五	二十八	三十二	二十	四	六	
九	十七	十五			十六	二十九	三十三	二十一	五	七	
十	十八	十六 荀瑤伐中山，取窮魚之邱（同年？）〔一〕。*			十七	三十	三十四	二十二	六	八	
十一	十九	十七			十八	三十一	三十五	二十三	七	九	
十二	二十 公將師與綿諸戰。	十八			十九〔二〕 誘代王，以金斗殺代王。封伯魯子爲代成君。*	三十二	三十六	二十四	八 鹿郢卒〔三〕。*	十	蔡聲侯卒。
十三	二十一	十九〔四〕 韓龐取盧氏城。**竹**			二十	三十三	三十七 孝公卒。**（據《紀年》）**	二十五	不壽元年	十一	蔡元侯元年。

〔一〕黃在定十二年。

〔二〕《六國表》以是年爲襄子元年，今謂殺代王或是此年。
〔三〕索隱引作「六年卒」，今按下朱句三十五年據《水經注》當晉烈公四年，則此「六」當是「八」之誤。
〔四〕《史記·六國表》是年爲哀公忌元年。

周	秦	晉	魏	韓	趙	楚	燕	齊	越	魯	
十四	二十二	二十			二十一	三十四	成公載元年〔一〕	齊宣公就匝〔二〕元年	二	十二	〔三〕鄭人弒其君。
十五	二十三	二十一			二十二 與知伯分范、中行地。	三十五	二	二 田恒卒。**世家**	三	十三	鄭共公元年。
十六	二十四	二十二 趙襄子、韓康子、魏桓子共殺智伯〔五〕。*			二十三	三十六	三	三 田襄子盘立。*	四	十四	
十七	二十五	二十三 出公奔楚，乃立昭公之孫，是爲敬公。*	魏桓子	韓康子	二十四	三十七	四	四	五	十五	
十八	二十六	敬元年			二十五	三十八	五	五	六	十六	〔六〕
十九	二十七	二			二十六	三十九	六	六	七	十七	衛敬公元年〔七〕。蔡侯齊元年。

〔一〕索隱引《紀年》「知伯滅在成公三年」（余所見本作「二年」，疑誤）。
〔二〕一作「積」。
〔三〕《六國表》以是年爲衛悼公黚元年。
〔四〕黄式三列於定王十一年，當近之。
〔五〕索隱云如《紀年》之説，乃出公二十二年事。
〔六〕《六國表》以是年爲宋景公卒，明年爲宋昭公立。

〔七〕衛悼以後敬以前十四年如何着落？

周	秦	晉	魏	韓	趙	楚	燕	齊	越	魯	
二十	二十八 越逆女于秦。	三			二十七	四十	七	七	八	十八	
二十一	二十九	四			二十八	四十一	八	八	九	十九	
二十二	三十	五			二十九	四十二 滅蔡。	九	九	十 於粤子不壽見殺，是爲盲姑。*	二十	
二十三	三十一	六	魏桓子卒〔一〕。		三十	四十三	十	十	朱句元年	二十一	
二十四	三十二	七	魏文侯元年〔二〕		三十一	四十四 滅杞。	十一	十一	二	二十二	
二十五	三十三	八	二		三十二	四十五	十二	十二	三	二十三	
二十六	三十四	九	三		三十三	四十六	十三	十三	四	二十四	
二十七	秦躁公元年	十	四		三十四	四十七	十四	十四	五	二十五	
二十八	二	十一	五		三十五	四十八	十五	十五	六	二十六	
考王元年	三	十二	六		三十六	四十九	十六 成公卒。*	十六	七	二十七	

〔一〕以文侯立於明年定之。

〔二〕《晉世家》索隱引《竹書》「敬公十八年，魏文侯初立」，王静安謂是六年之誤，是也。今按文侯元年實當是敬公七年。今本《紀年》書於考元，誤五年。子夏時年六十二。

周	秦	晉	魏	韓	趙	楚	燕	齊	越	魯	
二	四	十三	七		三十七	五十	燕文公元年	十七	八	二十八	
三	五	十四	八		三十八	五十一	二	十八	九	二十九	
四	六	十五〔一〕	九		三十九	五十二	三	十九	十	三十〔二〕	
五	七	十六	十		四十	五十三	四	二十	十一	魯元公元年	
六	八	十七	十一		四十一	五十四	五	二十一	十二	二	
七	九	十八 敬公卒〔三〕。*	十二		四十二	五十五	六	二十二	十三	三	
八	十	幽公元年〔四〕	十三		四十三	五十六	七〔五〕	二十三	十四	四	
九	十一	二	十四		四十四	五十七	八	二十四	十五	五	
十	十二	三 魯季孫會晉幽公于楚丘，取葭密，遂城之〔六〕。竹	十五		四十五	楚簡王仲元年 滅莒。*	九	二十五	十六	六	衛昭公元年。

〔一〕《史記》以此爲幽公元年，非。

〔二〕《年表》卅九年，《史・世家》三十七年，集解：「徐廣曰：『一本云悼公即位三十年，乃於秦惠王卒、楚懷王死年合。』」徐廣引「一本作三十年」，錢穆謂是三十一年之誤，蓋仍《左傳》以哀公爲廿七年耳。今攷哀公實廿八年乃卒，則《集解》本不誤。

〔三〕「敬公」，《史記》作「哀公」，十八年卒，《竹書》當同。王氏於《今本紀年疏證》下據「考王十一年，晉敬公卒」謂「敬公在位二十二年」，非也。

如王說數去，則烈公年數又與《六國表》同矣，王亦爲《表》所誤。今本《紀年》輯者欲彌縫《史》、《表》，故置於十一年耳。

〔四〕《晉世家》：「幽公之時，晉畏，反朝韓、趙、魏之君，獨有絳、曲沃，餘皆入三晉。」《年表》晉幽公元年「服韓、魏」，在考王四年。

〔五〕《史記》是年爲燕湣公元年。

〔六〕《寰宇記》作「幽公十三年」。

周	秦	晉	魏	韓	趙	楚	燕	齊	越	魯	
十一	十三	四	十六		四十六	二	十	二十六	十七	七	
十二	十四	五	十七〔一〕		四十七	三	十一	二十七	十八	八	
十三	秦懷公元年	六	十八		四十八	四	十二	二十八	十九	九	
十四	二	七	十九		四十九	五	十三	二十九	二十	十	
十五	三	八	二十		五十	六	十四	三十	二十一	十一	
威烈王元元	四 庶長鼂殺懷公。太子蚤死，大臣立太子之子，爲靈公。	九	二十一	康子卒。	五十一 襄子卒。	七	十五	三十一	二十二	十二	衛悼公亹元年。
二	秦靈公元年	十	二十二	韓武子啓章元年〔二〕	趙桓子元年〔三〕	八	十六	三十二	二十三	十三	
三	二	十一	二十三	二	趙獻侯元年	九	十七	三十三	二十四	十四	鄭幽公元年，韓殺之。
四	三 作上下畤。	十二	二十四	三	二	十	十八	三十四	二十五	十五	鄭立幽公子爲繻公，元年。

〔一〕《魏世家》：「(文侯)十七年，伐中山，使子擊守之，趙倉唐傅之。」《六國表》以屬威烈王十八年，蓋誤移文侯年後廿一年耳。《中山策》：「魏文侯欲殘中山，常莊談謂趙襄子曰：『魏并中山，必無趙矣。公何不請公子傾以爲正妻，因封之中山，是中山復立也。』」舊以襄子爲誤，今按文侯年數改正後十七年正當趙襄子四十七年，爲恰合，一證也。此年當是始伐中山。《說苑・尊賢》：「三年而中山獻於我。」《國策》甘茂云「樂羊伐中山三年而拔」，是中山之滅當在文侯十九年，考王之十四年矣。《魏世家》翟璜謂李克曰「中山已拔，無使守之，臣進先生」，是中山滅後先以李克爲守也，

其後以太子摯爲中山君，又云「乃出少子摯」封中山君，而立摯爲後。摯當即中山武公，其立當在威烈王之十二年、文侯之卅二年、趙獻侯之十年也。今《表》誤以伐中山爲威烈王十八年事，則反在武公立後六年，全不合矣。《人表》及徐廣等以武公爲西周桓公子，或更以爲别有中山武公，非魏所立，皆誤也。二證也。餘詳「威烈王十二年」。

〔二〕《六國表》以是年爲文侯元年。《魏世家》：「魏文侯元年，秦靈公之元年也。」

〔三〕《楚世家》云「魏文侯、韓武子、趙桓子始立爲諸侯」。

周	秦	晉	魏	韓	趙	楚	燕	齊	越	魯	
五	四	十三	二十五	四	三	十一	十九	三十五	二十六	十六	
六	五	十四〔一〕	二十六	五	四	十二	二十	三十六	二十七	十七	
七	六	十五〔二〕	二十七 城少梁。	六	五	十三	二十一	三十七	二十八	十八	
八	七 與魏戰少梁。	十六	二十八	七	六	十四	二十二	三十八	二十九	十九	
九	八	十七	二十九 復城少梁。	八	七		二十三	三十九	三十	二十	
十	九	十八 晉夫人秦嬴賊公于高寢之上。**竹**	三十	九	八	十五	二十四 燕文公卒〔三〕。*	四十	三十一	二十一	
十一	十〔四〕	晉烈公元年 趙獻子城泫氏。* 韓武子都平陽。*	三十一	十	九	十六	燕簡公元年	四十一	三十二	魯穆公元年	
十二	秦簡公元年	二	三十二	十一	十	十七	二	四十二	三十三	二	衛慎公元年。中山武公初立〔五〕。

〔一〕《六國表》幽公是年見殺，非是。

〔二〕《六國表》誤爲烈公元年。

〔三〕王氏列燕文公卒於幽十四年，蓋誤增敬公四年使然。

〔四〕王氏以秦靈公卒係晉幽十五年，誤四年。

〔五〕《趙世家》及《表》均云是年「中山武公初立」，集解引徐廣以爲「西周桓公之子」，索隱：「《世本》云中山武公居顧，桓公徙靈壽，爲趙武靈王所滅，不言誰之子孫，徐廣云西周桓公之子，亦無所據，蓋未得其實。」前人皆不知武公實即魏文侯次子摯（亦作「訢」），蓋因《史記》文侯年誤遲廿一年故耳。《樂毅傳》：「樂羊爲魏文侯將，伐取中山，魏文侯封樂羊以靈壽。樂羊死，葬於靈壽，其後子孫因家焉。」中山復國，至趙武靈王時復滅中山。」亦誤。蓋只見趙與中山戰遂以爲中山復國耳。黃式三以安王末年趙伐中山、顯王二十六年魏以中山君爲相是中山復國後事，又謂魏所滅中山之君必非武公，雷學淇謂「似武與桓（中山武公、中山桓公）立七年而即滅」者，均誤。詳前「文侯十七年」後文。

周	秦	晉	魏	韓	趙	楚	燕	齊	越	魯	
十三	二 與晉戰，敗鄭下。	三 楚人伐我南鄙，至于上洛〔一〕。*	三十三	十二	十一	十九	三	四十三 伐晉，毀黃城，圍陽狐。	三十四 滅滕〔二〕。*	三	
十四	三	四	三十四 公子擊圍繁龐，出其民人。	十三	十二 晉烈公四年，趙城平邑〔三〕。 竹	二十	四	四十四 伐魯、莒及安陽（？陵）。	三十五 滅郯，以郯子鴣歸〔四〕。*	四	
十五	四	五	三十五	十四	十三 田公子居思伐邯鄲，圍平邑〔五〕。*	二十一	五	四十五 田莊子卒〔六〕。 竹	三十六	五	
十六	五	六	三十六	十五	十四	二十二	六	四十六 田悼子立〔七〕。*	三十七 朱句卒〔八〕。*	六	
十七	六	七	三十七 伐秦，築臨晉、元里〔九〕。	十六	十五	二十三	七	四十七	王翳元年	七	
十八	七 塹洛，城重泉。初租禾。	八	三十八 擊守中山。伐秦至鄭，還築洛陰、合陽〔一〇〕。	韓景侯虔元年 伐鄭，取雍丘。鄭城京。		二十四 簡王卒。*	八	四十八 取魯郕。	二	八	

〔一〕「我」者，魏乎？晉乎？

〔二〕王係幽十四年，誤七年。

〔三〕《趙世家》、《六國表》在獻侯十三年，均差一年。

〔四〕王係幽十五年，誤七年。《水經・沂水注》引「晉烈公四年，於越朱句伐郯，以郯子鴣歸」，今次此正合。

〔五〕疑梁惠後五年誤。

〔六〕《田齊世家》索隱引《紀年》「齊宣公十五年，田莊子卒，明年立田悼子」，雷學淇訂爲四十五年，與《史記》較合，今從之。《檀弓》：「陳莊子卒，魯穆公問縣子。」

〔七〕且索隱言悼子「立年無幾」，若立於宣公十六年，是有三十六年矣，安得云「無幾」？明雷説是也。悼子之立蓋只六年。王氏係于晉敬公時，誤。

〔八〕王係十七年，誤七年。

〔九〕《史》十六年。

〔一〇〕《史》十七年。

周	秦	晉	魏	韓	趙	楚	燕	齊	越	魯	
十九	八	九	三十九	二 鄭敗韓于負黍。	二	楚聲王元年	九	四十九 與鄭會于西城。伐衛，取毌邱。	三	九	
二十	九 簡公卒〔一〕。竹	十	四十	三	三	二	十	五十	四	十	
二十一	敬公元年。竹	十一	四十一	四	四	三	十一	五十一 晉烈公十一年，田悼子卒。田布殺其大夫公孫孫，公孫會以廩邱叛於趙。田布圍廩邱，翟角、趙孔屑、韓師救廩邱，及田布戰于龍澤，田師敗逋。十二月，齊宣公薨。*	五	十一	

〔一〕王次晉烈公六年，誤四年。

周	秦	晉	魏	韓	趙	楚	燕	齊	越	魯	
二十二 晉烈公十二年，王命韓景子、趙烈子、翟員伐齊，入長城。*	二	十二	四十二	五	五	四	十二	齊康公貸元年	六	十二	
二十三 九鼎震。三晉命邑爲諸侯[一]。*	三	十三	四十三 初爲侯。	六 初爲侯。	六 初爲侯。	五	十三	二	七	十三	宋悼公元年。
二十四	四	十四	四十四	七	七	六 盜殺聲王。*	十四	三	八	十四	
安王元年	五 伐魏，至陽狐。	十五	四十五 伐秦，至陽狐[二]。	八	八	楚悼王類元年	十五	四	九	十五	
			四十六 太子罃生。子擊生子罃。**世家**	九 鄭圍陽翟。	九	二 三晉來伐我，至桑（？乘）丘。	十六	五 田侯午生。*	十	十六	

[一]《燕世家》索隱引於簡公十三年，王係晉烈九年，乃因晉敬公誤增四年所致。《晉世家》列於晉烈公十九年，《楚世家》楚簡王八年，均誤。

[二]《世家》：「秦伐我，至陽狐。」

周	秦	晉	魏	韓	趙	楚	燕	齊	越	魯	
三 王子定奔晉。	七	十七	四十七	韓烈侯元年[一]	十[二]	三 歸榆關于鄭。	十七	六	十一	十七	
四	八	十八	四十八	二	十一	四 敗鄭師，圍鄭。鄭人殺子陽。	十八	七	十二	十八	鄭殺其相子陽。

續表

周	秦	晉	魏	韓	趙	楚	燕	齊	越	魯	
五	九	十九	四十九	三 三月，盜殺韓相俠累〔三〕。	十二	五	十九	八	十三	十九	鄭人殺君。
六	十	二十	五十 文侯卒。*	四	十三	六	二十	九	十四	二十	鄭相子陽之徒殺其君儒公。
七	十一 伐諸繇。	二十一	魏武侯元年〔四〕	五	十四	七	二十一	十	十五	二十一	鄭康公元年。宋休公元年。
八	十二 敬公卒〔五〕。竹	二十二〔六〕 國大風，晝昏，自旦至中，明年，太子喜出奔。《御覽》引《史記》。		六 救魯。鄭負黍反。	十五	八	二十二	十一 伐魯，取遂。	十六	二十二	

〔一〕索隱引《系本》作「武侯」。

〔二〕《史記》是年爲趙武公元年，按《魏世家》引《紀年》，魏武侯元年當趙烈侯十四年，無武公。

〔三〕《國策》作「韓傀」。

〔四〕《魏世家》索隱謂元年當趙烈侯十四年。

〔五〕王係晉烈十八年，誤四年。王劭按《紀年》……敬公立十三年，乃至惠公。司馬貞引《紀年》十二年。

〔六〕王謂烈公廿二年卒，亦誤。蓋王於晉烈年誤四年，此年爲十八年，故不得不以爲只有廿二年耳。

周	秦	晉	魏	韓	趙	楚	燕	齊	越	魯	
九	惠公元年	二十三	三 伐鄭，城酸棗。敗秦于注。**世家**	七	十六	九 伐韓，取負黍。	二十三	十二	十七	二十三	
十	二	二十四〔一〕	四	八	十七	十	二十四	十三	十八	二十四	

續表

周	秦	晉	魏	韓	趙	楚	燕	齊	越	魯	
十一	三 伐韓宜陽取六邑。	二十五	五	九 秦伐宜陽，取六邑。	十八	十一	二十五	十四	十九	二十五	
十二	四 與晉戰武城。縣陝。	二十六	六 齊伐取襄陵。	十	十九	十二	二十六	十五 魯敗我平陸。	二十	二十六	
十三	五 太子生。	二十七 烈公卒。秦侵晉。	七 秦侵我陰晉。**世家**	十一	二十	十三	二十七	十六 與晉、衛會濁澤。	二十一	二十七	
十四	六	晉桓公元年	八	十二	二十一	十四	二十八	十七	二十二	二十八	
十五	七 蜀取我南鄭。	二	九 伐秦，敗我武下，得其將識。*	十三	二十二	十五	二十九	十八	二十三	二十九	

周	秦	晉	魏	韓	趙	楚	燕	齊	越	魯	
十六	出子元年	三	十 襲邯鄲，敗焉。	十四〔一〕	趙敬侯元年〔二〕 武公子朝〔三〕作亂，奔魏。	十六	三十	十九 田常曾孫田和始立爲諸侯。遷康公海上，食一城。	二十四	三十	

〔一〕《六國表》以是年爲「晉孝公頎元年」。

續表

周	秦	晉	魏	韓	趙	楚	燕	齊	越	魯	
十七	二 庶長改迎靈公太子，立爲獻公。殺出子。	四	十一 城洛陽及安邑、王垣〔四〕。**竹**	十五 伐鄭，取陽城。伐宋，到彭城，執宋君。	二	十七	三十一	二十 伐魯，破之。田和卒。	二十五	三十一	〔五〕
十八	秦獻公元年	五	十二	十六	三	十八	三十二	二十一 田侯剡立〔六〕。**竹**	二十六	三十二	
十九	二 城櫟陽。	六	十三	十七	四 魏敗我兔臺。	十九	三十三	二十二	二十七	三十三	
二十	三	七	十四	十八	五	二十	三十四	二十三	二十八	魯共公元年	
二十一	四 孝公生。	八	十五	十九	六	二十一	三十五	二十四	二十九	二	
二十二	五	九	十六 伐齊至桑丘。	二十 伐齊，至桑丘，鄭敗晉〔七〕。	七 伐齊，至桑丘。	楚肅王臧元年	三十六	二十五 伐燕，取桑丘。	三十	三	

〔一〕《世家》、《六國表》是年爲文侯元年。索隱云「《紀年》無文侯，《系本》無列侯」。

〔二〕周安王十六年，趙敬始都邯鄲(《春秋地名考略》引《紀年》)。

〔三〕《魏世家》作「朔」。

〔四〕《六國表》亦在是年，正合。

〔五〕《紀年》云「宋桓公十八年卒」，王列是年，待考。《史表》此時已休公矣。雷亦係是年。

〔六〕《田敬仲世家》索隱云：「齊康公二十二年，田侯剡立。」今按當在二十一年乃合，係武侯十八年，誤六年。

〔七〕《世家》「敗」作「反」。

周	秦	晉	魏	韓	趙	楚	燕	齊	越	魯	
二十三	六 初縣蒲、藍田、善明氏。	十	十七	二十一	八 襲衛，不克。	二	三十七	二十六 康公卒，田氏遂并齊而有之。	三十一	四	
二十四	七	十一	十八 翟敗我澮。伐齊至靈邱〔一〕。	二十二 伐齊至靈邱。	九 伐齊至靈邱。	三	三十八	田侯剡七年〔二〕	三十二	五	
二十五	八	十二〔三〕	十九	二十三	十 與中山戰于房子。**趙世家**	四 蜀伐我茲方。	三十九	八	三十三 遷于吳。*	六	
二十六	九	十三〔四〕	二十	哀侯元年〔五〕 與趙、魏分晉國。**世家**	十一 伐中山，又戰於中人。**趙世家**	五	四十	九	三十四	七	
烈王元年	十	十四	二十一	二 魏武侯二十一年，韓滅鄭，哀侯入于鄭〔六〕。**竹**	十二	六	四十一	十 齊田午弒其君及孺子喜而爲公。*	三十五	八	鄭康公二十年滅，無後。

〔一〕《魏世家》謂「使吳起伐齊，至靈丘」，時吳起已死。

〔二〕《史記》以爲齊威王因齊元年。

〔三〕《史記》以爲晉静公俱酒元年。

〔四〕《史記》謂是年「三晉滅其君」。

〔五〕《年表》以爲文侯十一年，哀侯元年。《世家》則謂文侯十年卒。按《竹書》無文侯，則列侯只廿三年也。

〔六〕《世家》、《六國表》亦云「滅鄭」。

周	秦	晉	魏	韓	趙	楚	燕	齊	越	魯	
二	十一 縣櫟陽。	十五	二十二	三 （魏武侯）二十二年[一]，晉桓公邑哀侯于鄭。韓山堅賊其君哀侯，而韓若山立。*	十三[二] 趙敬侯卒。竹	七	四十二	齊桓公午元年	三十六 七月，太子諸咎弑其君翳。*	九	
三	十二	十六	二十三	韓懿侯元年	趙成侯元年	八	四十三[三] 簡公卒。竹 敗齊林營。	二	諸咎粵滑元年[四]	十	
四	十三	十七	二十四 敗趙北藺。	二	二 伐衛，取都鄙七十三。魏敗我藺。	九	燕桓公元年	三	二	十一	衛聲公元年。宋辟公元年。
五	十四	十八	二十五 伐楚，取魯陽。	三	三	十 魏取我魯陽。	二	四	三	十二	
六	十五	十九	二十六[五] 武侯卒。竹	四	四 伐齊于甄。魏敗我懷。	十一	三	五	四	十三	

〔一〕《晉世家》索隱引作晉桓公十五年卒，正合。《史記》「韓嚴弑其君」在「烈王五年」。

〔二〕《六國表》敬侯十二年，此年爲成侯元年。

〔三〕《燕世家》索隱引《紀年》「簡公四十五年」，似是「四十三年」之譌。

〔四〕索隱引「十月，粵殺諸咎粵滑」，乃十年之誤。前據《水經注》朱句三十五年當晉烈公四年，後據無顓薨後十年楚伐徐州當周顯王三十六年，則中間正缺十年，故知「十月」乃「十年」之誤。金文有越王諸旨於賜，其鐘作於正月，故知諸咎粵滑必曾爲王，而非即被殺於十月也。

〔五〕《六國表》爲惠王元年，《晉世家》索隱武侯以晉桓公十九年卒，與《魏世家》索隱引合。

周	秦	晉	魏	韓	趙	楚	燕	齊	越	魯	
七	十六	二十 韓共(?)侯、趙成侯遷晉桓公於屯留。*	魏惠成王元年 敗韓馬陵。封公子緩。趙侯種、韓懿侯〔一〕伐我，取蔡。而惠成王伐趙，圍濁陽。七月〔二〕，公子緩如邯鄲以作難。鄴師敗邯鄲師于平陽。*	五 魏敗我馬陵。	五 敗魏涿澤，圍魏王。	楚宣王良夫元年	四	六	五	十四	宋剔成元年。
周顯王元年	十七 櫟陽雨金，四月至八月。		二 齊田壽帥師伐我，圍觀，觀降〔三〕。**竹** 魏大夫王錯出奔韓。**竹** 敗韓馬陵〔四〕。**竹**	六	六 侵齊，至長城。中山築長城。**趙世家**	二	五	七 伐魏，取觀。趙歸(?)我長城。	六	十五	
二	十八		三	七	七	三	六	八	七	十六	
三	十九 敗韓、魏洛陰。		四 與韓會宅陽。城武都。	八	八	四	七	九	八	十七	

〔一〕《水經・沁水注》引作「趙成侯偃，韓懿侯若」。

〔二〕「七月」原作「七年」，依雷説。

〔三〕《六國表》作「齊伐我觀津」。

〔四〕王置廿六年，誤。今依錢説，較《年表》遲一年。

周	秦	魏	韓	趙	楚	燕	齊	越	魯	
四	二十	五 伐宋，取儀臺。公子景賈帥師伐鄭，韓明戰于陽，我師敗逋。**竹**	九	九	五	八	十	九	十八	

續表

周	秦	魏	韓	趙	楚	燕	齊	越	魯	
五	二十一 章蟜與晉戰石門，斬首六萬。天子賀。	六	十	十	六	九	十一 弑其君母[一]。竹	十[二] 粵人殺諸咎粵滑，吳人立孚錯枝爲君。*	十九	
六	二十二	七	十一	十一	七	十	十二	明年，大夫寺區定粵亂，立無余之。*	二十	
七	二十三 與魏戰少梁，虜其太子。	八 與秦戰少梁，虜我太子[三]。我師伐邯鄲，取列人。我師伐邯鄲，取肥。*	十二 魏敗我于澮。大雨三月。	十二 魏敗我于澮。	八	十一	十三	無余之元年	二十一	

〔一〕王係惠王八年，誤兩年。

〔二〕「十年」舊誤作「十月」，今改。

〔三〕《世家》作「虜我將公孫痤，取龐」。

周	秦	魏	韓	趙	楚	燕	齊	越	魯	
八	秦孝公元年	九 取趙皮牢。與邯鄲榆次、陽邑。四月甲寅，徙都大梁。王會鄭釐侯于巫沙。*	韓昭僖侯元年[一]	十三	九	燕文公元年	十四	二	二十二	衛成侯元年
九 致胙于秦。	二 天子致胙。	十 入河水于圃田，又爲大溝而引圃水。瑕陽人自秦道岷山青衣水來歸。*	二	十四	十	二	十五	三	魯康公元年	

續表

周	秦	魏	韓	趙	楚	燕	齊	越	魯
十〔二〕	三	十一 東周惠公傑薨。* 鄭釐侯使許息來致地：平丘、户牖、首垣諸邑及鄭馳道。我取軹道，與鄭鹿。*	三	十五	十一	三	十六	四	二
十一	四	十二 龍賈帥師築長城於西邊。楚師出河水以水長垣以外。* 鄭取屯留、尚子〔三〕、涅。*	四 秦敗我西山。	十六	十二	四	十七	五	三

〔二〕《六國表》昭侯元年在顯王十一年，今依《竹書》與《趙世家》、雷學淇説。

〔二〕《年表》集解徐廣引《紀年》在顯王九年下，疑《竹書》本在惠王十一年，徐依《六國表》注之而誤。

〔三〕長子。

周	秦	魏	韓	趙	楚	燕	齊	越	魯
十二	五	十三 與趙會鄗。王及鄭釐侯盟于巫沙，以釋宅陽之圍，歸釐于鄭。*	五 宋取我黃池。魏取我朱。	十七 趙孟如齊。	十三 君尹黑迎女秦。	五	十八〔一〕	六	四
十三	六	十四〔二〕 魯共侯、宋桓侯、衛成侯、鄭釐侯來朝。*	六	十八 與燕會阿。邯鄲成侯会燕成侯于安邑〔三〕。* 與齊、宋會平陸。	十四	六	齊威王元年 與趙會平陸。	七	五〔四〕
十四	七 與魏王會杜平。	十五 與秦孝公會杜平。侵宋黃池，宋復取之。遣將龍賈築陽池以備秦。*	七 鄭築長城自亥谷以南。*	十九	十五	七	二 與魏會田于郊。	八	六

（一）《田敬仲完世家》引「梁惠王十三年，當齊桓公十八年，後威王始見」，《魏世家》索隱引「齊幽公之十八年而威王立」，此爲「桓」之誤。

（二）《六國表》亦在顯王十三年，而《世家》、《年表》並以爲惠王十五年者，以惠王即位誤提前一年耳。《六國表》集解：「徐廣曰：『《紀年》一曰魯共侯來朝。』」亦正是事。王氏既據《魏世家》索隱引此條，又於十五年録「魯共侯來朝」，誤矣。

（三）此亦當梁惠十四年事，與《六國表》乃合。《輯本》置十五年，非。《紀年》「燕成侯」，《史記》作「文公」。

（四）據《紀年》，則此年尚爲魯共侯，與《世家》不合。

周	秦	魏	韓	趙	楚	燕	齊	越	魯
十五	八 與魏戰元里，斬首七千，取少梁。秦公孫壯帥師伐鄭，圍焦城，不克。秦公孫壯帥師上枳、安陵、山氏。*	十六 與秦戰元里，秦取我少梁。	八	二十 魏圍我邯鄲。邯鄲伐衛，取漆、富邱，城之。*	十六	八	三 齊師及燕戰于泃水，齊師遁。*	九	七（一）
十六 東周與鄭高都、利。*	九	十七 邯鄲降。齊田忌敗我桂陵（二）。* 趙敗魏桂陵（三）。* 宋景敾、衛公孫倉會齊師圍我襄陵。* 鄭釐侯來朝中陽。*	九 伐東周，取陵觀、廩邱（四）。	二十一 魏敗邯鄲。	十七	九	四 敗魏桂陵。	十	八
十七	十 衛公孫鞅爲大良造，伐安邑，降之。	十八 築長城，塞固陽。王会齊、宋之圍。王以韓師敗諸侯師于襄陵，齊侯使楚景舍來求成（五）。*		二十二	十八	十	五	十一	九

（一）《莊子·胠篋》「魯酒薄而邯鄲圍」屬此年，則魯共公尚在，亦與《世家》不合。

（二）《水經·濟水注》引作「齊田期伐我東鄙，戰于桂陽，我師敗逋」，「陽」字誤。《年表》合，《世家》、《年表》但在惠十八年，亦因誤一年也。

（三）《魏世家》索隱引作「十八年」，此只是一事，因趙求救於齊而齊敗魏於桂陵耳。

（四）《世家》作「邢丘」。

（五）《年表》記「諸侯圍我襄陵」於是年，而誤爲惠十九年。

周	秦	魏	韓	趙	楚	燕	齊	越	魯
十八	十一 城商塞。衛鞅圍固陽，降之。	十九 晉取泫氏〔一〕、濩澤。* 歸趙邯鄲。	十一 申不害相。	二十三 魏歸邯鄲，與魏盟漳水上。	十九	十一	六	十二 寺區弟思弑其君莽安。*	魯景公元年
十九	十二 初取小邑爲三十一縣。令爲田開阡陌。	二十 與秦遇彤。	十二	二十四	二十	十二	七 齊築防以爲長城〔二〕。*	無顓元年	二
二十	十三 初爲縣，有秩史。	二十一	十三 韓姬弑其君悼公。	二十五	二十一	十三	八	二	三
二十一	十四 初爲賦。	二十二	十四 昭侯如秦。	趙肅侯元年〔三〕	二十二	十四	九	三	四
二十二	十五	二十三	十五	二 公子范襲邯鄲，不勝，死。	二十三	十五	十	四	五
二十三	十六	二十四	十六	三	二十四	十六	十一 殺其大夫牟辛。	五	六
二十四	十七	二十五	十七	四	二十五	十七	十二	六	七

〔一〕一本作「玄武」。
〔二〕一引「齊」下有「湣王」，誤。
〔三〕《表》在上年。

周	秦	魏	韓	趙	楚	燕	齊	越	魯
二十五 諸侯會。	十八	二十六 丹封名會。丹，魏大臣。	十八	五	二十六	十八	十三 田忌襲齊(?)，不勝。	七	八
二十六 致伯秦。	十九 城武城。從東方牡丘來歸。天子致伯。	二十七 十二月，齊田盼敗梁馬陵〔一〕。《孫吴傳索隱》	十九	六	二十七	十九	十四	八 無顓卒，是爲菼蠋卯〔二〕。*	九
二十七	二十 諸侯畢賀。會諸侯於澤〔三〕。朝天子。	二十八 中山君爲相〔四〕。穰苴〔五〕帥師及鄭孔夜戰于梁赫，鄭師敗逋。*	二十	七	二十八	二十	十五〔六〕	無彊元年	十
二十八	二十一	二十九 五月，齊田盼及宋人伐我東鄙，圍平陽。九月，秦衛鞅伐我西鄙。* 十月，邯鄲圍我北鄙。* 王攻衛鞅，我師敗績〔七〕。*	二十一	八	二十九	二十一	十六	二	十一

〔一〕《田敬仲世家》索隱引「齊威王十四年，田盼伐梁，戰馬陵」，與此合。《魏世家》索隱引作「二十八年，與齊田盼戰于馬陵」，殆兵結兩年也。《六國表》在顯二十八年，當遲一年。《孟嘗君傳》：「宣王二年，田忌與孫臏、田嬰俱伐魏，敗之馬陵，虜魏太子申而殺魏將龐涓。」索隱引「《紀年》當梁惠王二十八年，至三十一年改爲後元年」。

〔二〕按即《史記》之王之侯與？王之侯亦即王子搜。

〔三〕《紀年》作「逢澤」。

〔四〕自中山武公始立至此七十三年矣，則此中山君或是中山桓公邪？此以中山君相燕猶孟嘗、信陵之流，同姓可知。雷學淇以爲即中山公子牟，亦云魏公子牟者，今按非是。魏牟與平原君及穰侯同時，平原君在趙惠文王後，穰侯始相在周赧十五年、趙武靈廿五年，則相去亦將四十年矣，似牟即此中山君之公子耳。《年表》在廿九年，《世家》在廿八年，此亦《表》誤前一年之證。

〔五〕當是「穰疵」，今本《紀年》不誤。

〔六〕《表》作宣王元。

〔七〕《六國表》於顯王二十九年、梁惠三十一年云「秦商君伐我，虜我公子卬」，又齊下云「與趙會伐魏」，皆此事，亦遲一年。《魏世家》：「三十年，魏伐趙……太子果與齊人戰，敗於馬陵。齊虜魏太子申，殺將軍涓，軍遂大破。三十一年，秦、趙、齊共伐我，秦將商君詐我將軍公子卬而襲奪其軍，破之。」

周	秦	魏	韓	趙	楚	燕	齊	越	魯
二十九	二十二 梁惠成王卅年，秦封衛鞅于鄔，改名曰商〔一〕。* 城濟陽。*	三十	二十二	九	三十	二十二	十七 與趙會伐魏〔二〕。	三	十二
三十	二十三 與晉戰岸門〔三〕。	三十一 三月，爲大溝于北郛，以行圃田之水。* 公子赫爲太子。	二十三	十	楚威王熊商元年	二十三	十八 邳遷于薛，改名徐州。**竹**	四	十三
三十一	二十四 秦大荔圍合陽。孝公薨。商君反，死彤地。	三十二 衛鞅亡歸我，怒，弗內。	二十四	十一	二	二十四	十九	五	十四
三十二	秦惠文王元年 楚、韓、趙、蜀人來。	三十三	二十五 申不害卒。	十二	三	二十五	二十	六	十五
三十三 賀秦。	二 天子賀。行錢。宋太丘社亡。	三十四 孟子來，王問利國。對曰：「君不可言利。」〔四〕	二十六	十三	四	二十六	二十一 與魏會平阿南〔五〕。	七	十六

〔一〕《六國表》於是年秦下云「封大良造商鞅」，正合。

〔二〕《田齊世家》：「其後三晉之王皆因田嬰朝齊王於博望，盟而去。」《集解》徐廣引《年表》作「與趙會博望伐魏」。按此即《紀年》此事而遲一年者，徐廣引非。

〔三〕《秦本紀》在孝公廿四年，「與晉戰雁門，虜其將魏錯」，索隱引「《紀年》云與魏戰岸門」。

〔四〕此誤，當在後元十五年。
〔五〕此條誤，當在後元。

周	秦	魏	韓	趙	楚	燕	齊	越	魯	
三十四	三 王冠。拔韓宜陽。	三十五	二十七 秦拔我宜陽。	十四	五	二十七	二十二 與魏會于甄〔一〕。	八	十七	
三十五	四 天子致文、武胙。魏夫人來。	三十六 改元一年〔二〕 與諸侯會徐州以相王。	二十八 旱。作高門。屈宜臼曰：「昭侯不出此門。」	十五	六	二十八 蘇秦説燕。	二十三 與魏會徐州，諸侯相王。	九	十八	
三十六	五 陰晉人犀首爲大良造。	二 秦敗我雕陰〔三〕。	二十九 高門成，昭侯卒，不出此門。鄭昭侯武薨。*	十六	七 圍齊於徐州。	二十九	二十四 楚圍我徐州。	十 滅〔四〕。*	十九	
三十七	六 魏以陰晉爲和，命曰寧秦。	三 伐趙。晉烈公五年，田公子居思伐邯鄲，圍平邑〔五〕。*	威侯元年〔六〕	十七 齊、魏伐我，我決河水浸之。	八	燕易王元年	二十五 與魏伐趙。		二十	
三十八	七 義渠内亂，庶長操將兵定之。	四	二	十八	九	二	二十六		二十一	

〔一〕此條誤，當在後元。
〔二〕《史記》誤作襄王元年，今本《紀年》置於顯三十四年，誤一年。
〔三〕《世家》並在五年。
〔四〕《越世家》索隱：「按《紀年》：粵子無顓薨後十年，楚伐徐州。」按《越世家》「王無彊時，越興師北伐齊，西伐楚，與中國爭彊。當楚威王時，越北伐齊，齊威王使人説越王」云，與今考定者合，知其可信。若如《六國表》，則此爲齊宣王十年矣，故《周季編略》不繫此。

王係楚伐徐州於梁惠王廿四年，誤。

〔五〕《水經·河水注》引作「晉烈公五年」，今按當是梁惠王後三年之誤，與下「十年」同。

〔六〕《史》作「宣惠王」。

周	秦	魏	韓	趙	楚	燕	齊	魯	
三十九	八 魏入少梁河西地於秦。	五 與秦河西地少梁。秦圍我焦、曲沃。	三	十九	十	三	二十七	二十二	
四十	九 度河，取汾陰、皮氏。圍焦，降之。與魏會應。	六 與秦會應。秦取汾陰、皮氏(焦)〔一〕。	四	二十	十一 魏敗我陘山。	四	二十八	二十三	
四十一	十 張儀相。公子桑圍蒲陽，降之。魏納上郡。	七 入上郡于秦。	五	二十一	楚懷王槐元年	五	二十九	二十四	宋君偃元年
四十二	十一 義渠君爲臣，歸魏焦、曲沃。	八 秦歸我焦、曲沃。	六	二十二	二	六	三十	二十五	
四十三	十二 初臘。會龍門。	九 鄭威侯七年，與邯鄲圍襄陵。五月，梁惠王會威侯于巫沙。十月，鄭宣王朝梁〔二〕。*	七	二十三	三	七	三十一 改元〔三〕	二十六	

〔一〕《世家》有「焦」字。

〔二〕據此，韓是年稱王也，《世家》作「十一年，君號爲王」，《年表》「十年」，非矣。

〔三〕《孟嘗傳》索隱：「卅一年改爲後元年。」

周	秦	魏	韓	趙	楚	燕	齊	魯	
四十四	十三 四月戊午，魏君爲王。*	十 晉烈公十年，齊田盼及邯鄲韓舉戰于平邑，邯鄲之師敗逋，獲韓舉，取平邑、新城〔一〕。**（《水经·河水注》）**	八 魏敗我韓舉。	二十四 魏敗我趙護。	四	八	二	二十七	
四十五	初更元年 相張儀將兵取陝。	十一〔二〕	九	趙武靈王元年〔三〕 城鄗。	五	九	三	二十八	衛嗣君元年。
四十六	二 相張儀與齊、楚會齧桑。	十二	十 君爲王〔四〕。	二	六 敗魏襄陵。	十 君爲王。	四〔五〕	二十九	
四十七	三 張儀免相，相魏。	十三 秦取曲沃。平周女化爲丈夫。會齊威王于甄〔六〕。*	十一	三 與韓會區鼠。	七	十一	五 四月，齊威王封田嬰于薛。十月，齊城薛〔七〕。*	魯平公元年	
四十八	四	十四 薛子嬰來朝。*	十二	四 取韓女爲夫人。	八	十二	六	二	

〔一〕據朱右曾說，定爲梁惠王後十年，與《六國表》、《韓世家》合。《韓世家》索隱謂「《紀年》云，韓舉，趙將」，則《韓世家》、《年表》以爲韓將，皆誤也。又引「《紀年》云其敗當韓威王八年」，按韓威王即宣惠王。《趙世家》云「（肅侯）二十三年，韓舉與齊、魏戰，死于桑邱」，較此早一年。朱右曾以是年爲肅侯二十五年，《趙世家》誤「五」爲「三」，殊誤。肅侯只廿四年，明年爲武靈王元年矣。《年表》趙年亦誤提前一年，朱因從而誤耳。

今本《紀年》置威烈王十六年，誤。

〔二〕《孟嘗君傳》云：「田嬰與韓昭侯、魏惠王會齊宣王東阿南，盟而去。」索隱曰：「《紀年》當惠王之後元十一年。作『平阿』……但齊之威、宣二王，文舛互不同也。」

〔三〕《史》爲「二年」，今定。

〔四〕《世家》作「十一年」。

〔五〕《史》以爲湣王元。

〔六〕此即《六國表》顯王卅四年事。

〔七〕《六國表》在次年，雷氏屬於顯王四十六年，則與《六國表》相距太遠，蓋雷不知惠王紀年《表》誤前一年也。

周	秦	魏	韓	趙	楚	燕	齊	魯	
慎靚王元年	五 王北遊戎地，至河上。＊	十五	十三	五	九	燕王噲元年	七 齊威王薨〔一〕。迎婦于秦(？)。＊	三	
二	六	十六 惠成王卒〔二〕。＊	十四 秦來擊我，取鄢。	六	十 城廣陵。	二	齊宣王辟彊元年〔三〕	四	
三	七 五國共擊秦，不勝而還。	魏襄王元年 擊秦不勝。	十五 擊秦不勝。	七 擊秦不勝。	十一 擊秦不勝。	三 擊秦不勝。	二	五	宋自立爲王。
四	八 與韓、趙戰，斬首八萬。張儀復相。	二 齊敗我觀津。	十六 秦敗我修魚，得韓將鯁、申差。	八〔四〕 與韓、魏擊秦。齊敗我觀澤。	十二	四	三 敗魏、趙觀澤。	六	
五	九 擊蜀，滅之。取趙中都、西陽、安邑。	三	十七	九 秦取我中都、西陽、安邑。	十三	五 君讓其臣子之國，願爲臣。＊	四	七	
六	十	四 鄭侯使韓辰歸晉陽及向。二月，城陽、向，更名陽爲河雍，向爲高平〔五〕。＊	十八	十 秦敗我將軍英。	十四	六	五	八	

〔一〕《世家》，在位三十六年。

〔二〕此據杜預《左傳後序》，《魏世家》集解、索隱並云改元後十七年卒。惠王生於安王二年，至此八十二歲。

〔三〕《史》在顯廿七年，早廿三年。

〔四〕《趙世家》：「八年……五國相王，趙獨否。」按《中山策》，「犀首立五王，而中山後持」。是此時中山始稱王也。《墨子·所染》、《呂覽·當染》有「中山尚染於魏義、偃長」，高誘以爲魏公子牟之後，非是。此距中山君爲魏相時二十五年，蓋其子矣，與魏牟殆兄弟也。依《六國表》，趙武靈王當推前一年，然以立燕昭王事定之，則此年爲合。

〔五〕異文見王引。

周	秦	魏	韓	趙	楚	燕	齊	魯
周赧王元年	十一 侵義渠，得二十五城。	五 秦拔我曲沃，歸其人。走犀首岸門。	十九	十一 立燕公子職。*	十五	七 君噲及相子之皆死。子之殺公子平。齊人禽子之而醢其身。*	六	九
二	十二 樗里子擊藺陽，虜趙將。公子繇通封蜀。	六 秦來立公子政爲太子。與秦王會臨晉。秦取我焦。*	二十	十二 秦拔我藺，虜將趙莊。	十六 張儀來相。	燕昭王元年	七	十
三	十三 庶長章擊蜀，斬首八萬。*	七 擊齊，虜聲子於濮。與秦擊燕。韓明帥師伐襄丘。秦王來見于蒲坂關。四月，越王使公師隅獻……*	二十一 秦助我攻楚，圍景痤。韓宣王卒〔一〕。* 秦助韓共敗楚屈匄。*	十三	十七 秦敗我將屈匄。楚景翠圍雍氏。竹	二	八 殺其王后。竹 齊、宋圍煮棗。竹	十一
四	十四 蜀相殺蜀侯。秦褚里疾圍蒲不克，而秦惠王薨。*	八 圍衛。翟章伐衛。*	韓襄王元年	十四	十八	三	九	十二

〔一〕韓宣王廿一年卒，與《史》合。雷爲二十二年，蓋因梁惠王年而誤。

周	秦	魏	韓	趙	楚	燕	齊	魯	
五	秦武王元年 誅蜀相壯。張儀、魏章皆死于魏。	九 五月，張儀卒。* 與秦會臨晉。	二	十五 吴廣入女，生子何，立爲惠王后。*	十九	四	十	十三	
六	二 初置丞相，樗里子、甘茂爲丞相。	十 張儀死〔一〕。	三	十六	二十	五	十一	十四	
七	三	十一 與秦會應。	四 與秦會臨晉。秦擊我宜陽。	十七	二十一	六	十二	十五	
八	四 拔宜陽城，斬首六萬。涉河，城武遂。	十二 太子往朝秦。秦公孫爰帥師伐我，圍皮氏，翟章帥師救皮氏圍。疾西風〔二〕。*	五 秦拔我宜陽，斬首六萬。	十八 初胡服。	二十二	七	十三	十六	
九	秦昭王元年	十三 秦擊皮氏，未拔而解。城皮氏。*	六 秦復與我武遂。	十九	二十三	八	十四	十七	

〔一〕當在去年。《韓世家》集解：「徐廣曰：『一云周赧王六年，韓襄哀王三年，張儀死。』」蓋韓、魏之史俱遲一年也。
〔二〕《魏世家》：「十二年，太子朝於秦。秦來伐我皮氏，未拔而解。」與《紀年》合。《表》差一年。

周	秦	魏	韓	趙	楚	燕	齊	魯
十	二 彗星見。桑君爲亂，誅。秦内亂，殺其太后及公子雍、公子壯。*	十四 秦武王后來歸。	七	二十	二十四 秦來迎婦。	九	十五	十八
十一	三	十五	八	二十一	二十五 與秦王會黄棘，秦復歸我上庸。	十	十六	十九
十二	四	十六 秦拔我蒲坂、晉陽〔一〕、封陵〔二〕。	九 秦取武遂。	二十二	二十六 太子質秦。	十一	十七	二十〔三〕
十三	五 魏王來朝。	十七 與秦會臨晉，復我蒲坂。	十 太子嬰與秦王會臨晉，因至咸陽而歸。	二十三 魏襄王十七年，邯鄲命吏大夫奴遷於九原，又命將軍、大夫、適子、庶吏皆貉服。*	二十七	十二	十八	文公元年

〔一〕《世家》作「陽晉」。

〔二〕《紀年》作晉陽、封谷。

〔三〕《表》爲「十二年」，《世家》作「平公廿二年」，依下云「文公七年，楚懷王死秦」改。

周	秦	魏	韓	趙	楚	燕	齊	魯
十四	六 蜀反，司馬錯往誅蜀守煇，定蜀。日蝕，晝晦。伐楚。	十八 與秦擊楚。	十一 秦取我穰。與秦擊楚。	二十四 趙攻中山。惠后卒〔一〕。	二十八 秦、韓、魏、齊敗我將軍唐昧於重丘。	十三	十九 與秦擊楚，使公子將，大有功。	二

續表

周	秦	魏	韓	趙	楚	燕	齊	魯	
十五	七 樗里疾卒。擊楚，斬首三萬。魏冉爲相。	十九 薛侯來，會王于釜丘。*	十二	二十五	二十九 秦取我襄城，殺景缺(？)。楚入雍氏，楚人敗。竹	十四	齐湣元年？·〔二〕 秦使涇陽君來質。	三	
十六	八 楚王來，因留之。	二十 今王終二十年。* 與齊王會于韓。	十三 齊、魏王來。立咎爲太子。	二十六〔三〕	三十 王入秦。秦取我八城。	十五	二 涇陽君復歸秦。薛文入相秦。	四	

〔一〕《趙世家》在武靈王二十五年。

〔二〕按齊宣十九年，則此似當作湣王。

〔三〕《史記》於武靈王年誤排前一年，故以赧十六年爲武靈廿七年，十七年爲惠文元年；今按當以十七年爲武靈廿七年，十八年爲惠文元年，乃合。《趙世家》惠文三年滅中山，爲赧二十年，而《年表》誤爲四年。十年，秦自置爲西帝，爲赧廿七年，《六國表》則是年爲十一年矣，以此可證惠文之年亦誤移前一年矣。按《世家》惠文卅三年，《年表》同，索隱引作三十二年，似當以索隱爲是，蓋今《世家》誤以《年表》改耳。

《六國表》滅中山在赧王二十年，擊齊湣王在三十一年，故《呂覽·先識》有「白圭之中山，中山之王欲留之……又之齊，齊王欲留之……曰：之二國者皆將亡……」云云一事。

附件一

趙敬侯	
元年　都邯鄲	
二年　敗齊靈邱	田太公二年
三年　救魏于廩邱，大敗齊人	田侯剡元年
四年　魏敗我兔臺。築剛平以侵衛	田侯剡二年
五年　齊、魏爲衛攻趙，取我剛平	田侯剡三年
六年　借兵於楚伐魏，取棘蒲	田侯剡四年
八年　拔魏黃城	田侯剡六年
九年　伐齊。齊伐燕，趙救燕	田侯剡七年

趙敬侯二年至九年，《年表》及魏、韓、田齊《世家》皆有誤，且簡略，當從《趙世家》。

二年，敗齊靈邱。

是爲田太公二年，太公即以是年卒，而田侯剡立。《年表》及《田齊世家》書此事爲齊威王元年（趙敬侯九年），「三晉因齊喪來伐我靈邱」，則因無田侯剡一代，而以敬侯九年爲威王元年，又以是年適亦有齊取桑丘、三晉伐齊一役，因而致誤耳。

三年，救魏于廩邱，大敗齊人。

據此，是年乃三晉同伐齊者。

此即上事之連續者，此爲田侯剡元年，故《史》誤爲威王元年耳。

四年　魏敗我兔臺。築剛平以侵衛

五年　齊、魏爲衛攻趙，取我剛平

六年　借兵於楚伐魏，取棘蒲

八年　拔魏黄城

右四年事，《年表》僅録「魏敗我兔臺」一事於敬侯四年，其餘並闕，乃於敬侯八年書「襲衛，不克」，《田齊世家》桓公「六年，救衛」亦同。則以史公知三晉有兩次伐齊之事，而中間雜以趙之侵衛、齊魏攻趙等事，而既排兩次伐齊於七年、九年，則中間只十八年，故即以趙侵衛屬是年耳。又以兩次皆三晉伐齊，故不取齊、魏伐趙之説，而但書於《田齊世家》耳。攷《齊策》「説齊湣王」章，正合，是見《趙世家》爲可信也。

九年　伐齊。齊伐燕，趙救燕

此當即《田齊世家》「齊襲燕國，取桑丘」一事，《世家》置於桓公五年，則以誤併國策宣王六年伐燕事於此而誤書。《魏世家》、《韓世家》及《年表》皆書此事，均較《趙世家》早兩年，則又因《田齊世家》而誤也。《史記》既以此事屬七年，遂移二年伐靈邱事屬此矣。

齊策

昔者趙氏襲衛，車舍人不休傳，衛國城割平，衛八門土而二門墮矣，此亡國之形也。衛君跣行，告遡於魏。魏王身被甲底劍，挑趙索戰。邯鄲之中騖，河、山之間亂。衛得是藉也，亦收餘甲而北面，殘剛平，墮中牟之郭。衛非强於趙也，譬之衛矢而魏弦機也，藉力魏而有河東之地。趙氏懼，楚人救趙而伐魏，戰於州西，出梁門，軍舍林中，馬飲於大河。趙得是藉也，亦襲魏之河北，燒棘溝，隊黄城。故剛平之殘也，中牟之墮也，黄城之墜也，棘溝之燒也，此皆非趙、魏之欲也。然二國勸行之者，何也？衛明於時權之藉也。

《趙世家》與此悉合，自可據。《周季編略》兩從《趙世家》及《年表》，因多重複，非也。

《魏世家》武侯九年使吳起伐齊，至靈邱，如今《年表》，則吳起已死三年矣。依今考定，則時爲武侯十一年，更四年而吳起死於楚，其時固尚可在魏，其奔楚或即在此役後矣。

附件二

西周桓公揭

二十六年卒

西周威公

考元

威烈十一

威烈十二

廿四

安王元

安王廿六

附件三

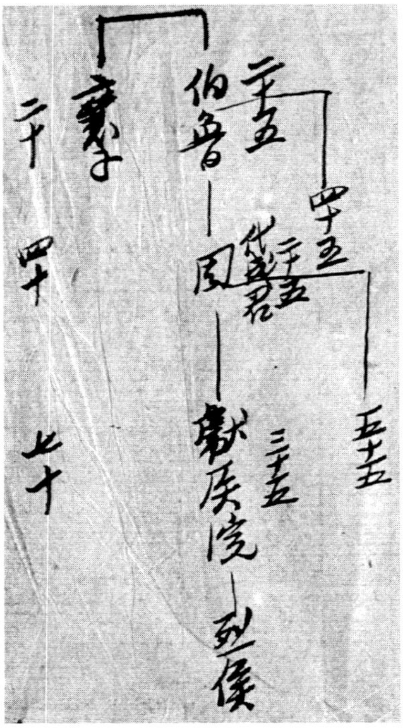

整理説明：

《竹書紀年戰國表》係作者自定書名，手稿原件爲毛紙，毛筆書寫，無標點，共三十頁，約一萬五千餘字。另有小夾頁三張，夾頁背面印有「國立西南聯合大學學生缺席通知單」字樣，透露此稿可能寫於西南聯大時期（一九三九—一九四六年）。手稿所引最晚著作爲一九三五年錢穆《先秦諸子繫年考辨》。

《竹書紀年戰國表》内容分「年表」和「考辨」兩部分。「年表」始于周元王元年（前四七六年），終於周赧王十六年（前二九九年），共一七八年。「考辨」則是對「年表」内容的考證和説明。本次整理將「年表」做成表格形式，「考辨」以注釋形式置於「年表」下一頁，對應注釋號分別置於「年表」正文，表格首行加國名。「年表」内容引《六國年表》者，作者多加方括號，而引《竹書紀年》者，則多在引文後寫一「竹」字。另有少量引《世家》文者，也在引文後標「世家」或「某世家」。此次整理方括號一律省略，其他則仍其舊。遇有雖直接引自《竹書紀年》和《六國年表》，但未做標識者，在其後加「*」。手稿夾頁内容另作附録處理。全文改豎排、繁體、新式標點。

（馮峰）

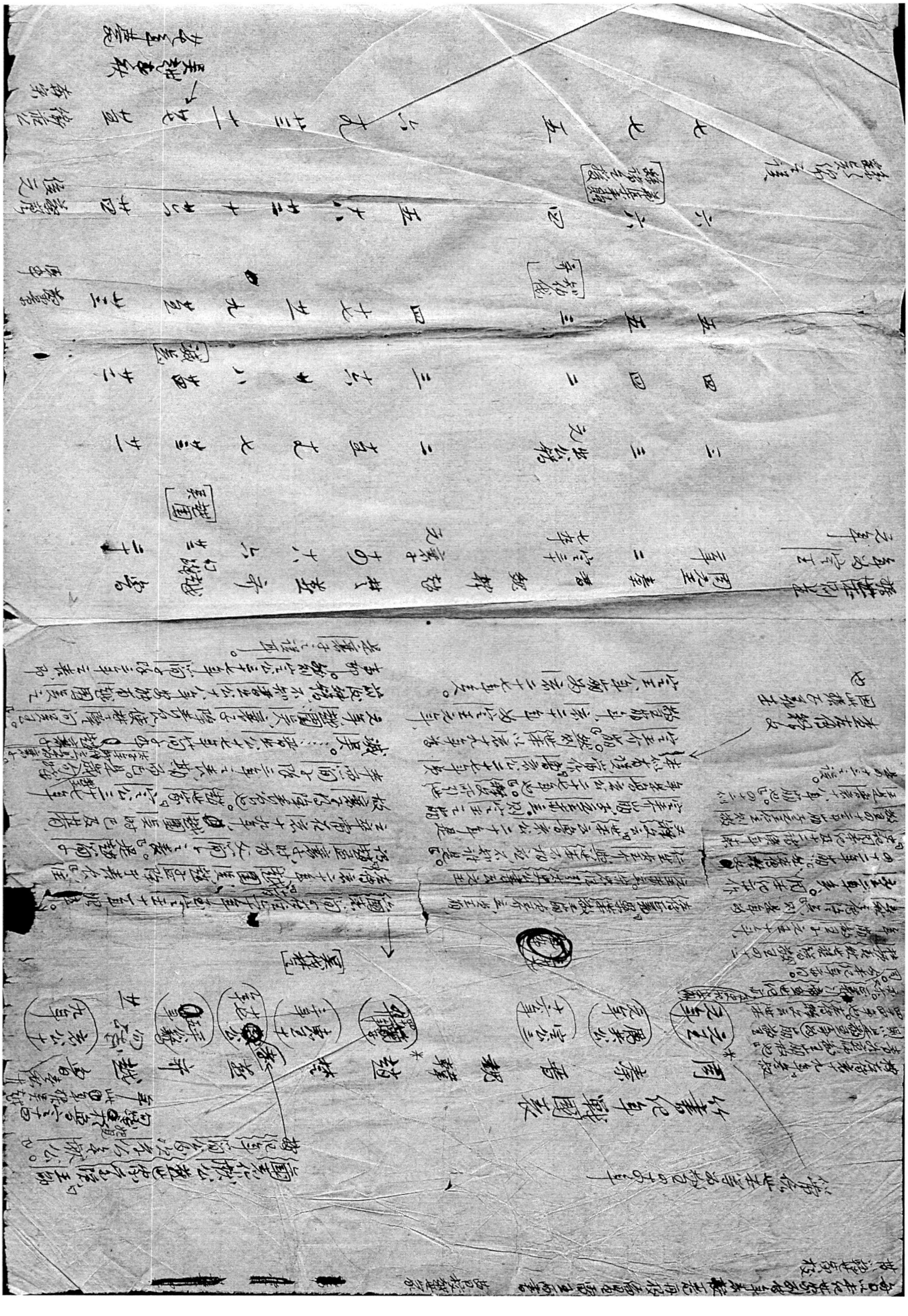

原稿様張一

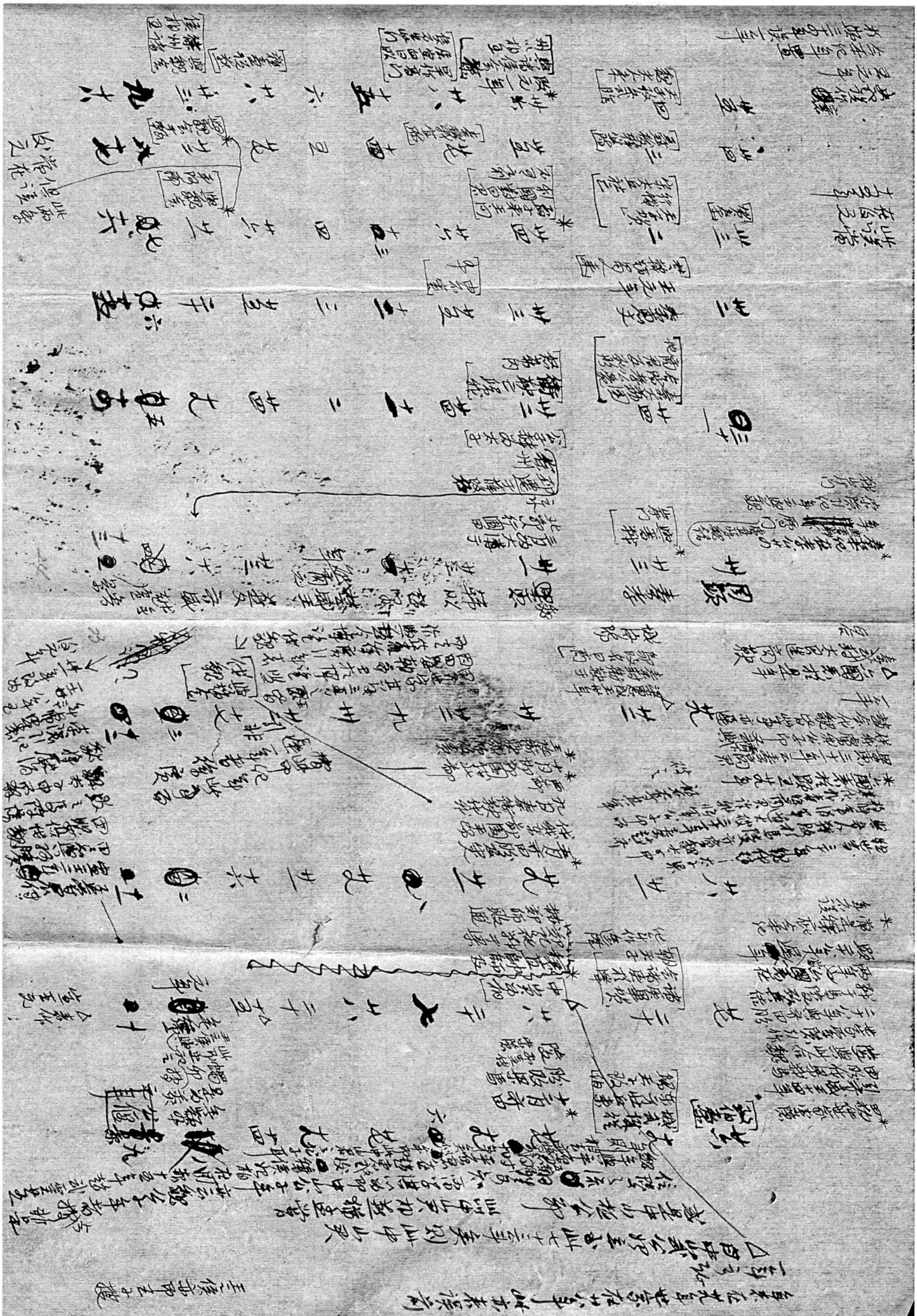

原稿様張二

山海經節録

南山經

南山經之首曰	䧿*山（鵲、雀）		
其首曰	招摇之山	臨於西海之上　麗麐之水出焉，而西流注於海。	
又東三百里曰	堂*庭之山　（常）		
又東三百八十里曰	猨*翼之山　（稷）		
又東三百七十里曰	杻*陽之山　（杻）	怪水出焉，而東流注於憲翼之水。	疑即上猨翼
又東三百里曰	柢山		
又東四百里曰	亶爰之山		
又東三百里曰	基山		
又東三百里曰	青丘之山	英水出焉，南流注於即翼之澤。	
又東三百五十里曰	箕尾*之山　《玉篇》無尾字	其尾踆於東海　汸水出焉，而南流注於淯。	

南次二經

南次二經之首曰	柜山	西臨流黄，北望諸毗，東望長右。　英水出焉，西南流注於赤水。	
東南四百五十里曰	長右*之山　（舌）		
又東三百四十里曰	堯光之山		

續表

又東三百五十里曰	羽山		
又東三百七十里曰	瞿父之山		
又東四百里曰	句餘之山		郭注：今在會稽餘姚縣南，句章縣北，故此二縣因此爲名，云見張氏《地理志》。
又東五百里曰	浮玉之山	北望具區，東望諸毗。苕水出於其陰，北流注於具區。	郭注：具區今吴縣西南太湖也，《尚書》謂之震澤，今浙江歸安縣東。
又東五百里曰	成山	閡水出焉，而南流注於虖勺。	
又東五百里曰	會稽之山	勺水出焉，而南流注於湨。	郭注：今在會稽郡山陰縣南，上有禹冢及井。
又東五百里曰	夷山	湨水出焉，而南流注於列塗。	
又東五百里曰	僕勾*之山（夕）		
又東五百里曰	咸陰之山		
又東四百里曰	洵*山（旬、句）	洵水出焉，而南流，注於閼之澤。	
又東四百里曰	虖勺之山	滂水出焉，而東注於海。	
又東五百里曰	區吴之山	鹿水出焉，而南流注於滂水。	
又東五百里曰	鹿吴之山	澤更之水出焉，而南流注於滂水。	
東五百里曰	漆吴之山	處於東海望丘山。	

南次三經

南次三經之首曰	天虞之山		
東五百里曰	禱過之山	浪水出焉，而南流注於海。	水經：浪水出武陵鐔城縣沅水谷。
又東五百里曰	丹穴之山	丹水出焉，而南流注於渤海。	
又東五百里曰	發爽*之山　（喪）	汎水出焉，而南流注於渤海。	
又東四百里至於	旄山之尾		
其南有谷曰	育遺*（遂）		
又東四百里至於	非山之首		
又東五百里曰	陽夾之山		
又東五百里曰	灌湘*之山(灌湖射)		
又東五百里曰	雞山	黑水出焉，而南流注於海。	
又東四百里曰	令丘之山		
其南有谷焉曰	中谷		
又東三百七十里曰	侖者之山		
又東五百八十里曰	禺稾之山		
又東五百八十里曰	南禺之山	佐水出焉，而東南流注於海。	

西山經

華山之首曰	錢來之山			
西四十五里曰	松果*之山（梁）		濩*水出焉，北流注於渭。（灌）	在今陝西華陰縣東南二十七里。
又西六十里曰	太華之山			郭注：即西嶽華陰山也，今在弘農華陰縣西南。
又西八十里曰	小華之山			郭注：即少華山。
又西八十里曰	符禺之山		符禺之水出焉，而北流注於渭。	水經注：渭水。
又西六十里曰	石脆*之山*（脃）（脆山）		灌水出焉，而北流注於禺水。	水經注：渭水。
又西七十里曰	英山		禺水出焉，北流注於招水。	水經注：渭水。
又西五十二里曰	竹山		竹水出焉，北流注於渭。	水經注：渭水。
又西百二十里曰	浮山		丹水出焉，東南流注於洛水。	水經注：洛水。（上洛縣）
又西七十里曰	羭次之山		漆水出焉，北流注於渭。	《說文》、《地理志》、《水經》
又西百五十里曰	時山		逐*水出焉北流注於渭（遂）	
又西百七十里曰	南山		丹水出焉北流注於渭	
又西百八十里曰	大時*之山（時）		涔水出焉北流注於渭	
			清水出焉，南流注於漢水	郭注：今河內脩武縣，縣北黑山亦出清水。（疑誤）
又西三百二十里曰	嶓冢之山		漢水出焉，而東南流至於沔。	郭注：今在武都氏道縣南。又：至江夏安陸縣江即沔水。
			囂*水出焉，北流注於湯*水。（嚻）、（陽）	
又西三百五十里曰	天帝之山			

續表

西南三百八十里曰	皋*塗之山（鼻）		薔*水出焉，西流注於諸資之水。（蕢蕾）	
			塗水出焉，南流注於集獲之水。	
又西八十里曰	黄山		盼水出焉，西流注於赤水。	
又西二百里曰	翠山			
又西二百五十里曰	騩山	是錞于西海。	淒*水出焉，西流注於海。（浽）	

西次二經

西次二經之首曰	鈐*山（冷塗）		
西二百里曰	泰*冒之山　（秦）	洛*水出焉，東流注於河。　（洛）	
又西一百二十里曰	數歷之山	楚水出焉，而南流注於渭。	水經注：汧縣之數歷山。
又西百五十里曰	高*山*（商）（嶢峭）（薄落之山）	涇水出焉，而東流注於渭。	郭注：今涇水出安定朝那縣西開頭山，至京兆高陵縣入渭也。
西南三百里曰	女牀之山		薛綜注：《東京賦》女牀山在華陰西六百里。
又西二百里曰	龍首之山	苕*水出焉，東南流注於涇水。　（芮若）	《御覽》九三〇引《三秦紀》、《水經·渭水注》、《文選·西都賦》。
又西二百里曰	鹿臺之山		郭注：今在上郡。
西南二百里曰	鳥危之山	鳥危之水出焉，西流注於赤水。	
又西四百里曰	小次之山		

續表

又西三百里曰	大次之山		
又西四百里曰	薰吳之山		
又西四百里曰	厎陽之山		
又西二百五十里曰	衆獸之山		
又西五百里曰	皇人之山	皇水出焉，西流注於赤水。（湟？）	
又西三百里曰	中皇之山		
又西三百五十里曰	西皇之山		
又西三百五十里曰	萊山		

西次三經

西次三經之首曰	崇吾之山　（崇丘、參隅）	在河之南，北望冢遂，南望䍃之澤，西望帝之搏獸之丘，東望蠕淵。		
西北三百里曰	長沙之山		泚水出焉，北流至於泑水。	《穆天子傳》
又西北三百七十里曰	不周之山	北望諸毗之山，臨彼嶽崇之山，東望泑澤河水所潛也。		
又西北四百二十里曰	峚*山（密）	自峚山至於鍾山四百六十里，其間盡澤也。	丹水出焉，西流注於稷澤。	峚疑當作瑩。
又西北四百二十里曰	鍾山	鍾山之東曰㟋崖。		《穆天子傳》舂山。
又西百八十里曰	泰器之山		觀*水出焉，西流注於流沙。（濩、雚）	

續表

又西三百二十里	槐江之山	南望昆侖，西望大澤，后稷所潛也。北望諸毗，東望恒山，爰有淫（瑶榣）水。	丘時之水出焉，而北流注於泑水。	
西南四百里曰	昆侖之丘		河水出焉，而南流東注於無達。	阿耨達？
			赤水出焉，而東南流注於氾天之水。	郭注：氾天亦山名，赤水所窮也。《穆天子傳》
			洋*水出焉，而西南流注於醜塗*之水。（清、漾、養、配塗、㱙塗）	《穆天子傳》
			黑水出焉，而西流於大杅。	《穆天子傳》
又西三百七十里曰	樂游之山		桃*水出焉，西流注於稷澤。（洮？）	
西水行四百里曰	流沙			
二百里至於	嬴母之山			
又西三百五十里曰	玉山，西王母所居也。			《穆天子傳》羣玉之山。
又西四百八十里曰	軒轅之丘		洵水出焉，南流注於黑水。	
又西三百里曰	積石之山，其下有石門，河水冒以西流。			
又西二百里曰	長留*之山　（流）			
又西二百八十里曰	章莪之山			
又西三百里曰	陰山		濁浴*之水出焉，而南流注於蕃澤。（谷）	

續表

又西二百里曰	符惕*之山 （陽）			
又西二百二十里曰	三危之山			郭注：今在敦煌郡。
又西一百九十里曰	騩山			
又西三百五十里曰	天山		英水出焉，而西南流注於湯谷。	祁連山？
又西二百九十里曰	泑*山 （坳、濛、蒙）	西望日之所入。		
西水行百里至於	翼望*之山 （土翠）			

西次四經

西次四經之首曰	陰山		陰水出焉，西流注於洛。	
北五十里曰	勞山		弱水出焉，而西流注於洛	《晉書》苻堅載記
西五十里曰	罷父*之山(谷)		洱水出焉，而西流注於洛。	
北百七十里曰	申山		區水出焉，而東流注於河。	《水經注》
北二百里曰	鳥山		辱水出焉，而東流注於河。	《水經注》、《穆天子傳》
又北百二十里曰	上申之山		湯水出焉，東流注於河。	《水經·河水》
又北百八十里曰	諸次之山		諸次之水出焉，而東流注於河。	《水經·河水》
又北百八十里曰	號山		端水出焉，而東流注於河。	《水經·河水》
又北二百二十里曰	盂*山(孟、明)		生水出焉，而東流注於河。	奢延水？
西二百五十里曰	白於之山		洛水出於其陽，而東流注於渭。 夾水出於其陰，東流注於生水。	

續表

西北三百里曰	申*首之山　（由）		申水出於其上，潛於其下。	
又西五十五里曰	涇谷之山		涇水出焉，東南流注於渭	涇谷水《水經注》
又西百二十里曰	剛山		剛水出焉，北流注於渭。	
又西二百里至	剛山之尾		洛水出焉，而北流注於河。	又一洛水？
又西三百五十里曰	英鞮*之山　（英靴）		涴*水出焉，而北流注於陵羊之澤。（涴）	
又西三百里曰	中曲之山			
又西二百六十里曰	邽山		濛水出焉，南流注於洋水。	《水經·渭水注》
又西二百二十里曰	鳥鼠同穴之山		渭水出焉，而東流注於河。　濫水出於其西，西流注於漢水。	郭注：今在隴西首陽縣西南。《水經·河水注》
西南三百六十里曰	崦嵫之山（弇、崦嵫）		若*水出焉，而西流注於海。（苕）	洧盤水

整理説明：

手稿用鋼筆寫於橫格紙上，共十一頁，寫作時間不詳。

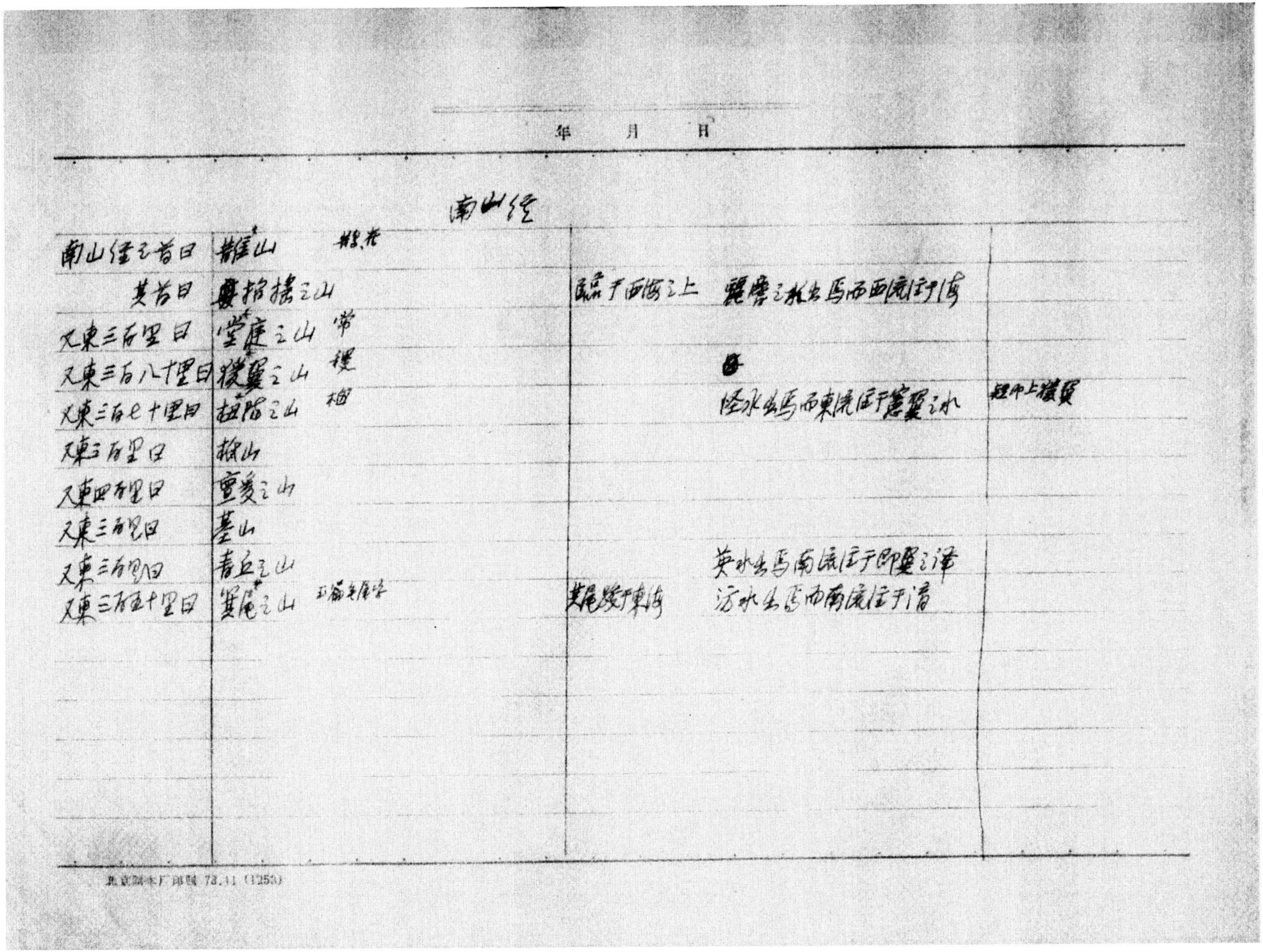

年　月　日

南山经

南山经之首曰	䧿山	鹊,雀			
其首曰	招摇之山		临于西海之上	丽麂之水出焉而西流注于海	
又东三百里曰	堂庭之山	常			
又东三百八十里曰	猨翼之山	猿			
又东三百七十里曰	杻阳之山	柚		怪水出焉而东流注于宪翼之水	经中上猨翼
又东三百里曰	柢山				
又东四百里曰	亶爰之山				
又东三百里曰	基山				
又东三百里曰	青丘之山			英水出焉南流注于即翼之泽	
又东三百五十里曰	箕尾之山	玉篇作箕尾	其尾踆于东海	汸水出焉而南流注于淯	

北京新华厂印制 73.11（1253）

書古文訓節録

書古文訓卷二

大命暮

曰𥡴乩古大命曰文命尃亐亖𣳚祇承亐帝曰后克𡎸氒后臣克

𡎸氒臣政迺乂黎民敏悳帝曰俞允若兹嘉言它攸伏壄亾遺臤

万𡴑咸寍乩亐𥶓舍巳从人弜虐亡告弜𢊍朱窮惟帝旹克𦬴曰

𨔝帝悳廣運迺聖迺𥛱迺武迺文皇兲眷命奄又亖𣳚為兲下

𠑾命曰𢝊迪吉从屰凶惟景響𦬴曰吁戒才儆戒亾虞它失灋度

它迂于佾它𡍮亐樂任臤勿弍去衺勿疑疑𢘖勿成百志惟𤋮

它𡚃衜㠯干百姓出譽它咈百姓㠯从巳出欲亾怠亾荒三𡰪

來王命曰𢺶帝念才德惟𦎧政政圣𢻶民水火金木土𣎛惟攸

正悳利用垕生惟咊九功惟敘九敘惟哥戒出用休董出用𢒈

勸出㠯九哥畀勿壞帝曰俞𡐦平兲成六府弎事允乿萬世亾賴

賴旹乃功帝曰咨女禹朕宅帝位弍十十弍載眊期倦亏勤女惟
弜怠揔朕師禹曰朕悳罔克民不依咎繇邁種悳悳乃夅黎民褱
之帝念才念丝圣丝醳丝圣丝名言丝圣丝允出丝圣丝惟帝念
功帝曰咎繇惟丝臣庶罔或干予正女作士明亏五㓝吕弼五教
朞予亏治㓝朞亏亡㓝民叶亏中旹乃功楙才咎繇曰帝悳罔僁
臨下吕柬御眾吕寬罰弜及𦣻賞延亏世宥過亡大㓝故亡小辠
疑惟輕功疑惟重與亓殺弜辜寍失弜經好生之悳洽亏民丝用
弜犯亏𠂇司帝曰畀予从欲吕亂亖匚風動惟乃帝曰徠禹洚水
儆予成允成功惟女臤克勤亏邦克儉亏家弜自滿假惟女臤女
惟弜矜天下莫與女爭能女惟弜伐天下莫與女爭功予懋乃悳
嘉乃丕績天之厤數圣女躬女終陟元后人心惟危道心惟微惟
精惟式允執厥中亡稽之言勿聽弜詢之謀勿庸可愛非君可畏

書古文訓卷第三

禹貢

禹尃土隨山栞木奠高山大川冀州旡載壺口乿梁及岐旡攸太
原至亐嶽昜覃褱厎績至亐章氒土惟白壤氒賦惟上上錯氒
田惟中中恒衛旡从大陸旡迮鳥夷皮服夾右碣石入亐河泲河
惟沇州九河旡道雷夏旡澤雝沮會同桑土旡蠶是降丘宅土氒
土黑墳氒屮惟繇氒木惟條氒田惟中下氒賦貞乍十有三載乃同
氒貢桼絲氒篚織文浮亐泲漯達亐河海岱惟青州嵎夷旡略
惟甾亓道氒土白墳海濱廣斥氒田惟上下氒賦中上氒貢鹽絺
海物惟錯岱畎絲枲鉛松怪石萊夷乍牧氒篚檿絲浮亐汶達亐
泲海岱及淮惟徐州淮沂亓乂蒙羽亓蓺大野旡豬東原厎平氒
土赤戠墳屮木漸包氒田惟上中氒賦中中氒貢惟土五色羽畎

夏狄嶧昜孤桐泗濱浮磬淮尸玭珠臮魚氒棐玄纖縞浮亏淮泗
達亏菏淮海惟揚州彭蠡旡豬昜鳥攸居弎江旡入震澤厎定篠
簜旡尃氒屮惟夭氒木惟喬氒土惟塗泥氒田惟下下氒賦下上上
錯氒貢惟金弎品瑤琨篠簜齒革羽旄惟木島尸卉服氒棐織貝
氒苞橘柚錫貢沿亏江海達亏淮泗荊及衡昜惟荊州江漢朝宗
亏海九江孔殷沱潛旡衜云土夢作乂氒土惟塗泥氒田惟下中
氒賦上下氒貢羽旄齒革惟金弎品杶榦栝柏礪砥砮丹惟箘簬
楛弎邦厎貢氒名苞匭菁茅氒棐玄纁璣組九江内錫大龜浮亏
江沱潛漢逾亏洛至南河荊河惟豫州伊洛瀍澗入亏河滎嶓
旡豬衜菏澤被盟豬氒土惟壤下土墳壚氒田惟中上氒賦錯
上中氒貢㯃枲絺紵氒棐纖纊錫貢磬錯浮亏洛達亏河華昜
黑水惟梁州汶嶓旡蓺沱潛旡衜蔡蒙旅平咊尸厎績氒土

書古文訓卷第四

甘斷　　夏書

大戰亐甘𠧢召六卿王曰嗟六叓㞢人予斷告女ナ屺氏畏侮㐅行息弃弎正兲用剿𢇍亓命今予惟龔行兲㞢罰左弜攻亐左女弜龔命右弜攻亐右女弜龔命馭非亓𢒄㞢正女弜龔命用命賞亐祖弜用命𦔻亐社予則伖𦔻女

書古文訓卷第五

湯𣂶

商書

王曰𢓜介衆庶悉聽朕言非台小子敢行爯亂ナ夏多辠兲命殛

㞢今介ナ衆女曰我后弜卹我衆舍我嗇叓而割正夏予惟聞女

衆言夏氏ナ辠予畏上帝弜敢弜正今女亓曰夏辠亓如台夏王

衛遏衆力衛割夏邑ナ衆衛怠弜叶曰旹日害喪予及女皆亡夏

悳若丝今朕必𨒥介尚輔予弌人致兲㞢罰予亓大賚女介亡弜

㐰朕弜飤言介弜从𣂶言予則孥戮女宀亡ナ逌赦

書古文訓卷第六

盤庚　　　商書

盤庚䙴亏殷民弜適ナ凥衛籲𥄳慼出矢言曰我王徠旡爰宅亏丝重我民無盡劉弜耐胥匡㠯生卜乩曰亓如台先王ナ舠𢚩謹𠀚命丝繇弜𢝊寍弜𢝊氒邑亏今乂峕今弜承亏古宅知兲㞢斷命矤曰亓克从先王㞢𠌶𦬙顛木㞢ナ甹枿兲亓永我命亏丝新邑𦆮𢓜先王㞢大𤔉厎㛂亖匚盤庚斆亏民繇𠄎圣位㠯𢝊舊舠㱏金庀曰亡或𢽾伏小人㞢卣箴王命𥄳恖臸亏廷王𦬙曰𢓊女𥄳予告女訓女繇黜𠄎心亡奡从康古我先王亦惟圖任舊人共政王𢾺告㞢攸弜𠥓氒指王用丕欽宅ナ佾言民用丕𢿱今女𦖞𦖞起𠇷䶒𥌼予弜知𠄎所訟非予自巟丝悳惟女含悳弜愓予弌人予𦬙觀火予亦炪𢘓𢦏𠄎佾𦬙网圣綱ナ條而弜紊𦬙𨐮舠田

力嗇鹵亦ナ烌女克黜鹵心施寔悳亏民至亏婚友丕鹵敢大言
女ナ積悳鹵弜畏戎毒亏遠邇惰農自安弜昬勞弜服田畮越
亓宅ナ黍稷女弜咊吉言亏百姓惟女自生毒鹵敗禍姦宄㠯自
災亏氒身鹵既先惡亏民鹵奉亓恫女悔身何及相旹憸民猷胥
顧亏箴言亓發ナ佾口矧予制鹵短長㞢命女害弗告朕而胥動
㠯浮言恐沈亏眾若火㞢尞亏邍弗可嚮邇亓猷可撲滅則惟
女眾自作弜靖非予ナ咎遲任ナ言曰人惟求舊器非求舊惟新
古我先王臮鹵祖鹵父胥及佾勤予敢動用非罰丗選介勞予弜
掩介譱丝予大亯亏先王介祖亓从與亯㞢福災予亦弜敢
動用非悳予告女亏難若䠶㞢ナ志女亡侮老成人亡弱孤ナ幼
各長亏氒居勉出鹵力聽予弌人㞢作猷亡ナ遠邇用辠伐氒死用
悳彰氒譱邦㞢臧惟女眾邦㞢弜臧惟予弌人ナ佚罰凡介眾亓

書古文訓卷第七

泰𣃔

惟十ナ弎秊旾大𠱾亐盟津　王曰嗟𢦏友𡵂冢君戉𢦏御叓庶士
明聽𣃔惟兲墬万物父母惟人萬物之靈亶聰明迮元后元后迮
民父母今商王受弗敬上兲夅𢦏下民沈湎冒色敢行虣虐辠人
㠯族官人㠯世惟宮室臺榭陂池侈服㠯殘害亐尒萬姓焚炙忠
良刳剔孕婦皇兲震怒命𢦏文考肅將兲威大勳未集肆予小子
發㠯尒友𡵂冢商觀政亐商惟受罔ナ悛心乃夷居弗叓上帝神
祇遺氒先宗廟弗祀犧牲粢盛旡亐凶盜乃曰𠮷ナ民ナ命罔懲
亓侮兲佑下民迮之君迮之帀惟亓克相上帝寵綏亖方ナ辠亡辠
予害敢ナ越氒志同力庀悳同悳庀義受ナ臣億萬惟億萬
心予ナ臣弎千惟弌心商辠貫盈兲命誅之予弗順兲氒辠惟
鈞予小子夙夜祗懼受命文考類亐上帝宜亐冢土㠯尒ナ眾厎兲之罰

天之罰亓矜亏民民之所欲天必从之介尚弼予弌人永清亖海
峕才弗可失惟戊午王次亏河朔羣后㠯師畢會王乃徇師而誓
曰嗚虖西土有衆咸聽朕言我聞吉人爲善惟日弗足凶人爲弗
善亦惟日弗足今商王受力行亡度播棄犁老昵比罪人淫酗
肆虐臣下化之朋家作仇脅權相滅亡辜籲天穢德彰聞惟天惠
民惟辟奉天有夏桀弗克若天流毒下國天乃佑命成湯降黜夏
命惟受罪浮亏桀剝喪元良賊虐諫輔謂己有天命謂敬弗足行
謂祭亡益謂暴亡傷厥監惟弗遠在彼夏王天亓以予乂民朕夢
叶朕卜襲亏休祥戎商必克受有億兆夷人離心離德予有亂臣
十人同心同德雖有周親弗如仁人天視自我民視天聽自我民
聽百姓有過在予弌人今朕必往我武惟揚侵亏之疆取彼凶殘
我伐用張亏湯有光勖才夫子罔或亡畏寧執非敵百姓懍懍若崩厥角

整理説明：

《書古文訓》十六卷，宋薛季宣撰，乃仿晉僞古文《尚書》所作。（該書在《續修四庫全書》第四十二册有清康熙年刻《通志堂經解》原版影印本，一九九五年上海古籍出版社出版）。雲南著名收藏家陳立言先生藏有唐先生該書二、三、四、五、六、七等各卷四十七紙手摹本散頁，摹於西南聯大任教期間（一九三九至一九四六年），陳先生慨允本書公佈各卷首頁，共六紙。篇題爲整理者所加。

（劉雨）

尚書今譯——秦誓

秦穆公說：「啊！我的臣子們，聽着，不要喧鬧。我來訓話，告訴你們所有各種話裏的最首要的話。古人有這樣的話，說：『老百姓停留在自己的順從是很多快樂。』責備人没有什麽難，只有受人責備能像水向下流一樣，這才困難呀！我心裏的憂愁，太陽和月亮運行過去了，不再來哪。那古代的謀畫者，没有到我這兒呀；那現在的謀畫者，姑且跟他們接近吧。儘管這樣説，還要問問這班黄頭髮的老人，才不出什麽毛病。白髮蒼蒼的好臣子，精力是差了，我還是要用他們；很强壯的勇夫，射箭，御馬都很好，我還不想要。那種滔滔不絶善於辯論，使得頭頭們容易輕忽懶惰，我很多這種人，我想着都糊塗了。如果有一個臣子，簡簡單單，没有什麽技能；他的心很寬廣能容受一切，人家的有技能，好像是自己有的，人家聰明，他的心裏愛好，好像是他自己嘴裏説的，這樣能容人來保全我的子孫和老百姓，這是有利呀！人家有技能，從嫉妬而厭惡，人家聰明而離離遠的不讓其發展，這是不能容人，以致不能保全我的子孫和老百姓，這是危險呀！國家的不安定是由於一個人；國家的光榮和安定，也還是一個人的好事。」

試譯一篇，要能達意，又要能通順有風格，這是不容易的。《秦誓》是最容易的一篇了，還不容易譯好，二十八篇如讀天書，不知何日能成此業。

一九七七年十一月二十五日記

整理説明：

手稿用鋼筆寫在四百字稿紙上，共兩頁。於一九七七年十一月二十五日完成，是作者準備編纂《尚書今譯》的試筆之作。

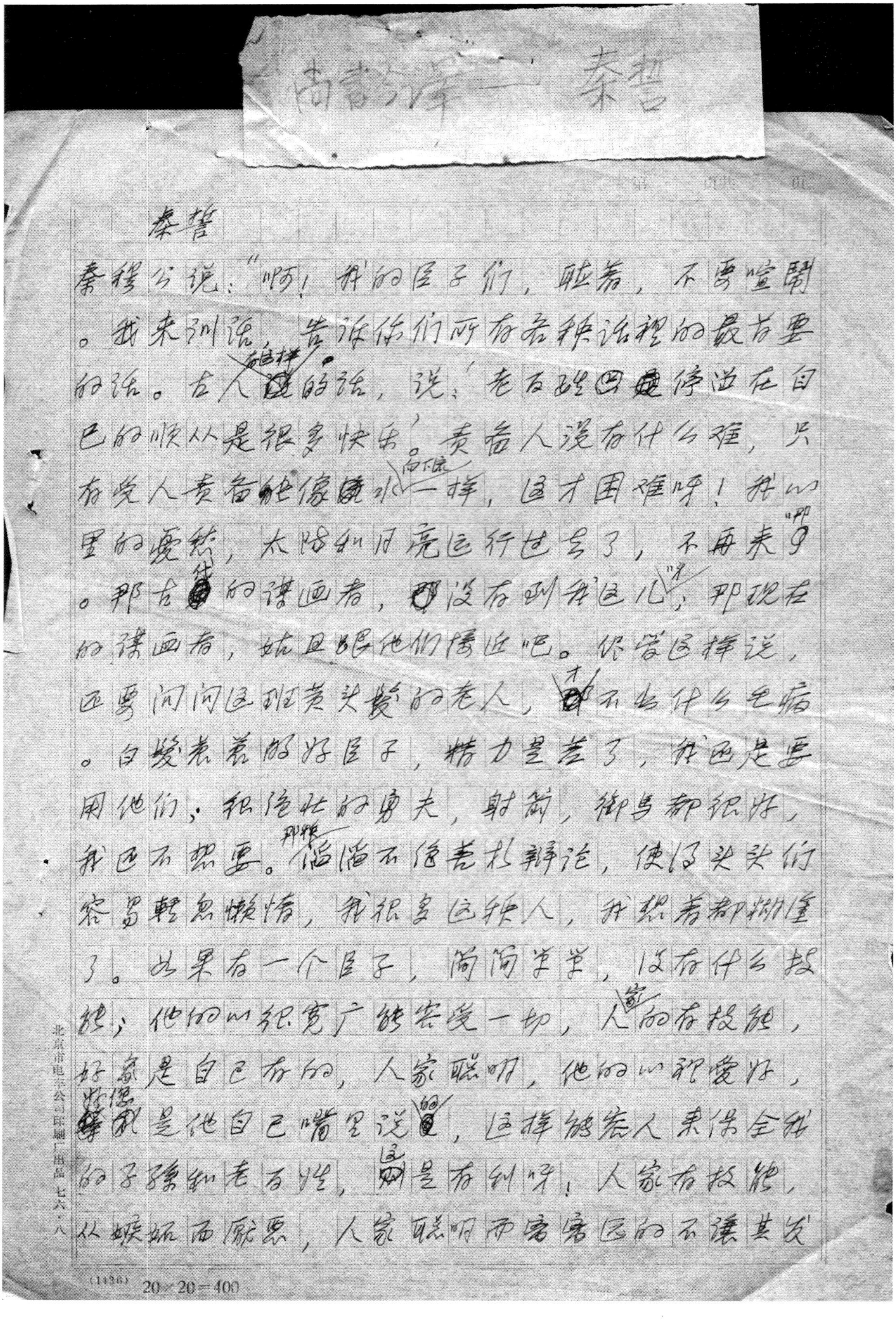
尚書今译——秦誓
秦誓
秦穆公说："啊！我的臣子们，听着，不要喧闹。我来训话，告诉你们所有各种话裡的最首要的话。古人这样的话，说：老百姓停留在自己的顺从是很多快乐。责备人没有什么难，只有受人责备能像水向下流一样，这才困难呀！我心里的忧愁，太阳和月亮运行过去了，不再来了。那古代的谋画者，还没有叫我适心，那现在的谋画者，姑且跟他们接近吧。你尽管这样说，还要问问这班黄头发的老人，才不出什么毛病。白发苍苍的好臣子，精力虽差了，我还是要用他们，很健壮的勇夫，射箭、御马都很好，我还不想要。那些浅浅的善于狡辩话，使得君子们容易轻忽懒惰，我很多这种人，我想着都糊涂了。如果有一个臣子，简简单单，没有什么技能，他的心很宽广能容受一切，人家的有技能，好象是自己有的，人家聪明，他的心很爱好，好像是他自己嘴里说的，这样能容人来保全我的子孙和老百姓，也是有利呀！人家有技能，从嫉妒而厌恶，人家聪明而蒙蔽阻碍的不让其发
第　页共　页
20×20＝400
北京市电车公司印刷厂出品 七六·八
原稿樣張一

展，这是不能容人，以致不能保全我的子孙和老百姓，这是危险呀！国家的不安定是由于一个人；国家的光荣和安定，也还是一个人的好事"。

试译一篇，要能达意，又要能通顺有风格，这是不容易的。秦誓是最容易的一篇了，还不容易译好，二十八篇之读天书，不知何日能成此书。

1977年11月25日记